出纳人员

岗位实战宝典

徐明升 等◎编著

清华大学出版社

北　京

内 容 简 介

　　本书的最大特点就是贴近出纳的实际工作，不仅适合打算做或刚刚做出纳的人阅读，而且对于正在从事出纳工作的朋友减少差错、预防事故和提升资金安全管理能力，也有着非常实用的参考价值。

　　读者通过详细的三级目录，可以很快找到自己工作所需。本书在正文后面添加了一个附录，介绍了财务工作所涉及的各个模块的工作流程，有助于读者多方面的了解财务知识，使出纳工作进行得更顺利。

图书在版编目(CIP)数据

　　出纳人员岗位实战宝典 / 徐明升等编著. — 北京：清华大学出版社，2016（2018.3重印）
　　ISBN 978-7-302-44765-8

　　Ⅰ. ①出…　Ⅱ. ①徐…　Ⅲ. ①出纳－基本知识　Ⅳ. ①F233

　　中国版本图书馆 CIP 数据核字(2016)第 189771 号

责任编辑：张立红
封面设计：邱晓俐
版式设计：方加青
责任校对：李跃娜
责任印制：王静怡

出版发行：清华大学出版社
　　　　　网　　　址：http://www.tup.com.cn，http://www.wqbook.com
　　　　　地　　　址：北京清华大学学研大厦 A 座　　　　　邮　　编：100084
　　　　　社 总 机：010-62770175　　　　　　　　　　　　邮　　购：010-62786544
　　　　　投稿与读者服务：010-62776969，c-service@tup.tsinghua.edu.cn
　　　　　质 量 反 馈：010-62772015，zhiliang@tup.tsinghua.edu.cn
印 装 者：北京嘉实印刷有限公司
经　　销：全国新华书店
开　　本：170mm×240mm　　　印　　张：26.25　　　字　　数：486 千字
版　　次：2016 年 9 月第 1 版　　印　　次：2018 年 3 月第 2 次印刷
定　　价：59.80 元

产品编号：064904-02

用"过路财神"来形容出纳再贴切不过了，因为从出纳手中转入或转出的资金可能有几千万元甚至上亿元。但这些钱没有一分是属于出纳的，出纳也不可以对这些钱有一丝非分之想，否则就要出大问题了。

很多正在从事出纳工作的朋友都觉得动手、跑腿是出纳岗位的主要工作，所以才有了"出纳很简单，就是跑跑银行记记账"之类的说法。这些朋友也许已经忘记自己曾经做错的账、赔过的钱、出过的事，以及上过的当。显然，这些问题都出在动脑不足或没有动脑上。对出纳工作越是了解得多，就越感到出纳这活儿动手容易，动脑难。

出纳工作虽然繁琐，但是很有条理。很多业务完成得好都在于出纳人员的熟练和细心。只要我们勤于思考、不畏辛苦，很快就会成为一名称职的出纳。

在写本书的时候，我们将读者定位为一个完全没做过出纳工作的新手。许多基础知识在书中都说得十分详细，比如财务的数字书写，大写怎么写，小写怎么写等；还包括纸币应该怎么点数和计数；原始凭证的单张如何贴，多张又如何贴；差旅费的单据怎么贴、怎么汇总，如何一步步审批报销等。这些都是出纳工作中非常普通的技能和知识，也是长期以来会计从业人员尤其是与现金打交道的人们在工作中总结出来的经验。这些经验，有些是为了防止出纳出差错，比如出纳的日清月结；有些是为了账务的安全，防止恶意篡改谋取私利，比如账簿上数字的大写和小写；还有些是为了使出纳的工作更透明，防止出纳"说不清楚"，比如收钱、付钱时的唱收唱付，不在办公室里拿出钱包，不装钱、不取钱等。不论是从工作能力的角度来说，还是从出纳保护自己的角度来说，这些知识出纳都要懂得，并且应当尽可能在工作中应用。

本书内容

本书将结合出纳工作性质，分成五大块分别进行讲解。

- ✍ 基本概念部分；
- ✍ 现金管理部分；
- ✍ 银行结算部分；
- ✍ 票据结算部分；
- ✍ 报销核算部分。

认真学习本书，读者将对出纳的基本工作胜任有余，对银行相关业务有基本了解，并对这些工作的实际操作有全面立体的印象。同时，本书最后添加的附录主要介绍了财务工作所涉及的各个模块的工作流程，有助于读者从多方面了解财务知识，使出纳工作进行得更顺利。

本书特点

1. 内容浅显

本书前半部分内容，从凭证、单据的填写开始到原始凭证粘贴方法，一直到日记账的记录，几乎涵盖所有在出纳工作中涉及的基础知识和常识。还讲到日常工作中如何减少点钞的出错、如何尽可能通过各种方式确保企业财产的安全及出纳员自身的安全。

2. 贴近实际需要

本书以出纳工作的实际需要为出发点，对出纳常见业务的描述格外详尽、全面，比如分章节详细讲述支票从购买到使用、从接收到入账的全过程，每个步骤、每项操作都有详细的图片说明。

3. 以图说操作

区别于以往同类书的讲解脉络，本书以具体操作为主线，将操作拆分后，再将一些常识概念穿插进去，这些概念就能够在实际操作中得到理解，从而帮助读者很快在以后的工作中应用。

4. 以图说案例，便于理解和掌握

本书所讲的许多银行业务，都配有相应的实例数据，对于需要计算的数据更是给出详尽的计算公式和计算过程。所选实例，都是最实用的。其中的单据

和表格与真实的单据完全相同，对于实际填写具有更好的借鉴性。

本书由徐明升组织编写，同时参与编写的还有程斌、胡亚丽、焦帅伟、李凯、刘筱月、马新原、能永霞、商梦丽、王宁、工雅琼、徐属娜、于健、周洋、张昆、陈冠军、范陈琼、郭现杰、罗高见、何琼、晁楠、雷凤。

目录

第二篇　现金管理业务

第三篇 银行结算业务

第五篇 报销核算业务

附录

第一篇

基础知识

第1章　出纳的初步认识

出纳，顾名思义，出即为支出，纳即为收入。出纳就是指企业业务款项的支出和收入。出纳既指财务部门的工作岗位，又指担任出纳工作的人员。

出纳是企业财务部门的重要岗位，是企业经济业务的最前端。虽然，出纳工作不一定会对企业的全局发展产生巨大影响，但是一旦出纳工作出现差错，或是出纳人员有素质问题，就会直接对企业造成经济损失，而且这类损失大部分是现金损失。

正因为这样，几乎每家企业都对出纳人员的道德品质格外重视，素质好专业上稍差些也无妨。许多企业可以请专业的会计事务所代理会计业务，但是出纳却肯定是受股东信任的人员。

1.1　出纳与会计工作的区别

1.1.1　企业为什么要设置出纳岗位

1. 区别出纳工作与出纳人员

会计机构内部应当建立稽核制钱账分管原则，凡是涉及款项和财物收付、结算及登记的任何一项工作，必须由两人或两人以上分工办理，以起到相互制约作用。

出纳，作为会计名词，运用在不同场合有着不同含义。从这个角度讲，出纳一词至少有出纳工作、出纳人员两种含义。

（1）出纳工作。出纳工作是管理货币资金、票据、有价证券进进出出的一项工作。具体地讲，出纳是按照有关规定和制度，办理本单位的现金收付、银行结算及有关账务，保管库存现金、有价证券、财务印章及有关票据等工作的总称。从广义上讲，只要是票据、货币资金和有价证券的收付、保管、核算，就都属于出纳工作。它既包括各单位会计部门专设出纳机构的各项票据、货币资金、有价证券的收付业务处理，票据、货币资金、有价证券的整理和保管，货币资金和有价证券的核算等各项工作，也包括各单位业务部门的货币资金收付、保管等方面的工作。从狭义上讲，出纳工作仅指各单位会计部门专设出纳岗位或人员的各项工作。

（2）出纳人员。从广义上讲，出纳人员既包括会计部门的出纳工作人员，又包括业务部门的各类收款员（收银员）。收款员（收银员），从其工作内容、方法、要求以及他们本身应具备的素质等方面来看，与会计部门的专职出纳人员有很多相同之处。他们的主要工作是办理货币资金和各种票据的收入，保证自己经手的货币资金和票据的安全与完整；他们也要填制和审核许多原始凭证；他们同样是直接与货币打交道。除了要有过硬的出纳业务知识以外，收款人员（收银员）还必须具备良好的财经法纪素养和职业道德修养。不同的是，他们一般工作在经济活动的第一线，而各种票据和货币资金的收入，特别是货币资金的收入，通常是由他们转交给专职出纳的。另外，他们的工作过程是收入、保管、核对与上交，一般不专门设置账户进行核算。因此也可以说，收款员（收银员）是出纳（会计）机构的派出人员，是各单位出纳队伍中的一员，他们的工作是整个出纳工作的一部分。出纳业务的管理和出纳人员的教育与培训，应从广义角度来综合考虑。从狭义上讲，出纳人员仅指会计部门的出纳人员。

2. 企业设置出纳的原因

（1）货币资金合理流动。出纳是和货币资金打交道的，而货币资金的周转又直接对业务经营产生影响，货币资金周转越快，它的经济效益就越高；反之，货币资金周转不灵，单位的业务经营就很难正常运行。出纳有责任根据国家有关财经制度和单位的货币资金状况，合理地安排货币资金的收付活动，合理地调度和安排资金，力求业务经营活动的正常运行。

（2）货币资金安全完整。货币资金是单位物质财富中最积极的一个要素，是企业经营资金的组成部分和再生产的重要物质基础。保护货币资金的安全完整是预防国家和单位财产受损失的重要环节。出纳工作通过对货币资金收付业务引起的增减变动进行有步骤的登记和结存管理，是监督货币资金收付存取活动，保证货币资金安全完整的重要手段。出纳工作还可对违法乱纪行为和经济犯罪起到预防作用，促进廉政建设和社会主义经济建设事业的发展。

（3）货币资金准确核算。出纳工作是按照国家的现金管理制度和银行结算办法来进行货币资金的收付结算，按照国家的方针政策正确及时地记录单位的货币资金往来业务。这样，一个单位某一时期内货币资金的增减变动及使用情况便得到了全面真实的反映，从而为单位经营决策和会计核算提供了基础数据。特别是在社会主义市场经济条件下，财会信息成为单位经营决策的重要条件，它能及时准确地提供单位货币资金活动信息，它在单位会计核算和经营管理中的作用也越来越明显。

3. 出纳的配置

（1）机构设置。出纳机构一般设置在会计机构内部，如各企事业单位财会科、财会处内部设置专门处理出纳业务的出纳组、出纳室等。

《会计法》第三十六条第一款规定："各单位应当根据会计业务的需要，设置会计机构，或者在有关机构中设置会计人员并指定会计主管人员；不具备设置条件的，应当委托经批准设立从事会计代理记账业务的中介机构代理记账。"

《会计法》对各单位会计、出纳机构与人员的设置没有做出硬性规定，只是要求各单位根据业务需要来设定。各单位可根据单位规模大小和货币资金管理的要求，结合出纳工作的繁简程度来设置出纳机构。

以工业企业为例，大型企业可在财务处下设出纳科，中型企业可在财务科下设出纳室，小型企业可在财务股下配备专职出纳员。有些主管公司，为了资金的有效管理和总体利用效益，把若干分公司的出纳业务（或部分出纳业务）集中起来办理，成立专门的内部结算中心，这种"结算中心"实际上也是出纳机构。

（2）出纳人员配备。一般来讲，实行独立核算的企业单位、在银行开户的行政事业单位，有经常性现金收入和支出业务的，都应配备专职或兼职出纳人员。出纳人员配备的多少，主要取决于本单位出纳业务量的大小和繁简程度，且要以业务需要为原则，既满足出纳工作量的需要，又避免出现徒具形式、人浮于事的现象。一般可采用一人一岗、一人多岗、一岗多人等三种形式。

①一人一岗：规模不大的单位，出纳工作量不大，可设专职出纳员一名。

②一人多岗：规模不大的单位，出纳工作量较小，可设兼职出纳员一名。无条件单独设置会计机构的单位，至少要在有关机构中（如单位的办公室、后勤部门等）配备兼职出纳员一名。但兼职出纳不得兼管收入、费用、债权、债务账目的登记工作、稽核工作及会计档案保管工作。

③一岗多人：规模较大的单位，出纳工作量较大，可设多名出纳员，如分设管理收付的出纳员和管账的出纳员，或分设现金出纳员和银行结算出纳员等。

出纳是企业中最重要的财务岗位之一，其地位仅次于财务主管或主管会计。出纳掌管着企业现金资产的流入和流出，对企业的经营和管理具有非常重要的意义。所以，每家企业的出纳岗位都由老板最信任的人担任。

┃1.1.2　做出纳的理由及基本素质

1. 做出纳的理由

做出纳，职业方向比较明确。财会部门是一个企业的核心，比如老板或领导计划做一个项目得问问财务，他才好做决定。由于出纳是技术活，专业性强，个人只要肯努力学习，就可以掌握较好的技能。而且收入增长的潜力也较大，由普通出纳可以升到会计，再到财务总监，身价也是一路飙升。所以，虽有责任，但容易出成绩。

（1）相对其他职业，企业的出纳人数少，所以出纳在企业内部的竞争相对较小。

（2）做出纳不需要经常出差。

（3）出纳不吃青春饭。虽然说出纳不一定是越老越吃香，但肯定不是吃青春饭的职业，至少可以干到正常退休。每个单位都需要出纳，只要自己好好学习，就业问题不大。

（4）出纳能让你时刻保持积极向上的心。做出纳也需要不断地学习，需要做到老、学到老，通过学习不断更新自己的知识面。出纳学得好就能够运用得好，学习和工作相关性很大，不像有的学科，学和做脱节。

（5）出纳可以让你变得更细心。做出纳可以帮助你改掉马大哈的坏毛病。

（6）出纳挑战性高。出纳工作应该也算有挑战性的工作，需要认真干、细心干、动脑筋干，尤其是不断出台新的会计准则，每个出纳都要面对着新的挑战。

（7）一个行业的出纳可以了解这个行业的经营内幕和管理信息。因此，对有兴趣自己创业的人来说，选择出纳岗位就是选择创业前的热身。

（8）出纳入门对学历要求低。大多时候你只要有一张会计从业资格证就能入职。当然，如果你不满足于基础岗位，就需要从各方面来提升自己，比如考取会计从业资格证、初级会计资格证、中级会计资格证、高级会计资格证、注册会计师等。考取会计专业证书是会计人员升职加薪的必经之路。当然，实战经验也是出纳获取高薪的一个竞争砝码，初入职场的人缺少实战经验，可以通过学习一些实务课程来提前为自己充电，增强职场信心和竞争力。

当然，学出纳不只上面这些理由。一旦你从事会计相关的工作，在考证与积累实战经验的过程中，会发现自己慢慢地爱上了它，从此会计就会成为你生命中的一部分，这其中的滋味，只有真正深入会计工作中才能体味。

2. 做出纳的基本素质

成为出纳必须具备以下三方面的基本素质。

（1）取得会计人员从业资格证书——会计证。《会计基础工作规范》第十条规定："各单位应当根据会计业务需要配备持有会计证的会计人员。未取得会计证的人员，不得从事会计工作。"持证上岗既是用人单位的要求，也是对用人单位利益的保证。同时，对已经持证的人员，这项规定也是保证工作的权利。

此外，持证人每年要参加继续教育的培训，了解和掌握会计政策、专业知识的变化，提高业务水平，满足企业经营管理的需要。

（2）具备出纳必需的专业知识和专业技能。《会计基础工作规范》第十四条规定："会计人员应当具备必要的专业知识和专业技能，熟悉国家有关法律、法规、规章和国家统一会计制度，遵守职业道德。"作为出纳人员，应当熟悉会计基本知识，掌握快速、准确地清点钞票以及准确使用票据的技能。

（3）亲属回避制度。回避制度是指为了保证执法和执业的公正性，对由于某种原因可能影响其公正执法或执业的人员实行任职回避的一种制度。《会计基础工作规范》第十六条规定："国家机关、国有企业、事业单位任用会计人员实行回避制度。单位领导人的直系亲属不得担任本单位的会计机构负责人、会计主管人员。会计机构负责人、会计主管人员的直系亲属不得在本单位会计机构中担任出纳工作。需要回避的直系亲属为：夫妻关系、直系血亲关系、三代以内旁系血亲以及配偶亲关系。"

▌1.1.3　出纳与会计有哪些区别

出纳和会计是财务岗位中比较突出的两个角色，虽然属性相同，但是性质却大不一样。那么，如何区分出纳和会计的岗位性质呢？

在财务管理工作中，出纳是管理货币资金、票据、有价证券进出的一项工作。而会计是以货币作为主要计量单位，采用专业方法对经济活动进行连续、系统、全面、综合的核算和监督，并在此基础上进行分析、预测和控制的一种管理活动。会计师指出，出纳工作是会计工作的一部分，两者既互相依赖又互相牵制，出纳工作不仅是一个单位对外的服务窗口，也是会计工作不可缺少的一部分。它位于经济工作的第一线。因此，做好出纳工作对规范整个会计制度具有极其重要的现实意义。

会计，根据分管的账簿可分为总账会计、明细账会计和出纳。三者既有区别又有联系，是分工与协作的关系。

（1）总账会计、明细账会计和出纳，在财务管理工作中各有各的分工。总账会计负责企业经济业务的总括核算，为企业经济管理和经营决策提供总括的全面的核算资料；明细分类账会计分管企业的明细账，为企业经济管理和经营决策提供明细分类核算资料；出纳则分管企业票据、货币资金以及有价证券等的收付、保管、核算工作，为企业经济管理和经营决策提供各种金融信息。

总体上讲，企业必须实行钱账分管制度，出纳人员不得兼管稽核和会计档案保管，不得负责收入、费用、债权、债务等账目的登记工作。总账会计和明细账会计则不得管钱、管物。

（2）会计和出纳之间有着密切的联系，既互相依赖又互相牵制。出纳、明细分类账会计、总账会计之间，有着很强的依赖性。他们核算的依据是相同的，即会计原始凭证和会计记账凭证。这些作为记账凭据的会计凭证必须在出纳、明细账会计、总账会计之间按照一定的顺序传递，他们相互利用对方的核算资料，共同完成会计任务，缺一不可。同时，他们又互相牵制与控制。出纳的现金和银行存款日记账与总账会计的现金和银行存款总分类账，总分类账与其所属的明细分类账，明细账中的有价证券账与出纳账中相应的有价证券账，在金额上均为等量关系。这样，出纳、明细账会计、总账会计三者之间就构成了相互牵制与控制的关系，三者必须保持一致。

（3）出纳与明细账会计的区别是相对的，出纳核算也是一种特殊的明细核算。出纳核算要求分别按照现金和银行存款设置日记账，银行存款还要按照存款人的不同户头分别设置日记账，逐笔序时地进行明细核算。现金日记账要每天结出余额，并与库存数进行核对；银行存款日记账也要在月内多次结出余额，并与开户银行进行核对。月末都必须按规定进行结账。月内还要多次出具报告单，报告核算结果，并与现金和银行存款总分类账进行核对。

（4）出纳工作是一种账实兼管的工作。出纳工作，主要是现金、银行存款和各种有价证券的收支与结存核算，以及现金、有价证券的保管和银行存款账户的管理工作。现金和有价证券放在出纳的保险柜中保管；银行存款，由出纳办理收支结算手续。既要进行出纳账务处理，又要进行现金、有价证券等实物的管理和银行存款收付业务。在这一点上，出纳和其他财会工作有显著的区别。除了出纳，其他财会人员是管账不管钱、管账不管物的。出纳工作的这种分工，并不违背财务"钱账分管"的原则。由于出纳账是一种特殊的明细账，总账会计还要设置"现金""银行存款""长期投资""短期投资"等相应的总分类账对出纳保管和核算的现金、银行存款、有价证券等进行总金额的控制。其中，有价证券还应有出纳核算以外的其他形式的明细分类核算。

（5）出纳工作直接参与经济活动过程。货物的购销必须经过两个过程：货物移交和货款的结算。其中货款结算，即货物价款的收入与支付，就必须由出纳来完成；往来款项的收付、各种有价证券的经营以及其他金融业务的办理，更是离不开出纳人员的参与。这也是出纳工作的一个显著特点，其他财务工作，一般不直接参与经济活动过程，而只对其进行反映和监督。

在财务管理中我们不可极端地认为会计与出纳一定存在着很大的区别，它们在财务管理工作中既存在区别又存在联系，它们之间相辅相成，关系密切。

1.2　出纳工作的基本原则及特点

1.2.1　出纳工作的基本原则

1. 实行钱账分管制度

钱账分管，即管钱的不管账，管账的不管钱。一方面，各单位应配备专职或兼职的出纳员，负责办理现金收付业务和现金保管业务，非出纳员不得兼管现金收付业务和现金保管业务；另一方面，出纳员不得兼管稽核、会计档案保管和收入、费用、债权、债务账目的登记工作。

后面在现金管理业务版块我们将详细讲述钱账分管制度。

2. 常见的钱账分管业务

建立钱账分管制度，可以使出纳员和会计人员相互牵制、相互监督，从而减少错误和贪污舞弊的可能性。比较常见的钱账分管有相关款项的支付、发放工资等。

库存现金和银行存款的支付，一般应由会计主管人员审核、批准，出纳人员付款，再由记账人员记账。这将一笔业务分为三个阶段来完成，且每个阶段由专人来负责，符合钱账分管的原则。

发放工资的业务也是典型的钱账分管业务。发放工资时，应由工资核算人员编制工资单，出纳人员根据工资单到银行提取现金并按工资单进行分发，最后由记账人员记账。

1.2.2　出纳工作的特点

1. 社会性

出纳工作担负着一个单位货币资金的收付、存取活动，而这些活动是置身于整个社会经济活动大环境之中的，是与整个社会的经济运转相联系的。只要这个单位发生经济活动，就必然要求出纳员参与。如出纳人员要了解国家有关财会政策法规并参加这方面的学习和培训，出纳人员要经常跑银行等。因此，出纳工作具有广泛的社会性。

2. 专业性

出纳作为会计工作的一个重要岗位，有着专门的操作技术和工作规则。凭证如何填、出纳账怎样记都很有学问，就连保险柜的使用与管理也是很讲究的。因此，要做好出纳工作，一方面要求出纳员经过一定的职业教育，另一方面也需要在实践中不断积累经验，掌握工作要领，并熟练使用现代化办公工具。

3. 政策性

出纳工作是一项政策性很强的工作，其工作的每一环节都必须依照国家规定进行，如办理现金收付要按照国家现金管理规定进行，办理银行结算业务要根据国家银行结算办法进行。《会计法》《会计基础工作规范》等法规都把出纳工作并入会计工作中，并对出纳工作提出具体规定和要求。出纳人员不掌握这些政策法规，就做不好出纳工作；不按这些政策法规办事，就违反了财经纪律。

4. 时间性

出纳工作具有很强的时间性，何时发放职工工资、何时核对银行对账单等都有严格的时间要求，一天都不能延误。因此，出纳员心里应该有个时间表，及时办理各项工作，保证出纳工作质量。

1.3　出纳工作的职能及权限

1.3.1　出纳工作的职能

出纳工作作为财会工作的一个重要组部分，其职能可概括为四个方面。
- 收付职能；
- 反映职能；
- 监督职能；
- 管理职能。

1. 收付职能

出纳的最基本职能是收付职能。企业经营活动少不了货物价款的收付、往来款项的收付，也少不了各种有价证券以及金融业务往来的办理。这些业务往来的现金、票据和金融证券的收付和办理，以及银行存款收付业务的办理，都必须经过出纳人员之手。

出纳最重要也是最主要的职能就是收付职能。这里的收付是指企业经营活动中相关款项的收付，包括以下四个方面。

- 货物价款的收付；
- 往来款项的收付；
- 各种有价证券的办理；
- 金融业务往来的办理。

这些业务往来的现金、银行存款、票据和金融证券，都要经由出纳人员之手，进行相应的收付程序和手续办理。

例如，小王新成立了一家公司，由于新成立公司业务比较少，资金的收付不多，小王就自己办理资金的收付。两个月下来，小王不仅收到了两张假币，而且办理付款时，由于自己对银行的一些规定和票据不了解，要么就是银行不办理对公业务时他去办理，要么就是他不知道该填什么票据，总是缺这个章、少那个资料，就是付不了款，耽误了不少的时间，最后导致客户退单。这些工作其实对于出纳来说就是一个很简单的收付职能，于是小王决定聘请专业的出纳人员。

2. 反映职能

出纳要利用统一的货币计量单位，通过其特有的现金与银行存款日记账、有价证券的各种明细分类账，对本单位的货币资金和有价证券详细地记录与核算，以便为经济管理和投资决策提供所需的完整、系统的经济信息。因此，反映职能是出纳工作的主要职能之一。

当企业经济业务中相关款项通过出纳人员进行收付之后，出纳人员须将相关的原始凭证收集起来，并填制记账凭证，再将业务内容以会计语言记录在账簿上。而出纳人员的反映职能就体现在这些由出纳人员记录的账簿上。

出纳人员需要记录的账簿主要有三项。

- 库存现金日记账；
- 银行存款日记账；
- 有价证券的明细分类账。

《库存现金日记账》与《银行存款日记账》是比较常见的出纳人员需要记录的账簿，当企业没有有价证券业务时，这两本账几乎就是出纳需要记的所有账了。

在《库存现金日记账》和《银行存款日记账》中，对企业库存现金与银行存款的收入和使用情况进行详细的记录与核算，当企业经营管理和投资决策需要时，可以随时提供完整、系统的经济信息。

例如，出纳人员每天下班前都要结出库存现金和银行存款日记账的当日余额，这余额一结出就能反映出今天公司现金到底收支了多少，银行存款到底收支了多少。到月底进行月结时，就能反映出有多少款项已经收回、有多少款项属于欠款等，老板可以根据这些信息进行新的计划。

3. 监督职能

出纳要对企业的各种经济业务，特别是货币资金收付业务的合法性、合理性和有效性，进行全过程的监督。

在实际工作中，出纳人员在进行相关款项的收入与支付时，需要对经济业务的相关情况进行全过程的监督。一般来说，这种监督主要针对经济业务的以下三个方面来进行。

- 合法性；
- 合理性；
- 有效性。

只有这三个方面同时满足要求时，出纳才会进行实际款项的收入与支付操作。

例如，业务员小刘来报销前几天出差的路费和住宿费，出纳收到要报销的原始凭证一看，里面包括1张餐饮票、1张日期是去年的住宿票，出纳退回这两张票，不给报销。原因：小刘报销的是前几天的路费和住宿费，餐饮票违背了合理性，去年的住宿票违背了有效性。

4. 管理职能

出纳还有一个重要的职能是管理职能。对货币资金与有价证券进行保管，对银行存款和各种票据进行管理，对企业资金使用效益进行分析研究，为企业投资决策提供金融信息，甚至直接参与企业的方案评估、投资效益预测分析等，都是出纳的职责所在。

出纳人员位于财务工作的最前端，对企业的相关业务具有管理职能。这体现在以下四个方面。

- 对银行存款进行管理；
- 对各种票据进行管理；
- 对货币资金进行保管；
- 对有价证券进行保管等。

出纳人员的管理职能，还表现在参与企业管理决策的方面。

- ✍ 对企业资金使用进行分析研究；
- ✍ 为企业投资决策提供金融信息；
- ✍ 参与企业的相关方案评估；
- ✍ 企业的投资效益预测分析等。

例如，公司出纳小李觉得出纳工作整天就是写写算算、收收付付的，特别无聊。一天小李无意地翻着银行存款日记账账簿，看了公司几个月的收支情况，小李发现了一个现象，客户润华公司的欠款是一拖再拖，已经拖欠好几个月了。小李初步分析，可能最近润华公司的经营状况不景气，于是小李向公司领导提出了她的看法。最终，经公司相关人员调查得知润华公司经营状况不景气已经很久了，濒临破产，所以公司决定不再为润华公司提供货物。

▌1.3.2　出纳人员的权限

出纳人员的工作权限，也是出纳人员在财务工作中可以行使的权力，主要包括三个方面。

- ✍ 维护财经纪律，执行财会制度；
- ✍ 参与货币资金计划定额管理；
- ✍ 管理货币资金的使用。

1. 维护财经纪律，执行财会制度

《会计法》是我国会计工作的根本大法，是会计人员必须遵守的重要法律。《会计法》中有多项条款对会计人员如何维护财经纪律做出具体规定。

这些规定为出纳人员进行会计监督提供了法律保障和法律依据。由于财务部门责任重大，与企业的经营成果密切相关，因此无论从企业出发还是从国家法律层面出发，都属于被严密监管的部门。而财务部门内部，也需要进行自我监督，自行维护财经纪律。

出纳是企业所有业务的必经端口，是财务工作的"关卡"和"前哨"。出纳人员应认真学习、领会、贯彻这些法规，充分发挥作用，为维护财经纪律、抵制不正之风做出贡献。

2. 参与货币资金计划定额管理

现金管理制度和银行结算制度是出纳员开展工作必须遵照执行的法规。这些法规，实际上是赋予了出纳员对货币资金管理的职权。例如，为加强现金管理，要求各单位的库存现金必须限制在一定的范围内，多余的要按规定送存银

行，这便为银行部门利用社会资金进行有计划的放款提供了资金基础。因此，出纳工作不是简单的货币资金的收付，不是无足轻重的点点钞票，其工作的重要意义只有和许多方面的工作联系起来才能体会到。

企业的货币资金分为两部分：银行存款和库存现金。

对于银行存款，国家的相关法律法规并没有任何额度的限制。而由于库存现金的特殊性，因此无论是其使用范围，抑或是其库存额度，都有严格的规定。

正是有这样严格的规定，一旦触犯，处罚也相当严厉，所以企业对这方面十分重视。因而出纳岗位就有了一个专门的职责，即对货币资金的计划定额进行管理和监控，一旦接近限额，就需要及时进行处理。

3. 管理货币资金的使用

出纳工作每天和货币资金打交道，单位的一切货币资金往来都与出纳工作密切相关，货币资金的来龙去脉、周转速度的快慢，出纳员都清清楚楚。因此，提出合理安排利用资金的意见和建议，及时提供货币资金使用与周转信息，也是出纳员义不容辞的责任。出纳员应抛弃被动工作观念，树立主动参与意识，把出纳工作放到整个会计工作、经济管理工作的大范围中，这样，既能增强出纳自身的职业光荣感，又为出纳工作开辟了新的视野。

出纳人员要对货币资金的使用情况进行及时的监督和汇总，还要提供货币资金使用与周转的相关信息。当企业需要时，出纳人员还需要对资金的合理安排、充分利用提供专业的意见和建议。

在实际工作中，出纳人员对货币资金的使用管理体现在以下三个方面。

✍ 对相关费用的报销审核；

✍ 对相关款项的支付否决权，是指当一笔款项已由上级批示支付的情况下，出纳人员仍然有权以当前资金的状况为由暂缓甚至拒绝支付。这是许多企业对付客户要款的常用招数之一。

✍ 对相关票据开出的延迟权等。

1.4　出纳的日常工作及基础流程

1.4.1　出纳经常接触的凭证

不要以为出纳的工作只是管"钱"，出纳的工作中还跟很多的票据打交道呢，出纳常接触的凭证有以下五种。

（1）工资表。工资表是各单位按月向职工支付工资的原始凭证。

（2）报销单。报销单是各单位内部有关人员为单位购买零星物品，接受外单位或个人的劳务或服务而办理报销业务，以及单位职工报销医药费、托补费等使用的单据。

（3）借款收据。一般适用于单位内部所属机构为购买零星办公用品，或职工因公出差等原因向出纳员借款时的凭证。

（4）领款收据。领款收据是本单位职工向其他各单位领取各种非工资性奖金、津贴、补贴、劳务费和其他各种现金款项，以及其他单位或个人向本单位领取劳务费、服务费时填制的作为付款的凭证。

（5）差旅费借款、报销单。出差人员预先借出差旅费，可以使用差旅费借款结算单作为原始凭证。

1.4.2　出纳常用的会计符号及应掌握的日期

1. 出纳常用的会计符号

会计员、出纳员在填写记账凭证、登记账簿、编制报表时，通常使用约定俗成的下列会计符号。

√——表示已记账或已核对。填在凭证金额右边或账页余额右边的格子里。

¥ ——表示人民币。已在金额前写此符号的，金额后边就不用写"元"字。

@——表示单价。

△——表示复原。将原来书写的数字划红线更正或文字更改后，发觉错误，即原来写的是对的，仍应恢复原来记载。可以在被划线的数字或被更改的文字下边用红墨水写此符号，每个数码或文字下边写一个△，并在这笔数字或文字加符号处盖小章。

#——表示编号的号码。

Σ——表示多笔数目的合计，即总和。

※——表示对某笔数字、文字另附说明。

2. 出纳应掌握的日期

出纳是财务中很重要的工作，出纳不仅仅需要对现金、金额、票据、签字等熟悉，还必须要对一些日期敏感。因为出纳是一项时间观念极强的工作，所以下面总结出了出纳应该掌握的日期，如表1-1所示。

表1-1 出纳应掌握的日期

日期	内容
24小时	会计人员继续教育的学时
2天	开户人资料变更，开户银行办理变更后2日向人民银行报告
3天	银行账户开设3日后方可办理业务、开设一般存款账户等的，应在开户后3日内书面通知基本账户银行、托收承付中验单付款的期限
5天	开户后提出资料变更、开设一般存款账户等的，应在开户后5日内向人民银行备案
6天	月度财务报告在月度终了后对外提供
10天	对于财务人员反映违反国家统一的财政收支单位领导人做出书面处理意见的期限、从业资格证的限期办理期限、支票的提示付款的期限、托收承付中验货付款的期限、外出经营活动税收证明期满后10日缴销、商业汇票到期后的提示付款期
15天	季度财务报告在季度终了后对外提供，遗失税务登记证件15日内报告主管税务机关，办理注销税务登记的期限、领取税务登记证件后15日内将财务制度报送税务部门，减免税条件发生变化的15日内向税务机关报告
30天	开户一年内未发生业务的30日办理销户、办理税务登记的期限、税务机关受理后30日内发证，税务登记证的变更登记、外出经营活动税收证明的一般期限为30天，最长不超过180天
1个月	银行汇票提示付款的期限
60天	半年度财务报告在半年度终了后对外提供
2个月	银行本票的提示付款的期限、汇款2个月内无法交付应退汇
90天	持证人员从事会计工作90天内进行上岗注册登记
3个月	延期缴纳税款的最长期限、纳税人被纳入非正常户超过3个月的，税务机关可宣布税务登记证件无效
4个月	年度财务报告在年度终了后对外提供
180天	外出经营累计超180天的应在营业地办理税务登记
6个月	持证人员离岗6个月应进行离岗备案、商业汇票的最长期限
1年	纳税人停业的最长期限、年度终了后会计档案由会计室保管1年
2年	财会类中专以上毕业生在2年内可免试会计基础、电算化、临时存款账户的最长期限
3年	年度财务报告保管期限、总会计师应主管一个单位或单位的一个重要方面的财务不少于3年、会计主管人员的一个条件是从事财务工作不少于3年
5年	固定资产卡片账在固定资产报废后保管期限、被依法吊销会计证的人员5年内不得重新参加从资格考试、发票存根和发票登记簿应当保存的期限
10年	纳税资料的保存期限
15年	原始凭证、记账凭证保管期限，总账明细账（除辅助账、日记账）保管期限
25年	日记账保管期限、会计档案定期中的最长期限
永久	年度财务报告保管、被追究刑事责任的人不得参加从业考试

1.4.3 出纳日常工作的内容

出纳平时的工作很简单，主要包括以下六项内容。

☑ 办理银行存款和库存现金的结算业务；

☑ 负责重要空白票据管理和相关印章保管；

☑ 办理往来结算；

☑ 负责报销相关费用的工作；

☑ 审核原始凭证，制作收付款记账凭证，记入日记账；

☑ 员工工资的发放。

1. 办理银行存款和库存现金的结算业务

每个企业的支出都只有两个途径，即银行和现金。企业的出纳岗位，正是针对企业的收支需求而设置的专门岗位。

出纳最主要的工作，就是办理银行存款和现金的存取管理。企业的银行存款和现金，其收入和支出都必须通过出纳，因此单位的支票、汇票等进账后也必须将相关票据交由出纳保存。

单位现金收入应于当日送存开户银行。支付现金，可以从本单位现金库存支取或者从开户银行提取，不得从本单位的现金收入中直接支付（即坐支）。单位从开户银行提取现金的，应当写明用途，由本单位财务负责人签字盖章，予以支付。不准用不符合财务制度的凭证顶替库存现金，不准单位之间相互借用现金，不准谎报用途套取现金，不准利用银行账户代其他单位和个人存入或支取现金，不准将单位收入的现金以个人名义存入储蓄，不准保留账外公款（即小金库）。

出纳人员要按照规定设置银行存款日记账、现金日记账，采用订本式账簿。启用账簿应在封面上写明单位名称和账簿名称并填写启用表。记账簿要求进行记录，做到数字准确、摘要清楚、记账及时、字迹工整。如记录发生错误，不准涂改、挖补、刮擦或用药水消除字迹，要按照《会计基础工作规范》要求进行更正。现金日记账和银行存款日记账要逐日结出余额，并与库存现金核对无误。

出纳人员在办理相关款项的结算业务时，需要严格遵照国家有关现金管理和银行结算制度的规定。

☑ 遵守现金开支范围，不符合规定的情况，不得用现金收付；

☑ 遵守现金的库存限额，超出部分应及时送存银行；

☑ 现金管理应当每日核对，发现问题及时查对；

✍ 银行存款要与银行及时核对，如有不符，需查明原因，必要时可通知银行调整。

2. 负责重要空白票据管理和相关印章保管

管理企业的各种重要的空白票据，包括以下内容：支票、发票、有价证券等。

（1）出纳人员填写支票时应注意以下六点。

① 支票正面不能有涂改痕迹，否则作废；

② 受票人如果发现支票填写不全，可以补记，但不能涂改；

③ 支票的有效期为10天，日期首尾算一天，如遇节假日顺延；

④ 支票见票即付，不记名；

⑤ 出票单位现金支票背面印章盖模糊了，可把模糊印章打叉，重新盖；

⑥ 收款单位转账支票背面印章盖模糊了（此时《票据法》规定是不能以重新盖章方法来补救的），收款单位可带转账支票及银行进账单到出票单位的开户银行去办理收款手续（不用付手续费），俗称“倒打”，这样就用不着到出票单位重新开支票了。

对于办理支票业务，首先是要审核，看大小写金额是否一致，出票金额、出票日期、收款人等要素有无涂改，支票是否已经超过提示付款期限，支票是否透支。值得注意的是：大写金额记到元的应在后面加“整”字，到分的则不能加“整”，如图1–1所示。

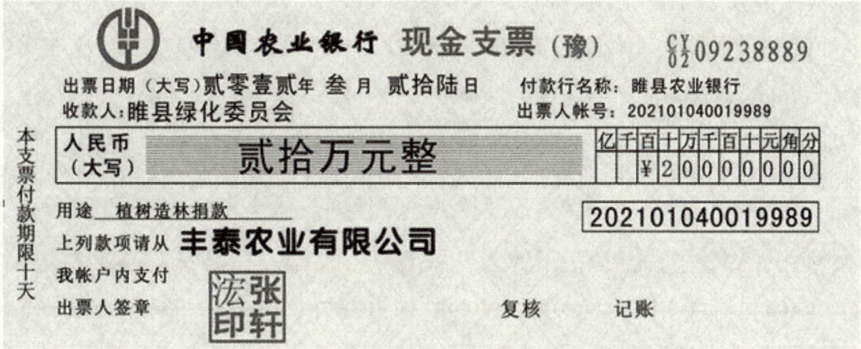
中国农业银行 现金支票（豫） CY 02 09238889
出票日期（大写）贰零壹贰年 叁 月 贰拾陆日　付款行名称：睢县农业银行
收款人：睢县绿化委员会　出票人帐号：202101040019989
本支票付款期限十天
人民币（大写） 贰拾万元整

亿	千	百	十	万	千	百	十	元	角	分
		¥	2	0	0	0	0	0	0	0

用途 植树造林捐款　202101040019989
上列款项请从 丰泰农业有限公司
我帐户内支付
出票人签章 张浤印轩　复核　记账

图1–1 支票

根据《中华人民共和国票据法》的相关规定，支票的使用规定有以下五点。

① 开立支票存款账户，申请人必须使用其本名，并提交合法证件。开立支票存款账户和领用支票时，申请人应当有可靠的资信，并存入一定的资金。开立支票存款账户时，申请人应当预留其本名的签名式样印鉴。

② 支票上的金额可以由出票人授权补记，未补记前的支票不得使用。支票上未记载付款地的，将付款人的营业场所作为付款地。支票上未记载出票地的，将出票人的营业场所、住所或者经常居住地作为出票地。出票人可以在支票上记载自己为收款人。

③ 支票的出票人所签发的支票金额不得超过其付款时在付款人处实有的存款金额，否则为空头支票。禁止签发空头支票。支票的出票人不得签发与其预留本名的签名式样和印鉴不符的支票。出票人必须按照签发的支票金额承担向该持票人付款的责任。

④ 当出票人在付款人处的存款足以支付支票金额时，付款人应在当日足额付款。支票限于见票即付，不得另行记载付款日期。另行记载付款日期的，该记载无效。支票的持票人应自出票日起10日内提示付款；异地使用的支票，其提示付款的期限由中国人民银行另行规定。

⑤ 超过提示付款期限的，付款人可以不予付款；付款人不予付款的，出票人对持票人承担票据责任。付款人依法支付支票金额的，对出票人不再承担受委托付款的责任，对持票人不再承担付款的责任。但是，付款人有恶意或有重大过失付款的行为除外。

（2）发票的填写与保管。发票是指单位在购销商品、提供或者接受服务以及从事其他经营活动中开具、收取的收付款凭证。发票包括普通发票、增值税专用发票、专用发票。

普通发票主要由营业税纳税人和增值税小规模纳税人使用，一般纳税人在不能开具增值税专用发票的情况下也可使用。

增值税专用发票专用于纳税人销售或者提供增值税应税项目。它是我国实施新税制的产物，是国家税务部门根据增值税征收管理需要而设定的。

专用发票是购货方据以抵扣税款的法定凭证。它是记载商品销售额和增值税税额的财务收支凭证，也是兼记销货方纳税义务和购货方进项税额的合法证明。

发票填开的基本规定有以下六点。

① 发票只限于用票单位和个人自己填开使用，不得转借、转让、代开发票；未经国家税务机关批准，不得拆本使用发票。

② 单位和个人只能使用国家税务机关批准印制或购买的发票，不得用"白条"和其他票据代替发票使用，也不得自行扩大专业发票的使用范围。

③ 发票只准在领购发票所在地填开，不准携带到外县（市）使用。到外县（市）从事经营活动需要填开普通发票的，按规定可到经营地国家税务机关申请购买发票或者申请填开。

④ 凡销售商品、提供服务以及从事其他经营业务活动的单位和个人，对外发生经营业务收取款项时，收款方应如实向付款方填开发票；但对收购单位和扣缴义务人支付个人款项时，可按规定由付款单位向收款个人填开发票；对向消费者个人零售小额商品或提供零星劳务服务，可以免于逐笔填开发票，但应逐日记账。

⑤使用发票的单位和个人必须在实现经营收入或者发生纳税义务时填开发票；未发生经营业务，一律不准填开发票。

⑥单位和个人填开发票时，必须按照规定的时限、号码顺序填开，填写时必须保证项目齐全、内容真实、字迹清楚、全份一次复写、各联内容完全一致，并加盖单位财务印章或者发票专用章。填开发票应使用中文，也可以使用中外两种文字。对于填开发票后发生销货退回或者折价的，在收回原发票或取得对方国家税务机关的有效证明后，方可填开红字发票。用票单位和个人填错发票的，应书写或加盖"作废"字样，完整保存各联备查。用票单位和个人丢失发票的，应及时报告主管国家税务机关，并在报刊、电视等新闻媒体上公开声明作废，同时接受国家税务机关的处理。

（3）有价证券的保管。有价证券是一种具有储蓄性质、最终可以兑换货币的票据。目前，我国发行的有价证券主要有股票和各种债券。股票是向股份企业投资入股的凭证，它代表着企业的股权，可凭股分得利润。债券主要包括政府债券、企业债券和不动产抵押债券，它代表债权，可以按期取得利息，到期取回本金。

① 实行账证分管。账证分管就是指由会计部门管账、出纳部门管证，这样可以互相牵制、互相核对。

② 按货币资金的管理要求进行管理。有价证券的变现能力很强，具有现金相同的性质和价值。所以，企业持有的有价证券（包括记名的和不记名的）必须由出纳人员按照与货币资金相同的要求进行管理。有价证券除法人认购的股票外，一般是不记名的，所以在保管上难度较大。出纳人员有保管现金的经验，并具有保护其安全的客观条件，因此是保管企业有价证券的最佳人选。有价证券必须由出纳人员分类整齐地摆放在保险柜内保管，切忌由经办人自行保管，此外，还要随时或定期进行抽查与盘点。出纳人员对自己保管的各种有价证券的面额和号码应保守秘密。

③ 专设出纳账进行详细核算。出纳人员对自己负责保管的各种有价证券要专设出纳账进行详细核算，并由总账会计的总分类账进行控制。如设置"长期股权投资——股票投资（××企业）""长期债权投资——债券投资（××企业）"等长期投资明细账，在总账"长期股权投资"和"长期债权投资"的

控制下，由出纳人员进行登记，并定期出具收、付、存报告单。出纳部门的有价证券明细账要按证券种类分设户头，所记金额应与总账会计相一致，当账面金额与证券面值不一致时，应在摘要栏内注明证券的批次、面值和张数。必要时，还可以设置辅助登记簿进行补充登记。

④ 非出纳人员使用有价证券。当业务人员提取有价证券时，出纳人员应要求其办理类似现金借据的正规手续，以此作为支付凭证。业务办理完毕后，业务人员应交还有价证券，并由出纳人员在借据上加盖注销章后退还出具人。

⑤ 核对有关部门公布的中签号码。按中签号码还本付息，或中签号码与证券持有人有其他关联时，业务经办人和出纳保管人应注意经常核对有关部门公布的中签号码。

⑥ 建立有价证券购销明细表。为了及时掌握各种证券的到期时间，出纳人员可以通过编制《有价证券购销明细表》来避免失误，《有价证券购销明细表》详细标明各种有价证券的购入与到期时间；也可以通过同时按证券种类和批次设置明细账并在摘要栏注明到期日的办法，来提供有价证券的购销时间。

（4）印章、印鉴的管理。通常，单位财务公章和法人名章要实行分管，交由出纳员保管的出纳印章要严格按规定用途使用，各种票据要办理领用和注销手续。当企业需要开出相关票据时，要由出纳填写，核对无误后交会计盖相关财务印章，方可发生效用。

单位的印章主要包括三种，分别是财务专用章、分管领导的名章和出纳经办人员名章。其用途如表1-2所示。

表1-2　印章种类与用途

印章种类	用途
财务专用章	代表企业行使财权的公章，同时也能代表会计部门
分管领导名章	表明企业领导人员之间的明确分工，一旦出现问题，可以追究分管领导的个人责任
出纳人员名章	表明在会计人员中有明确的分工，坚持"谁经手、谁负责"的原则。如有工作出现变动，应随时更换印鉴，以分清责任

印鉴，一般由出纳人员保管自己的名章，由复核人员保管其余两枚印章。这样既有利于互相监督，又便于明确责任。

印章与印鉴的使用规定包括以下六点。

① 不得携带印章、印鉴外出使用。确有工作需要的，在携带印章、印鉴外出前，必须报总经理批准。

② 携带公章外出必须报部门负责人批准。

③ 不得在空白凭证上加盖印章，确因工作需要加盖印章的，必须在空白凭证上注明"仅供（某具体事项）使用"等限制性字样，并报总经理批准。当事

人必须在事后交回该凭证的原件或复印件。

④ 印章保管人员不得随意私自使用公章，不得擅自让他人代管、代盖公章。

⑤ 对非法使用印章者视情节轻重给予记过、记大过、劝退或开除的处分，并保留追究其法律责任权利。

⑥ 需要签发支票付款时，一般先由出纳人员根据支票管理制度的规定填写好票据，盖上出纳人员名章，然后交复核人员审查该付款项目是否列入了开支计划、是否符合开支规定，如无不妥，则加盖其余印鉴正式签发，这样也就真正起到了付款时的复核作用。

3. 办理往来结算

（1）办理往来结算，建立清算制度。现金结算业务主要包括企业与内部核算单位和职工之间的款项结算、企业与外部不能办理转账手续的单位和个人之间的款项结算、低于结算起点的小额款项结算、根据规定可以用于其他方面的结算。对购销业务以外的各种应收、暂付款项要及时催收结算、应付、暂收款项要抓紧清偿。对确实无法收回的应收账款和无法偿还的应付账款，应查明原因，按照规定报经批准后处理。实行备用金制度的企业，要核定备用金定额，及时办理领用和报销手续，加强管理。对预借的差旅费，要督促及时办理报销手续，收回余额，不得拖欠，不准挪用。对购销业务以外的暂收、暂付、应收、应付、备用金等债权、债务及往来款项，要建立清算手续制度，加强管理，及时清算。

（2）核算其他往来款项，防止坏账损失。对购销业务以外的各项往来款项，要按照单位和个人分户设置明细账，根据审核后的记账凭证逐笔登记，并经常核对余额。年终要抄列清单，并向领导或有关部门报告。

4. 负责报销相关费用的工作

出纳人员需要熟练掌握各种收费标准及各项费用支出范围和标准，严格把关。凡涉及学校收费必须使用财政局规定的统一发票，涉及事业性收费必须用行政事业性收费收据，其他用非行政事业性收费收据。发票要填制完整、真实，应当加盖戳记，同存根一起保存，不得撕毁。发票使用完，必须及时送交财政局，及时核销。

根据会计制度的规定，出纳在办理现金和银行存款的支付业务时，需要对有关原始凭证进行严格审核。只有审核通过的原始凭证才能进入收付款的正式程序。

出纳的收付工作，首先是收款业务。收款业务的原始凭证包括：

- ✍ 对方单位交来的现金缴款单；
- ✍ 对方单位开出的支票；
- ✍ 对方单位开出的汇票；
- ✍ 对方单位开出的银行信用证等。

许多单位将报销相关费用的审核工作，交由出纳负责。一般情况下，由报销人将相关发票贴好交出纳审核，核实无误后再交相关领导签字、盖章，符合出纳的付款手续后，由出纳支付现金或开出支票。

在负责报销相关费用时，不仅要懂得公司里的费用相关规定，而且需要严格遵守。

例如，一天，王某拿着一叠厚厚的差旅费发票到财务科报销，出纳陈某即对发票进行审核，结果发现报销金额与附件发票相差伍拾元，陈某当即告诉王某报销金额与附件发票不符。王某看看四周没人，悄声对出纳陈某说："重新签字多麻烦啊，反正金额这么少，算了吧？"

面对好友王某的要求，出纳陈某该如何选择？

因人情关系，故意审核不严，帮助别人乱报销，属于程序执行过程类风险。此笔业务不能办理，须退回重新签字。因为身为一名财务人员，不遵守费用报销管理制度规定，属于违规行为。财务人员应自觉遵守相关法律法规以及行业财务管理的各项规章制度。

5. 审核原始凭证，制作收付款记账凭证，记入日记账

出纳要根据每天的银行存款与现金的收支变化，按规程记入日记账中。出纳手中一般有两本日记账，即银行存款日记账和库存现金日记账。这两本账簿需要出纳人员每天根据手中的相关票据填写会计凭证，记入相关数据。

因为出纳每天都会记录银行存款和库存现金的收支情况，所以出纳也需要随时掌握这两个账户的余额情况。一般来说，库存现金是需要每天核对实际库存，然后每月还要结账；银行存款若要每天与银行核对不太可能，但是每月银行出对账单后，出纳需要及时对账。

根据会计制度的规定，在办理现金和银行存款收付业务时，要严格审核有关原始凭证，再据以编制收付款凭证，然后根据编制的收付款凭证逐笔按顺序登记现金日记账和银行存款日记账，并结出余额。

原始凭证是指在经济业务发生时取得或填制的，证明经济业务发生和完成情况的书面证明，也是编制记账凭证的合法依据。原始凭证审核无误后，方可填写费用报销单，如图1-2所示。

费用报销单

年　月　日

单位名称		审批人(签字)		附单据
经费来源	类　款　项　目　节	付款方式		
款项用途				
报销金额(大写)	⊗　⊗万⊗仟柒佰零拾零元零角零分（¥700.00）			张

分管领导(签字)：　　审核人：　　报销(签字)：

图1–2　原始凭证费用报销单

审核原始凭证时要注意以下六点。

（1）审核原始凭证的真实性。原始凭证真实性的审核，即审查原始凭证所反映的经济业务的本来面貌，有无掩盖、伪造、歪曲和颠倒，包括日期是否真实、业务内容是否真实、数据是否真实等。对于外来原始凭证，真实性的审查应当包括经济业务的双方当事单位和当事人，业务发生的时间、地点和填制原始凭证的日期，经济业务的内容，经济业务的“量”（包括实物量、劳动量和价值量三种度量单位）等几个方面的真实性。自制原始凭证必须有经办部门和经办人员的签名或盖章，外来原始凭证必须有填制单位公章和填制人员签章。对于通用原始凭证，还应审核凭证本身的真实性，以防假冒。

（2）审核原始凭证的合法性。原始凭证合法性的审核，包括内容的合法性和形式的合法性两个方面。审核原始凭证内容的合法性，主要审查原始凭证所反映的经济业务内容是否符合国家的方针、政策、法律、法规及财政、财务、会计制度的规定；审核原始凭证形式的合法性，主要审查原始凭证的形式是否符合《全国发票管理办法》的规定。根据《全国发票管理办法》的规定，除某些专业票据如车船票等以外，其他发票和收款收据都必须印有税务机关的全国统一发票监制章。

（3）审核原始凭证的合理性。以国家的有关方针、政策、法律、法规、制度和相关的计划、合同等为依据，审核原始凭证所记录的经济业务是否符合企业生产经营活动的需要、是否符合有关的计划和预算等。

（4）审核原始凭证的完整性。审核原始凭证所填写的内容是否齐全、有无漏记项目，如凭证的名称、填制日期、业务内容等是否齐备；有大写和小写金额的原始凭证，大写与小写金额必须相符；凭证联次是否正确；有关签章是否齐全等。

（5）审核原始凭证的正确性。审核原始凭证各项金额的填写和计算是否正确，包括数字是否清晰、文字是否工整、书写是否规范、凭证联次是否正确、有无涂改、刮擦和挖补以及数字计算是否正确等。例如，原始凭证中的数量乘以单价是否等于金额，分项金额之和是否等于合计金额，差旅费报销时有关补贴的计算是否正确，工资结算单中工资计算是否正确等。

（6）审核原始凭证的及时性。原始凭证的填制和取得应当与所发生的经济业务的时间基本保持一致。及时性也就是收到原始凭证后，应当及时传递，最好不要跨月，不可拖延时间进行传递，否则会影响原始凭证的时效性，进而影响原始凭证的使用。审查时，重点审查各种原始凭证是否及时填写，是否按规定程序及时交给会计机构、会计人员进行审核。对于银行本票、银行汇票、支票等时效性较强的原始凭证，更应该仔细验证其签发日期。

经审核的原始凭证，应根据不同情况分别处理。

（1）对于完全符合要求的原始凭证，应当及时据以编制记账凭证入账。

（2）对于真实、合法、合理但内容不够完整、填写有错误的原始凭证，应退回给有关经办人员，由其负责将有关凭证补充完整、更正错误或重开后，再办理正式的会计手续。

（3）对于不真实、不合法的原始凭证，会计机构和会计人员有权不予接收，并向单位负责人报告。

6. 员工工资的发放

发放员工工资是公司资金的一大笔支出，虽然发放员工工资不一定是出纳的工作，但是由于出纳负责现金的支付，所以许多企业的现金工资和现金奖金的发放也是由出纳人员来负责的。

（1）执行工资计划，监督工资使用。根据批准的工资计划，出纳人员会同劳动人事部门，严格按照规定掌握工资和奖金的支付情况，分析工资计划的执行情况。对于违反工资政策、滥发津贴奖金的，要予以制止或向领导和有关部门报告。

（2）审核工资单据，发放工资奖金。出纳人员根据实有职工人数、工资等级和工资标准，审核工资奖金计算表，计算办理代扣款项（包括计算个人所得税、住房基金、劳保基金、失业保险金等），计算实发工资。按照车间和部门归类，编制工资、奖金汇总表，填制记账凭证。经审核后，出纳人员会同有关人员提取现金，组织发放。发放的工资和奖金，必须由领款人签名或盖章。发放完毕后，出纳人员要及时将工资和奖金计算表附在记账凭证后或单独装订成册，并注明记账凭证编号，妥善保管。

（3）负责工资核算，提供工资数据。出纳人员按照工资总额的组成和工资的领取对象进行明细核算，并根据管理部门的要求，编制有关工资总额报表。

如果公司规模比较大，员工比较多，发放工资和奖金是比较繁琐的，容易造成差错，所以很多企业都改由银行代发工资了。

1.4.4 出纳的工作流程

上一节主要介绍了出纳的日常工作，本节将简单地介绍一下出纳的工作流程。出纳新手很有必要大致了解一下出纳的工作流程，如图1-3所示。

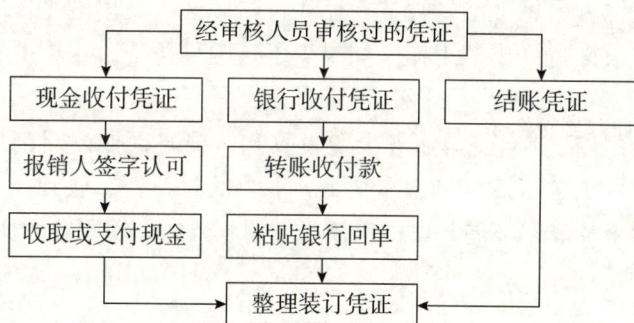

图1-3 出纳的工作流程

1. 收到经审核人员审核过的凭证

公司发生销售产品取得收入、公司购买原材料支付款项、支付职工工资及发放职工福利、业务人员出差报销差旅费等这些业务的发生，都必定会产生原始凭证，相关人员取得有效的原始凭证后，部分原始凭证交给会计人员，部分与收付款相关的原始凭证交给出纳。

例如，2014年8月1日，业务人员王明要出差，拿着经过老板审核签字过的出差申请单，来到财务室找出纳小李预借差旅费1500元。出纳小李让王明填写一张借款单，要求写明日期、部门、借款人、事由和申请人，并找领导及财务主管签字后来领款。当王明领完款之后，出纳小李在此借款单上盖了"现金付讫"的章，并将此借款单整齐地粘贴在付款凭证背面，做如下账务处理：

借：其他应收款——王明 1500
　　贷：库存现金 1500

8月1日下班之前，小李将这笔现金支出登入库存现金日记账中。

2014年8月7日，王明出差回来，带着金额为500元的住宿发票、金额为300元的餐饮发票和200元的出租车发票，共计1000元，以及剩余的500元现金办理此次出差报销的手续。出纳小李让王明将这些发票都整齐地粘贴在差旅费报销单的背面，并要求其按照实际情况填写差旅费报销单，找领导及财务主管签字。出纳收到签字后的差旅费报销单和剩余500元的现金后，给王明开具一张500元的收据，盖上"现金收讫"的章。

本例中王明出差前，拿着经领导审核通过的出差申请单与相关人员签字后的借款单，和出差回来后报销的经相关人签字的差旅费报销单，都属于经审核人审核过的原始凭证。

2. 收付凭证

收付凭证，顾名思义就是收款凭证和付款凭证，是出纳工作中最不能缺少的会计凭证。可以说，出纳工作中如果少了这两种凭证，出纳的工作也就失去了本质的意义。

（1）收款凭证。当公司业务中发生收款情况时，如公司销售产品取得收入、收到客户的前欠货款、销售多余材料取得的材料款、收到业务人员报销差旅费时退回的余款等，都需要根据审核通过的原始凭证填写收款凭证，如图1-4所示。

收 款 凭 证

NO:_____

日期：　年　月　日　　　　　凭证号数_____ 附原始凭证_____ 份

摘　　要	科　目	结算方式	记账	金　额								
---	---	---	---	千	百	十	万	千	百	十	元	角	分
合计	大写：　仟　佰　拾　万　仟　佰　拾　元　角　分												

主管　　　会计　　　出纳　　　制单　　　缴款人签字

图1-4　收款凭证

（2）付款凭证。当公司业务中发生付款，如购买原材料、人力资源部购买办公用品、生产部购买机器设备、业务人员预借差旅费等，都需要根据审核通过的原始凭证填写付款凭证，如图1-5所示。

付款凭证

总号
分号

贷方科目　　　　　　　　年　月　日

摘要	应借科目		√	金额										
	一级科目	二级和明细科目		亿	十	百	十	万	千	百	十	元	角	分
		合计												

附件　张

财会主管　记账　出纳　复核　制单　领款人签章

图1-5　付款凭证

有的公司又把收款凭证分为现金收款凭证和银行存款收款凭证，把付款凭证分为现金付款凭证和银行存款付款凭证。这样区分，出纳更容易统计现金和银行存款的数额。

3. 现金的签字确认与银行的转账

现金支付时，出纳一定要注意让领取现金的人员签字确认以明确责任，这是现金支付中最不能省略的步骤。

例如，2014年9月2日，公司会议决定要在江苏开一家分店，派遣公司的销售部张经理去考查一下情况。当天下午张经理来财务室找出纳小李预借5000元随身携带的差旅费时，说："飞机票已经订好，时间马上就要到了，老总已经走了，没有时间找老总签字了，你就先把钱给我，我出差一回来，带着发票来报销。"出纳小李考虑到张经理的时间紧迫，张经理是公司的元老级人物，平时为人不错，小李只是建立在信用的基础上，在张经理没有填写借款单、没有相关人员签字的情况下便把现金给了张经理。

2014年9月22日，张经理带着一堆发票前来报销，填写完差旅费报销单，经相关人员审核后，报销金额总计为6000元。小李在差旅费报销单上盖上"现金付讫"章，从保险柜里拿出1000元给张经理。这时张经理说："这是6000元，怎么只给我报销1000元呢？"小李提起了9月2日的事情，可是张经理说："我什么时候借款了？我怎么没有印象呢，你再好好想想，你肯定记错了。"这时候，小李一下子慌了神，才想起9月2日那天张经理没有填写借款单。正在小李琢磨该怎么办的时候，王会计主管进了财务室，询问了事情缘由之后说："你们都别急，咱们财务室有摄像头，查查当天的摄像，就能知道当天的事情经过。"这时出纳小李的心情才稳定下来,似乎看到了希望。十几分钟过后,王会计主管要求出纳和张经理一起看当天清晰的摄像,事情真相大白了。张经理拿着1000元现金灰溜溜地离开了。王会计主管将出纳小李叫到他的办公室狠狠地批评了一顿。

从本例中可以看出,现金付款时要求相关人员签字对于出纳来说是多么重要。如果9月2日那天小李要求张经理填写借款单签字,并要求相关人员审核签字,再将现金给他,那么就不会发生9月22日的麻烦事。幸好财务室有摄像头,如果在一个小公司不具备为财务室安装摄像头的条件下,出纳小李肯定没有任何办法将事情的真相说清楚。并且,出纳小李的做法属于"白条抵库"行为。

在涉及银行转账时,一定要注意收款人的账户名称及账号正确,在确认不了是否正确的情况下是不能转账的。

4. 现金的收付与粘贴银行回单

当涉及现金付款时只要是原始凭证上相关人员的签字齐全,就该付款了;每收到一笔现金,都要给交付现金的人员开具收据并签字,以明确责任。

无论是银行的收款还是付款,都会有一个银行的回单。在填写记账凭证时,都需要将这些银行回单整齐地粘贴在收付款凭证的背面。

5. 出纳收付款程序

(1)出纳收取现金,须凭现金收入传票(包括视同现金收入传票的各项凭证)收款。其程序为:

① 应根据现金收入传票点收现款,鉴定现钞的真伪无误后,即在现金收入传票加盖"收款日戳"及"分号"(收入传票的分号每日自第一号依序编列),并盖私章;

② 如需签发或发还信托单或各种凭证时,应于传票下端制票员编号处登记"号码牌"号数(号码牌应与传票加盖骑缝私章)后,将"号码牌"(签发信托单时以收入传票第二联代替号码牌)交给顾客,凭此票向原经办部门领取所需凭证;

③ 将收款后的传票依序登记于:

✍ 现金收入账;

✍ 现金收入日记账后,传票及附件递交有关部门办理。各有关部门办妥手续后,按传票所记号码呼号,向客户收回"号码牌"(应注意有无涂改),凭此交付信托单或凭证等。

(2)付款程序中由出纳部门付出现金时,须凭现金支出传票(包括视同现金支票、传票的各项付款凭证）办理。

① 凡付款传票，均须先由经办员、会计人员及各级主管人员核章后付款。

② 出纳员支付款项时，须先查明传票的核章是否具备，查明核章具备后在传票编列"分号"，（每日自第一号依序编列）依序登记于：

  ✍ 现金支出账；

  ✍ 现金支出日记账。

③ 在传票及附件的凭证上加盖"付款日戳"及私章后，点检款项，按传票左端所记号码呼号，向客户收回"号码牌"（应注意号码有无涂改），并在询明金额无误后，照付现款（包括支票）。

④ 凡本公司签发的支票应以记名式为原则，支票经主管签字盖印鉴后，均应由会计及出纳员登记。

6. 整理装订凭证

会计凭证填写后，每天都要有顺序地整理好，并根据相关的会计凭证逐笔登记现金日记账和银行存款日记账。

每月月底，将本月所有的会计凭证按照时间的先后顺序进行整理装订。每年12月份发生最后一笔会计业务在登记整理装订后，需将会计凭证封存备案。

▎1.4.5　出纳工作注意事项

身为一名出纳人员，少不了一些必备的小技巧。

财务日常工作非常琐碎，而且要求财务人员严谨细致，在处理业务时不得出现半点差错。这样，一天工作下来往往身心疲惫。其实，在财务工作中存在着许多小技巧，能够让财务人员在工作中变得轻松起来。

（1）在收付现金时要与当事人当面核实金额，最好与第三人核对后再进行收付进账。

（2）对需要报销的发票，抬头与本单位不符、大小写金额不符、涂改发票、发票上无收款单位章或收款人章、发票与支票入账方不符的，均不予以接收，待当事人补办齐全手续后再报核。

（3）报销单据需先签字、后付款；收款单据需先交款后盖章；付款单据要盖付讫章。

（4）付款单据如由他人代领，应签代领人名字，而不得签被代领人名字；若代领人不是本单位的职工，要注明其与被代领人关系及其联系地址。

（5）营业外收入，要以经办单位和缴款单位为依据，收款后开出财务收据。

（6）要注意加强对支票、发票和收据的保管。领用支票要设立备查登记簿，经单位主管财务领导审签后，由领用人签章。领用现金支票要在存根联上签字，以防正副联金额不符。支票存根联上要逐项写明金额、用途、领用人，并在备查簿上注明空白支票和支票限额。支票作废后要按顺序装订在凭证中。空白发票和收据不能随便外借，已开具金额尚待带出收款的发票和收据，要由借用人出具借据并作登记，以便分清责任，待款项收回后再结清借据。对于发票和收据作废后要退回来的，要先作废后重开；如果是销货发票退回冲红的，应该先由仓库部门验货入库，再进行退款。如果对方丢失发票和收据，要根据对方财务部门开出该款项尚未报销的证明才能补办单据，并在证明单上注明原开发票或单据的时间、金额、号码等内容，同时注明"原开单据作废"字样。

（7）登记银行存款日记和现金日记账，首先要复核凭证、支票存根、附件是否一致，然后按付出支票号码的顺序进行排列，以便查对。摘要栏应注明经办人、收款单位及支票号码。支票上的印鉴应即用即盖，并由会计、出纳二人分开保管。支票用印鉴的私人印章，只能用于盖印支票，不能用作其他用途。

▌1.4.6　资金管理的"一关""七个点"

1. 把好"一关"

"一关"，即货币资金的支出关。常言说，节流等于开源。控制非法和不合理的资金支出，就等于带来了等量的资金流入。但如何判定哪些支出合法、合理，哪些支出有问题、有"嫌疑"呢？关键是看支出程序是否合法、合理。为此，要做到"四审四看"。一是审支付申请，看是否有理有据；二是审支付程序，看审批程序、权限是否正确，审批手续是否完备；三是审支付复核，看复核工作是否到位；四是审支付办理，看是否按审批意见和规定程序、途径办理，看出纳人员是否及时登记现金日记账和银行存款日记账。

2. 管住"七个点"

（1）管住货币资金的流点。就是出纳人员要分清钱是从哪儿来的，以什么形式来的，来了多少，还缺多少，没来的钱怎么办。同时，对已取得的货币资金收入，必须及时入账，不得私设小金库，不得账外设账，严禁收款不入账。

（2）管住银行开户点。对银行账户的开立、管理等要有具体规定。有些单位以各种理由在同一银行的不同营业网点开立账户，或者同时跨行开户、多头开户、随意开户，甚至将单位公款以职工个人名义私存银行。究其原因有二：一是为了防止银行扣款而"改头换面""狡兔三窟"；二是搞"小金库"，方便支出。因此，按照有关规定，应及时、定期对银行开户点进行认真清理和检查。

（3）管住现金盘存点。有些单位的日常现金盘点工作是由现金出纳人员自行完成的，这种做法需要改进，应增加第三者参与盘点或监盘，以保证现金账面余额与实际库存相符。

（4）管住银行、客户对账点。一切贪赃枉法行为都在秘密、黑暗的环境下进行的，怕见光，怕公开。对账就是公开，就是使双方或多方经济交易事项明朗化。一般单位与银行之间的对账较有规律，按照规定，每月至少要核对一次。相比之下，单位与客户之间的对账难度要大得多。其原因有二：一是社会信用危机普遍存在，逃债的行为时有发生；二是客户分布天南地北，相隔遥远，比较复杂，客观上增加了对账的难度。因此，应加强与异地和同城单位之间往来款项的核对，确保货币资金支付合理，回收及时、足额。

（5）管住票据及印章保管点。任何单位都应该明白一个道理，那就是"薄薄票据，价格千金；小小印章，力重万钧"。因此，各单位要明确各种票据的购买、保管、领用、背书转让、注销等环节的职责权限和程序，并专设备查簿登记，防止空白票据的遗失和被盗用；而备查簿需作会计档案管理。同时，单位必须加强银行预留印鉴的管理，严禁由一个人保管支付款项所需的全部印章。毕竟，制度约束比个人的自觉性更可靠、更有效。

（6）管住督促、检查点。任何人或多或少都有些惰性，任何制度也或多或少有些漏洞。因此，加强对与货币资金有关的人员和制度的督促检查很有必要。对监督检查过程中发现的问题，应当及时采取措施，加以纠正和完善。

（7）管住财会人员的任用点。财会人员要具有政治思想好、业务能力强、职业道德高的良好素质，还要具备从业资格和任职资格。同时，单位要建立定期换岗、轮岗制度，防止一个人在财会部门长时期做同一工作。这样，既可使财会人员学到新的业务，掌握新的知识，综合能力进一步提高，又使常年不"挪窝"易滋生的懒散习气得以克服，小团体势力得以抑制，还可以使一些长期隐蔽的违法犯罪活动因人事变动、新人接手而被揭示出来。

1.5 企业财务制度及出纳工作制度

1.5.1 企业财务制度的内容

所谓规章制度，是指企业内部的财务相关制度与规章，这些制度在企业的财务核算当中具有重要的意义和作用。出纳作为企业财务系统中重要的一环，在日常工作中，几乎处处都要与财务相关制度、规章相对照进行处理。

企业建立财务制度，主要是为了规范企业的财务工作。即事先就对财务相关事务的程序及责任转接进行了规定，在工作中只需遵循规定办理即可。

企业的财务制度，一般包括以下内容。

（1）现金管理制度。如开户单位的现金使用范围。

（2）支票管理制度。如作废支票，要加盖作废章，并妥善保管。

（3）费用的申请及报销。如差旅费报销规定，招待费的申请标准和报销规定，加班交通费及误餐费，销售费用申请及报销，管理费用申请及报销，发票的开具及管理，报销时间及报销凭证的规定。

1.5.2 企业财务制度的原则

由于企业的性质不同，各个企业的财务制度的原则也不同，各个企业在制定财务制度时应以下列基本原则作指导。

1. 合法性原则

（1）所制定的企业财务制度，必须符合《公司法》《会计法》《企业财务通则》和各行业财务制度等财经法规的要求。

（2）所制定的企业财务制度，必须与国家有关法规相一致。

2. 财务管理与财务规律相结合原则

（1）财务管理活动贯穿于公司生产经营的全过程，它管理的各个方面是有机联系、共同制约和共同影响的，其管理对象具有系统性的特征。

（2）财务管理行为要受到客观条件和客观规律的制约。因此，财务制度的制定应注重财务管理的系统性和财务管理的规律性，财务制度用系统的观点来考查财务活动，并体现财务管理者的意志、愿望、目的和动机，与特定社会经济条件的有机结合，使财务管理能充分配合和遵循财务规律。

3. 适应性原则

（1）企业财务制度的制定既要遵循国家的统一规定，又要充分考虑企业本身的生产经营特点和管理要求，使其具有较强的可操作性。特别是国家赋予企业的理财自主权，企业应在其财务制度中具体化。凡是可由企业进行选择的财务事项，企业应根据国家统一规定，并结合企业自身的生产规模、经营方式、组织形式等方面的实际情况做出具体规定。

（2）应特别指出的是，在制定企业财务制度时，切忌盲目照抄照搬。由于各企业在生产经营规模、经营范围、生产经营过程和管理要求等方面存在差异，各企业的财务制度不可能通用，只能借鉴吸收而不能简单模仿。如果不注意这一点，制定的企业财务制度必然适应性差、指导性差，甚至会将企业的财务工作引入歧途，导致事倍功半。

4. 权责利相结合原则

企业财务活动涉及面宽，对企业的生产经营活动影响大。企业财务活动组织得是否合理、财务关系处理得是否恰当，直接关系到企业的发展和企业经济效益的提高。因此，财务制度的制定体现了财务管理权、责、利的结合，即先赋予适当的管理权限，再按照履行财务责任的情况给予相应的物质利益。

5. 原则性与灵活性相结合原则

国家的财经法规是企业必须遵守的原则和规定，也是企业制定财务制度的制约、导向因素之一，因此企业在制定财务制度时必须坚持其原则性。

1.5.3　出纳应掌握的财经法规和制度

出纳工作的第一件事就是学习、了解、掌握财经法规和制度，提高自己的法律法规意识，明白哪些该做、哪些不该做、哪些该抵制，工作起来才能得心应手。出纳人员应该掌握的财经法规和制度有：《票据管理实施办法》《现金管理暂行条例》《支付结算办法》《税收征管法》《中华人民共和国会计法》《会计档案管理》《会计基础工作规范》《企业会计准则》《小企业会计制度》《中华人民共和国商业银行法》《正确填写票据和结算凭证的基本规定》《主要税种暂行条例》。

1.5.4　出纳工作制度的内容

企业财务制度中与出纳工作相关的部分，就是出纳工作制度。在日常工作中，出纳人员必须遵循出纳工作的办事规程和行为准则。这是一名好出纳必须达到的基本要求。

出纳工作制度，其主要内容通常包括以下五个方面。

- ✍ 出纳人员的责权规定；
- ✍ 出纳人员的办事依据；
- ✍ 出纳的记账工作；
- ✍ 复核原始凭证；
- ✍ 确保现金账实相符。

1. 出纳人员的责权规定

会计和出纳不能由一人兼任，以便分清责任。

注意：在一些人数较少的企业里，企业负责人也不宜兼任出纳。

出纳人员除了登记现金日记账外，不得监管总账或支出明细账，但可以监管其他同现金没有直接联系的账簿，如固定资产账等。

不是出纳人员，不得直接收付现金。

例如，公司的会计请假两天，没有合适人员进行交接，遂向公司领导建议这两天的会计业务先由出纳帮忙管理，领导同意了。一日公司库房部卖了一批多余的材料，负责人将款项交给了出纳，出纳没有给仓库负责人开具收据。于是，出纳趁着没有人注意就悄悄地将这笔款项装进了自己的腰包。

本例中出纳的行为就是利用公司制度的漏洞，将公司的钱装进了自己腰包。所以，会计和出纳一定不能由一个人兼任，哪怕是一会儿也不行。无论是出纳还是会计，在办公请假时一定要办理临时的交接手续，以明确责任。

2. 出纳人员的办事依据要有凭证

（1）银行存款和现金收付的审核工作，应由会计主管人员或其他指定的会计人员来担当。

（2）有些开支项目是按预算计划执行，并有明确开支标准的，出纳人员可以先付款后交于他人审核。

（3）银行存款或现金属于收入性质的，还应同时开发票或收据。

3. 现金日记账的日清工作

出纳人员应根据业务逐笔、按顺序登记现金日记账，每天业务结束后，应编制库存现金日报表，并核对是否相符。

日清月结是出纳员办理现金出纳工作的基本原则和要求，也是避免出现长款、短款的重要措施。这里所说的按日清理，是指出纳员应对当日的经济业务进行清理，全部登记日记账，结出库存现金账面余额，并与库存现金实地盘点数核对相符。

后面我们将根据具体业务，讲解日清月结工作。

4. 认真复核原始凭证，加强对现金收付的监督

根据现金管理制度规定，不可设立"小金库"、不发生个人借支公款、不相互借用现金、不假借用途套取现金、不以个人名义存取公款。

"小金库"，是指违反法律法规及其他有关规定，应列入而未列入符合规定的单位账簿的各项资金（含有价证券）及其形成的资产。"小金库"，其外表形形色色，内在错综复杂，表现五花八门。"小"已难涵盖其实质，在某些方面，它已经成为滋生腐败现象的一个根源和温床，严重干扰了财经管理秩序。

"小金库"资金（资产）来源众多，归纳起来主要有：财政拨款、政府性基金收入、专项收入、行政事业性收费收入、罚没收入、国有资本经营收入、国有资源（资产）有偿使用收入、资产处置收入、资产出租收入、经营收入、利息收入、捐赠收入、附属单位上缴收入等。

"小金库"的主要支出：

（1）滥发钱物。它是指以关心干部职工生活、为干部职工谋福利为借口，以补贴、奖金或实物的方式滥发乱奖给干部职工，一般人人有份，差别不大，多发生在节日、年终或举办某种活动之时。

（2）吃喝玩乐。少数单位领导大吃大喝，或到处游山玩水，或经常出入歌厅、舞厅等娱乐场所，而这些开支不便公开在财务账上报销，于是就从"小金库"中支出。

（3）送礼。有些单位领导为了拉关系，或为了得到上级领导的提拔重用，或寻求保护伞，经常到处送礼或替上级领导付这样那样的账，而这些支出受到财经法规的制约，于是就从"小金库"中支出。

（4）购置特殊物品。如为领导购置手提电脑、手机等。

（5）私分。少数人非法从"小金库"中领取款项，私分具有一定的隐蔽性。

（6）私吞。个别单位负责人或掌管"小金库"的人，因"小金库"缺乏必要的财务监督机制，用假发票或白条报销等手段私吞"小金库"资金。

例如，某公司总部，为了鼓励各个分公司的基层员工积极努力工作，总公司决定年底给每位基层员工发放年终福利补助。公司总部将现金发给了各个分公司，要求各个分公司将福利补助发给每位基层员工。其中有一家分公司的领导不但没有传达总公司的意思，而且直接将款项扣下，拿出部分现金作为"奖励"表现优秀员工的奖金，剩余部分占为己有。这个分公司领导的行为就属于私设"小金库"。

5. 确保现金账实相符，不得以白条代替库存现金

如果发现库存现金有盈余或短缺情况，应先记入"待查处理财产损益"，然后查明原因，经领导同意，分情况进行处理，不得私下取走或补足。

白条抵库，是单位库存现金管理工作中一种典型的违法行为。支出现金时没有发票或收据等正规付款凭证，只是用白纸写了一个收条或欠条作为现金库存。通俗点讲，就是当有人向公司借款时，打了一个借款条给出纳，出纳没有将此笔借款记入"其他应收款"的账，只是等着借款人把钱还回来的时候，再把借款条退给他，这期间就是白条抵库。

白条抵库，会使实际库存现金减少，日常开支所需现金不足，还会使账面现金余额超过库存现金限额，难以进行财务管理。严重的，还会产生挥霍浪费、挪用公款等问题。因此，白条抵库是一种违反财经法规的行为，应坚决杜绝。出纳员在处理相关业务时，应严禁将白条作为记账的凭证。

例如，一天，销售部张经理要出差，来预借差旅费。他给出纳小李打了一个借款条，金额为1500元。然后小李支付给张经理现金1500元，将借款条放进了保险柜，没有做任何的账务处理，只等着张经理出差回来，把报销的票据拿来，再把借条还给张经理。

出纳小李的行为就属于白条抵库。正确的做法应该是小李收好借款条，支付现金后，填写一张会计凭证，并将复印的借款条贴在会计凭证后面。此会计凭证的会计分录为：

借：其他应收款——张经理　　　　1500
　　贷：库存现金　　　　　　　　　　1500

在张经理出差回来拿票来报销时候，出纳将原借条还给张经理，再填写一张会计凭证，将要报销的发票贴在后面。此时要填写的会计凭证的会计分录为：

借：库存现金　　　　1500
　　贷：管理费用　　　　1500

注意：这里所讲的张经理出差回来报销的发票金额正好为预借款项的金

额。如果报销的发票上的金额合计少于预借的金额，张经理应该退回剩余的金额；如果报销的发票上的金额合计多于预借的金额，出纳需要再支付给张经理多余的金额。

1.6　出纳的职业道德

1.6.1　出纳的职业道德

出纳是一项特殊的职业，整天接触的是大把大把的金钱，成千上万的钞票。没有良好的职业道德，很难顺利通过"金钱关"。与其他会计人员相比，出纳人员更应严格遵守职业道德。

1. 敬业爱岗

出纳人员应当热爱本职工作，努力钻研业务，使自己的知识和技能适应所从事工作的要求。

爱岗敬业是职业道德的基本要求，是否爱岗敬业是判断每位从业者是否有职业道德的首要标准。爱岗和敬业互为前提，相辅相成。爱岗是敬业的基础，敬业是爱岗的升华。不爱岗就很难做到敬业，不敬业也很难说是爱岗。爱岗敬业是出纳人员干好本职工作的基础和前提，是其应具备的基本道德素质。

热爱自己的职业，是员工做好一切工作的前提。只有在这个前提下，出纳人员才会勤奋工作、努力钻研业务技术，使自己的知识和技能适应具体从事的会计工作的要求。

敬业爱岗，要求出纳人员应有强烈的事业心、进取心和过硬的基本功。在实际工作中往往会发现许多问题不是由于业务技术不过硬，而是由于粗心大意和缺乏严谨的工作作风造成的。这就要求会计人员要有强烈的"追根求源"的意识，凡事要有认真负责的态度，要多问个为什么。由于出纳工作的性质和任务，一些出纳人员长年累月、周而复始地进行着算账、报账、报表等事务工作，天天与数字打交道，工作细致而繁琐。如果出纳人员不耐劳尽责，缺乏职业责任感，就会觉得工作枯燥、单调甚至讨厌，就谈不上热爱会计工作，更谈不上精通会计业务，也就做不好会计工作。

爱岗敬业的基本要求：热爱出纳工作，敬重出纳职业；严肃认真，一丝不苟；忠于职守，尽职尽责。

2. 熟悉法规

出纳人员应当熟悉财经法律、法规、规章和国家统一的会计制度，并结合出纳工作进行广泛宣传。

出纳工作不只是单纯的"钱"的收支。出纳工作不但贯穿整个公司的业务，而且涉及执法守纪方面的问题。所以就要求出纳人员不但自己应当熟悉财经法律、法规和国家统一的会计制度，还要能结合工作进行广泛宣传，做到在自己处理各项经济业务时知法依法、知章循章，依法把关守口。

3. 依法办事

出纳人员应当按照会计法律、法规和国家统一的会计制度规定的程序和要求进行会计工作，保证提供的会计信息合法、真实、准确、及时、完整。

严格实行会计监督，依法办事，是会计人员职业道德的前提。会计人员应当按照会计法律、法规、规章规定的程序和要求进行会计工作，保证所提供的会计信息合法、真实、准确、及时、完整。会计信息的合法、真实、准确、及时和完整，不但要体现在会计凭证和会计账簿的记录上，还要体现在财务报告上，使单位外部的投资者、债权人、社会公众以及社会监督部门能依照法定程序得到可靠的会计信息资料。要做到这一点并不容易，但会计人员的职业道德要求这样做，会计人员应该继续在这一点上树立自己的职业形象和职业尊严，敢于抵制歪风邪气，同一切违法乱纪的行为做斗争。

4. 客观公正

会计人员在办理会计事务时，应当实事求是、客观公正。这是一种工作态度，也是会计人员追求的一种境界。做好会计工作，无疑是需要专业知识和专门技能的，但这并不足以保证会计工作的质量。实事求是的精神和客观公正的态度，也同样重要。否则，就会把知识和技能用错地方，甚至参与弄虚作假或者通同作弊。

客观公正的基本要求包括：依法办事；实事求是，不偏不倚；保持独立性。

5. 搞好服务

想搞好服务，首先要提高技能，如果连出纳本职工作的基本技能都不能准确地做到，还怎么搞好服务？所以要求出纳人员应当熟悉本单位的生产经营和业务管理情况，以便运用所掌握的会计信息和会计方法，为改善单位的内部管理、提高单位的经济效益服务。

6. 保守秘密

会计人员应当保守本单位的商业秘密，除法律规定和单位领导人同意外，不能私自向外界提供或者泄露单位的财务信息。出纳人员由于工作性质的原因，有机会了解到本单位的重要机密，如对企业说来，关键技术、工艺规程、配方、控制手段和成本资料等都是非常重要的机密，这些机密一旦泄露给明显的或潜在的竞争对手，会给本单位的经济利益造成重大的损失，这对被泄密的单位来说是非常不公正的。所以，泄露本单位的商业秘密，是一种很不道德的行为。

出纳人员应当确立泄露商业秘密是大忌的观念，对于自己知悉的内部机密无论任何时候、任何情况都要严格保守，不能信口吐露，也不能为了自己的私利而向外界提供。

例如，一日老板出差了，新来的出纳员跟朋友打电话时，不经意说到了公司的一些资金去向，这一话题让老会计听到了。电话挂了之后，老会计把出纳叫到办公室，告诉她刚才打电话的行为是属于泄露公司机密。出纳人员没有经过公司领导同意，不能将公司的资金收支情况、资金动向以及公司余额等情况透漏给他人。因为很有可能某些人会根据公司的资金去向，找到公司的销售渠道或者材料来源。

7. 其他要注意的职业道德

除以上六点之外，出纳人员还应特别注意如下两点。

（1）要清正廉洁。清正廉洁是出纳员的立业之本，是出纳员职业道德的首要方面。出纳员掌握着一个单位的现金和银行存款，若要把公款据为己有或挪作私用，均有方便的条件和较多的机会。同时，外部的经济违法分子也往往会在出纳员身上打主意，施以小惠，拉其下水。应该说，面对金钱物欲的考验，绝大多数出纳员以坚定的意志和清正廉洁的高贵品质赢得了人们的称赞。但也有少数出纳员利用职务之便贪污舞弊、监守自盗、挪用公款，到头来，害了集体也害了自己。

（2）要坚持原则。出纳员肩负着处理各种利益关系的重任，只有坚持原则，才能正确处理国家、集体与个人的利益关系。在工作中，有时需要牺牲局部与个人利益以维护国家利益，有时为了维护法律、法规的尊严要得罪同志和领导。这些都是出纳员应该坚持和必须做好的。长期以来，广大出纳员在工作中坚持原则，无私无畏地维护财经纪律，不少出纳员因此受到国家和人民的表彰和嘉奖，这是出纳人员的荣誉。当然，也有一些出纳员因坚持原则而遭受打击报复，但坚持原则终究会得到社会的理解和支持，打击报复迟早会受到处罚。为了保障国家和集体的利益，保护社会主义公共资产，广大出纳员要真正肩负起国家赋予的会计监督的职责，在出纳工作中坚持原则，自觉抵制不正之风，为维护会计工作的正常进行贡献自己的力量。

1.6.2 出纳与老板

无论是会计还是出纳，在第一天上岗的时候，都很想问一个问题，那就是应该听谁的指挥。据说，几年前这是一道经典的财务人员面试题，而这道题最让老板满意的答案是：听老板的。

"听老板的"当然没错，老板是咱的衣食父母，没有老板哪有薪水可拿。可是一个出色的财务人员，尤其是一个出色的、合格的出纳，不仅仅是要"听老板的"那样简单。

无论是法律还是制度都规定了出纳应当听老板的。因为企业是老板的，财务人员所管理的钱物也是老板的，所以在钱物的处置上，老板具有绝对的权威。

一般情况，只要老板发了话，出纳付钱就对了。

例如，一笔货款，老板说明天汇出，那出纳就应该明天汇出；比如一笔订金，老板说可以先付5%，那出纳就应当付5%。所谓"老板发话，出纳付钱"是指出纳应当严格地执行老板的付款要求。老板说明天付，那就不应该今天付；老板说付5%，那出纳就不应该擅自付10%。一旦出现出纳行为不符合老板意愿的事情，之后出现的问题，出纳将负全责。

当然，付钱要讲究程序的。任何一个企业，就算是只有两三人的夫妻店，付钱都要有相应的手续，就算不走正式的发票、收据手续，那收条、欠条都是要打的。通常，付款的手续包括老板同意支付的书面证明和出纳支付款项的书面证明。

任何时候，出纳应当记住，法律是非常严肃的，具有高于一切企业制度的地位。所以，出纳在处理相关事务时，应当将合法性放在最高的优先级去判断。不管是任何事务，不管是何人安排，只要是违法的事情，尤其是后果较严重的事务，出纳应当学会判别其是否违法，也可以将相应后果适当提醒给老板。

例如，有一位出纳，刚从学校毕业，想着只要听老板的，有事有老板顶着，所以只要老板发了话、签了字的，不管是什么钱都付。可是几个月以后，这位老板因为涉嫌违法交易被捕，这家公司的会计和出纳都受到了不同程度的刑事处罚。受过刑事处罚、蹲过牢的人再出来，是绝不可能再当出纳和会计的。所以这位小出纳也算是前途尽毁了。

之所以有这样的结果，就是因为他没有搞清楚"老板再大，也大不过政府和法律"。所以一个好的出纳，应当对出纳工作可能涉及的法律法规都有所了解，以免出现不可挽回的情况和后果。如果老板明知道是违法的，可是还要求这样去做，出纳应该仔细核查该事务的相关责任人，如老板的签字、会计的盖章或签字、相应经手人的签字等，只要相应程序都符合公司规定，且事务内容从表面看来并不违法，那出纳可以照付款项。

当前我国的经济形势一片大好，但各种经济法规相应滞后，经济执法人员配置不足，所以许多企业在经营过程中都有或多或少违法事宜。而且由于企业所有者及管理人员的法律意识不够，很多违法事务甚至是在其不知道的情况下发生的。因此，小小出纳并不能完全改变这种情况，对于违法事件也不可能件件较真。在这样的情况下，出纳人员一方面要履行尽量提醒和尽量减少企业损失的义务，另一方面还要学会保护自己，在明确其责任人之后再行使支付的权利，力求自身不违法。

第2章 出纳的专业技能

许多人认为，出纳是个门槛儿较低的工作，一般人都能干，其实不然。出纳不仅需要较高的道德品质，还需要一些专业技能。这些技能会使出纳的工作更有效率，使出纳与财务部门的联系更加顺畅，使出纳与企业内外的沟通和互动更安全可靠。

出纳的专业技能包括以下三个方面。

- ✍ 现金相关技能；
- ✍ 书写相关技能；
- ✍ 计算相关技能。

下面，就对上述的三方面技能进行详细的介绍。

2.1 现金相关专业技能

现金专业技能，是指与现金相关的专业技能，如收付现金时需要使用的点钞技能，如将整数现金捆在一起以方便统计的扎把技能等。

现金收付业务是出纳最重要的业务，也是出纳人员独有的工作内容，所以这项工作所需要的专业技能对出纳人员来说格外重要。试想一个钱都数不清楚的出纳，还怎么能够去做其他的工作，谁能放心将现金放在这样的人手中管理。

现金相关技能，包括以下两种。

- ✍ 点钞技术；
- ✍ 扎把技术；

2.1.1 点钞的方法与技巧

点钞，就是清点钞票的数量。点钞速度的快慢，直接影响了出纳的现金收支业务的效率，所以点钞是出纳人员必学必会必熟的专业技能。

以前在许多商业企业中，还没有实行集中收银台收费之前，点钞技术是营业员们的基本功之一。例如银行的职员，只要是与钱有直接接触的人，点钞都是很重要的工作技能。虽然现在点钞机在银行应用得非常广泛，在各企业的财务部门也是常见办公用品，但是手点钞票还是因其方便、快捷、高效而盛行不衰。

出纳人员在办理现金的收付与整点时，要做到准、快、好。"准"，就是钞券清点不错不乱，准确无误；"快"，是指在准的前提下，加快点钞速度，提高工作效率；"好"，就是清点的钞券要符合"五好钱捆"的要求。"准"是做好现金收付和整点工作的基础和前提，"快"和"好"是银行加速货币流通、提高服务质量的必要条件。

1. 点钞基本要领

学习点钞，首先要掌握基本要领。基本要领对于哪一种方法都适用。点钞的基本要领大致可概括为表2-1所示。

表2-1　点钞的基本要领

肌肉要放松	点钞时，两手各部位的肌肉要放松。肌肉放松，能够使双手活动自如，动作协调，并减轻劳动强度。否则，会使手指僵硬，动作不准确，既影响点钞速度，又消耗体力。正确的姿势是，肌肉放松，双肘自然放在桌面上，持票的左手手腕接触桌面，右手手腕稍抬起
钞券要墩齐	需清点的钞券必须清理整齐、平直。这是点准钞券的前提，钞券不齐不易点准。对折角、弯折、揉搓过的钞券要将其弄直、抹平，明显破裂、质软的票子要先挑出来。清理好后，将钞券在桌面上墩齐
开扇要均匀	钞券清点前，都要将票面打开成缴扇形和小扇开，使钞券有一个坡度，便于捻动。开扇均匀是指每张钞券的间隔距离必须一致，使之在捻钞过程中不易夹张。因此，扇面开得是否均匀，决定着点钞是否准确
手指触面要小	手工点钞时，捻钞的手指与票子的接触面要小。如果手指接触面大，手指往返动作的幅度随之增大，从而使手指频率减慢，影响点钞速度
动作要连贯	点钞时各个动作之间相互连贯是加快点钞速度的必要条件之一。动作连贯包括两方面的要求。（1）点钞过程的各个环节必须紧张协调，环环扣紧。如点完100张钞券墩齐后，左手持票，右手取腰条纸，同时左手的钞券跟上去，迅速扎好小把；在右手放票的同时，左手取另一把钞券准备清点，而右手顺手沾水清点等。这样使扎把和持票及清点各环节紧密地衔接起来。（2）清点时的各个动作要连贯，即第一组动作和第二组动作之间要尽量缩短和不留空隙，当第一组的最后一个动作即将完毕时，第二组的第一个动作就要准备开始。比如用手持式四指拨动点钞法清点时，当第一组的食指捻下第四张钞券时，第二组动作的小指要迅速跟上，不留空隙。这就要求在清点时双手动作要协调，清点动作要均匀，切忌忽快忽慢、忽多忽少。另外，在清点中尽量减少不必要的小动作、假动作，以免影响动作的连贯性和点钞速度
点数要协调	点和数是点钞过程的两个重要方面，这两个方面要相互配合，协调一致。点的速度快，记数跟不上，或点的速度慢，记数过快，都会造成点钞不准确，甚至造成差错，给国家和公司财产带来损失。所以点和数二者必须一致，这是点准的前提条件之一。为了使二者紧密结合，记数通常采用分组法。单指单张以十为一组记数，多指多张以清点的张数为一组记数，使点和数的速度基本一致。同时记数通常要用脑子记，尽量避免用口数

2. 点钞的基本环节

点钞是一个从拆把开始到扎把为止这样一个连续、完整的过程。它一般包括拆把持钞、清点、记数、墩齐、扎把、盖章等环节。要加速点钞速度，提高点钞水平，必须把各个环节的工作做好。具体内容如表2-2所示。

表2-2 点钞的基本环节

拆把持钞	成把清点时，首先需将腰条纸拆下。拆把时可将腰条纸脱去，保持其原状，也可将腰条纸用手指勾断。通常初点时采用脱去腰条纸的方法，以便复点时发现差错进行查找，复点时一般将腰条纸勾断 持钞速度的快慢、姿势是否正确，也会影响点钞速度。要注意每一种点钞方法对应的持钞方法
清点	清点是点钞的关键环节。清点的速度、清点的准确性直接关系到点钞的准确与速度。因此，要勤学苦练清点基本功，做到清点既快又准 在清点过程中，还需将损伤券按规定标准剔出，以保持流通中票面的整洁。如该钞券中夹杂着其他版面的钞券，应将其挑出 在点钞过程中如发现差错，应将差错情况记录在原腰条纸上，并把原腰条纸放在钞券上面一起扎把，不得将其扔掉，以便事后查明原因，另做处理
记数	记数也是点钞的基本环节，与清点相辅相成。在清点准确的基础上，必须做到记数准确
墩齐	钞券清点完毕扎把前，先要将钞券墩齐，以便扎把时保持钞券外观整齐美观。票子墩齐要求四条边水平，不露头或不呈梯形错开，票角应拉平。墩齐时，双手松拢，先将钞券竖起来，双手将钞券捏成瓦形在桌面上墩齐，然后将钞券横立并将其捏成瓦形在桌面上墩齐
扎紧	每把钞券清点完毕后，要扎好腰条纸。腰条纸要求扎在钞券的二分之一处，左右偏差不得超过2厘米。同时要求扎紧，以提起第一张钞券不被抽出为准
盖章	盖章是点钞过程的最后一环，在腰条纸上加盖点钞员名章，表示对此把钞券的质量、数量负责。所以每位出纳员点钞后均要盖章，而且图章要盖得清晰，以看清行号、姓名为准

3. 手持式单指单张点钞法

手持式单指单张点钞是一种适用面较广的点钞方法，可用于收款、付款和整点各种新旧大小钞券。这种点钞方法的优点是持票人持票所占的票面较小，视线可及票面的四分之三，容易发现假票，挑剔残破币也较方便。下面是手持式单指单张点钞法的具体操作。

（1）拆把持钞。第一种方法是：持把时左手拇指在钞券正面的左端，约在票面的四分之一处，食指和中指在钞券背面与拇指一起捏住钞券，无名指和小指自然弯曲；捏起钞券后，无名指和小指伸向票前压住钞券的左下方，中指弯曲稍用力，与无名指和小指夹住钞券；食指伸直，拇指向上移动按住钞券的侧面将钞券压成瓦形，并使左手手心向下，然后用右手脱去钞券上的腰条；同时左手将钞券往桌面上轻轻擦，拇指借用桌面的摩擦力将钞券向上翻成微形扇面；右手的拇指、食指、中指沾水做点钞准备。从上面可以看出，这种拆把方法不撕断纸条，便于保留原纸条以查看图章。这种拆把方法通常用于初点现金。

第二种方法是：钞券横执，正面朝着身体，用左手的中指和无名指夹住票面的左上角，拇指按住钞券上边沿处，食指伸直，中指稍用力，把钞券放在桌面上，并使左端翘起成瓦形；然后用左手食指向前伸，勾断腰条纸并抬起食指使腰条自然落在桌面上，左手大拇指翻起钞票同时用力向外推，使钞券成微形扇面；右手拇指、食指、中指沾水做好点钞准备。这种方法的特点是左右手可同时操作，拆把速度快，但腰条纸勾断后不能再使用。这种拆把方法通常用于复点现金。

拆把过程中的持钞方法除了上面介绍的以外，还可以用第三种方法。即：钞券横执，钞券的反面朝着身体，用左手中指和无名指夹住钞券的左端中间，食指和中指在前面，中指弯曲，食指伸直；无名指和小指放在钞券后面并自然弯曲；左手拇指在钞票下边沿后侧约占票面的三分之一处用力将钞券向上翻起呈瓦形，使钞券正面朝向身体；用拇指捏住钞票里侧边缘向外推，食指协助拇指，使钞票打开呈微形扇面。拆把的方法与上面介绍的两种方法相同。

（2）清点。拆把后，左手持钞稍斜，正面对胸前，右手捻钞。捻钞从右上角开始，用右手拇指尖向下捻动钞票的右上角，拇指不要抬得太高，动作的幅度也不宜太大，以免影响速度；食指在钞票背面托住少量钞票配合拇指工作，随着钞票的捻开要向前移动，以及时托住另一部分票子；无名指将捻下来的钞票往怀里方向弹，每捻下一张弹一次，要注意轻点快弹；中指翘起不要触及票面，以免妨碍无名指动作，在清点中，拇指上的水用完可向中指沾一下以便点完100张；同时，左手拇指也要配合动作，当右手将钞券下捻时，拇指要随即向后移动，并用指尖向外推动钞券，以便捻钞时下钞均匀。在这一环节中，要注意右手拇指捻钞时，主要负责将钞券捻开，下钞主要靠无名指弹拨。

（3）挑残破券。在清点过程中，如发现残破券应按剔旧标准将其挑出。为了不影响点钞速度，点钞时不要急于抽出残破券，只要用右手中指、无名指夹住残破券将其折向外边，待点完100张后再抽出残破券补上完整券。

（4）记数。在清点钞券的同时要记数。由于单指单张每次只捻一张钞券，记数也必须一张一张记，直至记到100张。从“1”到“100”的数字中，绝大多数是两位数，记数速度往往跟不上捻钞速度，所以必须巧记。通常可采用分组记数法。分组记数法有两种方法：一种是1，2，3，4，5，6，7，8，9，1；1，2，3，4，5，6，7，8，9，2；……1，2，3，4，5，6，7，8，9，10。这样正好100张。这种方法是把100个数编成10个组，每个组都由10个一位数组成，前面9个数都表示张数，最后一个数既表示这一组的第10张，又表示这个组的组序号码即第几组。这样在点数时记数的频率和捻钞的速度能基本吻合。另一种方法是0，2，3，4，5，6，7，8，9，10；1，2，3，4，5，6，7，8，9，10；……9，2，3，4，5，6，7，8，9，10。这种记数方法的原则与前种相同，不同的是把组的号码放在每组数的前面。这两种记数方法既简捷快速又省力好记，有利于准确记数。记数时要注意不要用嘴念出声来，要用心记。做到心、眼、手三者密切配合。

4. 手持式一指多张点钞法

手持式一指多张点钞是在手持式单指单张的基础上发展起来的。它适用于收款、付款和整点工作，各种钞券的清点都能使用这种点钞方法。其优点是点钞效率高，记数简单、省力。但是由于拇指一次捻下几张钞券，除第一张外，后面几张看到的票面较少，不易发现残破券和假币。

这种点钞法的操作方法除了清点和记数外，其他均与手持式单指单张点钞方法相同。

（1）清点。清点时右手拇指指肚放在钞券的右上角，拇指尖略超过票面。如点双张，先用拇指肚捻下第1张，拇指尖捻下第2张；如点3张及3张以上时，同样先用拇指肚捻下第1张，然后依次捻下后面一张，用拇指尖捻下最后一张。要注意拇指均衡用力，捻的幅度也不要太大，食指、中指在钞券后面配合拇指捻动，无名指向怀里弹。为增大审视面，并保证左手切数准确，点数时眼睛要从左侧向右看，这样容易看清张数和残破券、假币。

（2）记数。由于一次捻下多张，应采用分组记数法，以每次点的张数为组记数。如点3张，即以3张为组记数，每捻3张记一个数，33组余1张就是100张；又如点5张，即以5张为组记数，每捻5张记一个数，20组就是100张。以此类推。

5. 手持式四指拨动点钞法

手持式四指拨动点钞也称四指四张点钞法或手持式四指扒点法。它适用于收款、付款和整点工作，是一种适用广泛、比较适合柜面收付款业务的点钞方法。它的优点是速度快、效率高。由于每指点一张，票面可视面较大，看得较为清楚，有利于识别假币和挑剔残破券。

（1）持钞。钞券横立，左手持钞。持钞时，手心朝胸前，手指向下，中指在票前，食指、无名指、小指在后，将钞券夹紧；以中指为轴心五指自然弯曲，中指第二关节顶住钞券，向外用力，小指、无名指、食指、拇指同时向手心方向用力，将钞券压成"U"形，"U"口朝里；这里要注意食指和拇指要从右上侧将钞券往里下方轻压，打开微形扇面；手腕向里转动90度，使钞券的凹面向左但略朝里，凸面朝外向右；中指和无名指夹住钞券，食指移到钞券外侧面，用指尖管住钞券，以防下滑，大拇指轻轻按住钞券外上侧，既防钞券下滑又要配合右手清点；最后，左手将钞券移至胸前约20厘米的位置，右手五指同时沾水，做好清点准备。

（2）清点。两只手摆放要自然。一般左手持钞略低，右手手腕抬起高于左手。清点时，右手拇指轻轻托住内上角里侧的少量钞券；其余四指自然并拢，弯曲成弓形；食指在上，中指、无名指、小指依次略低，四个指尖呈一条斜线。然后从小指开始，四个指尖依次顺序各捻下一张，四指共捻四张。接着以同样的方法清点，循环往复，点完25次即点完100张。用这种方法清点要注意五个方面。

① 捻钞券时动作要连续，下张时一次一次连续不断，当食指捻下本次最后一张时，小指要紧紧跟上，每次之间不要间歇；

② 捻钞的幅度要小，手指离票面不要过远，四个指头要一起动作，加快往返速度；

③ 四个指头与票面接触面要小，应用指尖接触票面进行捻动；

④ 右手拇指随着钞券的不断下捻向前移动，托住钞券，但不能离开钞券；

⑤ 在右手捻钞的同时左手要配合动作，每当右手捻下一次钞券，左手拇指就要推动一次，二指同时松开，使捻出的钞券自然下落，再按住未点的钞，往复动作，使下钞顺畅自如。

（3）记数。采用分组记数法，以四个指头顺序捻下4张为一次，每次为一组，25次即25组，即为100张。

（4）扎把与盖章。扎把与盖章的方法，与手持式单指单张法相同。

采用手持式四指拨动法点钞，清点前不必先折纸条，只要将捆扎钞券的腰条纸挪移到钞券四分之一处就可以开始清点，发现问题可保持原状，便于追查。初点不用勾断腰条纸，复点完时顺便将腰条纸勾断，清点完毕后，重新扎把盖章。

6. 手持式五指拨动点钞法

手持式五指拨动点钞适用于收款、付款和整点工作。它的优点是效率高、记数省力，可减轻动力强度。这种方法要求五个手指依次动作，动作准度较大。

（1）持钞。钞券横立，左手持钞。持钞时，左手小指、拇指放在票面前，其余三个手指放在票后，拇指用力把钞券压成瓦形，用右手退下腰条纸；左手将钞券右边向右手拍打一下，并用右手顺势将钞券推起；左手变换各手指位置，即用无名指、小指夹住钞券左下端，中指和食指按在钞券外侧，食指在上，中指在下，拇指轻压在钞券上外侧使钞券成瓦形。

（2）清点。右手五个指头沾水，从右角将钞券逐张向怀里方向拨动，以拇指开始，依次食指、中指、无名指，直至小指收尾为止。每指拨一张，一次为5张。

（3）记数。采用分组记数，每5张为一组记一个数，记满20组即为100张。

以上介绍的五指拨动法是单向拨动，即右手始终是从拇指开始依次向怀里方向拨动，直至小指收尾止。五指拨动法也可里外双向拨动，即先从拇指开始，食指、中指依次向怀里方向拨动，到无名指收尾为止，再从小指开始，依次无名指、中指向外拨动，直至食指收尾为止。这样来回拨动一次8张，点12个来回余4张即为100张。这钟点钞方法虽然难度较大，但速度快、效率高。

2.1.2　钞票的计数技能

在没有进入财务部门工作之前，一般人点钱都是把钱整好后，直接点数。比如从100元开始数，3个100元数到300，然后有8个50元就数到700元，接着有13个20元、26个10元、19个5元、35个1元，这就没法数下去了。

作为一个出纳，这样数钱是不行的，很容易出错。而且一次两次还数不清楚，万一对不上数再回去查也很难查到是哪里出了问题，所以出纳人员应当学会使用现金收款日报表。

现金收款日报表，是将钞票分不同的面额来计数，然后再进行相应的计算。比如一些零售企业，每天要将各收银台收到的现金统一交由出纳存入银行，这里就需要使用现金收款日报表。常见的现金收款日报表，如图2-1所示。

恒兴购物中心 南苑分店　　现金收款日报表

2010 年　月　日

收银台号	交款人	金额	券别												
			100元	50元	20元	10元	5元	2元	1元	5角	2角	1角	5分	2分	1分
		合计	0	0	0	0	0	0	0	0	0	0	0	0	0

金额总计：		百	十	万	千	百	十	元	角	分

图2-1　常见的现金收款日报表

从图2-1中可以看到，不同的交款人，交来的各种面值的钱的数量都会进行分别记录，这样在进行核对时就非常方便了。比如，如果实际点数出的金额与日报表中的计算金额不符，就需要回去重新点数，全都重数未免工作量太大，这样可以根据分别点数出的各面值票数来判断问题出在哪里。

举个例子，某日营业款总额139177.6元，但现金实际清点数目却为140027.6元，两项不符。在这种情况下，现金日报表的功用就呈现出来了。

当前现金收款日报表的数据，如图2-2所示。

恒兴购物中心 南苑分店			现金收款日报表												
			2010 年 4 月 7 日												
收银台号	交款人	金额	券别												
			100元	50元	20元	10元	5元	2元	1元	5角	2角	1角	5分	2分	1分
1	张继铭	12,614.50	56	88	70	6	120		135	48		55			
2	秦玉斌	31,855.40	58	846	49	88	289	5	378	80		34			
3	李琪	30,349.30	133	80	220	160	289	12	258	69		78			
4	王蓉	22,627.60	66	846	49	88	289		378	80		46			
5	刘小萍	39,396.30	235	846	49	88	289		378	80		53			
6	周琳	9,334.50	47	55	61	89	120		135	48		25			
合计:			677	941	498	558	1396	17	1642	405		291			
金额总计:	拾叁万玖仟壹佰柒拾柒元陆角整		百	十	万	千	百	十	元	角	分				
			¥1	3	9	1	7	7	6	0					

图2-2 当前现金收款日报表

而出纳清点钞票记录的各面额数字，如图2-3所示。

币值	数量	金额
100元	677	¥67,700.00
50元	958	¥47,900.00
20元	498	¥9,960.00
10元	558	¥5,580.00
5元	1396	¥6,980.00
2元	17	¥34.00
1元	1642	¥1,642.00
5角	405	¥202.50
2角		
1角	291	¥29.10
5分		
2分		
1分		
合计		140027.6

图2-3 出纳清点钞票记录的各面额数字

两表50元面额的钞票合计数不相同，所以只需将现有的50元币值再重新清点一遍即可。而且，整百的钞票都已扎把，所以只需点算未扎把的50元钞票是41张还是58张即可。经查，发现50元钞票只有41张，是出纳清点总数时将50元的数量记错了。

如果没有这样的报表，可能就需要对所有钱数重新一一清点，那就费事多了。

本节所讲到的出纳的专业技能，严格意义上说不算是技能，只能算是技巧，或者是一种计数方式的观念改变，但是这样的技巧对出纳的工作是非常重要的，每一个出纳都应当熟练掌握。

2.1.3　现金的整理技术

点钞结束后，要对纸钞进行扎把，对硬币等进行整理，这就是现金的整理。一般来说，纸钞100张捆扎成一把，硬币也是分面值每100枚包成一筒。

纸钞的捆扎方式有两种。

🖎 缠绕式；

🖎 扭结式。

缠绕式，是临柜收款采用的方法，需使用牛皮纸腰条。其操作要点就是用牛皮纸条将钱的一端三分之一或四分之一处缠起来，然后纸头也用缠绕的方式打结。

而扭结式，是考核、比赛中常采用的方法。在捆扎钞票时，需使用绵纸腰条。其操作要点是要将钞票握成瓦状，然后再将纸条的尾端打结后即成。这种结比较难打，需要根据实际操作认真学习，而且在实际工作中，出纳也并不需要将钱扎成这样专业的捆。

在实际工作中，如果只有一位出纳，那么用橡皮筋捆扎也是一样的，还十分方便。用纸条捆扎主要用在出纳或清点现金的人员不只一人的情况下，为了区别责任而使用的。

硬币的整点比纸钞简单，只需要将整百只的硬币用牛皮纸或其他纸包起来即可。

2.1.4　点钞机的应用

点钞机，是一种自动清点钞票数目的电动设备。一般的点钞机都会有两个功能，即计数功能和验钞功能。

在使用点钞机时，要按照规定的程序操作，准确进行喂钞、按键和取钞。

首先，打开点钞机，使其处于工作状态，再把待点钞票理好，码放整齐，开始点钞操作。为便于分张和下钞流畅，对于压紧的纸币应拍松后再捻开，否则容易下双张或出现"拥塞"现象。对于待清点的钞票，最好捻开成一个前低后高的斜面，平整放入喂钞台，使钞票从上面第一张依次自然下滑，通过捻钞轮进入机器内。

随着点钞机开始工作，握钞手指逐渐松开，切不可往下推挤钞票。喂钞台内的钞票清点完毕后，机器自动停止。机器运行时，操作人员要认真进行检查，如发现有假钞、破损或其他异物，或者有绵软、霉烂的钞票时，要立即剔除，然后再继续清点。清点过程中若发现假币，机器就会自动停止，蜂鸣器发出"嘟嘟"几声报警信号，或在任意工作状态下指示灯亮并且闪烁，计数显示窗显示"鉴伪方式显示符"，取出假币后按任意键继续清点。操作完毕，要注意检查机器上是否有遗漏钞票。

点钞机最初在银行等金融部门大量应用。在技术越来越成熟、成本越来越低的今天，普通的点钞机已经走进了很多企业，变得很常见了，所以现在点钞机已成为企业财务部门不可缺少的日常办公设备。

随着印刷技术、复印技术和电子扫描技术的发展，伪钞的制造水平越来越高，必须不断提高点钞机的辨伪性能。

2.2　真假币辨别技能

2.2.1　当前流通的人民币特点

鉴别假币，首先应了解当前流通的人民币的特点。自1984年12月1日发行第一套人民币至今先后发行了五套人民币，其中第一套、第二套、第三套已不再使用，目前正在使用的是第四套和第五套人民币，以第五套人民币为主。第五套人民币于1999年开始流通，在基本图案不变的情况下，2005年又开始发行2005年版第五套人民币。2005年8月31日起发行的2005年版第五套人民币包括100元、50元、20元、10元、5元纸币和1角硬币，与1999年版第五套人民币同时流通。目前市面上已开始流通2015年版100元纸币。

2.2.2 如何辨别真假币

辨别真假人民币是出纳工作中一项非常重要的业务，如果不能准确地辨别出真假人民币，必定会给公司带来损失。假币毕竟是假币，稍微用心看，就会发现"假的绝对真不了"。一般，辨别假币的方法遵循"一看，二摸，三听，四测"的原则。

2.2.3 假钞的处理

如果出纳在工作中不小心收到了假币，按照规定出纳是应该赔偿公司的，因为辨别真假币是出纳的基本技能之一。但是每个公司的内部规章制度不相同，具体的情况还要根据公司的制度来处理。

如果出纳人员在收付现金时发现假币，应立即送交附近银行鉴别，由银行开具没收凭证，予以没收处理；如有追查线索，应及时报告就近公安部门，协助侦破。出纳人员发现可疑币不能断定真假时，不得随意加盖假币戳记和没收假币，应向持币人说明情况，开具临时收据，连同可疑币及时送到当地中国人民银行鉴定。经中国人民银行鉴定确属假币时，应按发现假币后的办法处理；如确定不是假币，应及时将钞票退还持币人。假币没收权属于银行、公安和司法部门。其他单位和个人如发现假币，按上述办法处理或按当地反假币法规所规定的办法处理。

2.3　书写专业技能

财务部门的记账，是长期使用手工记录的，所以对会计出纳人员的书写有许多职业性的要求。在这一系列要求之下，就形成了会计人员的书写专业技能。

出纳人员会经常书写现金、银行相关的票据，尤其是一些银行的票据，如支票、进账单等，都需要手写。所以在会计电算化软件非常流行的今天，出纳人员更要注重专业书写技能。

财务人员书写的账目、凭证等资料是非常重要的财务资料，不但可能会有许多人查阅，还要长期保存。所以，出纳工作对财务人员手写的文字、数字等有着严格的技术和素质要求。

对财务人员的书写有以下三个方面的要求。

- 文字书写的一般要求；
- 小写数字的书写要求；
- 大写数字的书写要求。

2.3.1 文字书写的一般要求

出纳在书写的时候，一般对文字和数字都有一些要求，而有一些要求是文字和数字都要遵循的，这就是文字书写的一般要求。虽说是文字书写的一般要求，但是数字书写也一样适用。

文字书写的一般要求有以下四点。

（1）要用蓝黑墨水或碳素墨水书写，不得用铅笔、圆珠笔（用复写纸复写除外）。红色墨水也是可以用的，但是一般只在修改和冲销时使用，结账时也要以红线划通栏红线。另外，写支票必须使用碳素笔书写。

（2）文字书写一般要紧靠左竖线书写，文字与左竖线之间不得留有空白。这是为了防止别有用心的人在前面加文字或数字。例如，本来收据上写着"收到650元"，如果这句话中数字没能贴着"收到"二字来写，那么很可能会被别人在前面加个数字，比如改为"收到9650元"。

（3）文字不能顶格写，一般要占空格的1/2或2/3。手工记账的时候，由于书写不注意，偶有错误，可以将其用红笔划掉，再在原文字上方的留白处进行修改。所以，会计人员在平时书写时就应当养成留白的习惯。

（4）文字要清晰，要用正楷或行书书写。会计写的账簿、凭证等，可能不仅是几个人来看，很可能会有各方面的陌生人来查看，字迹好不好看倒不是很要紧，要紧的是字要写得干净、整齐，要人人都能看得懂。

2.3.2 数字书写的一般要求

1. 小写数字的书写要求

小写数字，也就是阿拉伯数字，是相对大写数字而言的，在出纳的日常工作中用来记录数量、金额等数据。这些数字很常见，大家都已书写多年，所以每个人都有自己的写法。同时，也就存在着大量的不规范书写。

就会计而言，所谓不规范的书写，主要是指可能会混淆的，或可能会给一些人留下修改漏洞的书写方式。比如"0""6"不分、"7""9"难辨，把"1"改为"4"、把"1"改为"7"等。

另外，还有人将阿拉伯数字写成美术字的，都是不符合财会工作要求的写法。实际上，由于财务工作的特殊性，会计记账过程中的阿拉伯数字，同一般情况下书写的数字要求不太一样。财会记账时书写的数字，既要求看得清楚，又要求有一定的形状，书写流利又美观，还方便纠错更改。

在财会工作中，小写数字书写的具体要求：各数字应自成体型，大小匀称；应字迹工整，排列整齐有序，数字与底线成60度向左下方倾斜；数字应紧靠底线且不要顶格书写（7、9除外）；数字应从左向右书写；除4、5以外的各数字，均应一笔写成。

对于不易写好、容易混淆且笔顺相近的数字，在书写时应按标准字体书写，以区分笔顺，避免混同，以防涂改。这些数字的书写要求："1"不能写短，且要合乎斜度要求，防止被改为"4""6""7""9"；"2"在书写时，应将拐折的地方写成圆弧状，以区分2与Z，并防止修改；"6"字时可适当扩大其字体，使起笔上伸到数码格的1/4处，下圆要明显，以防改为"8"；"7"可以伸到底线下方，约占数码格的1/4位置处；"9"下伸到底线外，约占数码格的1/4位置处；"6""8""9""0"都必须把圆圈笔划写顺，并一定要封口；"2""3""5""8"应各自成体，避免混同。

阿拉伯数字的会计标准写法，如图2-4所示。

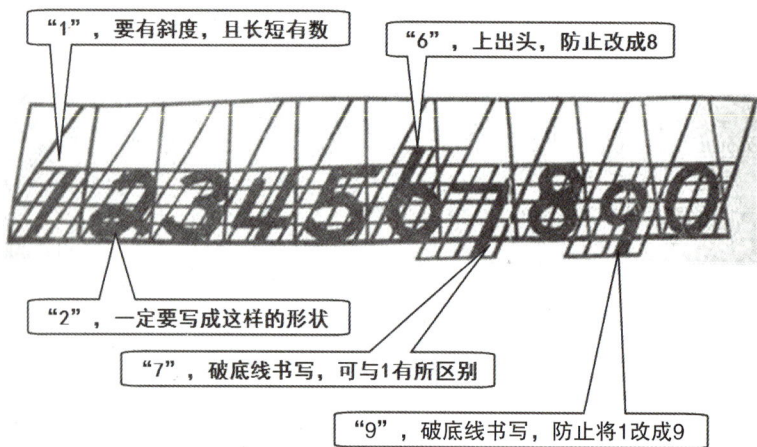

图2-4　阿拉伯数字的会计标准写法

2. 大写数字的书写要求

为防止对重要数据的篡改，比较重要的文件上的数据常常需要写出大写数字。这些大写数字，笔划较多，不易混淆和修改，平常也并不常用，只有在与财务相关的文档中才使用。

大写文字与阿拉伯数字及中文数字的对应表，如表2-3所示。

表2-3　大小写数字对应表

小写数字	中文数字	大写数字
0	〇	零
1	一	壹
2	二	贰
3	三	叁
4	四	肆
5	五	伍
6	六	陆
7	七	柒
8	八	捌
9	九	玖
10	十	拾
100	百	佰
1000	千	仟
10000	万	万
100000000	亿	亿
10000000000000	兆（万亿）	兆（万亿）

大写数字的主要功用就是防止修改。常见的需要用到大写数字的情况，有以下三种。

☒　金额的书写；

☒　日期的书写；

☒　重要数量的书写等。

大写数字在会计工作中应用广泛，一般用在重要的会计凭证中，如支票、汇票、收据、借据等。记账时，一般并不使用大写数字。

3. 小写金额的书写

小写金额，就是用阿拉伯数字书写的金额。对于小写金额，在书写时，一般有三个要求。

☒　尾数到分；

☒　加货币符号；

☒　防止添加数字。

（1）尾数到分。是指所有以元为单位金额，除特殊情况外，一律填写到角分，所以会计中的所有数字都会保留两位小数，其形式为"1234.56"。

对于没有角分的数字，角位和分位可以填写"00"，或者填写符号

"—"，如可以写为"1234.00"或者"1234.-"；对于有角无分的数字，分位也应当填写"0"来补齐，即写为"12.90"，不得用符号"—"代替。

（2）货币符号。金额前应带有货币符号，即"¥"或"$"等，人民币金额应写作"¥1234.56"。

（3）防止添加数字。金额前面加上货币符号，实际上就是为了防止有人在金额前面添加数字。而当金额数字在文字段落中时，货币符号有时候不方便加入，就需要在相应的金额前面写上"人民币金额计"的字样，即写为"人民币金额计1234.56元"。

4. 大写金额的书写

大写金额在书写时，也有一些特别的要求，在一些特殊情况有约定俗成的写法和规则。这些规则包括：

☑ 写"整"规则；

☑ 写"零"规则。

下面就分别来讲讲这两个规则的具体用法。

（1）写"整"规则。即在使用大写数字书写金额时，只要不是到分位的，大写数字后面都要跟个"整"字，如表2-4所示。

表2-4　大写金额的写"整"规则

小写数字	大写规则	实例	
		小写	大写
无角无分的	要写"整"字	¥108.00	人民币壹佰零捌元整
有角无分的		¥108.20	人民币壹佰零捌元贰角整
有角有分的	不写"整"字	¥108.21	人民币壹佰零捌元贰角壹分

（2）写"零"规则。是指针对小写金额中不同位置的"0"，在大写金额书写时的相应规则。也就是说，并不是小写金额中有"0"，大写金额里就一定要写"0"。当"零"在不同的位置时，大写金额的写法也相应不同。

根据小写金额中"0"的不同位置，大写金额中有相应的写"零"规则，其用法和实例，如表2-5所示。

表2-5　大写金额中写"零"规则

小写数字	大写规则	实例	
		小写	大写
中间只有一个"0"的	只写一个"零"字	¥108.00	人民币壹佰零捌元整
中间连续有几个"0"的		¥10008.00	人民币壹万零捌元整
元位是"0"的	不写"零"字	¥1080.50	人民币壹千零捌拾元伍角整
		¥10800.50	人民币壹万零捌佰元伍角整
		¥100080.5	人民币壹拾万零捌拾元伍角整

2.4　计算技能

作为一名财务人员，实际上主要的工作就是古时候账房先生干的活，也就是拿着账本算来算去的事情。所以，计算技能对于财务人员来说是非常重要的。甚至说，计算技能是财务人员的基本技能。一个不识数不懂算的会计，怎么工作？

虽然出纳的计算技能是如此重要，但是在本章的内容里却没有占据最主要的位置，这是因为我们国家的基础教育非常普及，现在不识数不会算的人基本是不存在的，所以这样的技能就变得非常普通。这已经不算是技能，而是每个人都有的基本素质。

本节要讲的出纳的计算技能，并不是指识数和基本的数学运算，主要是指除基本计算技能之外的那些计算类的技能，如使用算盘、使用计算器、使用电脑等。

2.4.1　算　盘

算盘是中国传统的计算工具。它是中国古代的一项重要发明，是在阿拉伯数字出现前广为使用的计算工具。对于古时候的账房先生来说，算盘基本上算是吃饭的家伙，不会打算盘，那就和不识数一样，没法接触到财务工作。

在现代会计的发展过程中，算盘也一直作为最有计算效率的会计工具存在着。在我们国家，20世纪90年代之前，算盘普及到所有商业领域，商店的营业员都人手一把。

近年来，由于科技的飞速发展，计算器、电脑迅速普及，算盘已经慢慢退出了大多数人的视线。

2.4.2　计算器

计算器，一般是指"电子计算器"，是简单的电子工具，可以进行简单的数学运算。计算器拥有集成电路芯片，但比现代计算机结构简单得多，已经被广泛应用于工程、学习、商业中，极大地方便了人们对于数字的整合运算。

出纳的日常工作中缺少不了计算器。而计算器价格非常低廉，可广泛运用于商业交易中，是必备的办公用品之一。

不过，计算器只能计算一些较为简单的运算，较之计算机还是有很大差异。

2.5　计算机技能

现在做财务的人，不会电脑的应该极少了。电脑，也叫微型计算机，比计算器强大得多。电脑建立了各种平台，在平台上人们可以加上许多应用软件。出纳人员对电脑主要用在以下两个方面。

- ✍ 办公软件；
- ✍ 财务软件。

现在财务软件的功能已非常强大，广泛应用在各行各业中，电子做账已经成为财务人员必备的技能之一。

2.5.1　办公软件

在实务操作中，Word、Excel、PowerPoint已经成为工作的主要助手。Word是现代办公中使用最多的文字处理软件，满足办公中对各种文档的处理要求。Excel电子表格发挥着极大的计算、排序、汇总等功能，给会计的核算职能带来极大方便。利用PowerPoint可以创建和展示演示文稿。

Excel是用来更方便地处理数据的办公软件，是公司各个管理部门不可或缺的办公软件。当然，对于财务部门更是必不可少。

财务人员可以使用Excel创建工作簿并设置工作簿格式，以便分析数据和做出更明智的业务决策；可以利用Excel编写公式自动对数据进行计算。用Excel来处理数据，主要是学会运用公式，能够熟练地运用公式。

出纳人员可以用Excel记录库存现金和银行存款的日记账，在Excel中设置好公式，只要每天输入的数据没有错误，那么库存现金日记账的每日余额将自动更新，银行存款日记账的"本月合计"将自动计算出合计金额，如图2-5和图2-6所示。

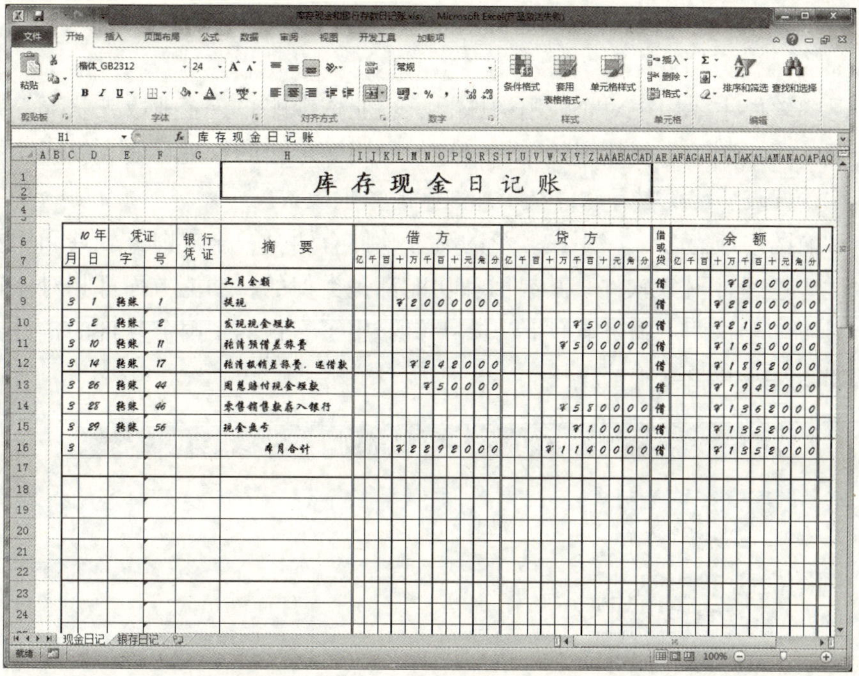

库存现金日记账

10年 月	日	凭证 字	号	银行凭证	摘要	借方	贷方	借或贷	余额	√
3	1				上月余额			借	¥200000	
3	1	转账	1		提现	¥2000000		借	¥2200000	
3	2	转账	2		发现现金短款		¥50000	借	¥2150000	
3	10	转账	11		转清预借差旅费		¥500000	借	¥1650000	
3	14	转账	17		转清报销差旅费，还借款	¥242000		借	¥1892000	
3	26	转账	44		周慧赔付现金短款	¥50000		借	¥1942000	
3	28	转账	46		零售销售款存入银行		¥580000	借	¥1362000	
3	29	转账	56		现金盘亏		¥10000	借	¥1352000	
3					本月合计	¥2292000	¥1140000	借	¥1352000	

图2-5　利用Excel做的库存现金日记账

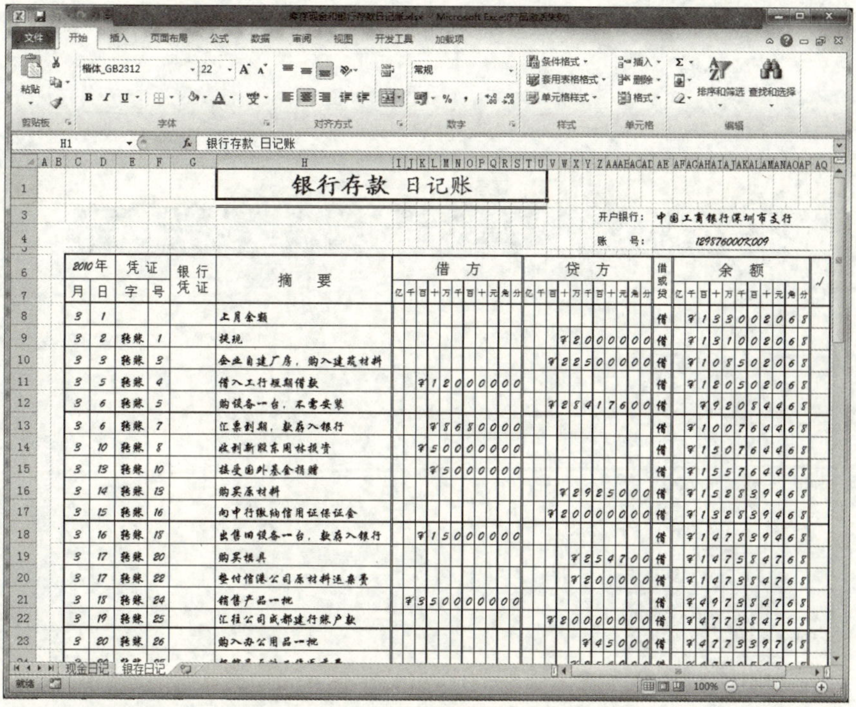

银行存款 日记账

开户银行：中国工商银行深圳市支行

账　　号：129876000K009

2010年 月	日	凭证 字	号	银行凭证	摘要	借方	贷方	借或贷	余额	√
3	1				上月余额			借	¥133002068	
3	2	转账	1		提现		¥2000000	借	¥131002068	
3	3	转账	3		企业自建厂房，购入建筑材料		¥22500000	借	¥108502068	
3	5	转账	4		借入工行短期借款	¥12000000		借	¥120502068	
3	6	转账	5		购设备一台，不需安装		¥28417600	借	¥92084468	
3	6	转账	7		汇票到期，款存入银行	¥8680000		借	¥100764468	
3	10	转账	8		收到新股东周林投资	¥50000000		借	¥150764468	
3	13	转账	10		接受国外基金捐赠	¥5000000		借	¥155764468	
3	14	转账	13		购买原材料		¥2925000	借	¥152839468	
3	15	转账	16		向中行缴纳信用证保证金		¥20000000	借	¥132839468	
3	16	转账	18		出售旧设备一台，款存入银行	¥15000000		借	¥147839468	
3	17	转账	20		购买模具		¥254700	借	¥147584768	
3	17	转账	22		垫付信港公司原材料运杂费		¥200000	借	¥147384768	
3	18	转账	24		销售产品一批	¥350000000		借	¥497384768	
3	19	转账	25		汇往公司成都建行账户款		¥20000000	借	¥477384768	
3	20	转账	26		购入办公用品一批		¥45000	借	¥477339768	

图2-6　利用Excel做的银行存款日记账

2.5.2 财务软件

财务软件主要用于对企业财务账目、企业资金账户、企业收支状况等方面的管理，用途明确，使用很简单。财务软件用图形化的管理界面、提问式的操作导航，打破了传统财务软件文字加数字的繁琐模式。

目前国内最有名、应用最广泛的财务软件有两个：金蝶财务软件和用友财务软件。这两种财务软件，其界面和功能都是类似的，功能方面都相对比较成熟，只要学会这两个财务软件，基本上就够用了。这两个财务软件的常见界面分别如图2-7和图2-8所示。

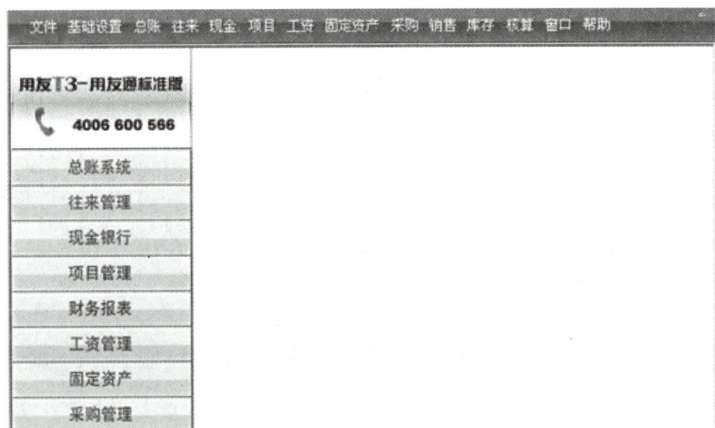

图2-7　用友财务软件的常见界面

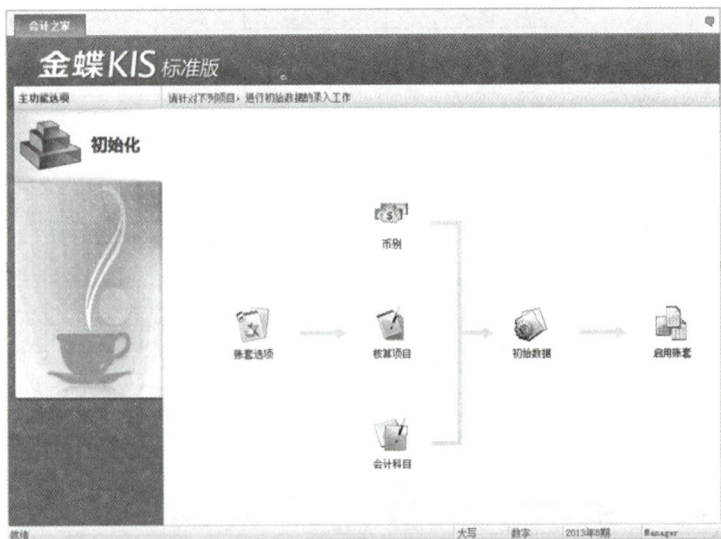

图2-8　金蝶财务软件的常见界面

财务软件将计算机知识和财务专业知识融合在一起，财务人员必须了解和掌握财务软件。无论是金蝶还是用友或者是其他的财务软件，都应该熟悉总账管理、库存管理、往来款管理、报表、固定资产管理等模块的具体操作流程。

1. 总账管理

总账管理适用于凭证处理、账簿管理、个人往来款管理、部门管理、项目核算和出纳管理等。

（1）在开始使用总账系统前，先进行初始设置，包括会计科目、外币设置、期初余额、凭证类别、结算方式、分类定义、编码档案、自定义等，根据经济业务内容编制录入记账凭证，单位财务主管或指定人员进行审核凭证，月末记账时系统自动完成期间损益结转等业务。

（2）个人往来款管理，主要是个人借款、还款的管理工作，通过个人借款明细账及时了解个人借款情况，实施控制与清欠。

（3）部门管理，做到会计业务以部门为单位归集，通过各部门费用收支情况及时控制各部门费用的支出。财务人员应进行部门收支分析，为部门考核提供依据。

（4）项目核算，可以反映出现金流量的走势，也是月末生成现金流量表的数据来源。

（5）出纳管理，详细核算货币资金账务情况，为出纳人员提供办公环境，完成银行日记账、现金日记账，提供银行对账单的录入、查询等功能。

2. 库存管理

库存管理适用于对库存商品、原材料等进行供、销、存的核算与管理。许多企业如商品零售业、制造业存货的数量大且品种繁多，对存货实行严谨、科学的管理是财务部门和仓库部门的重要工作目标。一方面对实物进行分类管理；另一方面建立完整的供、销、存管理体系，从账面上进行核算、控制、监督，为实现账实相符提供可信的依据。当发生存货的购入、领出、调拨、报废、赠予等业务时，按原始入库单、出库单等记载的名称、数量、单价等信息录入到库存模块中。该模块也具有强大的计算、查询等功能，从而提供存货供、销、存的完整信息。

依实际情况的不同，有的单位对于库存的管理不是由财务软件来实现，而是采用符合单位管理需要的其他管理软件、ERP系统来完成，其职能和财务软件是一样的。

3. 往来款管理

往来款管理是用于对与本公司有经济活动业务关系的客户和供应商之间的往来款项进行管理，主要通过预付账款、应付账款、其他应付款等会计科目来核算。初始设置时，将此类科目设置为客户或供应商往来辅助核算，建立客户及供应商档案，每笔往来业务发生时，录入相应的辅助核算内容。在实际工作中，还应定期与往来单位核对账目，及时核实往来款项的最新情况。

4. 报表管理

报表管理和上述的总账管理相辅相成，总账系统提供财务数据生成财务报表。月末，完成凭证记账、损益类结转的月末处理后，进入报表管理系统，打开报表表格，进行数据关键字录入，经过数据计算整理完毕即生成基本财务报表。注意报表需要在计算机硬盘中形成电子表格，打开报表管理系统中可以查找出对应的路径。

5. 固定资产管理

固定资产管理进行固定资产净值、累计折旧等数据的核算与管理，反映固定资产增减、原值变化、使用部门变化等。系统启用前，对资产类别、增减方式、使用状况、折旧方法等进行初始设置。购置固定资产时，以每一项资产的名称录入固定资产卡片，详细录入其类别、名称型号、原值、使用部门、折旧年限等信息。这一步骤的作用非常重要，它是这一模块的数据来源和基础，录入的原始卡片应准确无误。系统具有自动计提折旧的功能，生成折旧分配凭证，它可以以记账凭证的形式传输到总账系统。

第3章　出纳的安全常识

出纳是企业资产的重要出入关口，对企业资产的内外流动具有非常重要的意义。企业资产的异常流失，通常都可能与出纳有点关系。出纳的一点点工作失误，对企业造成的损失都非常大。所以，每一位出纳都应当具有非常高的安全意识。

安全意识，出自对安全的认识，只有对出纳工作的安全问题了解通透了，才可能在工作中时时谨慎小心，更加关注安全问题。

3.1　保密常识

出纳的第一个安全常识就是保密。保密是指对某种消息的知而不露，秘而不宣。也就是说，有些事你是清楚的，但是却不能告诉不应该知道的人。如果一些被要求保密的事情没能保密，其后果可能会相当严重。

出纳岗位很特殊。出纳工作是财务工作中最接近财务核心的岗位之一，能看到的数据和资料也具有更大的价值，所以出纳岗位是比较特殊的岗位。在日常工作中，要注意一些应保密的信息不能泄露，在生活闲聊时，也不要随意谈论企业的相关财务情况。

出纳要保密的事情一般包括以下三类。

- 资金的动向；
- 企业账户的余额；
- 员工工资和福利费等。

下面就对上述的三类需要保密的信息进行简单说明。

3.1.1　资金的动向要保密

资金的动向，包括资金的流入与流出，以及从哪里流入、流向哪里等情况。资金动向可以清楚地展示企业经营活动的脉络以及企业近期的计划等。所以资金的动向可以算作商业机密，不能对外泄露。

比如企业近期会对一个项目投入巨额资金，这必然会有一个筹集资金的过程。在项目尚未确定之前，出纳可能就会根据近期的资金调集情况发现这个计划，甚至这样的筹集计划常常就有出纳人员参与其中。另外，还可以根据资金流动的来龙去脉，知道企业的销售渠道、货物来源等情况。这也是资金动向需要保密的另一个重要原因。

例如，一次朋友聚会上出纳小张不小心透漏了公司的资金流动情况。这一消息被传到了公司的竞争对手耳中，结果对方分析出了公司的销售渠道，抢走了公司的一部分客户。

▌3.1.2　企业账户的余额要保密

企业账户的余额，这项资料的重要性同资金动向类似，也是企业比较重要的财务信息。从一个企业各种账户的余额明细当中，有经验的会计师也能分析出许多有用的信息。

▌3.1.3　员工的工资和福利费要保密

员工的工资和福利费保密，主要是指企业内部员工之间的保密。企业对外公布的数据中，员工工资和福利费的总数一般来说不是什么秘密，但是员工个人所得的具体数额是很有必要保密的信息。

之所以员工的工资和福利费的具体数额需要保密，有两个原因。

    ✍ 收入是员工的个人隐私；

    ✍ 工资保密制能降低企业用人成本。

收入是员工的个人隐私，没有人愿意将自己的隐私到处宣扬。在国外询问他人的收入是非常不礼貌的行为；在国内的许多城市，如深圳，就算是父母兄弟问起工资来也是很不乐意说的。所以作为出纳，更不能随意将员工的个人隐私泄露出去。

再说，现在许多公司都实行员工工资的保密制度，不但财务人员不能随意谈论，就是员工自己也不能随意与同事交流，对比工资数额。这是因为在不同岗位工作的员工，其工作强度、贡献程度等都不一样，工资一定会有些差异；而相同岗位上，不同的学历、素质、经验也会使工资收入产生差异。所以为了避免不必要的麻烦，许多企业都禁止员工之间谈论工资。

而且，员工工资信息一旦泄露，会使企业的用人成本大幅增加，也可能影响企业员工队伍的稳定，这都是相当严重的后果，所以出纳人员在工作当中必须要非常注意。

3.2　安全意识

出纳的第二个安全常识就是安全意识。实际上，安全是第一位的，是最重要的。对于安全，笔者想要说的有以下五点。

- 先保命，再保钱；
- 钱款出入要仔细；
- 铁面无私严把关；
- 瓜田李下要注意，
- 唱收唱付有必要。

下面就来说说这五点具体都是什么意思。

3.2.1　先保命，再保钱

对于出纳岗位而言，安全具有两层含义：出纳的人身安全和企业的财物安全。

出纳的人身安全，是指出纳自己的个人安全，包括生命安全和财产安全等。

企业的财物安全，包括企业以下财产的安全：企业的钱，比如现金、银行存款等；企业的贵重物品，比如有价证券、贵重材料、房产证等。

"先保命，再保钱"，是指出纳应当首先确保自身的安全，然后在此基础上尽量保证企业财物的安全。

3.2.2　钱款出入要仔细

出纳手中出入的不是那些财务数据，而是实打实的钱，一旦错了，是没法用红线划掉重新来做的，所以在处理事务时更是要仔细。

（1）每一笔钱只要有一点点不确定，都要再回头数过才行；

（2）收钱时仔细核对，签字确认；

（3）付款要严格执行审批制度，不合规定坚决不付；

（4）支票、汇票要管好，绝不在票证上提前盖好印章等。

1. 审批程序要牢记

企业的审批手续很多，出纳只需要关注与现金支付有关的审批程序即可。一般情况下，企业的现金收入交到出纳手中时很可能是一张银行的进账单或是对方单位开出的支票、汇票等，出纳只需要去银行进账即可。一些企业可能需要出纳将分散的现金收入归总后统一存入银行，这时出纳存款后保留进账单入账即可。

出纳最需要关注的是现金的支出。企业的现金支出分为两种。

✍ 现金支出；

✍ 票据支出。

不管是哪种形式的支出，都需要相应的审批手续。而不同形式的支出，其审批和支付程序虽稍有不同，但是大体上是相同的。

现金支出的审批及支付程序，如图3-1所示。

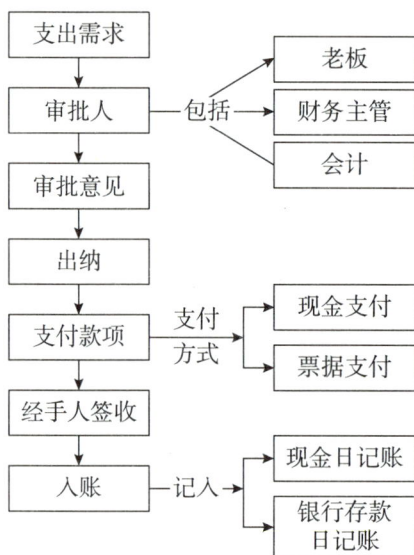

图3-1 现金支出的审批及支付程序

2. 有凭有据才出钱

从图3-1中可以看到，现金支出的审批及支付，出纳人员只需要关注审批意见环节，查看以下四个要点。

✍ 申请金额是否超出支付范围；

✍ 审批意见与原始申请意见是否相符；

✍ 审批人是否合法；

✍ 审批人的签章是否合法等。

以上要点都没有问题时，出纳就可以进行款项的支付了。

常见的支付审批凭据，例如请款单，其需要查看的要点，如图3-2所示。

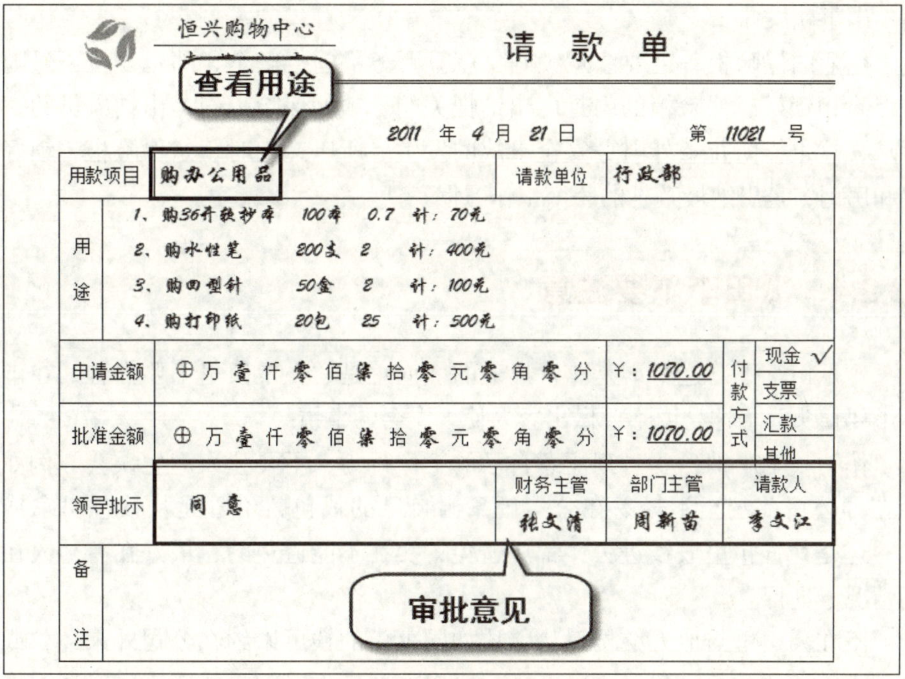

恒兴购物中心

请　款　单

2011 年 4 月 21 日　　　第 11021 号

用款项目	购办公用品	请款单位	行政部		
用途	1、购36开软抄本　100本　0.7　计：70元 2、购水性笔　200支　2　计：400元 3、购回型针　50盒　2　计：100元 4、购打印纸　20包　25　计：500元				
申请金额	⊕万 壹 仟 零 佰 柒 拾 零 元 零 角 零 分	￥：1070.00		付款方式	现金 √
					支票
批准金额	⊕万 壹 仟 零 佰 柒 拾 零 元 零 角 零 分	￥：1070.00			汇款
					其他
领导批示	同　意	财务主管	部门主管	请款人	
		张文清	周新苗	李文江	
备注					

图3–2　请款单的审核要点

一般企业对现金的支付都有着严格的规定，一般的支出都需要本部门主管、财务主管两道关口审批，比较重要的或是数额比较大的支出，还需要由公司老板亲自拍板。

所以，出纳需要做到只认签字不认人，做到只有审批手续无误才能进入付款程序。

例如，公司仓库卖了一批多余材料收到500元，仓库保管员小王来公司交款，由于平时同事之间关系不错，出纳小李先开了收据给小王。正当小王掏钱时候，公司人事部张经理找小王有事就把她叫走了。事后，出纳小李和仓库保管员小王都忘记了这件事。月底核对账目时候发现少了500元，出纳小李这才想起这件事，打小王电话关机，后来得知他已经离职很久了。她向领导说明了情况，领导批评了她的工作不够认真，并且要求小李承担一半责任。

3.2.3　铁面无私严把关

做出纳，和钱打交道，一定要做到铁面无私。有时候同事来预借现金，就算再相熟的同事、再亲近的朋友亲戚，该打欠条一定要打；就算是上级和领导，也得写个欠条让他签字。事关钱物，小心无大事，就算当时受点埋怨，过后不出事就没什么。

企业的保险柜一定要注意锁好，就算财务部门再安全，那也安全不过随手把保险柜锁好。保险柜的门是由出纳把关的。锁好保险柜是出纳人员的工作要求，这也能防止意外财务安全事故的发生。所以，随时锁好保险柜，锁好抽屉和房门，是出纳最基本的一个工作习惯。

3.2.4　瓜田李下要注意

"瓜田李下"这个词是非常形象的。词意是"在瓜田里不要提鞋，在李树下不要摸头"，这是说不要做出容易使人误会的事情。

作为一个出纳，要时刻注意自己的工作行为，不要让人产生误会。例如，不在办公桌前甚至不轻易在公司内拿出自己的钱包，不管是从钱包里拿钱出来，还是往钱包里放钱进去，都应避免；实在不能避免的，最好在有他人在场的情况下进行。

不在公司里与他人交接财物，比如同事借的钱可以约在公司外来还，或是打到卡上；比如要支付私人的款项，可以在非工作时间，或者支付时请同事在场，以证明钱是出自自己的钱包，而非公司的现金抽屉。

涉及钱物出入的事务，要尽量保留当时的实时记录、经手人的签名或当事人的证明等，以备日后有事时查验；自己经手的钱物，严格根据财务制度规定的程序执行，一次也不能马虎。要知道，偶尔一次的马虎出错，在他人眼里可能就会成为下次结账短款时怀疑的理由，马虎不得。

3.2.5　唱收唱付有必要

所谓唱收唱付，是指出纳人员收钱和付钱时都要当场读出收到和付出的金额等。比如收款时，先问交款人是多少钱，然后重复一遍，再开始数钱；收取费用时，应当场说出如"收您100元，应找回25元，请拿好"这样的话；付款时，要当场读出付出的金额，并提醒收款人注意核对金额。

唱收唱付是商业企业多年来一直提倡的收银习惯。到银行时，银行柜员也会有这样的唱收唱付的行为，这是因为唱收唱付可以很有效地防止由于双方沟通不良造成的财务纠纷。

唱收唱付之后，一旦发现与情况不符，可以马上核对，不会因为时间久了，双方无法确认责任而产生麻烦。同时，唱收唱付时，周围的人都会听到，一旦出现问题，周围的人都可以做证明人，这也不失为保护自己的好方法。

3.3　谨慎常识

因为出纳手中进出的都是现金或现金等价物，而这些资产又极易出现损益，所以在所有财务岗位中，出纳岗位的相关规定是最严格的，出现差错后的处罚也是最重的。

这里说的"最重"，是指出纳出的差错，如果不能找到其他责任人，出纳就需要对差错金额进行全额赔付。而会计记错了账等，还可以有机会进行更正和补救。所以，每一个身处出纳岗位上的人，都应当时时谨慎，事事当心。

3.3.1　原始凭证不得有误

1.原始凭证有误的情况

原始凭证有误，主要是指根据相关的财务法规，当前的原始凭证无法入账，故称有误。通常不得入账的原始凭证，有两种情况。

- ✎ 格式有误；
- ✎ 内容有误。

格式有误，是指原始凭证的格式不符合规定，不能成为合法凭证，因而无法入账。内容有误，则是指原始凭证中的内容并不符合法律法规中规定的相关项目，所以也不能入账。

例如，人事部交来了本月员工工资表，要求小李发一下。小李拿到工资汇总表一看，就退回去了，要求重新打印，原因是工资汇总表上有更改的迹象。

2. 原始凭证的格式要求

合法的、可以入账的原始凭证，应当要符合以下条件。

（1）记录要真实。原始凭证所填列的经济业务的内容和数字，必须真实可靠，符合实际情况。记录不符合实际情况的，就属于虚开凭证，不得入账。

（2）内容要完整。原始凭证所要求填列的项目必须逐项填列齐全，不得遗漏和省略。比如日期、摘要、品名、规格、单价、金额等。

（3）手续要完备。原始凭证的手续包括：

- ✎ 单位自制的原始凭证必须有经办业务的部门和人员签名盖章；
- ✎ 对外开出的原始凭证必须加盖本单位公章；
- ✎ 从外部取得的原始凭证必须盖有填制单位的公章。

（4）书写要清楚、规范。原始凭证要按照规定填写，其书写规范有：

- ✎ 文字要简明，字迹要清楚，易于辨认；
- ✎ 不得使用未经国务院公布的简化汉字；
- ✎ 大小金额必须相符且填写规范，小写金额用阿拉伯数字逐个书写；
- ✎ 在金额前要填写人民币符号"￥"；
- ✎ 人民币符号"￥"与阿拉伯数字之间不得留有空白；
- ✎ 金额数字一律填写到角分，无角分的，写"00"或"–"。

（5）编号要连续。各种凭证要连续编号，以便查考。如果凭证已预先印定编号，如发票、支票等重要凭证，在写坏作废时，应加盖"作废"章，妥善保存，不得撕毁。

（6）不得涂改、刮擦、挖补。原始凭证有错误的，应当由出具单位重开或更正，更正处应当加盖出具单位印章；原始金额有错误的，应当由出具单位重开，不得在原始凭证上更正。

▌3.3.2 现金支付不得违反规定

对于有现金要求的付款项目，出纳要注意国家关于现金用途的规定。为了尽可能避免经济犯罪的发生，我国对大部分企业的现金收支都有严格的规定，尤其是支出现金的限制更是详尽，只有规定的项目才能使用现金。

目前我国规定可以使用现金支付的项目包括：

（1）支付职工个人的工资、奖金、津贴；

（2）支付职工的抚恤金、丧葬补助费以及各种劳保、福利，国家规定的对个人的其他支出；

（3）支付个人劳务报酬；

（4）根据国家规定发给个人的科学技术、文化艺术、体育等各种奖金；

（5）支付向个人收购农副产品和其他物资的价款；

（6）出差人员必须随身携带的差旅费；

（7）结算起点（1000元）以下的零星支出；

（8）经中国人民银行确定需要支付现金的其他支出。

在出纳接到的现金支出申请中，其项目不是上述这八种用途，就不能使用现金进行支付。

注意：这里的现金支付，**包括现金支票支付**。

例如，公司想在江苏建立一个销售点，派销售部王经理到江苏去实地考察几天。公司给王经理随身携带的差旅费为2000元，并且在合情合理的情况下，实际的花费超过2000元的部分回来补上。

3.3.3　签字审核一个都不能少

在现金的收支管理中，签字代表着责任，谁签字谁就要负起相应的责任。小企业在付款时，可能就是老板说一声，出纳就给了钱，数额不大无所谓。稍正规一些的企业，如果这样处理的话，隐患很大。如果老板当时说付款，但事后忘记了，或者有些无良老板干脆说没有说过要付款的话，那么出纳必须承担该款项的赔偿责任。数额超过规定的，可能还要负刑事责任。所以出纳一定要记住，决不能没凭没据地付钱。当审批手续无误时，出纳方可进行付款的相应程序。

付款的程序中比较重要的环节，就是经手人签名。在支付时，应由收款人当场签章，以明确款项交接责任。对于出纳来说，不管是支出还是收入，留下相关事务经手人的签名是十分重要的。记忆有时也会出现偏差，但是签名之后就代表着责任的承接已完成，所以只要出纳手中有合法的凭证，就完全可以证明款项的付出了。

支付之后，出纳应当马上将相关的付款凭证，如收款收据、支票存根等，整理入账。

例如，某公司采购部购买一批零件价值2000元。由于采购急需这笔钱，出纳就将款项匆忙给了采购部负责人，没有任何人的签字。结果月底对账时，银行存款上少了2000元，出纳才想起采购部购买零件的事，赶紧去找采购部的负责人，要求现在付款。采购部负责人却说："我要是拿钱，你肯定得有付款凭证的，你不签字怎么会把钱给我呢？"最后出纳只能自认倒霉，自己补上这笔款项。

注意： 当使用支票等票据进行支付时，票据一般由出纳填写，然后由印鉴管理人（一般是会计）盖上银行预留的印鉴后，才能正式出票。

例如，某公司购买原材料价值3000元，老板要求出纳先付材料款的50%，即付1500元。出纳留了一个小心眼，写了一个购买原材料预付款的情况，让老板在上面签了字。后来原材料迟迟不到，老板有些着急，来查银行账簿，发现预付50%的材料款，就问出纳："怎么付了50%？不是跟你说了付20%？"这时出纳找出了记账凭证，翻出了原始凭证让老板看。

所谓的凭据，就是指：

- ✍ 同意付款时的书面意见；
- ✍ 付款前请会计或财务主管进行审核时的签名；
- ✍ 付款后，收款人留下的收条。

只要上述的凭据在手，付款的责任由签字同意的人、审核通过的人来负责，出纳付钱就只是尽工作职责而已，最是安全。

3.3.4　空头支票坚决不开

所谓空头支票，就是指开出超出企业银行账户支付限额的支票。一般来说，企业的账户支付限额以企业的账户余额为准。而由于一些原因，造成企业的账面余额与银行账面余额不符时，以银行账面余额为准。

例如，某企业基本账户中有银行存款200万元，企业开出201万元的支票，也算是空头支票，银行是不予兑付的。

银行是坚决反对用户开空头支票的，对于开空头支票的企业，银行可以根据情况对其进行相应的行政处罚，一般以罚款为主。有些银行还会根据企业开出的空头支票的次数，对企业的信用等级进行相应降级处理。

所以出纳人员要记得，绝不能开空头支票。

3.3.5　不得有坐支行为

所谓坐支是指企事业单位和机关团体将本单位的现金收入直接用于支付现金支出。开户单位支付现金，可以从本单位的现金库存中支付或者从开户银行提取，不得从本单位的现金收入中直接支出（即坐支）。这主要是因为坐支使银行无法准确掌握各单位的现金收入来源和支出用途，干扰开户银行对各单位现金收付的管理，扰乱国家金融秩序。因此，坐支现金是违反财经纪律的行为，会受到财经纪律的处罚。

坐支也不是一律都禁止。按照规定，企业、事业单位和机关、团体、部队因特殊需要确实需要坐支现金的，应事先向开户银行提出申请，说明申请坐支的理由、用途和每月预计坐支的金额，然后由开户银行根据有关规定进行审查，核定开户单位的坐支范围和坐支限额。按规定，企业可以在申请库存现金限额申请批准书内同时申请坐支，说明坐支的理由、用途和金额，报开户银行审查批准，也可以专门申请批准。

按照有关规定，允许坐支的单位主要包括：

（1）基层供销社、粮店、食品店、委托商店等销售兼营收购的单位，向个人收购支付的款项；

（2）邮局以汇兑收入款支付个人汇款；

（3）医院以收入款项退还病人的住院押金、伙食费及支付输血费等；

（4）饮食店等服务行业的营业找零款项等；

（5）其他有特殊情况而需要坐支的单位。

单位应严格按照开户银行核定的坐支范围和坐支限额坐支现金，不得超过该范围和限额，并在单位的现金账上如实反映。为便于开户银行监督开户单位的坐支情况，坐支单位应定期向银行报送坐支金额和使用情况。

3.3.6　责任不清绝不伸手

责任不清是财务操作和管理中最忌讳的。比如在财务人员交接时，前一任离职时的账目情况要盘查清楚，然后双方签字以确认责任。从此，交接之前的事务责任由前任承担，交接之后的责任则由后任承担。财务上的大部分工作都要进行类似的流程。

一般情况，是由会计和上级主管签字后，才由出纳具体执行。出纳一般并不需要承担决策的责任，只需要保证在具体收款或放款时不要出错即可。所以遇到责任不明的事务时，在无法当场确认责任的情况下，出纳应当拒绝执行。

例如，刚毕业的小李，想找一份出纳工作，经过投简历，求职应聘，终于有家公司愿意聘用她了。入职第一天，就是与即将辞职的出纳交接工作。公司领导先让小李自己清点保险柜里的现金，小李拒绝了，要求由原来出纳进行清点，然后她再进行清点，并要求公司领导安排相关人员进行监交，最后三方人员都在交接单上签字，完成交接工作。

3.3.7　保险柜放置要慎重

（1）保险柜应放置在安全隐蔽、结构坚固的地方和整体防范系统控制范围内。保险柜安全防范坚持落实"三铁一器"（即铁护栏、铁门窗、铁皮保险柜和防盗报警器）制度。

（2）保险柜所安装的防盗报警器显示终端要与值班守护室相接，做到灵敏有效。

（3）保险柜存放物品要严格履行财会有关规定，不准存放私人财物。

（4）在非工作时间内，存放现金、有价证券不得超过有关部门限定的额度。

（5）保险柜责任人，坚持随用随开、用后上锁、锁后乱号制度。保险柜钥匙要做到专人保管，随身携带。每日班前、班后要对保险柜以及安全报警设施进行安全检查和登记，发现问题及时向领导和有关部门报告。

3.4　敬岗敬业意识

3.4.1　让上级随时能找到

出纳是个关键岗位，让上级随时都能找到十分必要。现在人手一部手机，随时找到已并非难事，但是仍然会有一些特殊情况是无法避免的，所以出纳人员还需要注意以下五点。

- ✍ 手机要随时畅通，保持充足电量；
- ✍ 随身带好手机备用电池及充电设备；
- ✍ 出门应当向上级或同事交代去向；
- ✍ 请假应保证接替人员能够接替自己的工作；
- ✍ 在公司保留亲友的电话、家庭固定电话等常用联系方式，一旦手机不通还可以用其他方式联系上。

3.4.2　上级要的数据立刻能找到

出纳手中掌握的数据是企业的重要机密，也是企业管理的重要参考数据。所以出纳人员应当随时准备好，一旦上级需要相关数据，能够第一时间找到并上报。要做到这一点，需要出纳人员注意以下四个方面。

- ✍ 随时整理账务；
- ✍ 经常盘点实物；
- ✍ 有误差要及时查明缘由；
- ✍ 数据出错应及时上报。

例如，下午刚上班，老板突然进财务室问出纳小李："今天还可以支取的现金有多少？"出纳小李还没有来得及算今天的库存现金还剩下多少，支支吾吾地说："大概还有2000多元吧。"老板一听，脸色立马严肃起来："我要的是准确的数字不是大概。"小李赶紧计算今天还剩余现金1800元，报告给了老板。经过这件事，小李每发生一笔现金或者银行存款的数额，都要计算出剩下的余额，以便公司领导随时需要。

3.4.3　重要事情要马上请示

涉及钱的事都不能算是小事，所以出纳虽不至于事事请示领导，但是最好要有多请示的习惯。一般情况下，出纳的收付都要走相应的流程，都要办相应的手续，比如出纳付款，那是经过层层审批、层层签字确认后，才会拿到出纳这里做支付，而且支付现金的机会很小，大多都是支票或汇票等。这些票证的办理不是出纳一个人就能办的，所以这些事情出纳不用担心。

需要请示的事务是指以下四个方面。

☒ 不合流程或规定的事务；

☒ 可能是领导没看清楚就签字的款项；

☒ 款项巨大，需要再次确认的；

☒ 从未有先例的事务等。

▌3.4.4　不确定的事务要主动询问

出纳在处理相关事务时，遇到不能确定或是没能完全理解上级意图的事情，应当主动去询问。做财务工作就怕想当然，虽然不肯定，但是觉得是这样，并且还是这样做了，一旦是自己理解错误，那可就不太好补救了。所以出纳还要记得，不确定的事务一定要主动询问，仔细办理。

一次，老板开完会来到财务室说："小李，老客户发给我们的材料已经全部验收入库了，赶紧把剩余款项支付了。"小李一听就想当然地认为是老客户华润公司，正准备去银行付款的时候，收到了仓库的验收单的复印件，一看是老客户华强公司的。小李赶紧翻出账簿看，原来老板说的支付剩余款项是支付给华强公司，而不是华润公司。于是小李赶紧又问了老板，最终确定是华强公司。这要是支付错了，后果真是不敢想象。

▌3.4.5　做好自己的岗位职责

（1）做好现金的日常管理及收付工作，保证现金收付的正确性和合法性。

（2）每天工作结束前及时盘点库存现金，并与有关报表和凭证进行核对，填写现金日报表，做到账实、账表、账证、账账相符。

（3）严格执行现金管理制度和结算制度，根据公司规定的费用报销和收付款审批手续，办理现金及银行结算业务。对于重大的开支项目，必须经过会计主管人员、公司领导审核签章，方可办理。

（4）根据审核无误的收付款原始凭证，填制记账凭证，记账凭证的内容必须填写完整，附上原始凭证。填制会计凭证的字迹必须清晰、工整并正确使用会计科目。要妥善保管会计凭证，按编号顺序折叠整齐，按月装订成册，加盖封面、封底、盖章归档。

（5）根据账务处理需要，及时将在手单据整理移交会计主管，编制记账凭证；配合会计人员做好每月的报税和工资的发放工作；做到及时准确，不得无故延误。

（6）负责银行账户的日常结算，银行存款日记账要做到日清月结，月末与银行核对存款余额，核对不符时编制银行存款余额调节表。

（7）及时清理账目，督促因公借款人员及时报账，杜绝个人长期欠款。

（8）出纳员不得兼管收入、费用债权、债务账簿登记工作以及稽核工作和会计档案保管工作。

（9）保管好现金、各种印章、空白支票、空白收据及其他证券。对于现金和各种有价证券，要确保其安全和完整无缺，如有短缺，要负责赔偿；对于空白收据和空白支票必须严格管理，专设登记簿登记，认真办理领用注销手续。保险箱密码要保密，保管好钥匙，不得转交他人。

（10）严格遵守现金管理制度，库存现金不得超过定额，不坐支，不挪用，不得用白条抵顶库存现金，保持现金实存与现金账面一致。

（11）负责编制季度和每月的现金支出计划，分清资金渠道，有计划地领取和支付现金。

（12）根据规定和协议做好应收款工作，定期向主管领导汇报收款情况。

（13）及时、准确编制记账凭证，并逐笔登记总账及明细账，定期上交各种完整的原始凭证。

（14）根据公司领导的需要，编制各种资金流动报表。

第二篇

现金管理业务

第4章 现金管理业务须知

现金管理就是对现金的收、付、存等各环节进行管理。出纳的现金管理业务，就是出纳工作中管理现金的收入、支出和存入银行等相关事务的业务。

现金是企业非常重要的财产，而出纳最初就是专为现金收支设立的岗位。所以，出纳对涉及现金业务的管理是所有工作的重中之重。现金不但要管理，还要管理得好，管理得科学合理，管理得合法合规。

4.1 现金管理的概述

要管好现金，首先要知道什么是现金管理、什么是现金。只有明白现金的概念，知道哪些资产可称为现金，才能对这些资产开展有针对性的管理；只有清楚地明白现金管理的含义，才能采取更恰当的方式和方法对现金类业务进行管理。

4.1.1 现金及现金管理的概念

1. 现金

现金，也叫现钞，就是现有的钞票，一般是指存放在企业并由出纳人员保管的现钞。现金包括以下两类。

- 库存的人民币现钞；
- 库存的各种外币。

现金的流动性是企业所有资产中最大的，可以随时用以购买所需物资、支付日常零星开支、偿还债务等。所以，现金也是用途最广泛的一种货币资金。

现金的含义有广义和狭义之分。

（1）广义现金。"现金"一词，在国际上并不单指现钞，对这个词的界定更准确的是对可变现性较强的所有公司资产的统称。不论是否法定货币或信用票据，只要是能够随时作为流通与支付手段的票证，只要具有购买或支付能力，均可视为现金。

现金包括库存现金、银行活期存款、银行本票、银行汇票、信用证存款、信用卡存款等。

所以，广义的现金，不仅仅指企业库存的货币现钞，还包括其他流通性较强、能够随时支付的资产。

（2）狭义现金。也就是通常所说的现金，是指企业所拥有的货币现钞，特指企业库存的、具有货币形态的现款。在这种定义下，凡是不具有货币形态的企业资产，都不能称为现金，包括银行存款也不能称为现金。

广义现金与狭义现金是包含的关系，广义现金中包含着狭义现金，还包含着其他资产内容。广义现金与狭义现金的包含关系，如图4-1所示。

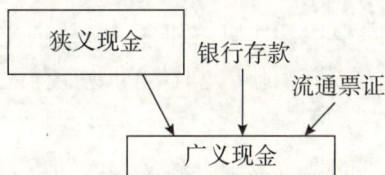

图4-1　广义现金与狭义现金的关系

在我国，一般都采用狭义现金概念。也就是说，平时财务部门所说的现金，专指那些企业库存的、由出纳保管的、用于支付零星支出的库存现款。

2. 现金管理

现金管理，实际上就是对企业现金的数量和使用范围进行控制和管理。这是一种立足于法律法规的强制性质的管理，对一切企事业单位、机关、团体等都适用，且必须无条件执行，不得违反。

4.1.2　现金管理的规定及目标

1. 现金管理的规定

按照《现金管理暂行条例》及其实施细则的规定，企业、事业单位和机关、团体、部队现金管理应遵守"八不准"。

（1）不准用不符合财务制度的凭证顶替库存现金。所谓不符合财务制度的凭证，是指没有相应审批手续的凭据，俗称"白条"。白条具有很多危害，主要表现在：可能会造成日常现金不足；容易产生财务舞弊；管理不便，易丢失。

用白条抵顶现金，使实际库存现金减少，日常零星开支所需的现金不足，往往还会使账面现金余额超过库存现金限额。而且用白条支付现金，付出资金的随意性大，容易产生挥霍浪费、挪用公款等问题，付出后不能及时进行账务处理，不便于财务管理。

白条一般不便于管理，一旦丢失，无据可查，难以分清责任，有时会给单位或个人造成不应有的损失。

（2）不准单位之间相互借用现金。企业的库存现金只能用于企业自身的日常零星支出，不能转借，也不得借用。

（3）不准谎报用途套取现金。在提取现金时，需要注明用途。而该用途必须符合现金的使用范围，银行才会核准支取。对于不符合现金支付规定的，不得谎报用途取得银行的核准，从而套取现金。

（4）不准利用银行账户代其他单位和个人存入或支取现金。银行账户仅用于本单位的资金存取，不能将其他单位收入的现金存入本单位账户，更不能代其他单位支取现金。

（5）不准将单位收入的现金以个人名义存入储蓄。单位收入的所有现金应由财会部门统一管理，存储在财会部门或开户银行。无论收入的利息归单位所有还是归个人所有，都不能以个人储蓄方式存入银行。

（6）不准设账外账和小金库。某企业将一部分收入偷留出来，不纳入财务统一管理，这就是小金库；同时，企业为了这笔没有记入正式账簿的款项另设外账，用于记录小金库中的收支情况，这就是"账外账"。

账外账，有的是财会部门自己设置的，比如企业设的小金库，一般多由财会部门自己设置内部账进行管理，这种内部账就是账外账；也有些分公司或者下属部门截留收入设外账的，比如销售部门，在旺季保留一部分销售款，到淡季再补上去，其部门内部也会设置小账进行款项收支的记录。

账外账和小金库在财务监管不严的年代很常见，甚至一度成为一种普遍的社会风气。这样的行为是一种危害性极大的违法行为，其侵占、截留、隐瞒企业的收入，给财务管理尤其是现金管理带来许多不安定因素。稍不留神，就会形成舞弊，造成企业的财产损失。

（7）不准发行变相货币。变相货币，是指一些货币的替代品，指单位签发的、以货币单位标示面值的，并在市面上流通转让的各种有价证券和凭证。如代金券、购物券等。

中国人民银行规定：凡单位签发以货币单位标示面值的各种有价证券、凭证，并在市面流通转让，皆构成变相发行货币。为维护人民币的集中统一和有计划地发行，不准任何地区、单位发行任何货币。需要发行股票、公司债券等，必须经人民银行审批后方可进行。

（8）不准以任何票券代替人民币在市场上流通。

企业如有违反现金管理"八不准"的任何一种情况，开户银行有权按照《现金管理暂行条例》的规定，责令其停止违法活动，并根据情节轻重给予警告或罚款。

2. 现金管理的目标

企业置存现金，主要是满足交易性需要、预防性需要和投机性需要。

（1）交易性需要，是指满足日常业务的现金支付需要。企业经常得到收入，也经常发生支出，两者不可能同步同量。收入多于支出，形成现金置存；收入少于支出，需要借入现金。企业必须维持适当的现金余额，才能使业务活动正常地进行下去。

（2）预防性需要，是指置存现金以防发生意外的支付需要。企业有时会出现意想不到的开支，现金流量的不确定性越大，预防性现金的数额也就应越多；反之，企业现金流量的可预测性强，预防性现金数额则可少些。此外，预防性现金数额还与企业的借款能力有关。如果企业能够很容易地随时借到短期资金，就可以减少预防性现金的数额；若非如此，则应扩大预防性现金的数额。

（3）投机性需要，是指置存现金用于不寻常的购买机会。比如，遇到有廉价原材料或其他资产供应的机会，便可用手头现金大量购入；再如，在适当时机购入价格有利的股票和其他有价证券等。当然，除了金融和投资公司外，一般其他企业专为投机性需要而特殊置存现金的不多；遇到不寻常的购买机会，也常临时设法筹集资金。但拥有相当数额的现金，确实为突然的大批采购提供了方便。

企业缺乏必要的现金，将不能应付业务开支，使企业蒙受损失。企业由此造成的损失，称为短缺现金成本。短缺现金成本不考虑企业其他资产的变现能力，仅就不能以充足的现金支付购买费用而言，主要有：丧失购买机会（甚至会因缺乏现金不能及时购买原材料，而使生产中断造成停工损失）、造成信用损失和得不到折扣好处。其中，失去信用而造成的损失难以准确计量，其影响往往很大，甚至导致供货方拒绝或拖延供货，债权人要求清算等。但是，如果企业置存过量的现金，又会因这些资金不能投入周转、无法取得盈利而遭受另一些损失。此外，在市场正常的情况下，一般来说，流动性强的资产，其收益性较低，这意味着企业应尽可能少地置存现金，即使不将其投入本企业的经营周转，也应尽可能多地投资于能产生高收益的其他资产，避免资金闲置或用于低收益资产而带来的损失。因此，企业面临着现金不足和现金过量两方面的威胁。企业现金管理的目标，就是要在资产的流动性和盈利能力之间做出抉择，以获取最大的长期利润。

4.1.3 最大现金使用效益

如果从广义现金出发，效益就大有可为。所以企业说到现金管理时，大多是指广义现金。财务部门可以通过一些措施提高现金的使用率，使现金获得最大效益。

要想使企业的现金类资产获得最大的使用效益，应当注意做好以下四方面工作。

- 加快收回应收账款；
- 推迟应付账款；
- 用好现金浮游量；
- 力争收支同步。

1. 加快收回应收账款

应收账款是所有企业都无法避免的，虽然应收账款会增加企业资金的占用，但是却可以使销售规模扩大，增加销售收入。

不过应收账款过多，会使企业的现金流枯竭，所以企业应当针对应收账款制订相应措施，鼓励客户尽快回款，同时又不能因为付款条件而失去销售订单。一般把加快收回应收账款分为两类。

（1）购货方处于正常营业状态下，具备良好的付款基础。对于这种情况，公司经常用的加快收回应收账款的方法就是给予购货方现金折扣。

现金折扣，是为了鼓励购货方尽快付款而提供的债务扣除。一般现金折扣的表示方法为2/10，1/20， n/30（10天内付款给予2％的折扣，20天内付款给予1％的折扣，20天以后付款没有现金折扣，最迟的付款期为30天）。

例如，甲公司2014年1月1日，销售一批商品给乙公司，原价为100000元，付款期为1月30日，甲公司为尽快收款给予乙公司（2/10，1/20，n/30）的折扣条件，计算甲公司1月9日收款、1月19日收款、1月30日收款的情况。已知甲公司增值税税率为17％。

1月9日甲公司收到乙公司的收款金额为：$100000 \times （1-2％）=98000$（元）；

1月19日甲公司收到乙公司的收款金额为：$100000 \times （1-1％）=99000$（元）；

1月30日甲公司收到乙公司的收款金额为：100000元。

（2）购货方经营状况欠佳，消极付款，甚至故意拖欠购货款。对于这种情况，给予对方现金折扣是不合适的，就得采取其他方法。

① 催款应该直截了当。催款不是什么见不得人的事，最有效的方式就是有话直说，千万别说对不起，也别绕弯子。

② 在催款前，先弄清造成拖欠的原因。是疏忽还是对产品不满，是资金紧张还是故意，应针对不同的情况采取不同的收账策略。

③ 直接找初始联系人。千万别让客户互相推诿，被对方牵着鼻子走。

④ 不要做出过激的行为。催款时受了气，再想办法出出气，甚至做出过激的行为，此法不可取。脸皮一旦撕破，客户可能就此赖下去，收款将会越来越难。所以说，"和气生财"。

⑤ 不要怕因催款而失去客户。到期付款，理所当然。害怕催款引起客户不快或失去客户，只会使客户得寸进尺，助长这种不良的习惯。其实，只要技巧运用得当，完全可以将收款作为与客户沟通的机会。当然，如果客户坚持不付款，失去这种客户又有什么关系呢?

⑥ 当机立断，及时中止供货。特别是针对客户声称"不供货就不再付款"的威胁，一定要果断处理，否则会导致恶性循环。

⑦ 收款时间至关重要，坚持"定期收款"的原则。时间拖得越久，就越难收回。国外专门负责收款的机构研究表明，收款的难易程度取决于账龄而不是账款金额，两年以上的欠账只有20%能够收回，而两年以内的欠账80%能够收回。

⑧ 最大的失策之一是要求先付一部分款。经验证明，收账应该要求全额付款。虽说拿到一点总比一点没拿到好，却不如直接要求全额付款收回更多。

⑨ 采取竞争性的收款策略。只要客户还在营业，他总得向供货商付款。如果你没有收到钱，那他肯定把钱给了别人。获得优先付款机会的供应商，通常是与客户保持长期良好业务关系和个人关系的企业，因为谁都不愿意跟朋友闹翻脸。

⑩ 收款要有"钻劲"，要有穷追不舍的精神。我从实践中摸索出了对债务人实行"三紧跟"的战略，即紧跟在办公室里，紧跟在吃饭上厕所的后面，紧跟在下班回家的途中。虽说有些过分，但这是不得已而为之，有时确也起到了作用，可谓"功夫不负有心人"。

⑪ 收款要有"柔劲"。从道义上讲，欠别人的款，心有歉意，理应对债权人宾礼相待。但不少欠债单位，有的对你板着老脸，有的对你不屑一顾，有的甚至不让你进门! 收债人此时就得屈尊下就，攻心为上，说尽人间好话、暖语，赔上一个真诚的笑脸，对欠款单位实施"情感投资"，精诚所至，为争金石所开。

收款要有"韧劲"。清收欠款是一项长期艰苦的任务，讨债人要有一种坚韧不拔的毅力，哪怕别人无理地把你打发得像乞丐，也须忍辱负重，坚守阵地。临阵逃脱，则会前功尽弃。看见了一丝曙光，决不放过机会，同时要学会诉苦，不能同情对方，要让对方同情自己。

2. 推迟应付账款

企业在不影响信誉的前提下，尽可能推迟应付款的支付，比如付款期为30天，虽然20日就有钱可以支付了，但是仍然推到30日当天支付。

一般情况下，提前支付款项都会有相应的折扣，如果企业现金严重不足，可以放弃优惠，仍然在到期日再支付。

3. 用好现金浮游量

现金浮游量是指企业存款账户上存款余额和银行账簿上企业存款账户余额之间的差额，也就是企业和银行之间的未达账项，这是由于账款回收程序中的时间差距造成的。企业应合理预测现金浮游量，有效利用时间差，提高现金的使用效率。重视对现金流量表中筹资与支付能力的分析，揭示企业在金融市场上的筹措资金能力以及偿付债务或现金的能力。

现金浮游量，是指由于支票、汇票等银行票证所带来的一定时间的现金空期，如一般支票开出去、对方存入账户之后，银行将款项划到对方户头还需要一段时间，这时支票上开的那笔钱实际上还在企业账户上，仍然可以使用。

企业可以利用这个时间差，获得更多的现金使用量。不过，这个时间要计算得非常精确。否则，支票可能会被银行作为空头支票退回。

4. 力争收支同步

完全做到收支同步是不可能的，这是一个理想状态，当企业的收支完全同步时，企业所持有的交易性现金余额是最低的。所以企业应尽量使现金流入与现金流出发生的时间趋于一致。

▌4.1.4 最佳现金持有量

最佳现金持有量又称为最佳现金余额，是指现金满足生产经营的需要，又使现金使用的效率和效益最高时的现金最低持有量。即能够使现金管理的机会成本与转换成本之和保持最低的现金持有量。

确定最佳现金持有量的模式主要有成本分析模式、存货模式、现金周转模式及随机模式。

1. 成本分析模式

成本分析模式是通过分析持有现金的成本，寻找持有成本最低的现金持有量。企业持有的现金有三种成本，即机会成本、管理成本和短缺成本。

（1）机会成本。现金作为企业的一项资金占用，是有代价的。这种代价就是它的机会成本。现金资产的流动性极佳，但盈利性极差。持有现金则不能将其投入生产经营活动，失去可能因此而获得的收益。企业为了经营业务，有必要持有一定的现金，以应付意外的现金需要。但现金拥有量过多，机会成本代价大幅度上升，就不合算了。

（2）管理成本。企业持有现金，就会发生管理费用，如管理人员工资、安全措施费等。这些费用是现金的管理成本。管理成本是一种固定成本，与现金持有量之间无明显的比例关系。

（3）短缺成本。现金的短缺成本，是因缺乏必要的现金，不能应付业务开支所需，而使企业蒙受损失或为此付出的代价。现金的短缺成本随现金持有量的增加而下降，随现金持有量的减少而上升。

运用成本分析模式确定最佳现金持有量的步骤是：

① 根据不同现金持有量测算并确定有关成本数值；

② 按照不同现金持有量及其有关成本资料编制最佳现金持有量测算表；

③ 在测算表中找出总成本最低时的现金持有量，即最佳现金持有量。

在这种模式下，最佳现金持有量，就是持有现金而产生的机会成本、管理成本与短缺成本之和最小时的现金持有量。

2. 存货模式

存货模式，是将存货经济订货批量模型原理用于确定目标现金持有量，其着眼点也是使现金相关成本之和最低。

运用存货模式确定最佳现金持有量时，是以下列假设为前提的。

（1）企业所需要的现金可通过证券变现取得且证券变现的不确定性很小；

（2）企业预算期内现金需求总量可以预测；

（3）现金的支出过程比较稳定、波动较小，而且每当现金余额降至零时，均通过部分证券变现得以补足；

（4）证券的利率或报酬率以及每次固定性交易费用可以获悉。

如果这些条件基本得到满足，企业便可以利用存货模式来确定最佳现金持有量。

3. 现金周转模式

现金周转模式是按现金周转期来确定最佳现金余额的一种方法。现金周转期是指现金从投入生产经营开始，到最终转化为现金的过程。

现金周转期=存货周转期+应收账款周转期-应付账款周转期

$$最佳现金余额＝（年现金需求总额÷360）×现金周转期$$

现金周转模式操作比较简单，但该模式要求有一定的前提条件。

（1）必须能够根据往年的历史资料准确测算出现金周转次数，并且假定未来年度与历史年度周转次数基本一致；

（2）未来年度的现金总需求应根据产销计划比较准确地预计。

如果未来年度的周转效率与历史年度相比较发生了变化，但变化是可以预计的，那么现金周转模式仍然可以采用。

4. 随机模式

随机模式是在现金需求难以预知的情况下进行的对现金持有量进行确定的方法。企业可以根据历史经验和需求，预算出一个现金持有量的控制范围，制定出现金持有量的上限和下限，争取将企业现金持有量控制在这个范围之内。

（1）随机模式的原理：制定一个现金控制区域，定出上限与下限，即现金持有量的最高点与最低点。当余额达到上限时将现金转换为有价证券，降至下限时将有价证券换成现金。

（2）随机模式的范围：企业未来现金流量呈不规则波动、无法准确预测的情况。

4.2 现金管理制度

4.2.1 现金管理的基本原则

依据我国的《现金管理暂行条例》规定，现金管理的基本原则如下。

（1）企业库存现金一律实行限额管理。

（2）不准擅自坐支现金。坐支现金容易打乱现金收支渠道，不利于开户银行对企业的现金进行有效的监督和管理。

（3）企业收入的现金不准作为储蓄存款存储。

（4）收入现金应及时送存银行，企业的现金收入应于当天送存开户银行，确有困难的，应由开户银行确定送存时间。

（5）严格按照国家规定的开支范围使用现金，结算金额超过起点的，不得使用现金。

（6）不准编造用途套取现金。企业在国家规定的现金使用范围和限额内需要现金，应从开户银行提取，提取时应写明用途，不得编造用途套取现金。

（7）企业之间不得相互借用现金。

4.2.2 现金管理制度的内容

不管从企业角度出发，还是从整个国民经济的角度出发，或者从国家整体的角度出发，现金的管理都是至关重要的。所以从方方面面对现金管理都设置了规定和限制，这就形成了一系列的现金管理制度。

现金管理制度，是由一系列的相关管理制度组合而成的。

- 钱账分管制度；
- 现金开支审批制度；
- 日清月结制度；
- 现金清查制度；
- 保险柜的配备使用制度。

1. 钱账分管制度

钱账分管，即管钱的不管账，管账的不管钱。会计法有严格的规定，会计和出纳不得由一人担任。这实际上就是规定了钱和账要分人管理。

许多企业有专职会计，而出纳则由他人兼任。大多数老板，这样做是怕被查到违规，心里多少还是觉得这规定有点多余。其实，这样做是非常有必要的。办企业开公司，无非是为了赚钱，财务就是帮老板管钱的人。可是如果管钱的人出了问题，再能赚也进了别人的腰包。

建立钱账分管制度，绝不能应付检查，应当真正地建立和执行下去。因为，如果一个人又管钱又管账，根本无从监督，那么账目出错的概率会大大增加。而且更重要的是，没有监督和制约，发生贪污舞弊的概率也大大增加了。而实行钱账分管，可以使出纳和会计相互牵制、相互监督。一般来说，两个人犯同样错误的概率会小得多。而财务舞弊时，除非会计和出纳合伙贪污，否则只其中一个人，其舞弊的机会和可能性都会大为减少。

钱账分管制度的具体规定如下：

- 由出纳人员管钱；
- 由非出纳人员管账；
- 某些科目的账目，出纳绝对不能兼管。

（1）由出纳人员管钱。出纳人员专管与钱有关的业务，非出纳人员不得经管现金收付业务和现金保管业务。出纳人员可以专设人员，也可以由其他非财务岗位的人员兼任。

（2）由非出纳人员管账。财务部门的非出纳人员主要负责账务工作。一般情况下，现金日记账是要由出纳来记账的，会计只记现金总账，这同样可以起到制约作用。

（3）出纳绝对不能兼管的账目。当然，出纳也不是什么账都不能管的，比如日记账还是需要记的。但《会计法》有明确规定，出纳员不得兼管以下账目的登记工作：稽核、会计档案保管、收入账目、费用账目、债权账目、债务账目。

2. 现金开支审批制度

现金开支审批制度，是指企业对现金开支的审批各环节规定的程序和制度。一般包括三项内容。

- 本单位现金开支范围；
- 报销手续和办法；
- 各类开支的审批权限。

（1）本单位现金开支范围，应根据《现金管理暂行条例》及其实施细则的规定来明确。一般来说，开支的范围无非就是几项，比如工资、资金、差旅费等。现金管理条例的覆盖面比较广，其列出的开支范围也比较全面，所以企业还要根据自身业务情况来进一步明确本单位的现金开支范围。

（2）报销的手续和办法，需要规定以下内容。

- 报销凭证及其使用方法；
- 报销流程；
- 报销办法。

（3）各类开支的审批权限。现金开支的不同额度，需要由不同级别的人员进行审批，层层递增。额度越大，审批人的职位和财务权限就要越高。而且根据现金开支用途的不同，也会由相应的负责人进行审批，这都需要有详细明确的规定。

出纳员根据规定权限对经审核批准并签章的付款凭证及其所附原始凭证办理现金付款业务；没有经过审核批准并签章的或者有关人员超越规定审批权限签单的，出纳员不予付款。

（4）现金开支审批制度范例。某单位的现金开支审批制度如下：

- 凡是现金开支额在500元以下的，由会计人员审查批准；
- 凡是现金开支额在500元以上1000元以下的，由单位财务主管审查批准；

✍ 凡是现金开支额在1000元以上5000元以下的，必须由单位总会计师（或主管副厂长等）批准；

✍ 凡是现金开支额在5000元以上的，由单位最高领导批准等。

3. 日清月结制度

日清月结是出纳员办理现金出纳业务的基本原则和要求，也是避免出现长款、短款的重要措施。前面我们提到过"日清月结"，本小节内容将系统地讲述日清月结制度。

所谓日清月结就是出纳员办理现金出纳业务，必须做到按日清理，按月结账。

（1）日清，是指出纳员在每天工作结束之前，应将当天的经济业务进行清理，登记日记账，结出库存现金账面余额，并核对其余额是否与实际库存现金相符。其清理内容包括下面四项。

① 清理凭证。清理各种现金收付款凭证，检查单证是否相符，也就是说检查各种收付款凭证所填写的内容与所附原始凭证反映的内容是否一致；同时还要检查每张单证是否已经盖齐"收讫""付讫"的戳记。

② 登记和清理日记账。将当日发生的所有现金收付业务全部登记入账，在此基础上，看看账证是否相符，即现金日记账所登记的内容、金额与收付款凭证的内容、金额是否一致。清理完毕后，结出现金日记账的当日库存现金账面余额。

③ 现金盘点。出纳员应按类别分别清点其数量，然后加总，得出当日现金的实存数。将盘存得出的实存数和账面余额进行核对，看两者是否相符。如发现有长款或短款，应进一步查明原因，及时进行处理。所谓长款，指现金实存数大于账面余额；所谓短款，是指现金实存数小于账面余额。如果经查明长款属于记账错误、丢失单据等，应及时更正错账或补办手续；如果属少付他人款项则应退还原主；如果确实无法退还，应经过一定审批手续作为单位的收益。对于短款如查明属于记账错误应及时更正错账；如果属于出纳员工作疏忽或业务水平问题，一般应按规定由过失人赔偿。

④ 核对库存现金限额。

检查库存现金是否超过规定的现金限额。如超过规定限额，则应将超过部分及时送存银行；如果实际库存过低，则应及时补提现金。

（2）月结账，是指出纳应当在企业每个会计月份结束时，对现金账目再进行一次全程清理，确认无误后，进行结账操作。

4. 现金清查制度

现金清查制度是指在由出纳员自己对库存现金进行检查清查的基础上，还应指定专人定期或不定期地进行核查，以确保库存现金的完整，防止不法行为的发生。

现金清查制度，是为了保证账实相符，防止现金发生差错、丢失、贪污等。库存现金的清查包括：

- ✍ 出纳每日的清点核对；
- ✍ 清查小组定期或不定期的清查。

现金清查的基本方法是实地盘存法，就是实际盘点库存现金的实存数，然后再与现金日记账的余额进行核对，看是否相符。

坚持日清月结制度，在由出纳员自己对库存现金进行检查清查的基础上，加强对出纳工作的监督，能及时发现现金差错或丢失，防止贪污、盗窃、挪用公款等不法行为的发生，确保库存现金安全完整。各单位应建立库存现金清查制度，由有关领域专业人员组成清查组，定期或不定期地对库存现金进行清查盘点，重点核查账款是否相符、有无白条抵库、有无私借公款、有无挪用公款、有无账外资金等违纪违法行为。

一般来说，现金清查采用突击盘点，不预先通知出纳员，以防预先做手脚。盘点时间最好在当天业务没有开始或当天业务结束时，由出纳员截至清查时现金收付账项全部登记入账，并结出账面余额，这样可以避免干扰日常业务。清查时出纳员应始终在场，并给予积极配合。清查结束，应由清查人填制《现金清查盘点报告表》，填列账存、实存以及溢余或短缺金额，并说明原因，报有关部门或责人进行处理。

现金清查报告表如表4-1所示。

表4-1 现金清查报告表

单位名称	年 月 日
账面金额	
实存金额	
清查结果（盘盈/盘亏）	
问题简要说明	
单位负责人处理意见	
备注	

现金清查的基本方法是实地盘点库存现金的实存数，再与现金日记账的余额进行核对，看是否相符。清查现金时，应注意以下六个方面。

（1）以个人或单位名义借款或取款而没有按手续编制凭证的字条（即白

条），不得充抵现金。

（2）代私人存放的现金等，如事先未作声明又无充分证明的，应暂时封存。

（3）如发现私设的"小金库"，应视作溢余，另行登记，等候处理。

（4）如果是清查小组对现金进行清点，一般都采用突击盘点，不预先通知出纳；盘点时间最好在一天业务没有开始之时或一天业务结束后，由出纳将截至清查时现金收付款项全部登记入账，并结出账面余额，这样可以避免干扰正常的业务。

（5）清查时，出纳应在场提供情况，积极配合；清查后，应由清查人员填制《现金盘点报告表》，列明现金账存、实存和差异的金额及原因，并及时上报有关负责人。

（6）现金清查中，如果发现账实不符，应立即查找原因，及时更正，不得以今日长款弥补他日短款。

5. 保险柜的配备使用制度

保险柜，是比较安全的财务保管器具，企业可以根据需要配备。保险柜专门用于对库存现金、各种有价证券、银行票据、印章及其他出纳票据等的保管。

保险柜配备使用制度，对保险柜的各种事项都进行了严格的规定，如保险柜如何配备，钥匙由谁保管，由谁来开、谁来锁等。企业应当据此加强对保险柜的使用管理，并要求有关人员严格执行。

单位都配备有专用保险柜，而且保险柜一般由总会计师或财务处（科、股）长授权，由出纳员负责管理使用。

一般来说保险柜的使用应注意以下六点。

（1）保险柜钥匙的配备。每个保险柜都要配备两把钥匙，这两把钥匙分别由两人保存。

✍ 一把由出纳员保管，供出纳员日常工作开启使用；

✍ 另一把封存，交由企业保卫部门或企业财务负责人保管。

这两把钥匙平时日常使用的只有一把，就是出纳手中的那一把，另外一把贴上封条保管起来，只在特殊情况下经有关领导批准后才能开启使用。

这样的钥匙配备制度，有两个好处。

✍ 一方面可以有备无患，当出纳的钥匙意外不能使用时，保险柜不至于打不开；

✍ 另一方面平时封存，又设有严苛的启用条件和手续，也是为了保证日常使用时只有出纳人员才能打开保险柜，确保相关责任的认定。

注意：出纳员不能将保险柜钥匙交由他人代为保管，如果保险柜内的财务出现被盗等损失，那么出纳员由于将钥匙交他人保管，很可能会被认定为主要责任人。

（2）保险柜的开启。保险柜只能由出纳员开启使用，非出纳不得开启保险柜。如果单位总会计师或财务处（科、股）长需要对出纳员工作进行检查，如检查库存现金限额、核对实际库存现金数额，或者有其他特殊情况需要开启保险柜的，应按规定的程序由总会计师或财务处（科、股）长开启。在一般情况下，不得任意开启由出纳员掌管使用的保险柜。

保险柜的开启必须由专人负责。保险柜的使用者是出纳，其开启也应由出纳来负责，不是出纳本人是不得开启保险柜的，就算出纳在场也不能由他人开启保险柜。

如果清查小组需要对出纳的工作进行抽查时，可以按企业的内部规定，经上级领导批准后，指定专人在出纳员在场的情况下开启保险柜。

保险柜是不可以任意开启的，要开启必须通过出纳才行。而对于保险柜内的财物，出纳也需要负起保管责任来。

（3）财物的保管。每日终了，出纳员应将其使用的空白支票（包括现金支票和转账支票）、银钱收据、印章等放入保险柜内。保险柜内存放的现金应设置和登记现金日记账，其他有价证券、存折、票据等应按种类造册登记，贵重物品应按种类设置备查簿登记其质量、重量、金额等，所有财物应与账簿记录核对相符。按规定，保险柜内不得存放私人财物。即使是老板也没有权利私自留有保险柜的钥匙。由出纳保管的、需要存入保险柜的财物包括：

- 现金；
- 未使用的空白支票（包括现金支票和转账支票）；
- 银钱收据；
- 存折；
- 有价证券；
- 印章等。

（4）保险柜密码。出纳员应将自己保管使用的保险柜密码严格保密，不得向他人泄露，以防被他人利用。保险柜的密码应当定期修改，经常更换，这样就算偶尔有密码泄露也关系不大。发生出纳员调动岗位、离职等情况，新出纳员接手后，应立即更换和使用新的密码。

（5）保险柜的维护。保险柜的日常维护十分重要，不但要注意放置的位置，对周围的环境都有一定的要求，所以保险柜的维护，需要注意以下四个方面。

- 保险相应放置在隐蔽、干燥之处；
- 注意通风、防湿、防潮、防虫和防鼠；

✍ 保险柜外要经常擦抹干净，保险柜内财物应保持整洁卫生、存放整齐；

✍ 一旦保险柜发生故障，应到公安机关指定的维修点进行修理，以防泄密或失盗。

（6）保险柜被盗的处理。出纳员发现保险柜被盗后应保护好现场，迅速报告公安机关或保卫部门，待公安机关勘查现场时才能清理财物被盗情况。节假日满两天以上或出纳员离开两天以上没有派人代其工作的，应在保险柜锁孔处贴上封条，出纳员到位工作时揭封。如发现封条被撕掉或锁孔处被弄坏，也应迅速向公安机关或保卫部门报告，以便公安机关或保卫部门及时查清情况，防止不法分子进一步作案。

4.2.3 现金管理制度实例

第一条 公司可以在下列范围内使用现金：

（1）职员工资、津贴、奖金；

（2）个人劳务报酬；

（3）出差人员必须携带的差旅费；

（4）结算起点以下的零星支出；

（5）总经理批准的其他开支。

前款结算起点定为100元，结算规定的调整，由总经理确定。

第二条 除本规定第一条外，财务人员支付个人款项，超过使用现金限额的部分，应当以支票支付；确需全额支付现金的，经会计审核、总经理批准后支付现金。

第三条 公司固定资产、办公用品、劳保、福利及其他工作用品必须采取转账结算方式，不得使用现金。

第四条 日常零星开支所需库存现金限额为2000元，超额部分应存入银行。

第五条 财务人员支付现金，可以从公司库存现金限额中支付或从银行存款中提取，不得从现金收入中直接支付（即坐支）。

因特殊情况确需坐支的，应事先报经总经理批准。

第六条 财务人员从银行提取现金，应当填写现金领用单，并写明用途和金额，由总经理批准后提取。

第七条 公司职员因工作需要借用现金，需填写借款单，经会计审核、交总经理批准签字后方可借用。超过还款期限即转应收款，在当月工资中扣还。

第八条 符合本规定第一条的，凭发票、工资单、差旅费单及公司认可的有效报销或领款凭证，经手人签字、会计审核、总经理批准后由出纳支付现金。

第九条　发票及报销单经总经理批准后，由会计审核，经手人签字，确认金额数量无误，填制记账凭证。

第十条　工资由财务人员依据总经理办公室及各部门每月提供的核发工资资料代理编制职员工资表，交主管副总经理审核，总经理签字，财务人员按时提款，当月发放工资，填制记账凭证，进行账务处理。

第十一条　差旅费及各种补助单（包括领款单），由财务部主任签字，会计审核时间、天数无误并报主管副总经理复核后，送总经理签字，填制凭证，交出纳员付款，办理会计核算手续。

第十二条　无论何种汇款，财务人员都须审核汇款通知单，分别由经手人、部主任、总经理签字，会计审核有关凭证。

第十三条　出纳人员应当建立健全现金账目，逐笔记载现金支付。账目应当日清月结，每日结算，账款相符。

4.3　备用金管理制度

4.3.1　备用金的概念与核定

1. 备用金的概念

备用金是企业、机关、事业单位或其他经济组织等拨付给非独立核算的内部单位或工作人员备作差旅费、零星采购、零星开支等的款项。备用金应指定专人负责管理，按照规定用途使用，不得转借给他人或挪作他用。

预支备作差旅费、零星采购等的备用金，一般按估计需用数额领取，支用后一次报销，多退少补。前账未清，不得继续预支。对于零星开支用的备用金，可实行定额备用金制度，即由指定的备用金负责人按照规定的数额领取，支用后按规定手续报销，补足原定额。实行定额备用金制度的单位，部门支用备用金后，应根据各种费用凭证编制费用明细表，定期向财会部门报销，领回所支用的备用金。

对于预支的备用金，拨付时可记入"备用金"（或"其他应收款"）科目的借方；报销和收回余款时记入该科目的贷方。在实行定额备用金制度的单位，除拨付、增加或减少备用金数额时通过"备用金"科目核算外，报销日常支出补足定额时，都无须通过该科目，而将支用数直接记入有关成本类科目、费用类科目。

2. 备用金的核定

预算单位为办理日常零星开支，需要保持一定数量的库存备用金，一般不超过3~5天零星支付所需现金。各预算单位应根据本单位的业务量、规模大小及零星开支情况提出备用金额度申请，支付中心依据预算单位的申请及具体业务情况审定备用金额度，并签订备用金管理责任书。

（1）备用金的使用。备用金主要用于小额零星报销费用支出，其使用范围为：

① 除工资统发项目外的国家规定对个人的其他支出；

② 出差人员必须随身携带的差旅费；

③ 其他确需支付现金的支出等。

（2）备用金的管理。各预算单位领取的备用金应按国务院颁发的《现金管理条例》进行管理。单位所发生的经济往来，除规定的范围可使用现金外，其他经济活动应通过银行进行转账结算。备用金管理包括借支管理和保管管理。

① 备用金借支管理。

☑ 企业各部门填制备用金借款单，财务部门一方面核定其零星开支便于管理，另一方面凭此单据支给现金；

☑ 各部门零星备用金，一般不得超过规定数额，若遇特殊需要，应由企业部门经理核准；

☑ 各部门零星备用金借支应将取得的正式发票定期送到财务部门备用金管理人员（出纳员）手中，冲转借支款或补充备用金。

② 备用金保管。

☑ 备用金收支应设置"备用金"账户，并编制收支日报表递交财务经理查看；

☑ 备用金定期根据取得的发票编制备用金支出一览表，及时反映备用金支出情况；

☑ 备用金账户应做到逐月结清；

☑ 出纳人员应妥善保管各种与备用金相关的票据。

备用金的管理不论采用何种办法，都应严格遵循备用金的预借、使用和报销的手续制度，如图4-2所示。

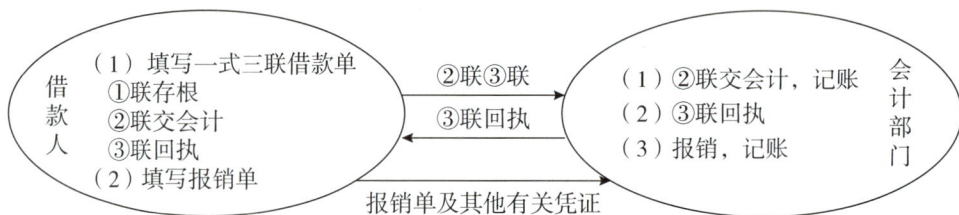

图4-2　备用金预借、使用和报销的手续流程

4.3.2　定额备用金管理制度

1. 设置批准制度

对哪些部门、哪些业务实施备用金管理，应建立一个规范的申请、批准制度。

2. 定额管理制度

对批准使用备用金的部门，必须根据需要，事先核定一个科学合理的备用金定额。

3. 日常管理责任制度

使用部门必须对备用金指定专人管理，并明确管理人员必须执行现金管理制度、按规定的使用范围和开支权限使用、接受财会部门的管理及定期报账等各项责任制度。

4. 清查盘点制度

财会部门必须对备用金建立定期与不定期相结合的清查盘点，防止挪用或滥用，保证备用金的安全完整。

5. 审查入账制度

对备用金使用部门报销的所有票据，财会部门都要像对其他原始凭证一样，进行严格的审核后方能付款记账。

4.3.3　非定额备用金

非定额备用金是指单位对非经常使用备用金的内部各部门或工作人员，根据每次业务所需备用金的数额填制借款凭证，向出纳员预借现金，使用后凭发票等原始凭证一次性到财务部门报销，多退少补，一次结清，下次再用时重新办理领借手续。报销时财务部门编制转账凭证，其借方科目与定额备用金报销时相同，其贷方科目则为"其他应收款"科目。

对于实际支出额小于预借金额的，应编制现金收款凭证，收回多借的现金；对于实际支出大于预借金额的，编制现金付款凭证，补给经办人员垫付的款项。

例如，大圣公司对行政科采用非定额备用金制度。行政科为购买办公用品预借备用金1600元。预借时，财务部门根据借款凭证编制现金付款凭证，其会计分录为：

借：其他应收款——备用金（行政科）　　1600
　　贷：库存现金　　　　　　　　　　　1600

行政科购买办公用品花费1520元后，凭发票和验收入库单到财务部门报销，交回多余现金80元。财务部门编制转账凭证，其会计分录为：

借：管理费用　　　　　　　　　　　　1520
　　库存现金　　　　　　　　　　　　80
　　贷：其他应收款——备用金（行政科）　　1600

出纳员收回多借的未用现金80元。

如果行政科实际购买办公用品1780元，自己垫付了180元。则在报销时按规定编制转账凭证，其会计分录为：

借：管理费用　　　　　　　　　　　　1780
　　贷：其他应收款——备用金（行政科）　　1600
　　　　库存现金　　　　　　　　　　　180

出纳员退还行政科经办人员垫付的现金180元。

4.4　定金、订金及押金

4.4.1　定金与订金

所谓定金，是指合同当事人为了确保合同的履行，依据法律规定或者当事人双方的约定，由当事人一方在合同订立时或者订立后履行前，按照合同标的金额的一定比例（不超过20%），预先给付对方当事人的金钱或其替代物。定金合同是从属于主合同的从合同，其成立的前提是主合同已经成立生效。

定金在法律上有明确的概念。它既是履约的保证，又是一种支付，同时还是一种赔偿，即通过支付一定数额的金钱来表明合同双方有意并要真诚履行签订的合同。例如在购房时，如果购房者违约，定金不退，如果开发商违约，就要向购买方双倍返还定金。在法律上有明文规定，定金的数额不能超过合同总价的20%。

订金在法律上没有明文规定。出现在房屋认购书中的订金，其业主或赔偿仅仅是单方的，是购房者对开发商的保证。在开发商如果违约是否双倍返还订金的问题上并不明确。如果开发商违约，只要退还订金即可。

定金是规范的法律概念，是一种担保形式；而订金并非法律语言，没有明确的法律规定，在实际审判中一般被视为预付款。两者的法律效力也是完全不同的。如果买方交付的是"定金"，那么买方违约则定金将被卖方没收，卖方违约则必须向买方双倍返还定金；如果买方交付的是"订金"，那么不论哪一方反悔，卖方都只需原数退还订金。

定金与订金最有争议的时候经常出现在房产交易过程中，订金只是预付款性质的一种支付，不具有定金的性质。因此，在购房者签订预购临时协议时，真正的预购房屋正式合同——主合同是否能够成立，还处于一种不确定状态，这与定金合同有着重大差别。因此，预购订金不是定金，定金罚则也就不能适用。订金与定金的最基本的区别，就是定金适用定金罚则，一方违约应当双倍返还定金或无权要求返还定金，而订金不适用这样的罚则，只会存在返还或冲抵价款的作用。

根据法律的规定，开发商必须持有预售商品房许可证才能卖楼，而且不管是预售商品房还是正式的商品房买卖，都必须签订书面合同。例如，开发商收取了2万元钱后，并没有与客户签订书面合同，那么两者之间的房屋买卖关系并没有形成。而《担保法》规定"定金应当以书面形式约定"，定金条款又只能是主合同的从合同，那么在房屋买卖合同没有形成的情况下，客户向开发商交的2万元钱就不可能是定金，也就不存在开发商可以没收这2万元的问题。那么客户交付的只可能是订金，而"订金"是应当退还的。但是，如果当时双方签订了书面的预售商品房合同，则可以在合同中约定定金条款，那么买方反悔不买时，开发商就完全有权没收定金。

消费者与开发商即使签订了书面商品房预售合同，实际上也还只是一种意向书。在房屋实际交付时，双方须另行签订正式的房屋买卖合同。购房者只有在与开发商签订房屋买卖合同、交付了购房款、拿到开发商开具的发票后，才能向主管部门申办产权证。

4.4.2 定金与押金

押金是担保物权的一种，具体地讲，是质押担保的一种特殊形式，即为了担保债务的履行，债务人或者第三人将一定数额的金钱或者等价物移交债权人占有。在债务人不履行合同的债务时，债权人可从押金中优先受偿。押金担保，在本质上属于质押的范畴。其与定金的区别主要表现在以下四个方面。

（1）性质不同。定金担保所产生的只有债权，不具有物权的效力；押金则属于担保物权的范围。定金是法定的担保方式，押金只是民间交易形式，我国法律并没有承认押金这种担保方式。

（2）设定人的范围不同。定金担保的设定人限于被担保的主合同的当事人，定金不得由合同债务人以外的第三人设定，定金担保是合同债务人自己担保；押金的设定人可以为合同债务人，也可以为债务人以外的第三人。

（3）约定限额法律规定不同。定金的数额由合同当事人约定，但其约定的数额不得超过主合同标的金额的20%，超过部分不产生定金效力；而押金的数额由当事人自由约定，无数额的限制，当事人约定的押金，可以高于或者低于主合同标的金额。

（4）制裁后果不同。定金罚则适用于合同的双方当事人，在当事人违约时，定金启动其罚则功能，具有明显的惩罚性；而押金仅具有担保合同义务人履行合同的效果，制裁违约方以押金为限，对于给付押金的人不履行合同义务的，无权收回押金，但接受押金的人不履行合同义务的，不承担双倍返还的押金义务，惩罚效果较弱。

定金是在书面合同中明确以"定金"字样所约定的一种债务的担保形式。而其他的一些诸如订金、押金、预付款之类的，不能认定其性质为定金，不能适用法律规定的定金罚则。

第5章　现金收支业务须知

　　现金收支业务，是指与现金相关的收入与支出业务。现金收支业务是出纳的主要技术业务，在以现金为主要流动资源的企业里，如零售企业、餐饮企业等，现金的收支业务可能是出纳的最主要业务，甚至是全部业务。

　　现金收支业务，包括企业现金的收入与支出。当企业有现金流入时，需要出纳人员完成相应的收纳程序；而当企业有现金支出时，也需要出纳人员对现金的支出把关。所以，现金收支业务技能是每一个出纳人员必学、必会、必用的专业技能。

5.1　现金收支业务概述

　　现金管理是使用完整的法律体系构建现金使用环境的管理过程。现金管理需要用这一系列的法律法规来强制企业将现金交由银行统一集中处理，并且限制现金的使用范围，使企业的日常经济往来必须尽可能使用银行划转处理。

5.1.1　现金的使用范围

　　对于现金的使用范围，我们在前面出纳的安全常识部分已经明确说明了，现金支付不能违反规定，并列举了可使用现金支付的项目，在此不再重复。

5.1.2　现金额度的确定

　　现金使用的限额是指为了保证开户单位日常零星开支的需要，允许单位留存现金的最高数额。根据《现金管理暂行条例实施细则》的规定，各开户单位的库存现金都要核定限额。库存现金限额由开户单位提出计划，报开户银行审批。经核定的库存现金限额，开户单位必须严格遵守，超过部分应于当日终了前存入银行。

　　现金使用的限额由开户行根据单位的实际需要核定，一般按照单位3～5天日常零星开支所需确定。边远地区和交通不便地区的开户单位的库存现金限额，可按多于5天但不得超过15天的日常零星开支的需要确定。经核定的库存现金限额，开户单位必须严格遵守。对没有在银行单独开立账户的附属单位也要实行现金管理，其必须保留的现金也要核定限额，其限额包括在开户单位的库存限额之内。

商业和服务行业的找零备用现金也要根据营业额核定定额，但不包括在开户单位的库存现金限额之内。

5.1.3　现金收支业务的原则

前面讲述过现金管理的原则，下面我们来讲讲现金收支业务的原则，只有了解了这些原则，才能更好地进行现金业务的处理。为了加强现金收支手续的管理，出纳与会计人员必须分清责任，严格执行账、钱、物分管的原则，实行相互制约，加强现金收付业务的手续。

（1）企业应按规定编制现金收付计划，并按计划组织现金收支活动。

（2）企业的会计部门中，出纳工作和会计工作必须合理分工，现金的收付保管应由出纳人员负责办理，非出纳人员不得经管现金。

（3）严格执行现金清查盘点制度，保证现金安全完整。出纳人员每天盘点现金实有数，并与现金日记账的账面余额核对，保证账实相符。企业会计部门必须定期或不定期地进行清查盘点，及时发现或防止差错以及挪用、贪污、盗窃等不法行为的发生。如果出现长短款，必须及时查找原因。

（4）一切现金收入都应开具收款收据，即使有些现金收入已有对方付款凭证，也应开出收据交付款人，以明确经济职责；收入现金签发收据与经手收款，按要求也应当分开，由两个经办人分工办理。如销货收入应由经销人员负责填制发票单据，出纳人员据以收款，以防差错与作弊。

（5）一切现金收入必须当天入账、当天送存银行、如收进的现金是银行当天停止收款以后发生的，也应在第二天送存银行。当日送存确有困难的，应取得开户银行同意后，按双方协商的时间送存。

（6）不准利用银行存款账户代其他单位、个人存入或支取现金。

（7）一切现金支出都要有原始凭证，由经办人签名，经主管和有关人员审核后，出纳人员才能据以付款。在付款后，应加盖"现金付讫"戳记，妥善保管。

5.2 现金收支业务的一般程序

要了解和学习现金收支业务的专业技能，就要先了解现金收支业务的一般程序。现金收支业务的一般程序，包括以下五个环节。

- ☑ 查看凭证环节；
- ☑ 取钱或收钱环节；
- ☑ 经手人签名环节；
- ☑ 付钱或存钱环节；
- ☑ 记账环节。

一般企业的现金收支业务，其程序如图5-1所示。

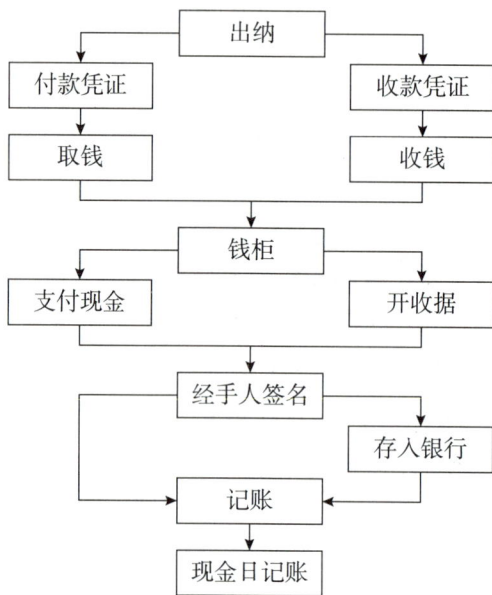

图5-1 现金收支业务的一般程序

一般来说，企业的现金流入与流出的基本程序都是一样的。但是在具体环节上还是有一定的区别。比如经手人签名这一步骤，付款程序是在款项付出同时签名确认；而收款程序中却需要出纳为交款人出具收款收据，然后双方签名确认。

5.2.1 查看凭证环节

查看凭证有两个含义。

- ☑ 查看原始凭证是否合法有效；

    ✍ 查看收款付款的手续是否齐全。

收款的原始凭证一般是现金缴款单等，缴款单上应当由交款人签名以确认交款金额。而付款的原始凭证，一般要求要有说明付款用途的票证，如销售发票、欠条等，并且应当有相应的审批签字，如由负责人在发票上签署"同意付款"的字样。

只有在查验好凭证的情况下，才能进行下一环节。

5.2.2　取钱或收钱环节

当凭证查验无误时，就会进行取钱或收钱的环节。

取钱的环节有两种可能，一是直接从钱柜中取出现金，二是开出支票去银行提现或由对方直接去银行进账。

收钱的环节，需要出纳人员细心地清点钱数，以核对缴款单据的金额。

5.2.3　经手人签名环节

支付程序中，对方收到钱款或是相应支票时应当场写下收据，或在出纳留单处签名确认收到的金额。

收款程序中，出纳清点钱款与缴款单对比一致时，可以由出纳出具收到钱款的证明。这样的证明，有以下两种情况。

    ✍ 收款收据；

    ✍ 在多联缴款单上盖上"现金收讫"的专用章等。

5.2.4　付钱或存钱环节

支付程序的付款环节，实际上不应该在经手人签名之后，但是实际工作中却是签名确认后才支付款项的。这就像是先写欠条再给钱。

单纯的收款程序到签名确认环节就应该已经结束了，出纳将钱锁进钱柜之后，收款就已经完成了。但是，相关的法律法规明确规定，收到的现金最好当天就存入银行中，所以收款程序中还有这么一个存钱到银行的环节。

5.2.5　记账环节

收款或付款的业务完成后，出纳应当及时将凭证整理好，填写记账凭证，然后根据记账凭证的内容，将其记入现金日记账中。

5.3 收存钱技巧与取钱程序

收钱和存钱都是比较简单的工作，所以出纳的入职门槛很低。但是专门做收钱和存钱的工作，与平时自己去银行存取钱还是有很大不同。出纳收钱，一般数额相对较大，而且零散票很多。如何把钱数好、数清楚，不出错误使自己赔钱，这也是一项技术活。

5.3.1 收钱注意事项

1. 安全收钱

收钱，最怕的就是出了错之后无法确认责任，要赔得大家一起赔。所以安全收钱，就是责任明确的收钱过程。要做到收钱过程的责任明确，就需要在钱过手的时候，仔细地签名确认。

比如，为现金收款日报表设置交款人签名处，每收一笔款就将清点的各币值数量填入表中，结出总金额后由交款人签名确认，如图5-2所示。

收银台号	交款人	金额	100元	50元	20元	10元	5元	2元	1元	5角	2角	1角	5分	2分	1分	交款人签名
							券	别								
1	杨雅诺	12 614.50	26	88	70	45	120		135	48		55				
2	秦玉娥	24 855.40	88	346	49	88	289	5	578	80		84				
3	李琳	30 839.90	185	80	220	160	289	12	255	69		78				
4	王蕊	22 627.60	66	346	49	88	289		578	80		46				
5	刘小萍	39 586.30	235	346	49	88	289		578	80		53				
6	周璐	9 581.50	47	55	61	34	120		135	48		55				
合计:			677	941	498	558	1396	17	1648	405		291				

现金收款日报表
2010 年 4 月 7 日
恒兴购物中心 南苑分店

金额总计：拾叁万玖仟壹佰柒拾柒元陆角

百	十	万	千	百	十	元	角	分
	1	3	9	1	7	7	6	0

签名确认处

图5-2 加交款人签名栏的现金收款日报表

另外像100元、50元，还应该在收款时双方确认金额，写清楚人民币编号后再签字，这样以防收到假钞，难以明确责任。

2. 注意收钱计数

从图5–2中可以看到，现金收款日报表中，每一个交款人交来的款项都分币值标明了数量。然后根据这些数量计算出合计金额，最后再与缴款单的金额核对。

这样的现金收款日报表展示了一个收钱计数的技巧，那就是分币种记数的方法。在生活中，数钱就是直接将金额做加和。比如，看到100元，就直接数出100金额；从50元起，数出两个再加上100；20元则是每5个加上100。

这样数是没错的。但是一个出纳每天需要数的钱数较多，各币值数量较大，且并不一定整百整十时，很容易出错。

所以，从前的老会计数出一种币值，就将金额加在算盘上，然后再数下一种币值。如数出5个100，在算盘上加500，再数出5个50，在算盘上再加250，此时算盘上数额为750，其他币种然后以此类推下去。

老会计的做法是个好办法，却有个问题，一旦最后加出来的总数与缴款单上的金额不符，就得全部重新再数一次；如果还是不对，那就还是要一遍一遍数下去。钱少的时候还好，如果是几万元、几十万元，那工作量就惊人了，而且工作效率极低。

所以现在的出纳都使用分币值计数量的方法，不管多少钱，只管有多少张、多少枚，最后再计算金额。现金缴款单是典型的币种计数法的体现，如图5–3所示。

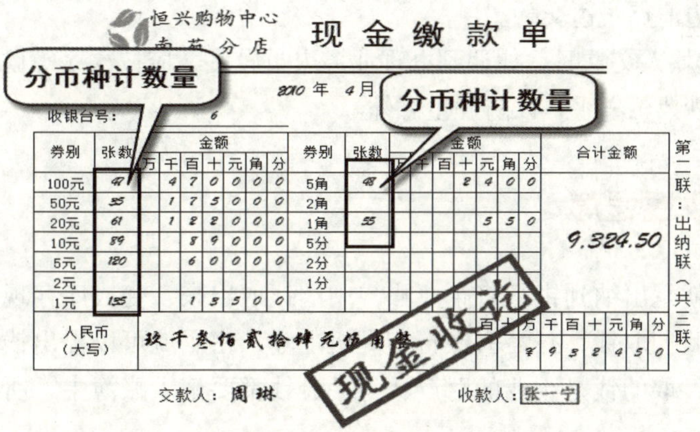
恒兴购物中心 南苑分店　　现金缴款单

2010 年 4月

收银台号：6

券别	张数	万	千	百	十	元	角	分	券别	张数	万	千	百	十	元	角	分	合计金额
100元	47		4	7	0	0	0	0	5角	48				2	4	0	0	9.324.50
50元	35		1	7	5	0	0	0	2角									
20元	61		1	2	2	0	0	0	1角	55					5	5	0	
10元	89			8	9	0	0	0	5分									
5元	120			6	0	0	0	0	2分									
2元									1分									
1元	135			1	3	5	0	0										

人民币（大写）	百	十	万	千	百	十	元	角	分
玖千叁佰贰拾肆元伍角整			¥	9	3	2	4	5	0

交款人：周琳　　收款人：张一宁

第二联：出纳联（共三联）

图5–3　现金缴款单

5.3.2　送存现金注意事项

现金的送存，首先由出纳人员清点票币，并将同面额的纸币摆放在一起，按每一百张为一把整理好，不够整把的，从大额到小额顺序放；将同额硬币放在一起，对于壹元、伍角、壹角硬币，每五十枚用纸卷成一卷，分币按每一百枚用纸卷成一卷，不足一卷的一般不送存银行，留作找零用。款项清点整齐、核对无误后，出纳人员根据清点情况填写现金解款单，并将现金送存银行。

现金解款单为一式三联，第一联为回单，此联由银行盖章后退回存款单位；第二联为收入凭证，此联由收款人开户银行作贷方凭证；第三联为附联，作附件，是银行出纳留底联。

出纳人员在填写现金解款单时，要用双面复写纸复写。交款日期必须填写交款的当日日期，收款人名称应填写全称，款项来源要如实填写，大小写金额的书写要标准，券别和数额栏按实际送款时各种券面的张数或枚数填写。然后将款项同解款单一并交银行收款员。银行核对后盖章，并将第一联（回单）交存款单位作记账凭证。以下是送存现金应注意的事项。

（1）整理现金。

（2）交款人最好是现金整理人，这样可以避免发生差错时难以明确责任。

（3）凡经整理好准备送存银行的现金，在填好现金缴款单后，一般不宜再调换票面，如确需调换的应复点，同时重新填写现金缴款单。

（4）送存途中必须注意安全。当送存金额为较大的款项时，最好使用专车，并派人护送。

（5）临柜交款时，交款人必须与银行柜台收款员当面交接清点，做到一次交清，不得边清点、边交款。

（6）交款人交款时，如遇到办理业务人员较多，应按次序等候。等候过程中，应做到钞票不离手，以防发生意外。

▍5.3.3　取钱程序

取钱，就是出纳到银行将企业账户中的钱取出来，变成库存现金的过程。生活当中，我们取钱，只需去银行柜员机上输入密码就可以提出钱来了。但是作为出纳时，取的钱是企业的财产，每一分钱都要记入账簿中，所以不能随意取钱。

而且，由于企业的钱都在银行的对公账户中，不经过一定的程序，没有特定的票证，账户里的钱也不是随便就能动的。

提取现金，一般由出纳人员填写现金支票到银行提取。现金支票的填写要求：必须使用钢笔、必须使用碳素墨水或蓝黑墨水；并按支票排定的号码顺序填写；签发日期应填写实际出票日期，不得补填或预填日期；收款人名称填写应与预留印鉴名称保持一致；大小写金额必须按规定书写，如有错误，不得更改，必须作废重填；用途栏应填明真实用途；签章不能缺漏，必须与银行预留印鉴相符；支票背面要由取款单位或取款人背书（即签章），在核对无误后交给银行结算。

从开户银行提取现金应当写明用途，由本单位财会部门负责人签字盖章、经开户银行审核后，予以支付现金。此流程如图5-4所示。

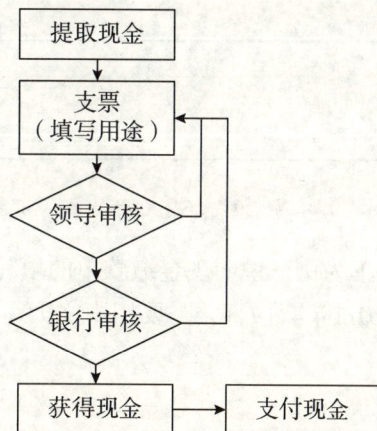

图5-4　提取现金的规定流程

在提取现金的流程中支票是最关键的环节，没有支票或者没有填写规范无误、印鉴齐全的支票，银行根本不可能兑付现金。

5.3.4　现金进账单与现金支票的填写

1. 现金进账单

现金进账单，也叫现金缴款单，是出纳将现金存入银行时，需要填写的银行单据。一般情况下，出纳可以从银行索取一些进账单，在办公室时算好数额，填写完成以后，再到银行去存款。

中国农业银行的现金缴款单，如图5-5所示。

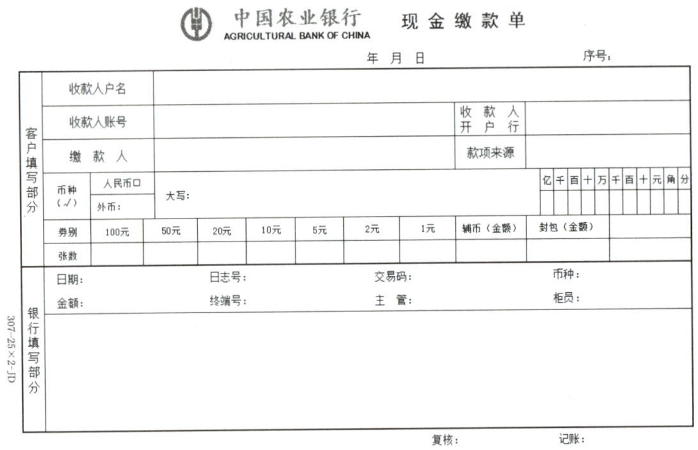

图5-5　农行的现金缴款单

就以农行的现金缴款单为例，说明现金缴款单的填写步骤。

（1）填写交款日期2011年4月7日，需要用中文大写数字来填写日期，如图5-6所示。

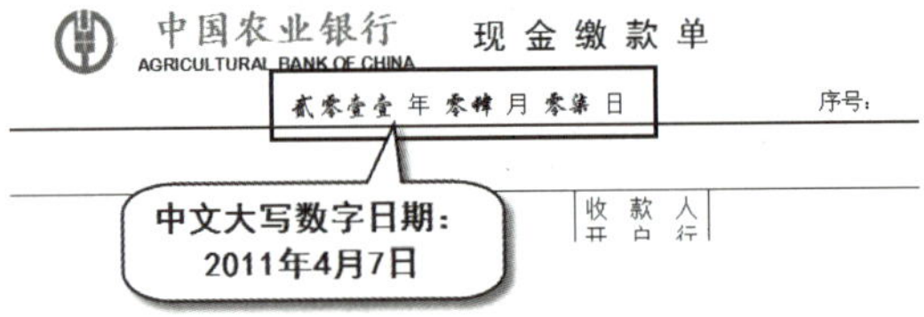

图5-6　第一步：填写日期

（2）填写账户信息，需要填写企业开户名称、账号及开户行，如图5-7所示。

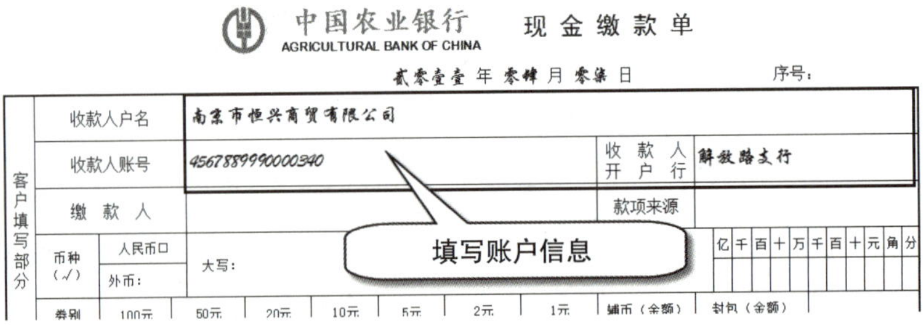

图5-7　第二步：填写账户信息

（3）填写交款人及款项来源，款项来源必须填写真实来源，如图5-8所示。

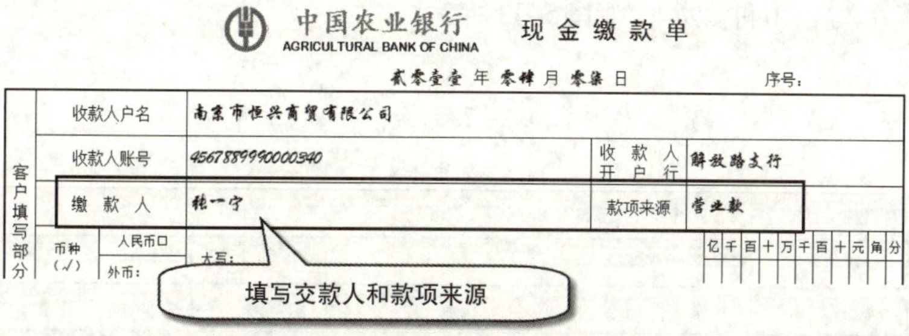

图5-8 第三步：填写交款人及款项来源

（4）填写币种，人民币就在相应位置划"√"，外币则需写明币种名称，如图5-9所示。

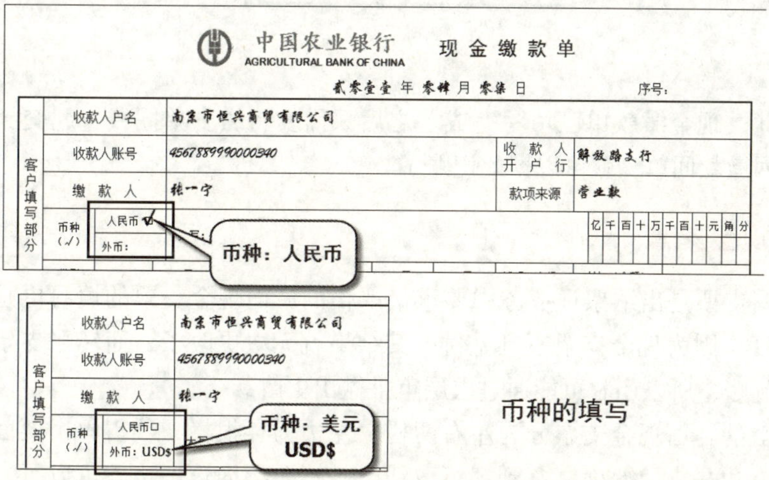

图5-9 第四步：填写币种

（5）填写大小写金额，如图5-10所示。

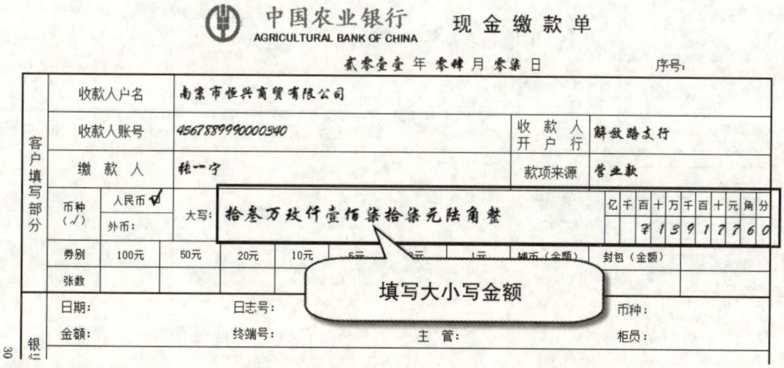

图5-10 第五步：填写大小写金额

（6）填写各币种数量，如图5-11所示。

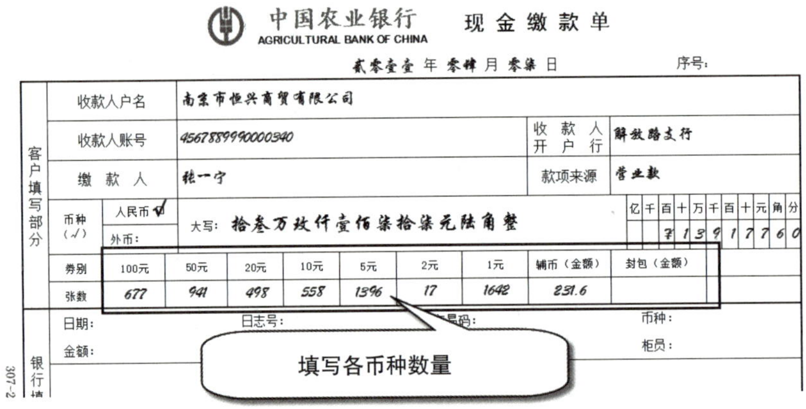

图5-11　第六步：填写各币种数量

至此，现金缴款单已填写完成。之后只需要将缴款单同钱一起交到银行柜台，拿回缴款回单，就可以据此记账了。

2. 现金支票

填写支票是出纳票证业务中要求最严格的，而现金支票的填写更是达到严苛的程度。因为现金支票一旦兑付，其结果就无法更改了，而转账支票一般不会即时到账，所以还有可能通过层层审批做出更改。

一般的空白现金支票分为左右两栏，左边为存根栏，约占整个票面的四分之一，右边是支票票面，拿到银行取钱时，只要票面这一边就可以了，存根是保留在出票人那里的。

现金支票的样式，如图5-12所示。

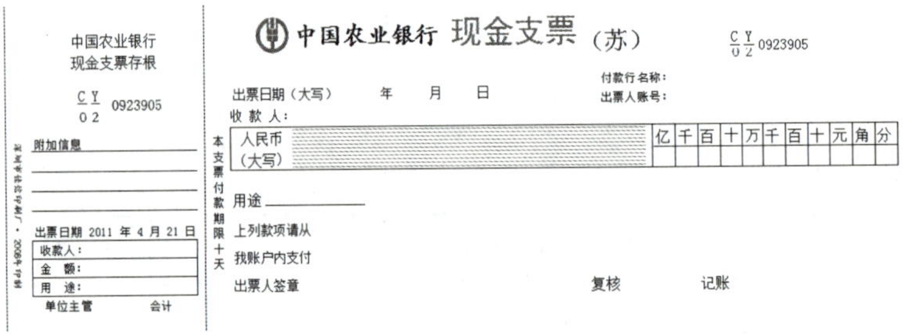

图5-12　空白现金支票

填写支票中的相应内容，并加盖银行预留印鉴，完成后的现金支票正面如

图5-13所示。后面我们会安排内容以此支票为例具体教读者如何填写现金支票。

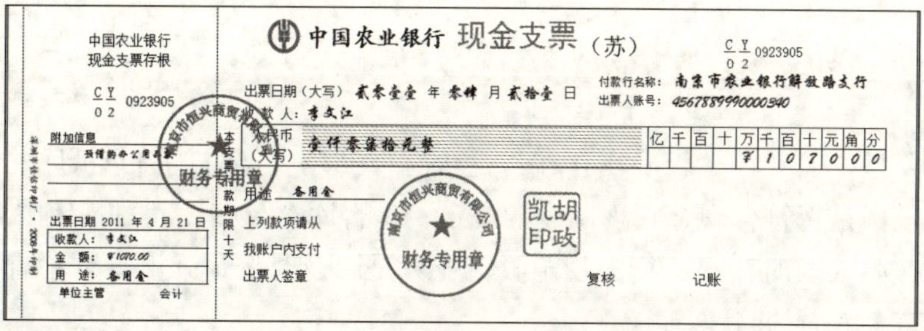

图5-13 填写完成的现金支票正面

将现金支票沿剪裁线裁开，存根留存在财务做账，如图5-14所示。

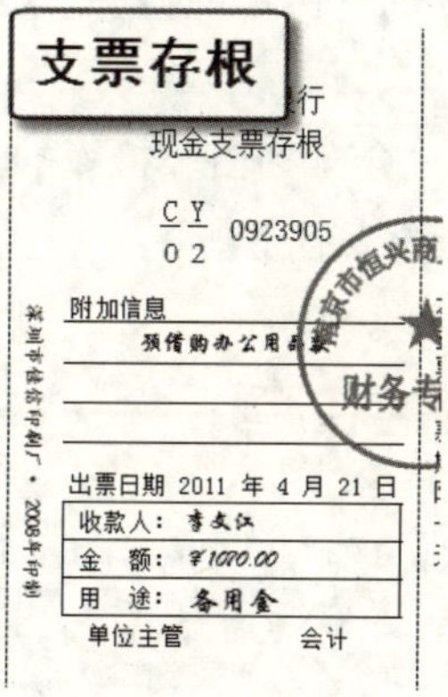

图5-14 支票存根

去银行支取现金时，只需要持现金支票的票面部分前去即可。支票的票面部分如图5-15所示。

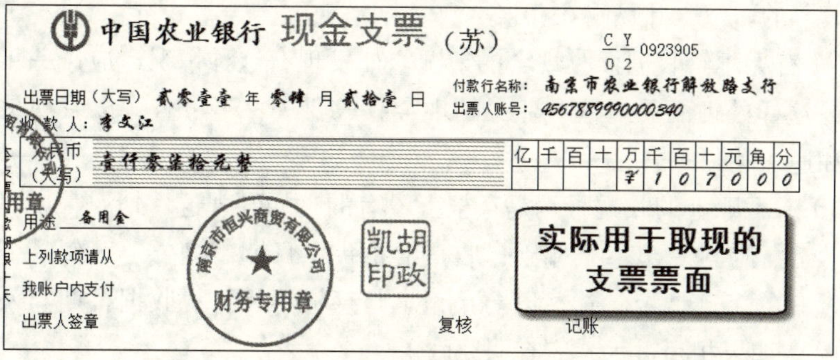

图5-15 支票的票面部分

将支票的票面部分拿到银行柜台办理，就可以支取现金了。

5.4 现金收支业务的检查与核对

5.4.1 库存现金的检查

主要是查明库存是否确实存在；是否有被挪用、侵占或白条抵库的现象；库存现金额是否符合现金管理制度的规定；是否库存过多，超过规定限额； 是否将现金收入及时存入银行；现金收付业务是否及时登记入账等。检查时应注意以下三个方面的问题。

（1）要摸清出纳人员保险柜中除库存现金以外，是否还有库存现金存放在有现金支付业务的其他部门和其他人员手里；

（2）对所有现金保管人员应进行一次预先没有任何通知的查点，以防临时抵补凑数，弥补漏洞；

（3）查点库存现金时常常会碰到白条抵库的情况，应查明原因，防止出纳人员挪用公款、私借公款和公款私存等。

5.4.2 现金收入业务的检查

审查现金收入业务，应对自制的收据存根，逐笔与现金日记账核对，再以记账凭证与现金日记账核对。

核对时应注意以下五点。

（1）所有的收据存根统统收集起来，应注意其中未使用过的收据，是否妥善保存、有无缺页、号码是否相符。

（2）已使用过的收据存根，号码是否连续、有无缺页；作废的收据是否盖有"作废"的戳记，并黏附在存根上。

（3）有无不给收据而收现金的情况。如发现有这种情况，应进一步查明哪些业务是这样处理的。对这些业务的现金收入要进一步审查，以发现是否有营私舞弊和违法乱纪的情况。

（4）有无账上的收据号码是存根上没有的。如发现这一情况，说明收据存根没有收齐，应进一步追查原因；收据的抬头、日期、摘要、金额是否有涂改现象，复写的字迹是否一致，以防止正本与存根不相符；收据日期与入账日期是否相近， 如果相距过远，应查明原因。

（5）收入金额是否超过国家现金管理规定的限额，如超出过大，应追查原因。

现金收入业务凭证有时是由外单位出具证明，直接作记账原始凭证。比如卖废报纸，就可以用废品收购站的收购单为记账的原始证明入账。对这类业务一方面要注意凭证是否未入账，款项有无被经办人私吞；另一方面要注意审查凭证的抬头是否与本单位的名称相符，凭证上的摘要、物品名称是否与本单位的业务有关，凭证是否有涂改的迹象，原始凭证的金额与记账凭证的金额是否相符等。

5.4.3　现金支付业务的检查

现金支付业务的检查主要包括现金支付范围的检查、现金支付凭证的检查、现金支付的原始凭证与记账凭证的核对等。

1. 现金支付范围的检查

现金支付的范围，按照国家《现金管理暂行条例》规定，前面已做出详细描述，读者请复习前面知识加以巩固，在此不重复强调。

2. 现金支付凭证的检查

现金支付凭证的检查分外来发票的审查和自制原始凭证的审查两种。

（1）审查外来发票的要点。

✍ 发票签发单位的名称；

✍ 发票的号码；

✍ 发票上的单位图章、银货两讫图章是否清晰；

✍ 若查到的是副发票，则应查清为什么用副发票付款；

✍ 发票的金额计算是否正确、大写与小写数字是否相符，如果算错、写错，要查清以后有无退款或补款的情况；

✍ 发票上的字迹，不论是抬头、日期、品名、数量、单价、金额都要仔细审阅，有无涂改痕迹；

✍ 复写的字迹和颜色是否一致，正面和反面都要仔细地审阅一遍，发现有任何可疑之处，都应进一步查清；

✍ 发票上签发单位应具备的手续，是否根据发票上的说明都已办妥；

✍ 发票上的抬头是否与本单位名称相符；

✍ 发票上的日期，是否与实际付款的日期相近，如果相距很大，应查清是什么原因才延迟付款或延迟报销；

✍ 发票上的物品，是否确为本单位所需用，是否经过有关人员验收；

✍ 发票上物品的数量是否经过计量验收，如有短少，是否追究责任；

☑ 物品的质量是否与检验相符，如有不符，应进一步查明原因；

☑ 购买物品是否属于控购物品，是否经过批准。

（2）自制的付款原始凭证一般有支款单和工资单两种。审查时，应注意以下四点。

☑ 领收款项的职工所出具的自制凭证，是否确系职工本人亲自签收，如由别人代收，则应注意本人是否确实收到，如有可疑之处，应作进一步核实，防止虚报冒领；

☑ 各项支付款项的标准是否符合国家财务制度和人事劳动制度的规定，有无超标发放或政策未落实到位的情况；

☑ 对于支付临时工的工资凭证，应注意临时工人的聘用是否符合政策，还要审阅临时工的考勤记录，注意临时工人员是否确实存在而不是冒领或虚报。

☑ 在审查付款原始凭证时，还需注意有没有"白条"。

5.4.4 现金的期末核对

1. 现金日记账与现金收付款凭证核对

对于现金日记账与现金收付款凭证的核对，应将现金收付款凭证与现金日记账作进一步核对，收付款凭证是登记现金日记账的依据，账目和凭证应该完全一致。

核对的项目主要是：核对凭证编号；复查记账凭证与原始凭证，看两者是否完全相符；查对账证金额与借贷方向的一致性；检查如发现差错，要立即按规定的方法更正，确保账证完全一致。尤其要特别注意审核其是否按日结出余额，是否出现余额红字的情况。如有，则说明企业现金肯定还有其他来源，或者是当天收入现金没有入账，或者是出纳人员同时兼管其他现金如卖餐证、食堂备用金、工会经费等，需作进一步检查。还应注意每天结余额是否超过人民银行核定的库存现金限额，现金收入是否按规定及时存入银行，是否存在坐支情况。

2. 现金日记账与现金总分类账的核对

现金日记账是根据收付款凭证逐笔登记的，现金总分类账是根据收付款凭证汇总登记的，记账的依据是相同的，记录的结果应该完全一致，但由于两个账簿分别是由不同人员记账的，可能发生差错。出纳应定期出具出纳报告单与总账会计进行核对，找出错误后应立即按规定的方法加以更正，做到账账相符。

3. 现金日记账与库存现金的核对

首先结出当天现金日记账的账面余额，再盘点库存现金的实有数，看两者是否完全相符。一般是通过库存现金实地盘点法查对，应按"库存现金实有数＋未记账的付款凭证金额－未记账的收款凭证金额＝现金日记账账存余额"的公式进行核对，清查完毕，要编制库存现金盘点报告表。

5.5 现金日记账的登记和结算

现金日记账，是出纳用于记录库存现金收支情况的账簿，其一般为订本三栏账，每张页面都有收、付、余三栏，以便随时结出现金库存余额。常见的现金日记账账页样式，如图5-16所示。

库 存 现 金 日 记 账

年		凭证		票据号码	摘　要	对方科目	借　方	贷　方	借或贷	余　额	
月	日	字	号				亿千百十万千百十元角分	亿千百十万千百十元角分		亿千百十万千百十元角分	

图5-16　现金日记账账页样式

5.5.1 记账的基础知识

要对日记账进行登记，就需要先编制记账凭证。通常，出纳在记录经济业务的时候都需要自己编制记账凭证，然后再根据记账凭证的内容记入账簿中。

1. 经济业务记账过程

从经济业务发生到将其信息记入相应账簿中，这其中经过了以下四个环节。

- ☑ 经济业务；
- ☑ 原始凭证；
- ☑ 记账凭证；
- ☑ 记入账簿。

以上四个环节就是经济业务记账过程中必须要经过的四个环节。所以，经济业务的记账过程，其流程如图5-17所示。

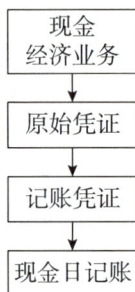

```
┌──────────┐
│   现金   │
│ 经济业务 │
└──────────┘
      ↓
┌──────────┐
│ 原始凭证 │
└──────────┘
      ↓
┌──────────┐
│ 记账凭证 │
└──────────┘
      ↓
┌──────────┐
│ 现金日记账 │
└──────────┘
```

图5-17　从经济业务发生到记入账簿的记账过程

要明白现金日记账如何登记，先要清楚，如何整理原始凭证和填制记账凭证。

2. 原始凭证

（1）原始凭证的整理。原始凭证，是经济业务发生时交易双方出具相关单据，如发票、收款凭证、收据等。原始凭证一般需要具有一定的法律效力，能够从法律角度证明经济业务的相关情况。比如发票，可以证明交易双方发生交易的时间、交易物品、单价、金额等信息。

正是因为原始凭证的这种作用，所以财务部门可以使用这些原始凭证来证明和记录经济业务。作为财务人员的第一步，就是要会整理原始凭证。

整理原始凭证，一般包括以下四方面的内容。

- ☑ 审核凭证；
- ☑ 汇总凭证；
- ☑ 粘贴凭证；
- ☑ 修补凭证等。

由于凭证需要具有一定的法律效力，因此对其审核是必不可少的。凭证有时候需要汇总在一起再做账，而汇总起来的凭证往往需要粘贴在一起，有时候同一业务会有多张原始凭证，这些凭证也需要粘贴在一起。

修补凭证则是对破损凭证的一种修补行为，可以重新补一个原始凭证，也可以将破损不严重的凭证使用胶带等进行贴补。

在对原始凭证进行整理时，最重要的就是对原始凭证的审核和粘贴。

（2）原始凭证的审核。审核原始凭证，是对其内容、合法性等进行审核。审核商品销售发票时，应注意以下六点。

- ☑ 发票名称处是否有税务局的发票专用章；
- ☑ 是否有客户单位的公章或财务专用章；
- ☑ 其发票上的客户名称是否为本企业名称；
- ☑ 开票人是否已签名或盖章；
- ☑ 发票的内容是否有涂改或不清楚的地方；
- ☑ 金额的大小写是否一致。

发票的审核部位，如图5-18所示。

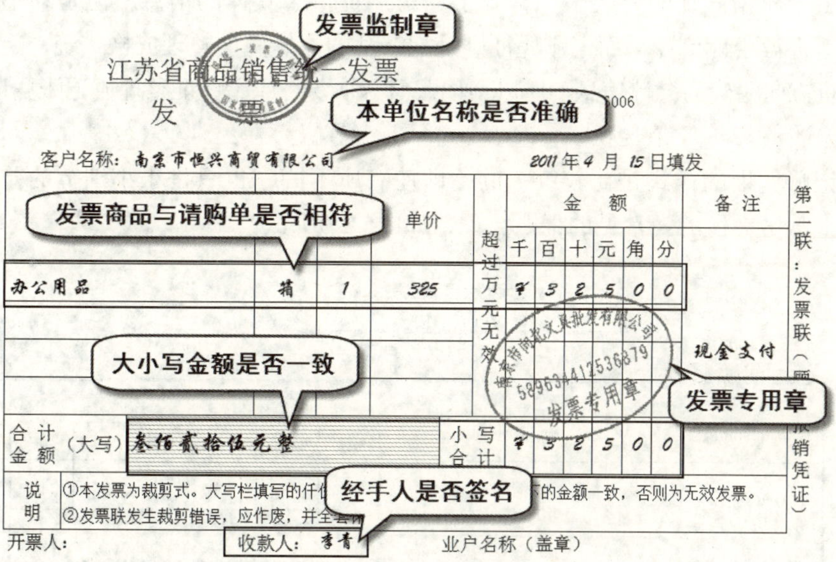

图5-18 发票的审核部位

（3）原始凭证的粘贴。在记账过程中的凭证整理，主要是指将收集好的原始凭证粘贴起来，以供编制会计记账凭证时作为附件使用。

在对原始凭证进行粘贴时，只需将其左上角涂上胶水，贴于记账凭证背面即可。不过粘贴时需要注意两个原则。

- ☑ 尽量使原始凭证的粘贴在凭证装订线内；
- ☑ 翻开装订好的凭证时，原始凭证的所有基本信息都要能够查看到。

粘贴好的原始凭证，如图5-19所示。

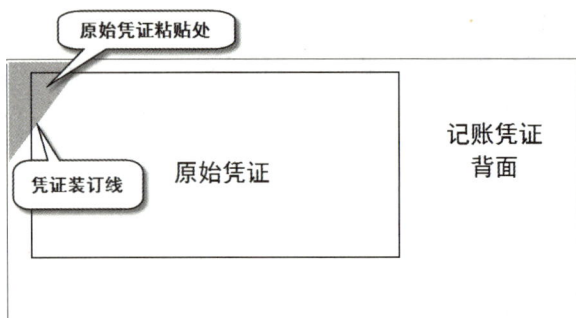

图5-19　单张原始凭证粘贴

3.记账凭证

由于原始凭证的种类多、样式多，虽然提供了具体的信息，但是却不能很方便地进行会计核算。而记账凭证则是把杂乱的原始凭证整理成格式统一、科目和借贷方向明确的会计信息。所以，记账前必须要将原始凭证整理成记账凭证。

说明：就算只有一张发票，也需要将其整理成记账凭证。

记账凭证的样式是比较统一的，即使有所不同，也只是小小细节的差异，大体上都是一样的。常见的记账凭证，如图5-20所示。

图5-20　记账凭证的一般样式

下面以一个实例来说明现金业务的记账凭证的填写过程。

例如，4月15日，使用325元购买办公用品，以现金支付。此业务的会计分录为：

借：管理费用　　325

　　贷：库存现金　　325

本笔业务有原始凭证一张，即办公用品的发票，如图5-21所示。

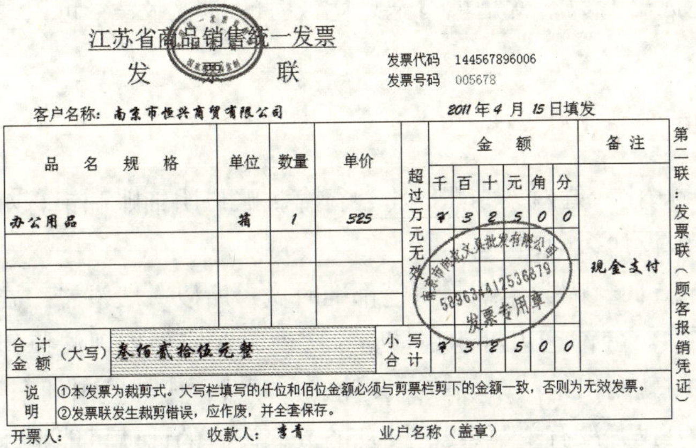

江苏省商品销售统一发票

发　票　联

发票代码　144567896006

发票号码　005678

客户名称：南京市恒兴商贸有限公司　　2011年4月15日填发

品名规格	单位	数量	单价	金额（千 百 十 元 角 分）	备注
办公用品	箱	1	325	¥ 3 2 5 0 0	现金支付
合计金额（大写）	叁佰贰拾伍元整		小写合计	¥ 3 2 5 0 0	

说明：①本发票为裁剪式。大写栏填写的仟位和佰位金额必须与剪票栏剪下的金额一致，否则为无效发票。②发票联发生裁剪错误，应作废，并全套保存。

开票人：　　收款人：李青　　业户名称（盖章）

第二联：发票联（顾客报销凭证）

超过万元无效

发票专用章

图5-21　购买办公用品的发票

首先，要对发票进行审核，就是对发票中的相应内容进行核对，并对发票的合法性进行审查和验证。

说明：详细审核内容，请查看上节的原始凭证审核部分。

其次，根据发票内容编制会计凭证。其操作步骤如下。

（1）填写日期和凭证编号；

（2）填写经济业务摘要；

（3）填写借方科目与金额；

（4）填写贷方科目与金额；

（5）填写合计金额；

（6）填写附件张数；

（7）制单人签名。

完成上述一系列步骤后，记账凭证就填写完成了。填写好的记账凭证，如图5-22所示。

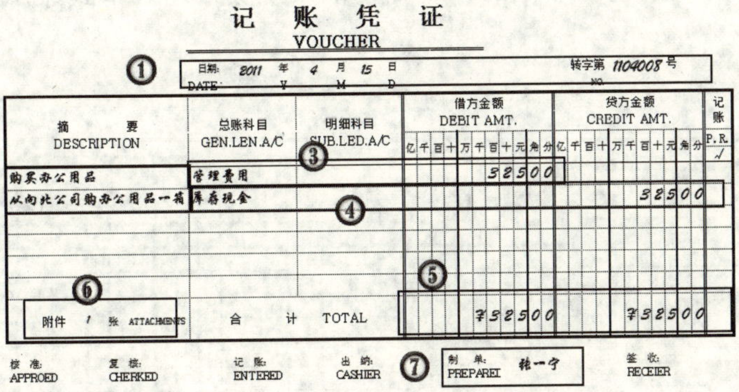

记账凭证

VOUCHER

日期：2011年4月15日　DATE: Y M D　　转字第1104008号 NO.

摘要 DESCRIPTION	总账科目 GEN.LEN.A/C	明细科目 SUB.LED.A/C	借方金额 DEBIT AMT.	贷方金额 CREDIT AMT.	记账 P.R.
购买办公用品	管理费用		32500		√
从向北公司购办公用品一箱	库存现金			32500	
附件 1 张 ATTACHMENTS	合计 TOTAL		¥32500	¥32500	

核准 APPROED　复核 CHERKED　记账 ENTERED　出纳 CASHIER　制单 PREPAREI 张一宁　签收 RECEIER

图5-22　填写完成的记账凭证

图5-22中标出的数字就是填写记账凭证时的步骤编号，可以与上面的步骤编号相对应。

4. 出纳与会计对账的技巧

（1）银行账比较好对，结账时将银行存款账户明细账和银行对账单对一下就可以了，一般没什么问题。

（2）现金方面，因为出纳是每笔都准时做，所以一般没错，要出错就是在余额的加减方面。会计这边可能是月底一次做完，容易出现漏掉的情况导致金额对不上。这时就用出纳的余额数减会计的余额数，比如减出的余额数是518，你就在出纳账上找有没有单笔金额是518的数，没有的话就可能是几笔数加在一起了，可能需要一笔一笔地核对；如果出现518.8，这种有小数的数字就比较好找，直接看出纳账上小数点后面有没有8。

（3）还有另外一种方法对会计最实用，就是让出纳把期初数、本期借方、本期贷方以及期末数全部统计出来，然后和财务软件里的数核对，借方有差异就找借方的明细，贷方有差异就找贷方的明细。当借贷方都一样、余额不一样时，就是出纳那边加减数出错了。

5.5.2 现金日记账的账务处理

为了防止现金收支差错及舞弊行为的发生，企业应设置订本账簿对现金业务进行记录和核算。

1. 现金日记账的登记程序

现金日记账通常是根据审核后的现金收款、付款凭证逐日逐笔按照经济业务发生的时间顺序进行登记的，现金日记账一般采用订本式账簿，如图5-23所示。

现金日记账

年		记账凭证号数	摘要	对方科目	页数	借方									贷方									借或贷	余额								
月	日					百	十	万	千	百	十	元	角	分	百	十	万	千	百	十	元	角	分		百	十	万	千	百	十	元	角	分

图5-23　现金日记账

现金日记账是用来核算和监督库存现金每天的收入、支出和结存情况的账簿。出纳人员根据与现金收付有关的记账凭证，如现金收款、现金付款、银行付款（提现业务）凭证，逐日逐笔进行登记，并随时结记余额。

登记现金日记账时，除了遵循账簿登记的基本要求外，还应注意以下栏目的操作步骤。

（1）日期。"日期"栏中填入的应为据以登记账簿的会计凭证上的日期。现金日记账一般依据记账凭证登记，因此，此处日期为编制该记账凭证的日期，不能填写原始凭证上记载的发生或完成该经济业务的日期，也不能填写实际登记该账簿的日期，如图5-24所示。

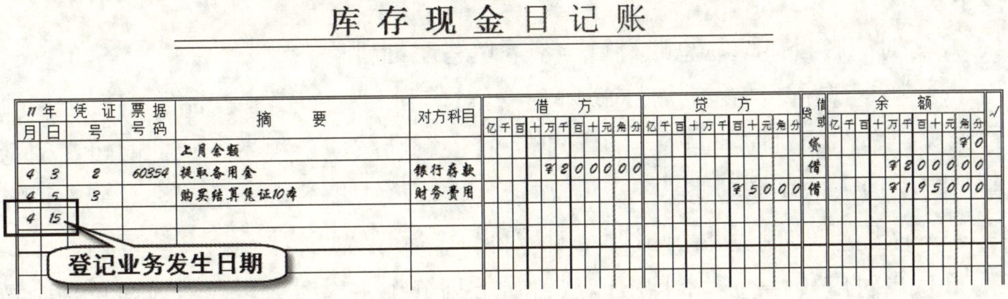

库 存 现 金 日 记 账

图5-24　登记业务发生日期

（2）凭证编号。"凭证号"栏中应填入据以登账的会计凭证类型及编号。如企业采用通用凭证格式，根据记账凭证登记现金日记账时，填入"记×号"；企业采用专用凭证格式，根据现金收款凭证登记现金日记账时，填入"收×号"，如图5-25所示。

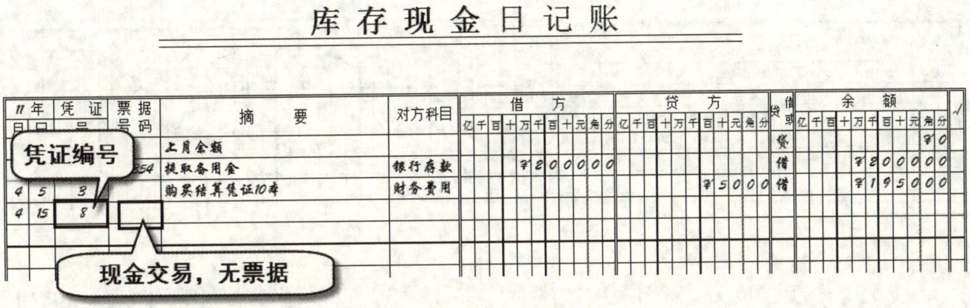

库 存 现 金 日 记 账

图5-25　登记凭证编号及原始凭证号码

（3）摘要。"摘要"栏简要说明入账的经济业务的内容，力求简明扼要，如图5-26所示。

库 存 现 金 日 记 账

11年 月 日	凭证 号	票据 号码	摘 要	对方科目	借 方 亿千百十万千百十元角分	贷 方 亿千百十万千百十元角分	借 贷	余 额 亿千百十万千百十元角分	√
			上月金额				贷	￥0	
4 3	2	60354	提取备用金 业务摘要	银行存款	￥200000		借	￥200000	
4 5	3		购买结算凭证10本	财务费用		￥5000	借	￥195000	
4 15	8		从向北公司购办公用品一箱						

图5-26 登记业务摘要

（4）对应科目。"对方科目"栏应填入会计分录中"库存现金"科目的对应科目，用以反映库存现金增减变化的来龙去脉。在填写对应科目时，应注意以下三点。

① 对应科目只填写总账科目，不需填写明细科目。

② 当对应科目有多个时应填入主要对应科目，如销售产品收到现金，则"库存现金"的对应科目有"主营业务收入"和"应交税费"，此时可在对应科目栏中填入"主营业务收入"，在借方金额栏中填入取得的现金总额，而不能将一笔现金增加业务拆分成两个对应科目金额填入两行。

③ 当对应科目有多个且不能从科目上划分出主次时，可在对应科目栏中填入其中金额较大的科目，并在其后加上"等"字。如用现金800元购买零星办公用品，其中300元由车间负担、500元由行政管理部门负担，则在现金日记账"对方科目"栏中填入"管理费用等"，在贷方金额栏中填入支付的现金总额800元，如图5-27所示。

库 存 现 金 日 记 账

11年 月 日	凭证 号	票据 号码	摘 要	对方科目	借 方 亿千百十万千百十元角分	贷 方 亿千百十万千百十元角分	借 贷	余 额 亿千百十万千百十元角分	√
			上月金额				贷	￥0	
4 3	2	60354	提取备用金	银行存款	￥200000		借	￥200000	
4 5	3		购买结算凭证10本	财务费用		￥5000	借	￥195000	
4 15	8		从向北公司购办公用品一箱	管理费用等 对方科目		￥80000			

图5-27 登记对方科目

（5）借方、贷方。"借方"栏、"贷方"栏应根据相关凭证中记录的"库存现金"科目的借贷方向及金额记入，如图5-28所示。

库 存 现 金 日 记 账

11年		凭证 号	票据 号码	摘 要	对方科目	借 方 亿千百十万千百十元角分	贷 方 亿千百十万千百十元角分	借或贷	余 额 亿千百十万千百十元角分	√
月	日									
				上月余额				贷	￥0	
4	3	2	60354	提取备用金	银行存款	￥200000		借	￥200000	
4	5	3		购买结算凭证10本	财务费用		￥5000	借	￥195000	
4	15	8		从南北公司购办公用品一箱	管理费用		￥32500			

支出金额记贷方

图5-28 登记业务金额

（6）余额。"余额"栏应根据"本行余额=上行余额+本行借方-本行贷方"公式计算，填入计算结果。

正常情况下库存现金不允许出现贷方余额，因此，现金日记账余额栏前未印有借贷方，其余额默认为借方。若在登记现金日记账过程中，由于登账顺序等特殊原因出现了贷方余额，则在余额栏用红字登记，表示贷方余额，如图5-29所示。

库 存 现 金 日 记 账

11年		凭证 号	票据 号码	摘 要	对方科目	借 方 亿千百十万千百十元角分	贷 方 亿千百十万千百十元角分	借或贷	余 额 亿千百十万千百十元角分	√
月	日									
				上月余额				贷	￥0	
4	3	2	60354	提取备用金	银行存款	￥200000		借	￥200000	
4	5	3		购买结算凭证10本	财务费用		￥5000	借	￥195000	
4	15	8		从南北公司购办公用品一箱	管理费用		￥32500	借	￥162500	

余额在借方

图5-29 结算出当前余额及其方向

至此，现金日记账的登记基本完成。登记完成的现金日记账。

2. 现金日记账的日清月结

前面经提到过，出纳人员每日下班前，应该计算出当时现金的收支总数和结余，并将其与库存现金的数量进行核对。如果出现长短款的情况，需要及时查明原因，报告上级进行处理。

现金日记账的日清，一般会使用相应表格进行比较和记录。现金日记账的日常对账并没有规定表格，出纳人员可以根据业务状况自行设计表格进行记录。某企业使用的库存现金对账记录表，如图5-30所示。

库存现金对账记录

2011 年 4 月

日	对 账	账面余额	库存余额	\ 券 别 明 细													
				100元	50元				3元	1元	5角	2角	1角	5分	2分	1分	
1	平	¥ -	¥ -														
2	平	¥ -	¥ -														
3	平	¥ 2,000.00	¥ 2,000.00	20													
4	平	¥ 2,000.00	¥ 2,000.00	20													
5	平	¥ 1,950.00	¥ 1,950.00	19	1												
6	平	¥ 1,950.00	¥ 1,950.00	19	1												
7	平	¥ 1,950.00	¥ 1,950.00	19	1												
8	平	¥ 1,950.00	¥ 1,950.00	19	1												
9	平	¥ 1,950.00	¥ 1,950.00	19	1												
10	平	¥ 1,950.00	¥ 1,950.00	19	1												
11	平	¥ 1,950.00	¥ 1,950.00	19	1												
12	平	¥ 1,950.00	¥ 1,950.00	19	1												
13	平	¥ 1,950.00	¥ 1,950.00	19	1												
14	平	¥ 1,950.00	¥ 1,950.00	19	1												
15	平	¥ 1,625.00	¥ 1,625.00	16						1					1		

注记：3日提取了现金；5日支出50元；15日支出325元；现金日记账的"日清"。

图5-30 库存现金对账记录表

从图5-30可以看到，库存现金对账，是库存现金实际库存余额与账面余额的对比，如果两者相符，则称为"平"；若不相符，则为"不平"。库存现金一旦发生账不平的情况，出纳需要立即反复核对，查明情况，以进行下一步有针对性的处理。

月底时，不仅要核对日记账与库存现金的数目，还需要与"库存现金"科目的总账余额进行核对，务必要做到账账相符和账实相符，这就是现金日记账的"月结"。

现金日记账的月结，一般会和财务部门其他人员一起对账目进行核对，然后编制会计报表。

5.5.3 现金长短款的处理

虽然出纳人员每天都对现金进行核查，但是有时还是会出现实际库存现金与日记账面余额不符的情况，这就是现金的长短款。

库存现金的实有数是指钱柜内实有的现金数额，借条、收据等单据都不能抵充现金数。

1. 现金长短款的形成原因

现金长短款是指在盘点和核对库存现金时发现账实不符的情况，排除正常可造成账实不符的情况后仍存在账实差额，就称为长短款。

现金长短款的原因很多，一般有以下九个方面。

（1）挪用现金。

（2）白条顶库。

（3）超限额留存现金。

（4）出纳人员收付现金中出现差错。出现这种情况，一般会由出纳人员个人赔偿。

（5）丢失现金。出现这种情况，一般会由出纳人员个人赔偿。

（6）现金收付的会计分录金额有错。这种情况，可以使用补记法和红字冲销法进行更正。

（7）收付现金而未作收付款凭证。这种情况，可以进行补做。

（8）登记现金日记账有误。这种情况，可以使用补记法和红字冲销法进行更正。

（9）现金被盗、被挪用等。这种情况，报警后可将现金短款归入营业外支出等科目中。

2. 现金长短款的处理原则

长短款其实是指两种现象，即现金长款与现金短款。现金长款，就是库存现金的数额比账面金额多；现金短款，就是库存现金数额少于账面金额。

不同的现金长短款形成原因的处理原则。

（1）记账差错造成的长短款，使用相应的会计方法对错账、漏账进行更正；

（2）正常可知原因造成的长款，可将相应款项转入"营业外收入"科目；

（3）不明原因的长款，可将相应款项转入"营业外收入"科目；

（4）由于出纳人员保管不利造成的短款，由出纳人员赔偿，可将相应款项转入"其他应收款"科目；

（5）不明原因的短款，由出纳人员赔偿，可将相应款项转入"其他应收款"科目；

（6）由于某些特殊情况造成的、并不涉及人为因素的短款，可将其转入"营业外支出"科目。

现金长短款的处理，其流程如图5-31所示。

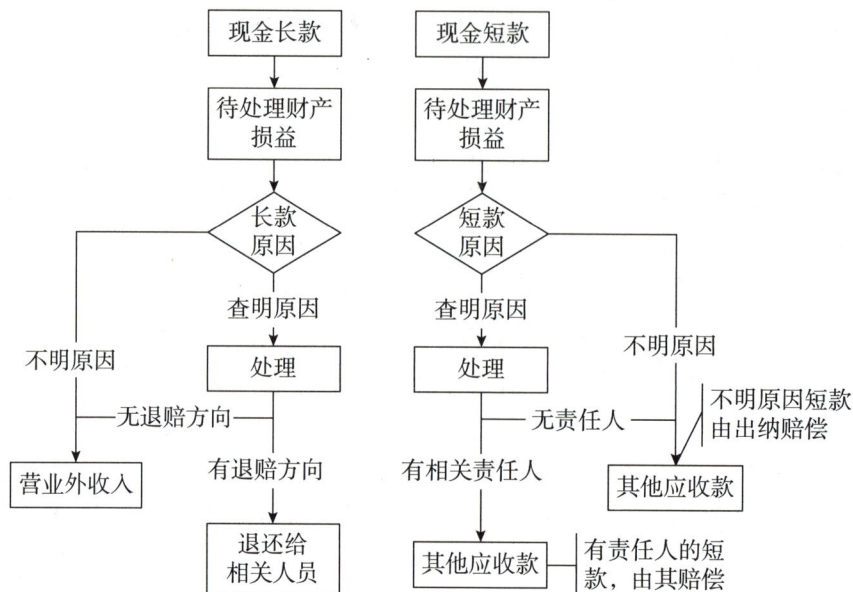

图5-31　现金长短款的处理

发现现金的短缺和多余后，应及时查明原因进行处理，不得以今日的长款抵充以前的短款。对于超过库存限额的现金，应该及时存入银行。

3. 现金长短款的挂账处理

对于现金长短款，财务部门在处理时都将长短款先进行挂账处理。然后，根据不同的情况有针对性地对长短款进行处理。

对现金长短款的挂账处理，一般是记入过渡账户"待处理财产损益"中。小企业不设置"待处理财产损益"科目的，可以将长款挂入"其他应付款"，将短款挂入"其他应收款"。

现金长短款的挂账处理如表5-1所示。

表5-1　现金长短款的挂账处理

挂账方法类型	长短款	挂账会计分录	说明
大中型企业	长款	借：库存现金 　贷：待处理财产损益	设"待处理财产损益"科目
	短款	借：待处理财产损益 　贷：库存现金	
小企业	长款	借：库存现金 　贷：其他应付款——现金长款	未设"待处理财产损益"科目
	短款	借：其他应收款——现金短款 　贷：库存现金	

两种挂账的会计处理方法，在实际工作中都是可以的。挂入"待处理财产

损益”的方式容易理解，账务处理也相对容易，还可以设置长短款的子账户进行明细查看和管理。但是由于许多企业类似的业务较少，一般并不设置“待处理财产损益”科目，这时就需要使用第二种小企业的会计处理方式。

小企业对长短款的这种会计处理方式理解有点困难，所以在写摘要时需要写得稍详细些。因为长短款分别记入不同的账户中，所以无法进行类似业务的综合管理。但是这种方法最大的好处就是处理相对简单，工作量少，不用开设专门的科目来核算。

本书以下的类似业务，都以小企业的挂账方法来进行处理。

4. 现金长款的会计处理

根据造成现金长款的原因不同，对现金长款的账务处理也有相应差异。

查明原因的长款，需要根据产生原因对长款进行处理。如错账等，可以进行更正；有退赔方的，可以将相应长款退回相关人员和单位；无法退赔的，可将其归入“营业外收入”科目中。其账务处理如下。

（1）发现长款，记入“待处理财产损益”科目，其会计分录如下：

借：库存现金

　　贷：待处理财产损益

（2）查明原因，有退赔方的，退还相关人员或单位，其会计分录如下：

借：其他应付款——现金长款

　　贷：库存现金

（3）查明原因，无退赔方的，将其归入“营业外收入”中，其会计分录如下：

借：待处理财产损益

　　贷：营业外收入

不明原因的长款在查实无误后，则将长款归入“营业外收入”科目中，增加企业的利润，其会计分录如下：

借：待处理财产损益

　　贷：营业外收入

5. 现金短款的会计处理

查明原因的现金短款，其处理方法有两种。

✍ 由责任人进行赔偿，将“待处理财产损益”中的金额转至“其他应收款”；

✍ 对错漏凭证或账簿信息进行补充和修正。

而无法查明原因的短款，一般情况下应由负责现金保管和监督的相关责任人进行赔偿；无责任人的短款，列入"营业外支出"等科目中。

现金短款的会计处理，其账务处理如下。

（1）发现短款时，将其挂入"其他应收款"科目下，其会计分录如下：

借：其他应收款——现金短款

　　贷：库存现金

（2）无法查明原因的短款，由出纳全额或按比例赔偿，其会计分录如下：

借：其他应收款——出纳

　　贷：其他应收款——现金短款

出纳还钱后，会计分录如下：

借：库存现金

　　贷：其他应收款——出纳

说明：查不到原因的短款，一般都是由出纳全额赔偿。确有理由的，可以考虑出纳赔偿一部分，但这种情况极少见。

（3）出纳业务错漏造成的账面余额虚高，可以通过账目的相应修正来处理。

对会计处理错漏的更正和补充的方法，一为补充法，即将漏记的金额以新的分录入账；二是红字更正法，即使用红字将原错误分录冲销，然后再以新制的正确分录入账。

（4）查明原因，有相关责任人，其会计分录如下：

借：其他应收款——责任人

　　贷：其他应收款——现金短款

至此，现金长短款业务的日常账务处理就解说完毕。

5.6　现金收支业务实务

出纳岗位涉及现金的收付，所以责任特别重要。在无法证明损失责任的情况下，现金数目发生失误，责任要由出纳一人承担，因此出纳在进行现金收付工作时，需要格外注意以下两点。

- ☑ 责任划清；
- ☑ 数目点清。

5.6.1 现金业务处理

企业的现金业务处理的原则是，存钱能当天就尽量当天，取钱是能不取最好不取，交易能不用现金就不用现金等。这些处理原则最根本的目的，实际上就是提倡使用银行账户收支，尽量少用甚至不用现金进行交易。

企业的现金收支业务，应当依照下列规定办理。

1. 现金业务的处理原则

（1）收入必须送存银行。企业现金收入应于当日送存开户银行。当日送存确有困难的，由开户银行确定送存时间。

（2）不得坐支现金。前面第3章已经提到的坐支现金，是指企业直接从收入中支付现金的行为。正常的支付，应当是先将收入存入银行，然后从银行提出现金再支付才行，直接从收入中支付是不行的。

企业支付现金时，有两种途径可以获得现金。

- 从本单位库存现金限额中支付；
- 从开户银行提取。

因特殊情况需要坐支现金的，应当事先报经开户银行审查批准，由开户银行核定坐支范围和限额。坐支单位应当定期向开户银行报送坐支金额和使用情况。

（3）提取现金须写明用途。提取现金时，一般使用企业的现金支票，在现金支票上必须写明真实用途，然后由本单位财会部门负责人签字盖章，经开户银行审核后，予以支付现金。

（4）可以坐支现金的特殊情况。

- 采购地点不固定；
- 交通不便；
- 生产或者市场急需；
- 抢险救灾；
- 其他特殊情况。

在上述情况必须使用现金时，应由企业当向开户银行提出申请，该申请必须由本单位财会部门负责人签字盖章。开户银行审核批准后，可以提取现金用于上述情况的支付。

（5）建立健全的现金账目。企业应当建立健全的现金账目，逐笔记载现金支付。账目应当日清月结，账款相符。

2. 现金收入的核算

就像前面提到的，出纳人员在处理收款业务时，应先审核外来的原始凭证，如发票、各种收据，包括：该项业务的合理性、合法性，该凭证所反映的商品数量、单价、金额是否正确，有无刮擦、涂改迹象，有无相关负责人签章，并对票据的真实性进行审核。

填制现金出纳凭证的内容必须齐全，书写清晰，数据格式规范，会计科目准确，编号合理，签章手续完备。

（1）现金出纳凭证的内容必须齐全。凡是凭证格式上规定的各项内容必须逐项填写齐全，不得遗漏和省略，以便其能完整地反映经济活动全貌。

（2）填写现金出纳凭证的文字、数字必须清晰、工整、规范。

（3）记账凭证中所运用的会计科目必须适当。按照原始凭证所反映的现金出纳业务的性质，根据会计制度的规定，确定"应收"和"应付"会计科目。需要登记明细账的，还应列明二级科目和明细科目的名称并据以登账。一般来说，出纳人员只涉及收付款凭证，不涉及转账凭证。对于收款凭证，其借方科目为"现金"或"银行存款"，其贷方科目则应根据经济业务内容视具体情况而定，例如，贷记"主营业务收入""其他业务收入"等。对于付款凭证，贷方科目为"现金"或"银行存款"，借方科目也是根据经济业务内容视具体情况而定，例如，借记"原材料""物资采购""管理费用"等。

（4）现金出纳凭证，要求连续编号以便备查，如一式三联的发票收据都应连续编号，按编号顺序使用。作废时，应加盖"作废"戳记，连同存根联一起保存，不得撕毁。记账凭证一般是按月顺序编号，可采取两种方式，一是将收付款凭证自每月第一笔业务顺序编至月末最后一笔业务；二是收付款凭证与转账凭证混合编号。但无论选择哪种方式，都需注意不可以有漏号、重号错误。

（5）现金出纳的签章必须完备。从外单位或个人取得的原始凭证，必须盖有填制单位的公章或财务专用章；出纳人员办理收付款项以后，应在收付款的原始凭证上加盖"收讫""付讫"戳记；记账凭证中要有凭证填制人员、稽核人员、记账人员、会计人员的签章。

（6）记账凭证审核。记账凭证审核包括以下四个方面。

① 记账凭证记录的经济业务与所附原始凭证的内容是否相符，记账凭证是否如实附有原始凭证，记账凭证的附件份数（张数）填列是否与实际份数（张数）一致。

② 记账凭证中的应借、应贷账户的名称、金额及其对应关系是否正确无误。

③ 审核记账凭证中有关项目填写是否齐备，是否符合规范等。

④ 摘要栏的填写是否清楚、是否准确且简要说明了所附原始凭证反映的经济内容。对于记账凭证复核中发现的问题应及时处理，包括手续、内容的补办、补填或拒绝办理。对错误的凭证，应根据有关规定进行重新填制或更正错误。

（7）现金出纳凭证的保管。现金出纳凭证是记录经济业务重要的会计核算资料，同时也是重要的经济档案、历史资料，是登记账簿的依据。因此，必须妥善保管，将其按编号顺序装订成册。在封面上注明企业名称、记账凭证种类、起止号数、年度月份和起止日期，并由有关人员签字盖章，其目的在于便于事后查找。

3. 现金收入的内部控制

现金是最便捷的一种支付手段，具有很强的流动性，所以，在现金的收付业务中如不加强对现金的控制，容易造成非正常的现金流失，从而导致别有用心的人员侵占、挪用现金，使单位蒙受不必要的经济损失。因此，现金收入内部控制的关键在于现金结算与库存现金，应注意控制以下八个要点。

（1）职责分工。签发收款凭证（即发票或收据）应与收款的职责分开，由两个经办人分工负责办理。一般由业务部门人员填制发票和单据，由出纳人员据以收款，会计人员据以记账，从而确保发票、收款人和入账金额的一致性，避免交由一人经办可能出错的弊端。所以，每笔现金收入必须填制收款凭证，对于已经收讫的凭证，应在有关原始凭证上盖上"现金收讫"的戳记，并立即登记入账。

（2）控制票据的发票数量和编号。签发收据、发票的人员不得兼管收据、发票的保管工作。领用收据、发票，须经财务部门领导批准，由领导签字，并仔细登记领用数量和起止编号。收据、发票存根的回收，也应由保管人员签收。应定期核对未使用的空白收据、发票，防止短缺。建立收据、发票的销号制度，将开出收据、发票的存根与已入账的收据、发票的记账联，按编号、金额逐张核对后注销，确保收入款项的及时入账。这些控制都体现在认真、仔细登记发票领用登记簿和空白收据领用登记簿上。作废的收据、发票应全部粘贴在存根上。

（3）合适的票据。所有收入的现金，均应开具发票或收据给交款人，以分清经办人员与收款人员的职责。

（4）企业应建立现金的岗位责任制，明确相关部门和岗位的职责权限，确保办理现金业务的不相容岗位相互分离、制约和监督。具体应做到：

① 现金收支业务的审批和执行应由不同人担任；

② 现金收支业务的执行和记录应由不同人担任；

③ 现金的记录、保管和稽核应由不同人担任；

④ 登记现金日记账和登记现金总账应由不同人担任；

⑤ 出纳人员不得兼任会计档案的保管工作；

⑥ 出纳员不得兼管收入、费用、债权、债务账目的登记工作。

（5）企业办理现金业务，应配备合格的人员，并根据具体情况进行岗位轮换。

（6）企业应建立现金业务的授权批准制度，明确审批人员对现金业务的授权批准方式、权限、程序、责任和相关控制措施，规定经办人员办理现金业务的职责范围和工作要求。

（7）企业应加强银行预留印鉴的管理。财务专用章由专人保管，个人名章由本人或其授权人保管。严禁一人保管支付款项所需的全部印章。

（8）企业应加强与现金有关的票据管理，防止空白票据的遗失和被盗。

5.6.2 现金收入业务之销售营业款

收取销售营业款，是出纳业务中比较普遍、也比较典型的现金收款业务。一般的零售企业，其零售所得的现金都必须于当日交由出纳收取汇总后统一存入企业的基本账户中。而在存款后收到的大额零售所得，须在下班前交由出纳收入保险柜中。

所以，有零售现金收入的企业，现金收款业务是企业非常重要的收入保障。一般企业都会对此环节进行严格的制度规范，对其收款的程序等都有严谨细致的设计。

下面以一个实例来说明零售型企业出纳的现金收款业务的实际程序。

例如，某商场以零售业务为主，每日的销售收入由各收银台统一收取。每日14时，各收银台须将前一日14时至当日14时之间的所有现金收入统一交财务部出纳处，然后由出纳存入银行。

因为商场营业到21点，所以当日14时—21时的销售收入，在下班后由各收银台值班人员放入专用的存款箱内，再统一锁入保险柜中。

小王是该商场的出纳，其每天的收款工作，程序如下：

- 查看收银台的缴款单；
- 查对现金数目；
- 在收银台的缴款单上盖章签名；
- 将现金收入钱柜中；
- 将所有现金收入汇总；

✍ 核对无误后，填写银行缴款单；

✍ 将现金存入银行；

✍ 根据银行的缴款单回单入账。

说明：因为零售企业的现金收入并不能直接用于支出，所以营业收入不能计入现金日记账。每日的现金收入在存入银行后，以银行现金缴款单的回单记入银行日记账。

出纳人员在进行现金收入管理时，应掌握一定的方法，按照基本的规定办理现金收款业务。

（1）单位任何人员不得瞒报、少报、误报收入。采取的主要防范措施有：

① 部门经理负责制，即销售或劳务收入由业务部负责人统一监控，非经营性收入由各部门负责人监控。

② 收入凭证由专人保管和开具。凡是涉及现金收入的凭证，如发票、内部收据、财务专用章及发票专用章等，一律由出纳人员或专人负责开具及保管；定期盘点核对时，保证收款与开出凭证的金额一致，严禁开具大头小尾的收入凭证。

③ 账实核对，凡涉及商品销售的，所有库存商品的发出必须与相应的收入或其他用途相对应；凡涉及实物增减的，也应与相应的去向相符合。

（2）出纳工作一般按时间、分阶段进行处理和总结。因此，出纳人员在了解资金收支的一般程序和账务处理之后，要对工作有个时间概念，以保证出纳业务得到及时处理，出纳信息得到及时反映。

下面是零售企业出纳收取营业款的实际过程。

1. 查看缴款单

收银台交款时，须填制相应的现金缴款单，由6号收银台填好的现金缴款单，如图5-32所示。

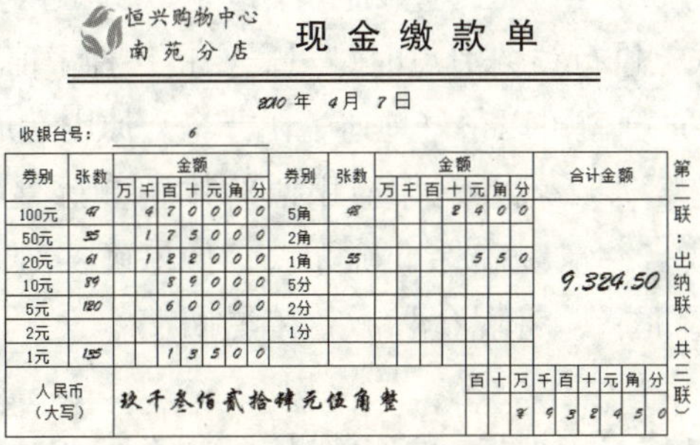
恒兴购物中心 南苑分店 现金缴款单

2010 年 4月 7日

收银台号：6

券别	张数	金额（万千百十元角分）	券别	张数	金额（万千百十元角分）	合计金额
100元	47	470000	5角	48	2400	9.324.50
50元	35	175000	2角			
20元	61	122000	1角	55	550	
10元	89	89000	5分			
5元	120	60000	2分			
2元			1分			
1元	135	13500				
人民币（大写）	玖千叁佰贰拾肆元伍角整				百十万千百十元角分	¥932450

第二联：出纳联（共三联）

交款人：周琳　　收款人：

图5-32 填好的现金缴款单

说明： 此缴款单并不能作为记账凭证，不得以缴款单入账，只做内部核对凭据。

对图5-32中的收款单，应该注意以下五点。

- 日期，应该填写当天日期，必须填写；
- 收银台编号；
- 每种币值的张数；
- 总计金额数的大小写应对应；
- 交款人签名。

根据以上的注意要点对图5-32进行标注，其标注结果如图5-33所示。

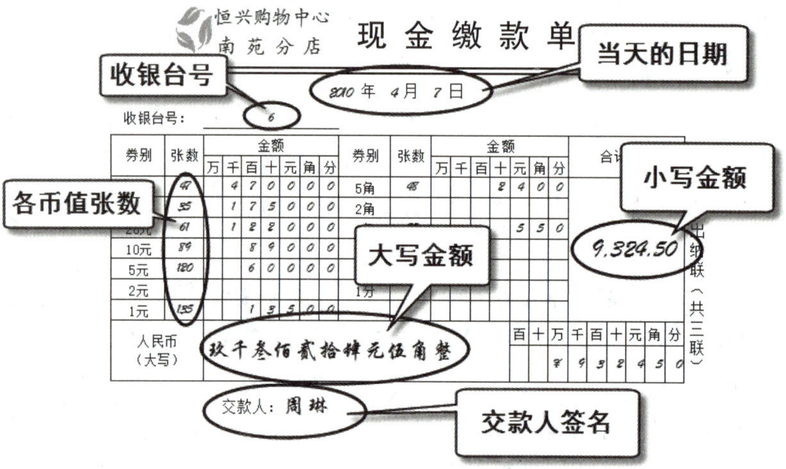

图5-33 现金缴款单中需注意的要点

2. 清点现金数额

查看现金缴款单的填写齐全后，就需要对其中现金数量与金额的部分进行验证。验证的方法只有一个，就是进行清点，也就是俗话说的"数钱"。

数钱的方法在前面的章节已经详细介绍过了，就不再多说。这里需要特别说明的是，根据缴款单进行钱数清点时，只需要将各种币值分开，将每种币值的张数进行核对即可。这样就可以很好地避免由于个人原因造成的金额计算错误。

如果数量对不上，那么就要对相应币值的数量重新清点，如果第二遍数量对上了，一定要再清点一次以确保准确无误；如果确实对方的数量有误，则需要由对方当场清点验证后，将现金和缴款单退回交款人，待其清点、填写无误后再来交款。

当各币值的数量核对无误后，就可以使用计算器等工具对金额进行一一核对，然后汇总，计算出总计金额。

上述对现金数额进行清点的过程，其步骤如图5-34所示。

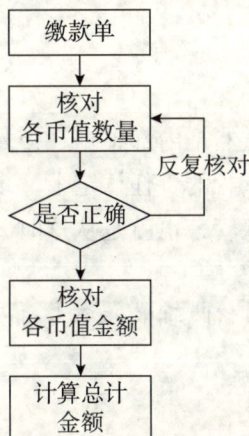

图5-34 清点现金数额步骤

3. 收款人盖章签名

当现金的实际金额与现金缴款单上所填写的金额核对无误后，出纳作为收款人，需要进行现金保管责任的交接，即在现金缴款单上盖章，表示本笔现金已由出纳人员接手，其保管责任也相应进行转移。也就是说，出纳在缴款单上签名盖章后，就意味着这笔款项已移交出纳手中，其金额数量如果再发生错误，其责任就在出纳这一环节，与前面环节无关。

本例中的出纳张一宁，在核对无误后，需要在现金缴款单上盖"现金收讫"章，并加盖自己的私章，以明确责任。

出纳张一宁在现金缴款单上盖章之后，现金缴款单如图5-35所示。

图5-35 出纳盖过章的现金缴款单

说明：从图5-35中可以看到，现金缴款单上已加盖了两枚印章，一枚是"现金收讫"章，一枚是"张一宁"的私章。

4. 将现金收入钱柜

盖过章的现金缴款单，虽然是内部单据，但是在某种意义上仍然具有一定的法律效力，比如在对现金保管的责任认定上。现金缴款单盖过章之后，单据中的这笔款项就交由收款人保管，也就是从这时开始，出纳对这笔款项的安全负全部责任。

出纳张一宁这时候就可以将收到的钱存入自己掌管钥匙的钱柜里了。这一步骤不需要多说。

5. 记入现金收款日报表中

零售企业的现金销售收入是不能记入现金日记账中的，但是因为出纳收取的现金数额大，交款人也较多，所以需要将每个交款人交来的款项记录下来，由出纳填写现金收款日报表。

将各收银台交来的款项记入现金收款日报表后，如图5-36所示。

恒兴购物中心 南苑分店

现金收款日报表

2010 年 4 月 7 日

收银台号	交款人	金额	券别												
			100元	50元	20元	10元	5元	2元	1元	5角	2角	1角	5分	2分	1分
1	张雅语	12,614.50	56	88	70	45	120		155	48		55			
2	秦雨微	34,855.40	88	246	49	88	289	5	378	80		84			
3	李琪	30,849.30	185	80	220	160	289	12	258	69		78			
4	王菱	22,627.60	66	246	49	88	289		378	80		46			
5	刘小萍	39,586.30	235	246	49	88	289		378	80		33			
6	周琳	9,381.50	47	35	61	89	120		155	48		55			
合计：			677	941	498	558	1396	17	1642	405		291			

金额总计：	拾叁万玖仟壹佰柒拾柒元陆角整	百	十	万	千	百	十	元	角	分
			1	3	9	1	7	7	6	0

图5-36 现金收款日报表

6. 存入银行

当所有收银台的现金都收齐后，就要将当天的销售款存入银行。存现金到银行，各银行的流程都差不多，不外是填写现金缴款单，然后将银行盖章后的回单作为入账凭证。

本例中，出纳张一宁要将营业款交到农行，故需要填写农业银行的现金缴款单，如图5-37所示。

图5-37 填写完成的现金缴款单

需要特别注意的是，银行的对公业务会在关门前提前结束，以备银行内部的当日业务结账。一般银行是下午4点后结束，所以出纳要注意存钱的时间，注意预留可能出现的各种意外的反应时间，比如款项数目出错，需要清点，或是银行人多需要排队等。这就需要将存款的时间做相应的提前，而收款的时候又要注意错过营业高峰时段。一般来说，出纳最迟要在下午2点时将钱送到银行。这样即使银行人再多，存款的时间也肯定是够的。

7. 编制记账凭证

将现金送存银行后，银行会在缴款单的回单联上加盖银行的收款章，以示银行已收到该款项并记入企业账户中。有这张回单就可以进入记账的程序了。

现金存入银行的业务，应当编制相应的记账凭证，并将盖好银行收款章的现金缴款单回单粘贴在记账凭证的后面。编制完成的记账凭证，如图5-38所示。

记　账　凭　证
VOUCHER

日期 DATE：2011 年 Y 4 月 M 7 日 D　　　　转字第 NO. 1104001 号

摘要 DESCRIPTION	总账科目 GEN.LEN.A/C	明细科目 SUB.LED.A/C	借方金额 DEBIT AMT.（亿千百十万千百十元角分）	贷方金额 CREDIT AMT.（亿千百十万千百十元角分）	记账 P.R. √
存入当日营业款	银行存款	农业银行	13917760		
4月7日营业款	主营业务收入			13917760	
附件 1 张 ATTACHMENTS	合　　计 TOTAL		¥13917760	¥13917760	

核准 APPROED　复核 CHERKED　记账 ENTERED　出纳 CASHIER 张一宁　制单 PREPAREI 张一宁　签收 RECEIER

图5-38　编制完成的记账凭证

有些企业可能会通过收付转凭证记账，将记账凭证分为五种。

- 现金收款凭证；
- 现金付款凭证；
- 银行收款凭证；
- 银行付款凭证；
- 转账凭证。

存入营业款的这笔业务就需要编制银行收款凭证。各凭证的样式基本是相同的，只是名称稍有不同。收付转凭证系统，虽说在应用时有诸多好处，但是相应地也会增加会计部门的工作量，所以一般企业直接使用通用的记账凭证即可。

关于凭证编号，如果是收付转凭证，那么出纳要做的凭证编号基本没有什么问题，因为收付凭证基本都要优先交给出纳记入日记账中；如果使用通用记账凭证，那么就需要出纳及时与财务部门沟通以确定编号。

8. 记入银行日记账

当编制好凭证，并且确认编号之后，就要将本笔业务记入银行日记账中了。此业务记入银行存款日记账后，如图5-39所示。

银行存款 日记账

开户银行：中国农业银行南京市分行
账　号：456788990000840

11 年		凭证字号		银行凭证	摘　要	借　方										贷　方										借或贷	余　额										√
月	日	字	号			亿	千	百	十	万	千	百	十	元	角	分	亿	千	百	十	万	千	百	十	元	角	分		亿	千	百	十	万	千	百	十	元	角	分	
4	1				上月金额			7	1	0	0	0	0	0	0	0												借			7	1	0	0	0	0	0	0	0	0	
4	7	转账	1		存入当日营业款			7	1	3	9	1	7	7	6	0												借			7	2	4	5	1	7	7	6	0	

记入银行日记账中

图5-39　银行日记账页面

　　这笔业务是典型的先收取现金，然后将现金存入银行的出纳业务。许多人可能会奇怪，为什么没有先把交来的款项记入现金日记账，然后在存入银行后，从库存现金科目转到银行存款科目中。

　　之所以没有将款项先记入现金日记账，然后再转入银行存款，理由有二。

　　（1）经济法规不允许的问题。我国的经济法律，对企业的现金管理规定得非常精细，不但规定了现金库存限额，对于哪些项目可以用现金也有明确的规定，甚至零售型企业的现金应当如何保管、何时送存，都有非常明确的规定。所以，根据规定收到的营业收入是不能记入库存现金账中的。

　　（2）工作量的问题。如果营业收入的限额没有超过企业的现金库存限额，那么，如果将这些现金在收取时就记入现金日记账中，那么会是什么样的情况呢，我们来模拟一下。

　　首先，每收到一笔现金，如果要记入现金日记账，就需要根据相应的原始凭证做一张记账凭证出来，然后根据记账凭证记入账簿中。如果像张一宁那样，每天收到6个收银台的营业款，那就需要做6个记账凭证。

　　然后存入银行，将前一天的现金存入银行，并填制记账凭证，然后记入银行日记账。如此，每天单是收款和存入银行这两件事就要做7张记账凭证，而之前的那种方式，只需要做1张记账凭证即可。工作量的大小显而易见。

9. 做好记账标记

　　编制好的记账凭证，记完账后，应在记账凭证的相应位置画上标记，以示此条已记入账簿中，以免重复记账或错记、少记等。

　　财务人员的记账标记，是指记账凭证和账簿中表格最右边一行的"√"符号。一般来说，将经济业务记入账簿后，记账人应随手在已记过账的分录后面记上"√"，以示本条已记入账簿。

　　本例中，当出纳张一宁将凭证上的业务信息记入银行日记账后，就应当在银行存款科目所在的那一行标记“√”，如图5-40所示。

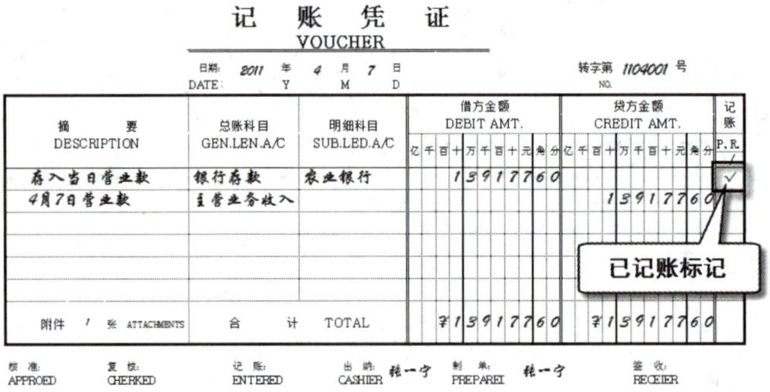

记 账 凭 证
VOUCHER

日期 DATE 2011 年 Y 4 月 M 7 日 D　　转字第 1104001 号 NO.

摘 要 DESCRIPTION	总账科目 GEN.LEN.A/C	明细科目 SUB.LED.A/C	借方金额 DEBIT AMT.	贷方金额 CREDIT AMT.	记账 P.R.
存入当日营业款	银行存款	农业银行	1391776 0		√
4月7日营业款	主营业务收入			1391776 0	
附件 1 张 ATTACHMENTS	合 计 TOTAL		¥1391776 0	¥1391776 0	

核准 APPROED　复核 CHERKED　记账 ENTERED　出纳 CASHIER 张一宁　制单 PREPAREI 张一宁　签收 RECEIER

图5-40　标上记账标记的记账凭证

5.6.3　现金支出业务之购买办公用品

办公用品的购买是可以使用企业的库存现金的，而报销购买办公用品的费用，是企业出纳最平常、最典型的工作之一。

购买办公用品一般是先到财务预借款项，然后购买完成取得正式发票后，再以此报销并归还借支的款项，其步骤如图5-41所示。

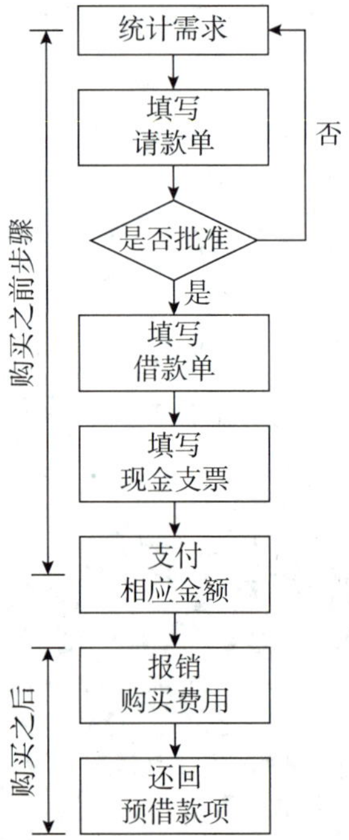

图5-41　购买办公用品步骤

出纳人员必须以严肃认真的态度处理现金支出业务，因为支出一旦出现失误，将会给单位造成难以弥补的经济损失。现金支出的原则主要有下面三条。

（1）现金支出的合法性。出纳人员必须以内容真实、准确、合法的付款凭证为依据。

（2）现金支出手续的完备性。在付款前，付款手续必须完备，有关领导已经签字或已审核无误。出纳人员应按规定的程序审核并办理现金支付手续，做到支付凭证合法、审批手续齐全有效、支付事项当面结清、账务处理正确合理。

（3）不得套取现金用于支付。套取现金是指为了逃避开户银行对现金的管理，采用不正当的手段弄虚作假、支出现金的违法行为，主要有以下六种形式。

① 编造合理用途（如以差旅费、备用金的名义）超限额支取现金的行为；

②利用私人或其他单位的账户支取现金的行为；

③将公款转存个人储蓄的行为；

④用转账方式通过银行或邮局汇兑、异地支取现金；

⑤用转账凭证换取现金；

⑥虚报冒领工资、奖金和津贴补助。

下面是出纳支出办公用品的实际过程。

1. 查看请款单

一般的企业中，购买物品都需要填写请款单。

请款单是一种常用的企业内部单据，主要是将需要购买的物品、款项金额列示出来，报请领导批示，并以批示后的请款单到财务部门借款。

某企业行政部需要购买本季度部分办公用品，特填写请款单，如图5-42所示。

恒兴购物中心
南苑分店

请　款　单

2011 年 4 月 21 日　　　　第 11021 号

用款项目	购办公用品	请款单位	行政部		
用途	1、购36开软抄本　100本　0.7　计：70元 2、购水性笔　200支　2　计：400元 3、购回型针　50盒　2　计：100元 4、购打印纸　20包　25　计：500元				
申请金额	⊕万 壹仟 零佰 柒拾 零元 零角 零分	¥：1070.00	付款方式	现金 ✓	
				支票	
批准金额	⊕万 壹仟 零佰 柒拾 零元 零角 零分	¥：1070.00		汇款	
				其他	
领导批示	同意	财务主管	部门主管	请款人	
		张文清	周新苗	李文江	
备注					

图5-42　购办公用品的请款单

在查看请款单时，出纳人员确认的步骤。

（1）查看领导批示，需要部门主管签字、财务主管签字，当然请款人的签字是首先要有的；

（2）核对用途栏中明细物品与申请金额的数额是否相符；

（3）关注申请金额与批准金额是否有差距。

注意：有时，请款单在批示过程中，可能会由某位领导对申购的物品进行增删，所申请金额与批准金额可能会有差异。

2. 请款人填写借款单

请款单被批准后，要由请款人填写借款单，到财务部门预借相应的款项，取得正式的报销发票后，再根据发票进行报销。

常见的借款单，样式多种多样，可以由财务或行政部门制订相应的格式。填写好的借款单，如图5-43所示。

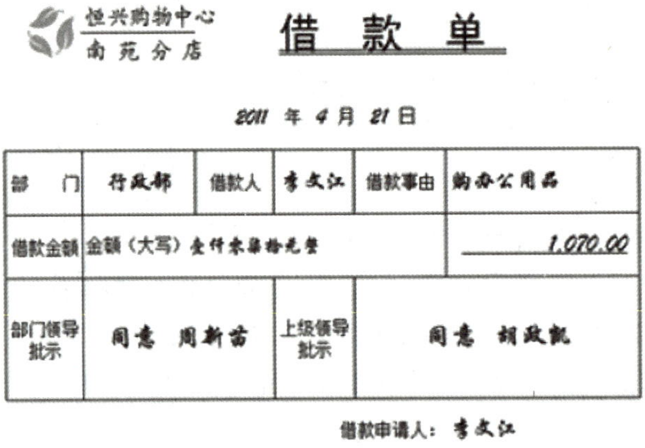

恒兴购物中心 南苑分店　　借款单

2011 年 4 月 21 日

部门	行政部	借款人	李文江	借款事由	购办公用品
借款金额	金额（大写）壹仟零柒拾元整				1,070.00
部门领导批示	同意　周新雷	上级领导批示	同意　胡政凯		

借款申请人：李文江

图5-43　填写完成的借款单

查看借款单时，出纳要注意的要素。

（1）应看清领导批示的内容；

（2）核对借款单的金额是否与请款单相符；

（3）核对借款单上的大小写是否一致；

（4）确认借款人的签名。

对出纳来说，只要领导已同意，如公司经理或财务主管已批示同意放款，那么出纳完全可以照单出钱；但是一个好出纳，不能仅仅只做一个存取款机，还需要留心查看，及时发现现金支付单据是否符合常理、是否符合公司规定等。

3. 填写现金支票

完成对借款单的确认之后，需要由出纳填写现金支票，以便到银行支取相应数额的现金。填写完成的现金支票，可见图5-13所示。

（1）在填写现金支票时，需要注意以下内容的填写。

☑ 出票日期的填写；

注意：此处必须用大写数字书写，否则会被银行退票。

☑ 付款银行及账号的填写；

注意：此处需要保证账号的正确无误，否则将被退票。

☑ 支取金额的大小写填写；

☑ 现金用途的填写；

现金支票的用途只能填写限定的那几种，这和对现金用途的控制有关。此处应当填写备用金。

☑ 存根处相关信息的填写。

支票填写时还有一点需要格外注意的：支票上的文字和数字，特别是支票票面上的文字和数字，哪怕是日期，都不能填写错误，也不能进行任何形式的涂改。一旦发现修改的痕迹，哪怕只是某一笔没写好又描了一下，都有可能被银行退票。

（2）填写现金支票的技巧。现金支票的填写要素及易错点标示，如图5-44所示。

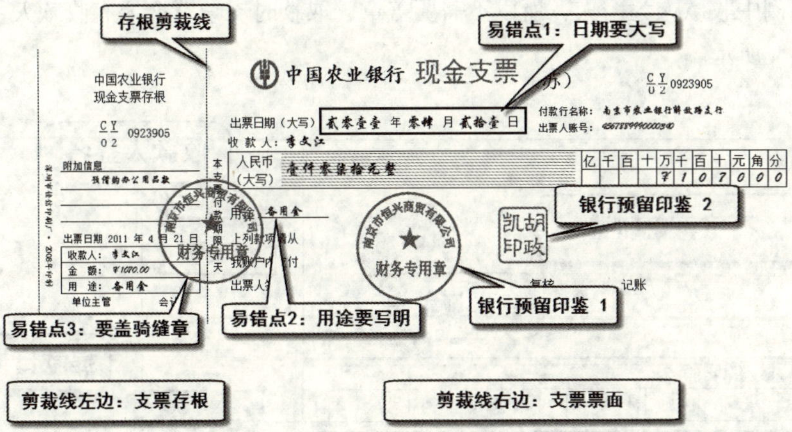

图5-44　现金支票的填写要素及易错点

从图5-44中可以看到，一张完整的现金支票分为两个部分，即存根和票面。票面部分用于与银行的款项交互，而存根部分则由开出支票的单位作为原始凭证入账。

一般现金支票上会盖有四个章。

☑ 其中有两个是银行预留的印鉴，用于银行在兑付支票时查验支票真伪；

☑ 在存根和票面中间的剪裁线上，一般需要盖上骑缝章，这样支票的票面和存根的信息可以进行核对；

☑ 第四个章，是存根处加盖的单位主管章或会计章，这个章可以盖也可以不盖。大多数单位，是由拿到支票的人在存根空白处，或者存根背面签名盖章，以示收到支票。

支票的背面也需要盖章，当现金支票是开给本公司时，需要在支票背面背书人处加盖银行印鉴，如图5-45所示。

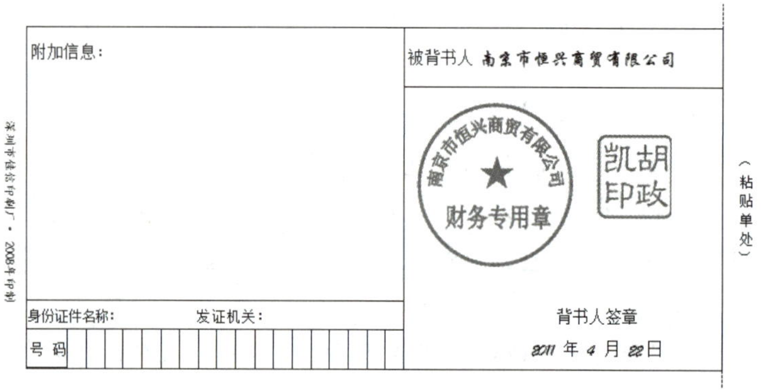

图5-45　支票的背面

本例中收款人为个人，所以不需要盖章，取款时支票背面要有收款人签名，如图5-46所示。

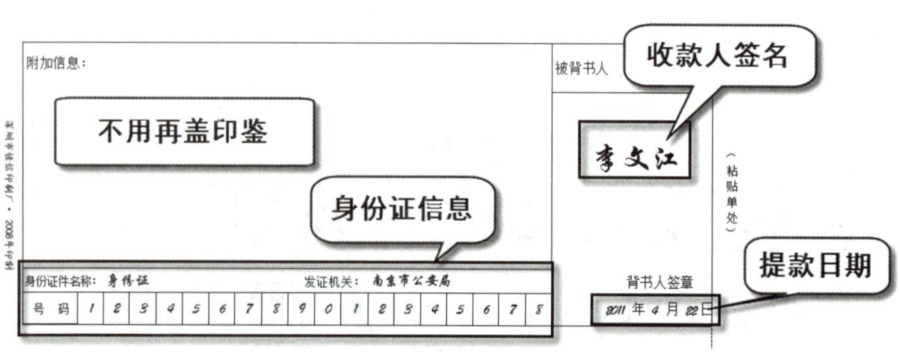

图5-46　取款人为个人时，支票背面的签名

现金支票填写完成并检查无误后，需要保留支票存根进行做账。剪裁后的支票存根，如前面5-14图所示。

4. 到银行提取现金

到银行提取现金时，只需持有现金支票的票面部分即可。剪裁后的现金支票票面部分，如图5-15所示。

将现金支票交到银行柜台的柜员处，就可以直接取到现金。使用现金支票提取现金，大多数银行是不提供机打回单的，所以现金支票的存根非常重要，一定要保留好。

5. 将现金支票交给请款人

将现金支付给请款人，可以有两种方式。

☑ 将现金支票给请款人；

☑ 出纳提出现金后，将现金交给请款人。

上述两种方式在实际工作中都是比较常见的处理方法。一般情况下，一个好的出纳更愿意将现金支票直接交给请款人，因为这样可以减少现金倒手的环节，使现金发生损失的概率大大降低。将现金交给提款人的这种情况，一般只有在出纳需要同时提取更多现金时或请款单金额较少时使用。

说明：建议最好采取第一种方式进行付款。

当请款人收到现金支票时，需要在出纳留底的现金支票存根上签名确认，如图5-47所示。

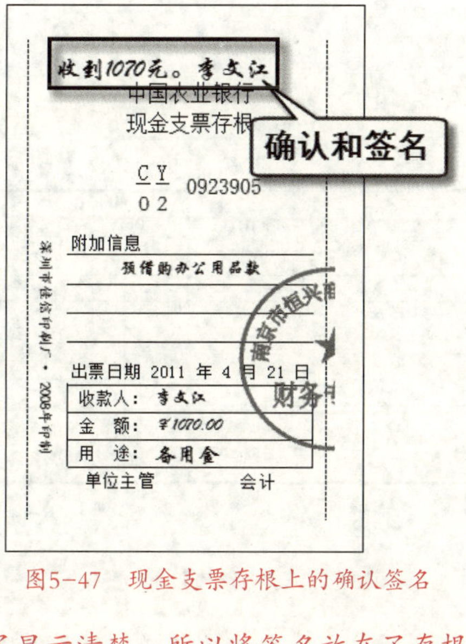

图5-47 现金支票存根上的确认签名

注意：这里是为了显示清楚，所以将签名放在了存根的正面，通常情况，这个确认和签名是写在存根背后的。

6. 填制凭证与记银行日记账

上述业务是行政部预借款项去购买办公用品，可以将这笔钱先挂在行政人员私人名下，其会计分录如下：

借：其他应收款——李文江　　1070

　　贷：银行存款　　　　　　　　1070

将原始凭证粘贴在一张空白或是废旧凭证的背面，并在空白处写上附件的总张数。粘贴好的原始凭证，如图5-48所示。

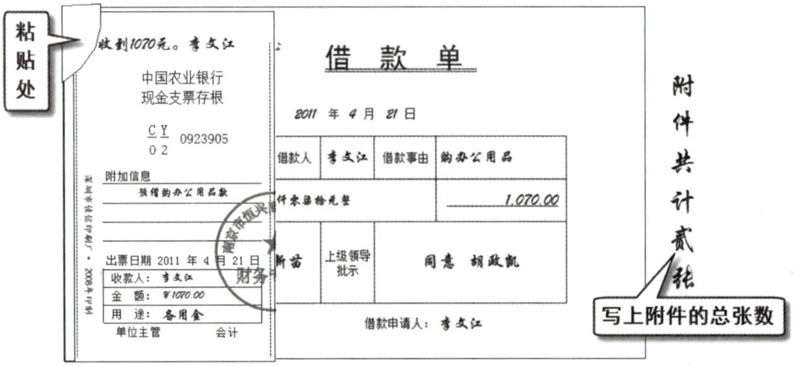

图5-48　粘贴好的原始凭证

将相应的经济业务内容填入记账凭证，以便完成后面的记账工作。完成的记账凭证，如图5-49所示。

记　账　凭　证
VOUCHER

日期：2011 年 4 月 21 日　DATE: Y M D　　转字第 1104007 号 NO.

摘要 DESCRIPTION	总账科目 GEN.LEN.A/C	明细科目 SUB.LED.A/C	借方金额 DEBIT AMT.	贷方金额 CREDIT AMT.	记账 P.R.
预借购办公用品款	其他应收款	李文江	107000		√
李文江预借购办公用品款	银行存款	农业银行		107000	√
附件 2 张 ATTACHMENTS	合计 TOTAL		¥107000	¥107000	

核准 APPROED　复核 CHERKED　记账 ENTERED　出纳 CASHIER 张一宁　制单 PREPAREI 张一宁　签收 RECEIER

图5-49　填好的记账凭证

填好记账凭证并审核后，就可以将相应内容记入银行存款日记账中，如5-50图所示。

银行存款 日记账

开户银行：中国农业银行南京市分行

账　号：4567889900008340

11年		凭证字号		银行凭证	摘　要	借方		贷方		借或贷	余　额	
月	日	字	号			亿千百十万千百十元角分		亿千百十万千百十元角分			亿千百十万千百十元角分	
4	1				上月金额	￥106000 00				借	￥106000 00	
4	7	转账	1		存入当日营业款	￥139177 60				借	￥245177 60	
4	21	转账	7		零支江预借购办公用品款			￥1070 00		借	￥244107 60	

图5-50　将相应内容记入银行日存款记账

7. 报销办公用品费用

当办公用品购买完成，对方公司开出正式发票后，可以根据发票对这笔费用入账。恒兴购物中心购买办公用品的发票，如图5-51所示。

广州省工商企业统一发票

发　票　联

发票代码　23917685456283
发票号码　2345654

客户名称：南京市恒兴购物中心南苑分店　　　　2011 年 4 月 21 日填发

品　名　规　格	单位	数量	单价	金　额									备注
				超过百万元无效	十万	千	百	十	元	角	分		
36开软抄本	本	100	0.70					7	0	0	0		
水性笔	支	200	2.00				4	0	0	0	0		
回型针	盒	50	2.00				1	0	0	0	0		现金支付
A4打印纸	包	20	25.00			5	0	0	0	0	0		
合计金额 （大写）壹仟零柒拾元整				小计合计			1	0	7	0	0	0	

说明：①本发票为裁剪式。大写栏填写的仟位和佰位金额必须与剪票栏剪下的金额一致，否则为无效发票。
②发票联发生裁剪错误，应作废，并全套保存。

开票人：　　　　收款/李小平　　　　业户名称（盖章）

发票查询：1、网站:www.XXXXX.gov.cn 2、手机短信：FP#发票代码#发票号码#开票单位税务登记号，发送到07551234

图5-51　购买办公用品的发票

8. 填制凭证

报销办公用品是常见的出纳日常事务，其会计分录如下：

借：管理费用　　　1070

贷：银行存款　　　1070

根据会计分录填制的会计凭证，如图5-52所示。

记　账　凭　证
VOUCHER

日期：2011 年 4 月 28 日　　DATE: Y M D　　　　转字第 1104045 号 NO.

摘要 DESCRIPTION	总账科目 GEN.LEN.A/C	明细科目 SUB.LED.A/C	借方金额 DEBIT AMT.（亿千百十万千百十元角分）	贷方金额 CREDIT AMT.（亿千百十万千百十元角分）	记账 P.R.
购买办公用品	管理费用		107000		√
购买办公用品费用	银行存款	农业银行		107000	√
附件 1 张 ATTACHMENTS	合计 TOTAL		￥107000	￥107000	

核准：APPROED　复核：CHERKED　记账：ENTERED　出纳：CASHIER 张一宁　制单：PREPAREI 张一宁　签收：RECEIER

图5-52　根据会计分录填制的会计凭证

将图5-51中所示的发票粘贴在凭证后面作为附件。

9. 还回预借款项

当办公用品的相关费用入账后，应当及时将之前挂账的预借款销了。在销账时可以有两种处理方式，一种是如果借款单未入账，可直接将借款单抽出；另一种是通常使用的方法，即由出纳开具收款收据，以证明该预借款已还回。

由出纳开具的收款收据，如图5-53所示。

恒兴购物中心 南苑分店　**收 款 收 据**

2011 年 4 月 28 日　　NO. 23459806

今收到 李文江，人民币 1070.00 元。
金额（大写）壹仟零柒拾元整
此款项系其 还回购办公用品预借 款。
附　注：款项已支付，现金未增加

第二联 记账

收款人：张一宁

图5-53　出纳开具的收款收据

10. 编制记账凭证

将图5-53中所展示的现金收款收据作为原始凭证，将挂在账上李文江名下的预借款项冲销，其会计分录如下：

借：银行存款　　　　　　　　1070

　　贷：其他应收款——李文江　　1070

根据上述分录填写记账凭证，如图5-54所示。

图5-54　填写好的记账凭证

11. 记入银行日记账

将上述两个凭证中的出纳应记账的条目记入相应账簿中。本例中应记入银行存款日记账中。完成的银行存款日记账，如图5-55所示。

图5-55　完成的银行日记账

第三篇

银行结算业务

第6章 银行业务须知

银行业务，是指与银行相关的业务。出纳的银行业务则是指出纳所承担的与银行账户相关的一系列业务，包括银行账户的：

- 开立；
- 维护；
- 变更；
- 合并；
- 迁移；
- 撤销等。

在一般人眼里，出纳除了是数钱的，还是个跑银行的。这是指出纳需要处理企业与银行相关的几乎所有业务往来。所以在许多公司招聘出纳的要求中，熟悉银行业务是基本的要求。

本章就来介绍一下银行相关业务的情况。

6.1 银行结算业务概述

现在都讲究个人创业，所以市面上大大小小的公司林立，人们在经济往来时判断一个企业是否正规、规模是大是小的时候，常常会以其是否有银行对公账户为标准。

一般的皮包公司和骗子公司常会因为开户所需的证明材料多、审核严格而不去开立对公银行账户，只有正规的、愿意好好做事业的公司才会去开设银行对公账户。

6.1.1 银行结算账户的概念

银行结算账户，是指存款人在经办银行开立的办理资金收付结算的人民币活期存款账户。这里的"存款人"是指在中国境内开立银行结算账户的机关、团体、部队、企业、事业单位、其他组织、个体工商户和自然人；"银行"是指在中国境内经中国人民银行批准经营支付结算业务的政策性银行、商业银行（含外资独资银行、中外合资银行、外国银行分行）、城市商业银行、城市信用合作社、农村信用合作社。

银行账户是企业和个人为了办理相关银行业务在银行开立的户头，单位开立的户头称为"对公账户"，个人开立的户头称为"个人储蓄账户"。出纳工作中所说的"银行账户"，实际上就是企业在银行开立的对公账户。企业的银行账户，是企业为办理结算和申请贷款在银行开立的户头，也是企业委托银行办理信贷和转账结算以及现金收付业务的工具。企业想通过银行办理转账结算，就必须先到银行开立银行账户。

6.1.2　银行结算账户的分类

银行结算账户按存款人不同，分为单位银行结算账户和个人结算账户。

单位银行结算账户按用途不同，分为基本存款账户、一般存款账户、专用存款账户、临时存款账户。

银行结算账户根据开户地不同，分为本地银行结算账户和异地银行结算账户。

存款人开立的基本存款账户、临时存款账户和预算单位开立的专用存款账户实行核准制，必须经过中国人民银行核准后，由开户银行核发开户许可证方可办理。但存款人因注册验资需要而开立的临时存款账户，不需要中国人民银行核准。

为实行财政国库集中支付的预算单位在商业银行开设的零余额账户（简称预算单位零余额账户），按专用存款账户管理。

基本存款账户，是企业办理日常转账结算和现金收付需要开立的银行结算账户。

一般存款账户，是企业因借款或其他结算需要，在基本存款账户开户银行以外的银行营业机构开立的银行结算账户。

临时存款账户，是企业因临时需要并在规定期限内使用而开立的银行结算账户。

专用存款账户，是企业按照法律、行政法规和规章，为对其特定用途资金进行专项管理和使用而开立的银行结算账户。该账户中的款项只能用于特定的用途。

6.1.3　银行结算账户的基本原则

1. 一个基本账户原则

单位银行结算账户的存款人只能在银行开立一个基本存款账户，不能多头开立基本银行账户。

存款人在银行开立基本存款账户，实行由中国人民银行当地分支机构核发开户许可证制度。同时，存款人在其账户内必须有足够的资金，以保证支付。收付款双方在经济交往过程中，只有坚持诚实信用并达成交易，才能保证各方经济活动的顺利进行。

2. 自主选择银行开立银行结算账户原则

存款人可以自主选择银行开立银行结算账户。除国家法律、行政法规和国务院规定外，任何单位和个人不得强令存款人到指定银行开立银行结算账户。

3. 守法合规原则

（1）银行结算账户的开立和使用应当遵守法律、行政法规规定，不得利用银行结算账户进行偷逃税款、逃避债务、套取现金及其他违法犯罪活动。

（2）存款人开立单位银行结算账户，自正式开立之日起3个工作日后，方可办理付款业务，但注册验资的临时存款账户转为基本存款账户和因借款转存开立的一般存款账户除外。正式开立之日是指核准类单位银行结算账户在中国人民银行当地分支行的核准日期；非核准类单位银行结算账户为存款人办理开户手续的日期。

（3）银行应按规定与存款人核对账务。银行结算账户的存款人收到对账单或对账信息后，应及时核对账务并在规定期限内向银行发出对账回单或确认信息。

（4）存款人不得出租、出借银行结算账户，不得利用银行结算账户套取银行信用。存款人在同一营业机构撤销银行结算账户后重新开立银行结算账户时，重新开立的银行结算账户可自开立之日起办理付款业务。

4. 存款信息保密原则

银行应依法为存款人的银行结算账户信息保密。对于单位银行结算账户和个人银行结算账户的存款和有关资料，除国家法律、行政法规另有规定外，银行有权拒绝任何单位或个人查询。

6.1.4 银行结算账户的使用范围

1. 基本存款账户的使用范围

基本存款账户是存款人的主要账户，一个单位只能选择一家银行的一个营业机构开立基本存款账户。开立基本存款账户是开立其他银行结算账户的前提。其使用范围包括存款人日常经营活动的资金收付及其工资、奖金和现金的支取。

2. 一般存款账户的使用范围

一般存款账户用于办理存款人借款转存、借款归还和其他结算的资金收付。该账户可以办理现金缴存，但不得办理现金支取。该账户开立数量没有限制，但原则上不能在同一家银行网点开立两个以上的一般账户，也不能与基本账户开设在一个网点。一般存款账户自正式开户之日起3个工作日后，方可办理付款业务，但因借款转存开立的一般存款账户除外。

3. 临时存款账户的使用范围

临时存款账户用于办理临时机构以及存款人临时经营活动发生的资金收付。临时存款账户支取现金，应按照国家现金管理的规定办理。注册验资的临时存款账户在验资期间只收不付。临时存款账户的有效期最长不得超过2年。

4. 专用存款账户的使用范围

专用存款账户用于基本建设资金，更新改造资金，财政预算外资金，粮、棉、油收购资金，证券交易结算资金，期货交易保证金，信托基金，住房基金，社会保障基金，收入汇缴资金，业务支出资金等专项管理和使用资金。

6.1.5 企业银行账款的使用规定

每家公司的出纳不光管理公司的现金业务，还要管理公司的银行账款，所以一定要熟悉银行账款的使用规定。

（1）存款人应以实名开立银行结算账户，并对其出具的开户（变更、撤销）申请资料实质内容的真实性负责，法律、行政法规另有规定的除外。

（2）存款人应在注册地或住所地开立银行结算账户，按规定可以在异地（跨省、市、县）开立银行结算账户的除外。

（3）存款人可以自主选择银行开立银行结算账户，除法律规定外，任何单位和个人不得强令存款人到指定银行开立银行结算账户。

（4）不得利用银行结算账户进行偷逃税款、逃废债务、套取现金等违法犯罪活动。

（5）企业应加强对预留银行签章的管理。

（6）存款人收到对账单或对账信息后，应及时核对账务并在规定期限内向银行发出对账回单或确认信息。

（7）存款人应按照账户管理规定使用银行结算账户办理结算业务，不得出租、出借银行结算账户，不得利用银行结算账户套取银行信用或进行洗钱活动。

（8）存款人撤销银行结算账户，必须与开户银行核对银行结算账户存款余额，交回各种重要空白票据及结算凭证和开户许可证，银行核对无误后方可办理销户手续。存款人未按规定交回各种重要空白票据及结算凭证的，应出具有关证明；造成损失的，由其自行承担。

（9）单位从其银行结算账户支付给个人银行结算账户的款项，每笔超过5万元的，应向其开户银行提供相应的付款依据。从单位银行结算账户支付给个人银行结算账户的款项应纳税的，税收代扣单位付款时应向其开户银行提供完税证明。

（10）对存款人开立的单位银行结算账户实行生效日制度，即单位银行结算账户在正式开立之日起3个工作日内，除资金转入和现金存入外，不能办理付款业务，3个工作日后方可办理付款。

6.1.6　企业申请银行贷款的方法

银行借款有短期借款和长期借款两大类。短期借款指企业向银行和其他非银行金融机构借入的期限在一年以内的借款。长期借款指企业向银行或其他非银行金融机构借入的使用期超过一年的借款，主要用于购建固定资产和满足长期流动资金占用需要。

（1）短期借款筹资的特点。

① 短期借款可以随企业的需要安排，便于灵活使用；

② 取得方式较简便；

③ 成本较高，特别是在带有诸多附加条件的情况下使风险加剧。

（2）长期借款融资的特点。

① 融资速度快。长期借款的手续比发行债券简单得多，得到借款所花费的时间较短。

② 借款弹性较大。借款时企业与银行直接交涉，有关条件可谈判确定，用款期间发生变动，亦可与银行再协商；而债券融资所面对的是广大社会投资者，协商改善融资条件的可能性很小。

③ 借款成本较低。长期借款利率一般低于债券利率，且由于借款属于直接筹资，筹资费用也较少。

④ 长期借款的限制性条款比较多，约束了企业的生产经营和借款的使用。

企业向银行申请借款，必须对银行借款的种类、借款条件、保护性条款、借款程序、借款所带来的风险等基本情况进行充分了解，根据需要加以慎重选择。

（3）借款的基本程序。

① 提出申请，经审查同意后借贷双方签订借款合同，注明借款的用途、金额、利率、期限、还款方式、违约责任等；

② 企业根据借款合同办理借款手续；

③ 借款手续完毕，企业可取得借款。

6.2 银行账户的开立与变化

银行账户有四种类型，由于账户的功能和作用不同，其开户的资格条件、证明文件及开立程序都不相同。以下就来说说各类型存款账户的开户条件及办理手续。

6.2.1 银行账户的开立

1. 基本存款账户

根据规定，下列存款人可以申请开立存款账户。

（1）企业法人；

（2）非法人企业；

（3）机关、事业单位；

（4）团级（含）以上军队、武警部队及分散执勤的支（分）队；

（5）社会团体；

（6）民办非企业组织；

（7）异地常设机构；

（8）外国驻华机构；

（9）个体工商户；

（10）居民委员会、村民委员会、社区委员会；

（11）单位设立的独立核算的附属机构；

（12）其他组织。

开立基本存款账户所需要的证明文件包括以下十二点。

（1）企业法人，应出具企业法人营业执照正本；

（2）非法人企业，应出具企业营业执照正本；

（3）机关和实行预算管理的事业单位，应出具政府人事部门或编制委员会的批文或登记证书和财政部门同意其开户的证明；非预算管理的事业单位，应出具政府人事部门或编制委员会的批文或登记证书；

（4）军队、武警团级（含）以上单位以及分散执勤的支（分）队，应出具军队军级以上单位财务部门、武警总队财务部门的开户证明；

（5）社会团体，应出具社会团体登记证书，宗教组织还应出具宗教事务管理部门的批文或证明；

（6）民办非企业组织，应出具民办非企业登记证书；

（7）外地常设机构，应出具其驻在地政府主管部门的批文；

（8）外国驻华机构，应出具国家有关主管部门的批文或证明；外资企业驻华代表处、办事处应出具国家登记机关颁发的登记证；

（9）个体工商户，应出具个体工商户营业执照正本；

（10）居民委员会、村民委员会、社区委员会，应出具其主管部门的批文或证明；

（11）独立核算的附属机构，应出具其主管部门的基本存款账户开户许可证和批文；

（12）其他组织，应出具政府主管部门的批文或证明。

根据《账户管理办法》的有关规定，存款人申请开立银行结算账户时，应填制开户申请书，提供规定的证明文件；银行应对存款人的开户申请书填写的事项和证明文件的真实性、完整性、合规性进行认真审查，并将审查后的存款人提交的上述文件和审核意见等开户资料报送中国人民银行当地分支行，经其核准后办理开户手续。中国人民银行应于2个工作日内对银行报送的基本存款账户的开户资料的合规性以及唯一性进行审核，符合开户条件的，予以核准；不符合开户条件的，应在开户申请书上签署意见，连同有关证明文件一并退回报送银行。

存款人申请开立基本存款账户的，应填制开户申请书，提供规定的证件。存款人送交银行盖有存款人印章的印鉴卡片，经银行审核同意，并凭中国人民银行当地分支机构核发的开户许可证，即可开立该账户。其流程如图6-1所示。

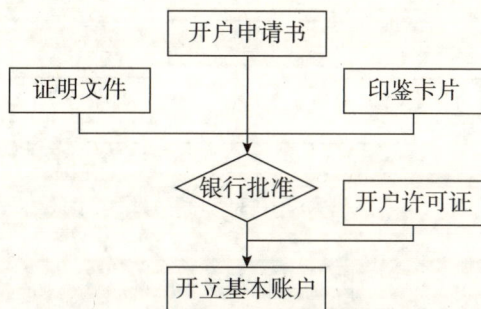

图6-1　基本账户的开立程序

需要特别说明的是，印鉴卡片上填写的户名必须与单位名称一致，同时要加盖开户单位公章、单位负责人或财务机构负责人印章、出纳人员印章三枚图章。它是单位与银行事先约定的一种具有法律效力的付款依据，银行在为单位办理结算业务时，根据开户单位在印鉴卡片上预留的印鉴审核支付凭证的真伪。如果支付凭证上加盖的印章与预留的印鉴不符，银行就可以拒绝办理付款业务，以保障开户单位款项的安全。

2. 一般存款账户

存款人开立一般存款账户，应向开户银行出具下列证明文件。

（1）开立基本存款账户规定的证明文件；

（2）基本存款账户开户许可证；

（3）存款人因借款需要，应向银行出具借款合同；

（4）存款人因资金结算需要，应出具有关证明。

开立一般存款账户，实行备案制，无须中国人民银行核准。根据《账户管理办法》的有关规定，存款人申请开立一般存款账户时，应填制开户申请书，提供规定的证明文件；银行应对存款人的开户申请书填写的事项和证明文件的真实性、完整性、合规性进行认真审查，符合一般存款账户条件的，银行应办理开户手续，同时应在其基本存款账户开户登记证上登记账户名称、账号、账户性质、开户银行、开户日期并签章，于开户之日起5个工作日内向中国人民银行当地分支行备案；自开立一般存款账户之日起3个工作日内书面通知其基本存款账户开户银行。

存款人申请开立一般存款账户的，应填制开户申请书，提供相应的证明文件，送交盖有存款人印章的印鉴卡片，经银行审核同意后，即可开立该账户。

一般存款账户的开立程序，如图6-2所示。

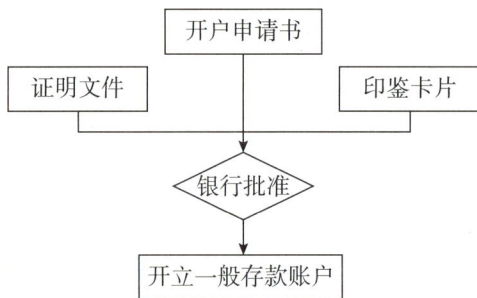

图6-2　一般存款账户的开立程序

从图6-1和图6-2对比来看，开设一般存款账户不需要由中国银行开出的开户许可证，手续更简便一些。

3. 临时存款账户

存款人为临时机构的，只能在其驻地开立一个临时存款账户，不得开立其他银行结算账户。存款人在异地从事临时活动的，只能在其临时活动地开立一个临时存款账户。建筑施工及安装单位企业在异地同时承建多个项目的，可根据建筑施工及安装合同开立不超过项目合同个数的临时存款账户。

根据有关规定，存款人有下列情况的，可以申请开立临时存款账户。

（1）设立临时机构，例如设立工程指挥部筹备领导小组摄制组等；

（2）异地临时经营活动，例如建筑施工及安装单位等在异地的临时经营活动；

（3）注册验资、增资；

（4）境外（含港澳台地区）机构在境内从事经营活动等。

开立临时存款账户应按照规定的程序办理并提交有关证明文件。存款人申请开立临时存款账户，应向银行出具下列证明文件。

（1）临时机构，应出具其驻在地主管部门同意设立临时机构的批文；

（2）异地建筑施工及安装单位，应出具其营业执照正本或其隶属单位的营业执照正本，以及施工及安装地建设主管部门核发的许可证或建筑施工及安装合同；

（3）异地从事临时经营活动的单位，应出具其营业执照正本以及临时经营地工商行政管理部门的批文；

（4）注册验资资金，应出具工商行政管理部门核发的企业名称预先核准通知书或有关部门的批文。

其中（2）（3）项还应出具其基本存款账户开户登记证。

根据《账户管理办法》的有关规定，存款人申请开立临时存款账户时，应填制开户申请书，提供规定的证明文件；银行应对存款人的开户申请书填写的事项和证明文件的真实性、完整性、合规性进行认真审查；银行应将存款人的开户申请书、相关的证明文件和银行审核意见等开户资料报送中国人民银行当地分支行，经对申报资料进行合规性审查、核准后，办理开户手续。该核准程序与基本存款账户的核准程序相同。

银行在办理临时存款账户开户手续时，应同时在其基本存款账户开户许可证上登记账户名称、账号、账户性质、开户银行、开户日期，并签章，但临时机构和注册验资需要开立的临时存款账户除外。银行自开立临时存款账户之日起3个工作日内应书面通知基本存款账户开户银行。

开设临时存款账户的程序与开设一般存款账户一样。存款人申请开立临时存款账户，应填制开户申请书，提供相应的证明文件，送交盖有存款人印章的印鉴卡片，经银行审核同意后，即可开设此账户。

开立临时存款账户的程序，如图6-3所示。

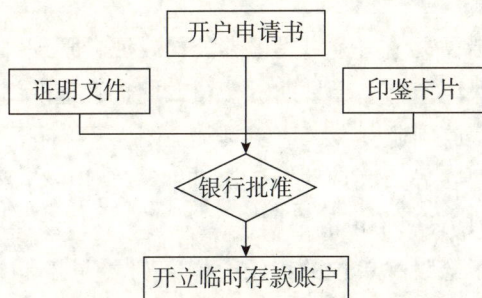

图6-3　临时存款账户的开立程序

4. 专用存款账户

对下列资金的管理和使用，存款人可以申请开立专用存款账户。

（1）基本建设资金；

（2）更新改造资金；

（3）财政预算外资金；

（4）粮、棉、油收购资金；

（5）证券交易结算资金；

（6）期货交易保证金；

（7）信托基金；

（8）金融机构存放同业资金；

（9）政策性房地产开发资金；

（10）单位银行卡备用金：

（11）住房基金；

（12）社会保障基金；

（13）收入汇缴资金和业务支出资金；

（14）党、团、工会设在单位的组织机构经费；

（15）其他需要专项管理和使用的资金。

存款人申请开立专用存款账户，应向银行出具其开立基本存款账户规定的证明文件、基本存款账户开户登记证和下列证明文件。

（1）基本建设资金、更新改造资金、政策性房地产开发资金、住房基金、社会保障基金，应出具主管部门批文；

（2）财政预算外资金，应出具财政部门的证明；

（3）粮、棉、油收购资金，应出具主管部门批文；

（4）单位银行卡备用金，应按照中国人民银行批准的银行卡章程规定出具有关证明和资料；

（5）证券交易结算资金，应出具证券公司或证券管理部门的证明；

（6）期货交易保证金，应出具期货公司或期货管理部门的证明；

（7）金融机构存放同业资金，应出具其证明；

（8）因经营需要在异地办理收入汇缴和业务支出的存款人，在异地开立专用存款账户的，应出具隶属单位的证明；

（9）党、团、工会设在单位的组织机构经费，应出具该单位或有关部门的批文或证明；

（10）其他按规定需要专项管理和使用的资金，应出具有关法规、规章规定或政府部门的有关文件。

合格境外机构投资者在境内从事证券投资开立的人民币特殊账户和人民币结算资金账户，纳入专用存款账户管理。其开立人民币特殊账户时应出具国家外汇管理部门的批复文件，开立人民币结算资金账户时应出具证券管理部门的证券投资业务许可证。

根据《账户管理办法》的有关规定，存款人申请开立专用存款账户时，应填制开户申请书，提供规定的证明文件；银行应对存款人的开户申请书填写的事项和证明文件的真实性、完整性、合规性进行认真审查；如果专用存款账户属于预算单位专用存款账户，银行应将存款人的开户申请书、相关的证明文件和银行审核意见等开户资料报送中国人民银行当地分支行，经其对申报资料进行合规性审查、核准后，办理开户手续，该核准程序与基本存款账户的核准程序相同；如果属于预算单位专用存款账户之外的其他专用存款账户，银行应办理开户手续，并于开户之日起5个工作日内向中国人民银行当地分支行备案。

银行在办理专用存款账户开户手续时，同时应在其基本存款账户开户登记证上登记账户名称、账号、账户性质、开户银行、开户日期，并签章，自开立专用存款账户之日起3个工作日内书面通知基本存款账户开户银行。

存款人申请开立专用存款账户，应填制开户申请书，提供相应的证明文件，送交盖有存款人印章的印鉴卡片，经银行审核同意后开立账户。

专用存款账户的开设程序，与一般存款账户和临时存款账户的完全一样，不再给出开户程序流程图。

6.2.2　银行账户的变更

存款人下列账户资料变更后，应向开户银行办理变更手续。

- ☑ 存款人的账户名称；
- ☑ 单位的法定代表人或主要负责人；
- ☑ 地址、邮编、电话；
- ☑ 注册资金等信息；
- ☑ 其他资料。

（1）存款人申请变更。变更银行结算账户的存款人名称、法定代表人或单位负责人的，存款人应及时到开户银行申请办理开户资料信息变更手续，填写变更银行结算账户申请书，并加盖单位公章，连同相关证明文件及开户许可证在5个工作日内提交开户银行。

银行在受理存款人的变更申请时，应对存款人提交的变更申请资料的真实性、完整性、合规性进行审查，于2个工作日内将存款人的变更银行结算账户申请书、开户许可证以及有关证明文件报送中国人民银行当地分支行。其中，基本存款账户、预算单位专用存款账户、异地临时存款账户存款人符合变更条件的，由中国人民银行当地分支行核准其变更申请，收回原开户许可证，颁发新的开户许可证；不符合变更条件的，中国人民银行当地分支行不核准其变更申请并退回有关资料。

（2）存款人变更账号。如因各金融机构行内系统升级改造等原因改变存款人账号的，应由其开户银行造具账号变更清册与证明资料一并提交中国人民银行当地分支行办理变更手续。

（3）基本存款账户"转户"。转户是指存款人因迁址或其他需要，在原基本存款账户开户银行撤销基本存款账户后，选择其他银行申请重新开立基本存款账户的行为。

存款人转户，应按照《人民币银行结算账户管理办法》规定办理销户手续，在向其他银行申请重新开立基本存款账户时，应按规定如实填写开立单位银行结算账户申请书，并与相关的证明文件和原基本存款账户开户行出具的"销户证明"一并提交银行审核。

存款人撤销原基本存款账户后，重新开立基本存款账户时，开户资料信息发生变更的，应就变更事项及其内容向银行说明，但存款人的类别、登记证书和营业执照编号不得变更。银行应对存款人提交的开立单位银行结算账户申请书的各项内容和开户证明文件的真实性、完整性、合规性进行审查，符合开户条件的，应将开户申请书、相关的证明文件和银行审核意见等开户资料报送中国人民银行当地分支行，经其核准后，核发基本存款账户开户许可证。

（4）个人存款人变更姓名、身份证件种类及号码、地址、邮编、电话的，应及时到开户银行申请办理开户资料信息变更手续，并按要求填写变更银行结算账户内容申请书，加盖个人签章，连同相关证明文件在5个工作日内提交开户银行，由开户银行办理变更手续。

变更银行结算账户内容申请书由开户银行统一印制和管理，内容包括：账户名称、账号、开户银行名称、开户登记核准号（其中非基本存款账户还需填写基本存款账户开户许可证核准号）、变更事项及变更后的内容。

（5）单位存款人申请更换预留公章或财务专用章的，应向开户银行出具书面申请、原预留公章或财务专用章等相关证明材料。

单位存款人申请更换预留公章或财务专用章但无法提供原预留公章或财务专用章的，应向开户银行出具原印鉴卡片、开户许可证、营业执照正本、司法部门的证明等相关证明文件。

单位存款人申请变更预留公章或财务专用章，可由法定代表人或单位负责人直接办理，也可授权他人办理。由法定代表人或单位负责人直接办理的，除出具相应的证明文件外，还应出具法定代表人或单位负责人的身份证件；授权他人办理的，除出具相应的证明文件外，还应出具法定代表人或单位负责人的身份证件及其出具的授权书，以及被授权人的身份证件。

6.2.3 银行账户的迁移

企业的办公地点或经营场所发生变化时，为了方便企业以后的银行业务的开展，可以向银行申请办理银行账户的迁移手续。

企业的对公账户，并不像个人储蓄账户那样，只要是同一个银行，在哪个网点都能取钱、存钱。对公账户的许多业务都必须到银行柜台办理。即使现在许多单位都开通了网上银行，可是有些重要的银行业务仍然需要到银行现场办理。所以企业的银行账户，其开户行最好距离企业不远或往返交通方便。当企业的地址发生变化时，最好也将企业的银行账户进行迁移。需要办理的手续如下：

✍ 同城迁移，由迁出行出具证明，迁入行凭此开立新账户；

✍ 迁往其他城市，可以在新地址重新按规定办理开户手续，而原账户可暂时保留一个月，搬迁结束后，企业应当及时将原账户结清。

6.2.4　银行账户的合并

账户的合并，是指企业将同一银行的两个银行账户进行合并，一般是其中一个账户并入另一个账户中。

企业申请合并时，向银行提出合并账户的申请后，开户行在与企业核对账户余额全部无误后，可以办理销户手续。对于用已撤销账户的名义购买的各种重要凭证，还没有使用完的空白凭证需要全部交回银行。企业的银行账户销户后，由于企业未交回的空白重要凭证产生的一切责任，银行概不负责，由企业全部承担。

6.2.5　银行账户的撤销

撤销账户是指企业对一些不用的银行账户进行销户申请和处理。企业的银行账户长时间没有发生任何收付活动，这个时间一般是连续一年。这时，银行认为该账户已无继续存在的必要，就会通知企业在一个月内办理销户手续。逾期不办，视同自愿销户，账户余额未取者，银行在年终时作为收益处理。因为合并和撤销实际上都要进行撤销账户的操作，所以这两项业务的操作实际上基本是一样的。

不同的银行账户撤销时所需要提供的材料有所不同，下面逐一介绍。

（1）基本账户提供的资料。

① 开户许可证；

② 销户申请书；

③ 剩余的支票；

④ 印鉴卡；

⑤法人身份证原件及两份复印件（盖公章）；

⑥若非法人到柜台办理，请提供经办人身份证原件及两份复印件（盖公章）及法人授权委托书；

⑦工商局出具的企业注销通知书（个别银行要国税、地税注销通知书原件及复印件）

若公司不再营业，提供工商局的注销证明，可将剩余的资金以现金形式取出；若仍继续营业，则将资金转入公司同名账户，且基本账户应是最后一个撤销的，须先将所有一般账户撤销，将资金转入基本账户后办理销户手续。

（2）一般账户提供的资料。

①销户申请书；

②剩余的支票；

③印鉴卡；

④法人身份证件及一份复印件（盖公章）；

⑤若非法人到柜台办理，请提供经办人身份证原件及复印件一份（盖公章）及法人授权委托书；

⑥扣税账户需提供工商、国税、地税的注销通知书原件及复印件（盖公章），剩余资金须转入同名其他账户。

（3）对于临时验资账户存在两种情况：一种是验资成功，另一种是验资不成功。

如果验资成功，注销账户需要的资料：

①公司须先在开立基本账户之后，将验资账户中的资金转入基本账户；

②基本账户开户许可证；

③销户申请书；

④股东身份证原件及复印件（股东须本人亲自到柜台办理）；

⑤印鉴卡。

如果验资不成功，注销账户需要的资料：

①销户申请；

②原资金转入依据（工商局证明）；

③印鉴卡；

④股东身份证原件及一份复印件。

验资不成功的，个别会计师事务所可以允许退还验资报告。

6.3　特殊银行账户的管理

鉴于单位（组织）与个人在信用、风险、保密、税收、管理等方面的诸多差异，笔者认为对单位银行账户与个人银行账户应予以区分。

6.3.1　个人银行账户的管理

个人银行账户可以分为个人定期存款账户和个人活期存款账户两类。个人活期存款账户又可以细分为存折户（不可以使用信用支付工具）、支票户（可以使用信用支付工具）、银行卡户三种，不再划分个人储蓄账户和结算账户。个人账户的资金性质界定为储蓄存款。个人活期存款账户中的支票户须纳入人民银行账户管理数据库，核发开户证。其他账户由开户银行建立数据库进行管理。

对个人支票户的管理应坚持实行实名制，凭有效身份证明开立账户，不得由他人代理开户手续；对存款人的资格从严控制并要求提供担保；强化资金来源的监督，必须是个人的合法收入或个人贷款转存，必要时个人须向开户银行提供纳税证明等文件；可以按照现金管理的有关规定支取现金；计付利息并征收利息税；除法律、法规规定外不得查询、冻结、扣划账户存款。

个体工商户、农村专业户和承包户因经营活动开立的银行账户，应使用商号作为账户名称，性质为单位账户，不得以个人姓名作为账户名称。采用承包经营方式的工商企业，其承包人不得以个人名义开立单位账户，必须以被承包单位名称开立单位银行账户。

6.3.2　证券保证金账户的管理

通过证券保证金账户进行洗钱、套取现金等行为已成为当前逃避银行账户管理、现金管理进行犯罪活动的新动向，必须引起高度重视。坚持证券保证金账户与券商分离的原则，通过银证联网、个人和机构投资者在银行开立专用存款账户的办法，解决证券保证金问题。这样既可免除投资者在银行与证券公司之间将存款转来转去，又可以避免券商挪用客户保证金、单位存款人挪用银行贷款进行股票投机炒作，还可以增加商业银行储蓄存款，避免储蓄存款分流（目前招商银行与国通证券公司已有成功的合作经验）。

在未实现证券保证金账户与券商分离前，机构投资者在证券公司开立的证券保证金账户必须向人民银行申报、核报、核准，比照专用存款账户管理。

6.3.3　行政机关银行账户的管理

国家行政机关不同于企业，其财务收支已纳入国家预算，应体现财政部门对其的监督。人民银行应会同财政部门结合财政支付体系的改革（如建立国库单一制度、政府采购制度等），另行制定《行政机关银行账户管理办法》。实行预算管理的事业单位应比照行政机关管理。

6.3.4　金融机构银行账户的管理

商业银行、证券公司、保险公司、信托公司、财务公司、租赁公司等金融机构是经营货币特殊商品的特殊企业，其经营过程具有特殊性，监管部门的监管具有特殊性。其资产的流动性与支付能力的好坏，直接影响到国家金融秩序的稳定，必须加强对其银行账户的管理。

人民银行须制定《金融机构银行账户管理办法》，坚持备付金（含同业往来）账户与费用账户分开的原则，强化账户管理；金融机构开立费用账户必须向人民银行申报、核准，备付金账户必须向人民银行备案；备付金账户必须在人民银行开户，因清算需要可以在商业银行开立若干同业往来账户，备付金账户、同业往来账户不得冻结；费用账户只能是一家商业银行开立一个基本存款账户，因基本建设特殊需要可以开立辅助或专用存款账户。

6.3.5　单位定期存款账户的管理

以单位定期存款账户为存款人的专用存款账户，考虑定期存款与活期存款在管理上的差异性和特殊性，可以不实行核准制度，由商业银行每日（最迟次日上午）向人民银行申报当日新开立与到期的存款人定期存款账户信息，内容包括存款人名称、组织机构代码、开户银行、质押情况等。

6.3.6　存款人异地银行账户的管理

随着"网上支付"业务的发展，"网上银行"出现，存款人异地开户将会越来越多。《银行账户管理条例》应有一定的前瞻性与超前性，应对存款人异地开户的管理做出规定。总的原则应是允许异地开户，但要强化管理。存款人异地开户，应按属地原则向当地人民银行申报、核准，核发开户证，同时须向开户银行所在地人民银行申报账户信息，纳入其账户管理数据库。

有下列情形之一的，可以在异地开立有关银行结算账户。

（1）营业执照注册地与经营地不在同一行政区域（跨省、市、县），需要开立基本存款账户的；

（2）办理异地借款和其他结算需要开立一般存款账户的；

（3）存款人因附属的非独立核算单位或派出机构发生的收入汇缴或业务支出需要开立专用存款账户的；

（4）异地临时经营活动需要开立临时存款账户的；

（5）自然人根据需要在异地开立个人银行结算账户。

6.4　违反银行账户管理法律制度的法律责任

6.4.1　存款人的法律责任

（1）当事人有下列行为的非经营性的存款人，给予警告并处以1000元的罚款；经营性的存款人，给予警告并处以1万元以上3万元以下的罚款；构成犯罪的，移交司法机关追究刑事责任。

① 违反规定开立银行结算账户；

② 伪造、变造证明文件欺骗银行开立银行结算账户。

（2）当事人有下列行为的非经营性的存款人，给予警告并处以1000元罚款；经营性的存款人，给予警告并处以5000元以上3万元以下的罚款。

① 违反规定将单位款项转入个人银行结算账户；

② 违反规定支取现金；

③ 利用开立银行结算账户逃避银行债务；

④ 出租、出借银行结算账户。

（3）法定代表人或主要负责人、存款人地址以及其他开户资料的变更事项未在规定期限内通知银行的，给予警告并处以1000元的罚款。

（4）从基本存款账户之外的银行结算账户转账存入、将销货收入或现金存入单位信用卡账户的非经营性的存款人，给予警告并处以1000元罚款；经营性的存款人给予警告并处以5000元以上3万元以下的罚款。

（5）当事人违反规定，伪造、变造、私自印制开户登记证的，属非经营性的处以1000元罚款；属经营性的处以1万元以上3万元以下的罚款；构成犯罪的，移交司法机关追究刑事责任。

6.4.2　银行的法律责任

（1）当银行有下列行为时，对银行给予警告，并处以5万元以上30万元以下的罚款；对该银行直接负责的高级管理人员、其他直接负责的主管人员、直接责任人员按规定给予纪律处分；情节严重的，中国人民银行有权停止对其开立基本存款账户的核准，责令该银行停业整顿或者吊销经营金融业务许可证；构成犯罪的，移交司法机关追究刑事责任。

① 银行明知或应知是单位资金，而允许以自然人名称开立账户存储；

② 违反规定为存款人多头开立银行结算账户。

（2）当银行有下列行为时，对银行给予警告，并处以5000元以上3万元以下的罚款；对该银行直接负责的高级管理人员、其他直接负责的主管人员、直接责任人员按规定给予纪律处分；情节严重的，中国人民银行有权停止对其开立基本存款账户的核准；构成犯罪的，移交司法机关追究刑事责任。

① 提供虚假开户申请资料欺骗中国人民银行许可开立基本存款账户、临时存款账户、预算单位专用存款账户；

② 开立或撤销单位银行结算账户，未按规定在其基本存款账户开户许可证上进行登记、签章或通知相关开户银行；

③ 违反规定办理个人银行结算账户转账结算；

④ 为储蓄账户办理转账结算；

⑤ 违反规定为存款人支付现金或办理现金存入；

⑥ 超过期限或未向中国人民银行报送账户开立、变更、撤销等资料。

第7章 银行结算

现代经济发展迅猛，传统的以货币为交易媒介的方式已无法满足经济交易的需要。货币不仅携带不方便，而且不安全。以目前常见的几十万元、成百上千万元的交易量来说，携带货币已经成为真正的力气活，就算是只带大面额的纸币也极不方便。银行结算应运而生。

银行结算，实际上就是通过银行或以银行为媒介的交易结算。因其方便、安全，银行结算以不可抵挡之势迅速成为绝大多数交易的结算方式。

7.1 银行结算概述

银行结算很简单。交易双方都将钱存入银行，需要结算时，只要填写相应的票证，通过银行的审批手续就可以在银行账户直接划转。大额的交易由银行来结算，也只不过是一个比较大的数字的转移而已，非常方便。

7.1.1 银行结算方式的种类

银行结算方式的种类取决于银行所开设的结算服务的种类。目前来说，一般的银行都提供以下方式的银行结算。

- 银行汇票；
- 商业汇票；
- 银行本票；
- 支票；
- 汇兑；
- 委托收款；
- 托收承付；
- 信用卡。

这些结算方式及其相应说明，如表7-1所示。

表7-1　银行结算方式的种类

序号	银行结算方式	说明
1	银行汇票	是指利用银行汇票进行结算的方式。银行汇票，是客户将款项缴存当地银行，由银行签发汇款人持往异地办理转账结算或支取现金的票据
2	商业汇票	是指利用商业汇票进行结算的方式。商业汇票是收款人或付款人（或承兑申请人）签发，由承兑人承兑，并于到期日向收款人或被背书人支付款项的票据
3	银行本票	是利用银行本票进行结算的方式。银行本票，是指银行向客户收妥款项后签发在同城范围内办理转账结算或支取现金的票据
4	支票	是利用支票进行结算的方式。支票，是存款人签发的，委托其开户银行在见票时无条件支付一定金额给收款人或持票人的票据
5	汇兑	是汇款人委托银行将款项汇给外地收款人的结算方式 汇兑分为两种类型：信汇和电汇
6	委托收款	是收款人委托银行向付款人收取款项的一种结算方式
7	托收承付	是销货单位根据经济合同发货后，委托银行向购货单位收取货款，购货单位验单或验货后，向银行承付货款的一种结算方式
8	信用卡	是利用信用卡进行结算的方式。信用卡，是申请人将款项缴存银行，在银行开立存款账户，由银行凭以发行的一种赋予信用的证书

7.1.2　银行结算的起点

　　银行结算起点是指银行办理转账结算的最低金额，也就是说，低于这个金额的业务，银行一般建议企业使用库存现金结算；高于此金额的业务，才由银行进行转账结算。

　　按照《现金管理暂行条例》规定，现行银行结算起点为1000元。当然各种具体的银行结算方式的结算起点是不同的，比如银行汇票的汇款金额起点为500元，银行本票不定额的金额起点为100元等。

　　各银行结算方式结算起点的情况，如表7-2所示。

表7-2　银行结算方式的结算起点

序号	银行结算方式	结算起点（单位：元）
1	银行汇票	500
2	商业汇票	无
3	银行本票	不定额银行本票为100元，定额银行本票面额为1000元、5000元、10000元、50000元
4	支票	无
5	汇兑	无
6	委托收款	无
7	托收承付	10000元，新华书店系统为1000元
8	信用卡	无

银行结算起点是由国家的相关法律法规规定的，也有些银行因为业务的需要而自行设置了一些结算起点。结算起点不能过低，也不能过高，既要有利于控制现金结算，同时又不能影响各单位之间资金收付和经济往来的正常进行。

如果结算起点过低，银行转账结算的业务量将大为增加，既会给银行增加压力，同时也会妨碍各单位之间的经济业务的开展；而结算起点过高，则会扩大现金结算范围，不利于国家对现金流通量的控制。因此，各银行在对银行结算起点进行规定时，都会进行适度的调整。

7.1.3　银行结算的原则

银行转账结算是一个复杂的收付程序。每一笔款项的结算都涉及付款单位、收款单位、付款银行、收款银行等单位的多个环节的业务活动和资金增减变动。如果其中的任何单位或任何一个环节不按统一的规定办理，都会给结算业务的进行带来困难。因此，为保证银行结算的顺利进行，付款单位、收款单位、付款银行和收款银行应当严格遵循银行结算的基本原则。

（1）恪守信用，履约付款。在市场经济条件下，存在着多种交易形式，相应地存在着各种形式的商业信用。收付双方在经济往来过程中，在相互信任的基础上，根据双方的资信情况自行协商约期付款。一旦交易双方达成了协议，那么交易的一方就应当根据事先的约定行事，及时提供货物或劳务，而另一方则应按约定的时间、方式支付款项。

（2）谁的钱进谁的账，由谁支配。银行作为结算的中介机构，在办理结算过程中，必须保护客户资金的所有权和自主支配权不受侵犯。各单位在银行的存款受法律保护；客户委托银行把钱转给谁，银行就把钱转进谁的账；银行维护开户单位存款的自主支配权，谁的钱就由谁来自主支配使用。除国家法律规定以外，银行不代任何单位查询、扣款，不得停止各单位存款的正常支付。

（3）银行不垫款。银行在办理结算过程中，只提供结算服务，起中介作用，负责将款项从付款单位账户转到收款单位账户，不给任何单位垫支款项。因为银行给其他单位垫支款项，事实上已不属于结算范围，而属于信贷范畴，会扩大信贷规模和货币投放。因此，《支付结算办法》规定银行不垫款。付款单位在办理结算过程中只能用自己的存款余额支付其他单位款项，收款单位也只能在银行办妥收款手续，款项已经进入本单位账户后，才能支配使用。

7.1.4　办理银行结算的基本要求

各单位办理银行结算，必须了解一些银行结算的基本要求，并要严格遵守。

（1）各单位办理结算必须遵守国家法律、法规和银行结算办法的各项规定。

（2）各项经济往来，除了按照国家现金管理的规定可以使用现金以外，都必须办理转账结算。

（3）在银行开立账户的单位办理转账结算，账户内须有足够资金保证支付。

（4）各单位办理结算必须使用银行统一规定的票据和结算凭证，并按照规定正确填写。

（5）银行、单位办理结算应遵守"恪守信用，履约付款，谁的钱进谁的账，由谁支配，银行不垫款"的结算原则。

（6）银行按照结算办法的规定审查票据和结算凭证。收付双方发生的经济纠纷应由其自行处理，或向仲裁机关、人民法院申请司解或裁决。

（7）银行依法为单位、个人的存款保密，维护其资金的自主支配权。除了国家法律规定和国务院授权中国人民银行总行的监督项目以外，其他部门和地方委托监督的事项各银行均不受理，不代任何单位查询、扣款，不得停止单位存款的正常支付。

（8）各单位办理结算，必须严格遵守银行结算纪律，不准签发空头支票和远期支票，不准套取银行信用。

（9）各单位办理结算，由于填写结算凭证有误而影响资金使用，票据和印章丢失而造成资金损失的，由其自行负责。

7.2 结算凭证

银行结算凭证，是由银行印制的在企业进行银行结算业务时使用的银行凭证。不同的银行结算方式，由于其适用范围、结算内容和结算程序不同，其结算凭证的格式、内容和联次等也各不相同。比如银行汇票结算方式的结算凭证包括银行汇票委托书、银行汇票、银行汇票挂失电报等，商业汇票结算方式的结算凭证包括商业承兑汇票、银行承兑汇票、银行承兑汇票协议、贴现凭证等。

7.2.1 结算凭证的基本内容

尽管各种结算凭证的格式、联次和办理程序不同，其具体内容也有较大差别，但各种结算凭证的基本内容大致相同。

（1）凭证名称；

（2）凭证签发日期；

（3）收付款单位的名称和账号；

（4）收付款单位的开户银行的名称；

（5）结算金额；

（6）结算内容；

（7）凭证联次及其用途；

（8）单位及其负责人的签章。

7.2.2　填写结算凭证的基本要求

结算凭证，是银行办理结算业务的重要依据，而且结算凭证还关系到相关款项的收付，所以结算凭证在银行结算业务中有着重要的地位，其直接关系到资金结算的准确性、及时性和安全性。同时，结算凭证还是记录经济业务、明确经济责任的书面证明凭证。因此，银行针对结算凭证有一系列严格的审核要求，这就要求出纳人员在填写结算凭证时必须严格遵照这些审核要求。

出纳在填写银行结算凭证时，必须做到以下两点。

（1）认真、完整填写凭证内容。在填写票据和凭证时，必须做到：要素齐全，内容真实，数字正确，字迹清楚、不潦草、不错漏，严禁涂改。对于结算凭证上所列的各项内容应逐项认真填写，不得省略或遗漏。

单位和银行的名称用全称。异地结算应冠以省（自治区、直辖市）、县（市）等字样。

说明： 军队一类保密单位使用的银行结算凭证可免填用途。

（2）规范填写凭证金额数字。在填写票据和结算凭证时，银行对结算凭证的金额大小写要求极为严格，不按规范填写，银行将不予受理。

注意： 金额大小写的书写要求，请参看本书出纳专业技能章节。

7.3　结算纪律

银行结算纪律，是指办理银行结算时应当遵守的行为规范。这个行为规范不但企业应当遵守，银行也要遵循其规定。

7.3.1 企业的结算纪律

根据《支付结算办法》及有关规定，企业和个人应当遵守的结算纪律可以归纳为三条。

（1）不准套取银行信用，签发空头支票、印章与预留印鉴不符支票和远期支票；

（2）不准无理拒付，任意占用卖方资金；

（3）不准利用多头开户转移资金、逃避债务。

这"三不准"要求单位和个人只准在银行账户余额内按照规定向收款单位和个人支付款项；对应该支付其他单位的款项必须依约履行义务；遵守国家有关账户管理的规定，严守信用，信守合同等。

7.3.2 银行的结算纪律

银行是办理结算的主体，是维护结算秩序的重要环节。银行必须严格按照结算制度办理结算。银行应该遵守的结算纪律主要包括以下八条。

（1）不准以任何理由压票、任意退票、截留或挪用客户和他行资金、受理无理拒付、不扣或少扣滞纳金；

（2）不准在结算制度之外规定附加条件，影响汇路畅通；

（3）不准违反规定开立账户；

（4）不准拒绝受理、代理他行正常结算业务；

（5）不准放弃对企业单位违反结算纪律的制裁；

（6）不准违章承兑、贴现商业汇票和逃避承兑责任，拒绝支付已承兑的商业汇票票款；

（7）不准超额占用联行汇差资金、转嫁资金矛盾；

（8）不准逃避向人民银行转汇大额汇划款项和清算大额银行汇票资金。

银行除了严格遵守上述纪律之外，为了保证结算质量，还必须严格遵守规定的办理结算的时间标准。根据《关于加强银行结算工作的决定》，向外发出的结算凭证，必须于当天（最迟次日）寄发；收到结算凭证，必须及时将款项支付给收款人。结算的时间，同城一般不超过2天；异地全国或省内直接通汇行之间，电汇一般不超过4天，信汇一般不超过7天。

7.4　结算责任

7.4.1　企业的银行结算责任

企业在银行结算业务过程中，应当承担的责任主要包括以下四个方面。

- ☑ 自行负责；
- ☑ 连带责任；
- ☑ 经济处罚；
- ☑ 行政处罚。

1. 自行负责

自行负责，是指银行或企业在结算过程中应当为自己的行为负责，如企业印鉴丢失、结算凭证管理不善等，需由责任单位和个人办理结算，因错填结算凭证，致使银行错投结算凭证或对款项不能解付，影响资金使用的，应由责任单位和个人负责；单位和个人对使用的支票、商业承兑汇票和由银行签发的银行汇票、本票、银行承兑汇票以及预留银行的印章，因管理不善造成丢失、被盗，发生款项冒领，造成资金损失的，应由责任单位和个人负责。

2. 连带责任

连带责任，主要是指企业在将结算凭证背书转让后，还需要承担连带责任。

允许背书转让的票据，由于付款人不能付款退回票据，持票人对出票人、背书人和其他债务人进行追索时，出票人、背书人和其他债务人（如保证人）要负连带责任。也就是说，持票人可以向出票人、背书人和其他债务人中的任何一方进行追索，被追索人不得拒绝。

3. 经济处罚

企业违规时，最常见的负责行为就是被处罚。处罚一般是由银行下达和执行的，包括经济处罚和行政处罚。

经济处罚，是指银行从经济上对企业的违规行为进行相应处罚，也就是常说的"罚款"。罚款也有多种形式，包括：

- ☑ 计扣赔偿金或赔款；
- ☑ 罚息；
- ☑ 罚款；

✍ 没收非法所得。

4. 行政处罚

行政处罚，是指由银行下达的针对企业的行政方面的处罚。这类处罚虽然并不会使企业产生直接的经济损失，但是情节严重的，对企业的影响更大，企业的损失将是长期且无法挽回的。银行对企业的结算违规行为下达的行政处罚，包括：

✍ 警告；

✍ 通报批评；

✍ 停止使用有关结算方式；

✍ 停止办理部分直至全部结算业务。

5. 处罚的具体规定

银行对企业的处罚，可以是单独的经济处罚或行政处罚，也可以进行合并处罚。合并处罚主要是经济处罚与行政处罚结合起来，根据违规行为的情节不同，设置不同梯次的处罚。

银行的处罚，有以下具体措施和处罚手段。

（1）商业承兑汇票到期，付款人不能支付票款，按票面金额对其处以 5％但不低于1000元罚款；银行承兑汇票到期，承兑申请人未能足额缴存票款，对尚未扣回的承兑金额按每天万分之五计收罚息。

（2）存款人签发空头或印章与预留印鉴不符的支票，按票面金额对其处以5％但不低于1000元罚款。对屡次签发的，应根据情节同时给予警告、通报批评，直至停止其向收款人签发支票的处罚。

（3）收款单位对同一付款单位发货托收累计3次收不回货款的，银行应暂停其向该付款单位办理托收；付款单位违反规定无理拒付，对其处以2000元～5000 元罚款，累计3次提出无理拒付，银行应暂停其向外办理托收。

（4）付款单位到期无款支付，逾期不退回托收承付有关单证的，按照应付的结算金额对其处以每天万分之五但不低于50元罚款，并暂停其向外办理结算业务。付款人对托收承付逾期付款的，按照逾期付款金额每天万分之五计扣赔偿金等。

▌7.4.2 银行及银行相关人员的结算责任

银行在办理结算过程中，如果违反银行结算制度，有可能会对用户造成经济损失。所以应当根据违规行为的原因和结果，对客户承担相应的责任。

银行应承担的结算责任，主要包括两个方面。

☑ 工作差错责任；

☑ 违反结算规定责任。

1. 工作差错责任

银行因工作差错，延压、误投结算凭证，误划、错解结算款项，延长结算时间，影响客户和他行资金使用的，按存（贷）款利率计付赔偿金。因错付发生冒领的情况造成资金损失的，负责资金赔偿。

2. 违反结算规定责任

违反结算规定责任，是指银行在结算过程中违反结算规定而应负的责任，其具体行为及处罚规定如下。

（1）延压、挪用、截留结算金额，影响客户和他行资金使用的，按延压结算金额每天万分之五计付赔偿金。

（2）任意压票、退票、截留、挪用结算资金，按结算金额对其处以每天万分之七罚款。

（3）受理无理拒付、擅自拒付退票、有款不扣拖延付款以及不扣或少扣赔偿金的，除每天按结算金额万分之五替付款单位承担赔偿金外，要对其处以2000元～5000元罚款。

（4）银行签发空头银行汇票、本票和办理空头汇款，要追回垫付资金，并按垫付的金额对其处以每天千分之一的罚款。

（5）银行采用欺骗手段，向外签发未办汇款的回单、帮助客户骗取银行承兑汇票或套取银行贴现资金的，对其处以5000元～10000元罚款。

（6）银行未按规定通过人民银行办理大额转汇、清算大额银行汇票资金或将大额汇划款项和银行汇票化整为零的，对其处以每笔2000元～5000元罚款。

（7）银行签发50万元以上的银行汇票，未及时向人民银行移存资金的，按延误天数和金额对其处以每天万分之七的罚款；3次以上未及时移存资金的，对其进行通报，情节严重的，应停止其向外签发银行汇票。汇票解讫划回签发地人民银行后，签发行仍未移存资金的，按票面金额对其处以5%的罚款。

（8）银行在结算制度之外规定附加条件，影响汇路畅通的，要限期纠正，并对其处以5000元～10000元罚款。

（9）银行结算管理混乱，经常发生违规违纪问题，人民银行要对其发出警告、限期纠正。不顾警告、拒不纠正或屡查屡犯的，要在全辖或全国范围内通报批评，直至暂停其办理部分或全部结算业务。

注意：除银行承担上述有关责任外，还必须追究银行有关人员的责任。因为银行的违规行为，必定是银行的相关人员在工作中违规造成的，所以除银行承担责任之外，银行违规行为的具体经手人应该承担相应的个人责任。

银行有关人员的结算责任，包括：

- ☑ 经济责任；
- ☑ 行政责任；
- ☑ 刑事责任。

7.5 银行结算的费用及其会计处理

企业办理银行结算业务，按规定需要向银行支付一定的费用。此外，如果单位违反银行结算纪律和规定，还要按规定缴纳一定的罚款。所以，银行结算可能产生的费用有四种。

- ☑ 凭证工本费；
- ☑ 手续费；
- ☑ 邮电费；
- ☑ 结算罚款。

7.5.1 工本费

1. 工本费的核算

银行收取凭证工本费分为当时计收和定期汇总计收两种方式。

当时计收，是指企业在取得结算凭证时即时缴纳工本费。而定期汇总计收，则是企业按需要到银行索取结算凭证，然后银行会定期从企业账户中扣除相应的工本费。

银行的结算凭证，只供在本银行开立基本账户的企业用户使用，用户需要在银行柜台购买相应的结算凭证，购买的费用就称为工本费。用户购买结算凭证时，还需要经过一定的手续，如图7-1所示。

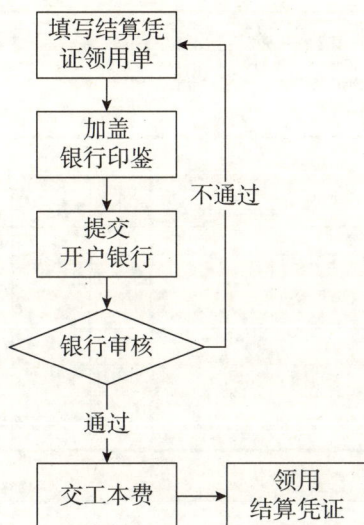

图7-1 购买结算凭证流程

各单位向银行领购各种结算凭证时，按规定应填制一式三联的结算凭证领用单，并加盖其预留银行印鉴，送开户银行。开户银行审查无误后，实行当时计收的，向领用人收取结算凭证工本费，并在第一联结算凭证领用单中加盖"转讫"章或"现金收讫"章后退回给领用人。各单位财务部门根据银行盖章退回的结算凭证领用单第一联和银行收费凭证，编制现金或银行存款付款凭证。

如果采用定期汇总收费，则领购时不直接支付，其汇总收费时一次性转账结算。银行汇总收费时向各单位发出特种转账借方凭证作为支款通知。各单位财务部门根据银行特种转账借方凭证，编制银行存款付款凭证。会计分录为：

借：账务费用

　　贷：银行存款

2. 实例：工本费的会计处理

例如，某单位4月20日向银行领购结算凭证10本，用现金支付凭证工本费50元，其会计分录如下：

借：财务费用　　　　50

　　贷：库存现金　　　50

根据上述会计分录，填制会计凭证，如图7-2所示。

图7-2　工本费的会计处理

记入现金日记账后，如图7-3所示。

图7-3　购买结算凭证记入日记账

7.5.2　手续费和邮电费

银行手续费和邮电费通常都是合并在一起缴纳的，所以会计处理时也合在一起入账。

银行办理结算业务时，按规定的范围和规定的标准向客户收取一定的手续费。另外，银行还需向客户收取邮电费。这两项费用都是银行提供服务时应收取的相关费用。

银行收取手续费和邮电费也采取现金付款方法计收，即：

☑　当时计收；

☑　定期汇总计收。

银行手续费和邮电费，也应计入"财务费用"科目，其会计处理过程与工本费的基本相同，不再重复。

7.5.3　结算罚款

1. 结算罚款

各单位在办理结算过程中，由于违反结算纪律和银行结算的有关规定，如签发空头支票等，而被银行处以罚款时，各单位应根据银行的罚款凭证编制银行存款付款凭证，其会计分录为：

借：营业外支出

贷：银行存款

2. 实例：结算罚款的会计处理

例如，4月21日，企业开出的转账支票由于账户余额不足被拒付，企业因此接到银行的结算罚款通知，随后出纳在银行凭证箱中取得结算罚款凭证，此次罚款金额为1200元。

此笔结算罚款的会计分录，如下：

借：营业外支出　　　1200

　　贷：银行存款　　　　1200

根据会计分录，编制记账凭证，如图7-4所示。

记　账　凭　证
VOUCHER

日期　2011 年 4 月 21 日　　转字第 1104008 号
DATE：Y M D　　NO.

摘　要 DESCRIPTION	总账科目 GEN.LEN.A/C	明细科目 SUB.LED.A/C	借方金额 DEBIT AMT. 亿千百十万千百十元角分	贷方金额 CREDIT AMT. 亿千百十万千百十元角分	记账 P.R. √
支票拒付罚款	营业外支出		1 2 0 0 0 0		
罚款--支票拒付罚款	银行存款			1 2 0 0 0 0	√
附件　张 ATTACHMENTS	合　计 TOTAL		￥1 2 0 0 0 0	￥1 2 0 0 0 0	

核准 APPROED　复核 CHECKED　记账 ENTERED　出纳 CASHIER 张一宁　制单 PREPARE 张一宁　签收 RECEIER

图7-4　结算罚款的记账凭证

根据记账凭证的内容，将本笔业务记入银行存款日记账中，如图7-5所示。

银行存款 日记账

开户银行：中国农业银行南京市分行
账　　号：4567889990000340

11年 月	日	凭证字号 字	号	银行凭证	摘要	借方 亿千百十万千百十元角分	贷方 亿千百十万千百十元角分	借或贷	余额 亿千百十万千百十元角分	√
4	1				上月余额	￥106000000		借	￥106000000	
4	7	转账	1			8917760		借	￥24517760	
4	21	转账	2				￥200000	借	￥24317760	
4	28	转账	7		李文江预借购办公用品		￥107000	借	￥24210760	
4	8	转账	8		罚款--支票拒付罚款		￥120000	借	￥24090760	

> 结算罚款的记账记录

图7-5　将结算罚款记入日记账中

第8章 银行日记账的登记和核算

前面章节我们已经提到过，银行日记账是出纳人员工作中最常接触的账簿之一，对于企业与银行存款的管理和监督起到至关重要的作用。

8.1 银行日记账的登记

登记银行存款日记账，是以原始凭证为依据的，原始凭证经过整理编制记账凭证后，根据记账凭证的相应内容，在银行日记账上进行登记。银行日记账通常为订本账，不允许中间加页和减页，银行存款日记账的账页也是使用三栏账，其样式如图8-1所示。

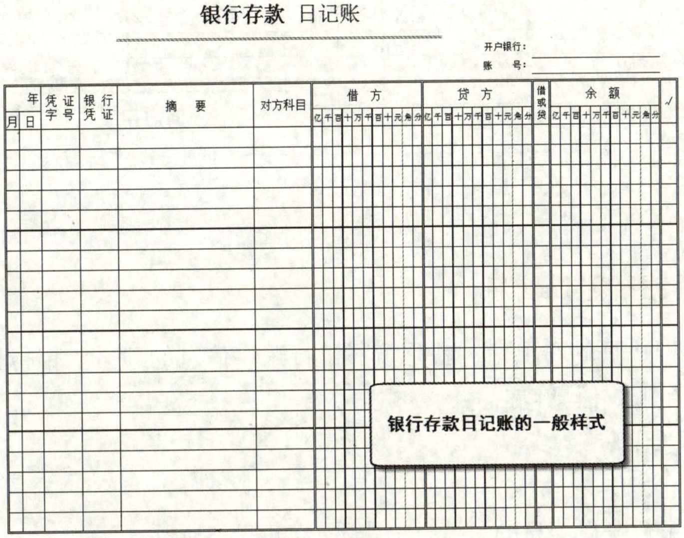

图8-1 银行日记账的一般样式

8.1.1 登记账簿前的准备

登记银行日记账之前，需要做三点准备。

- 账簿启用；

- 填写银行账户信息；
- 填写上期结余。

1. 账簿启用

账簿启用，是指一本新的账簿开始使用时或新的一年开始，都需要对账簿办理启用手续，其目的主要是明确责任。而且如果相关人员发生变动，如出纳换人等，也要在账簿启用表上办理相关的移交手续，如图8-2所示。

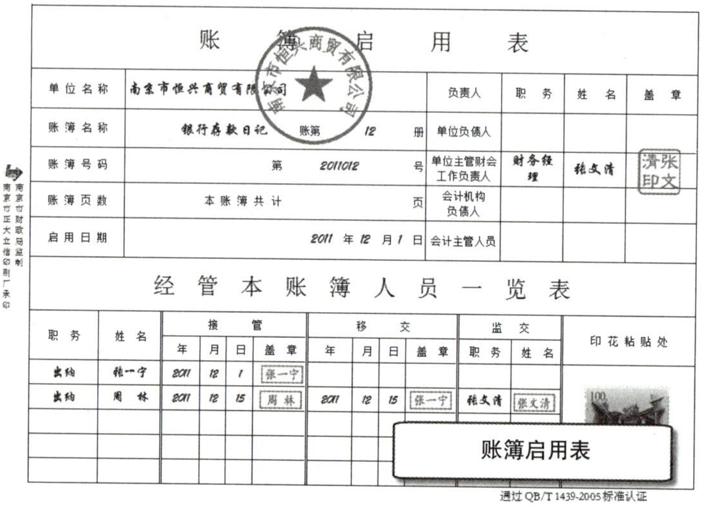

图8-2　账簿启用表

2. 填写银行账户信息

银行日记账页的右上角，就是填写银行账户信息的地方。银行日记账上需要填写的银行账户信息包括：

- 开户行；
- 账号。

填写好银行账户信息的银行日记账页，如图8-3所示。

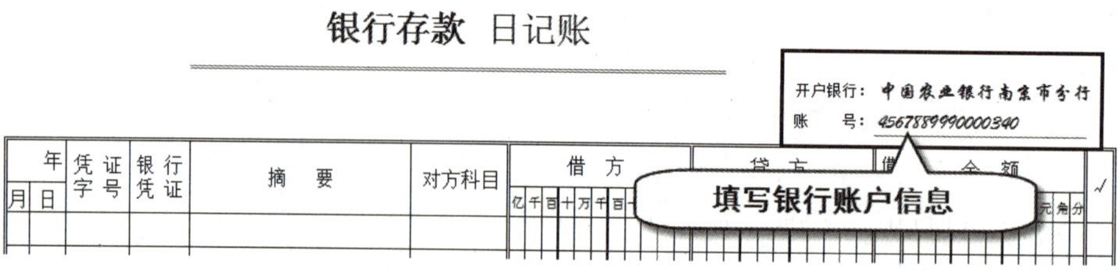

图8-3　填写银行账户信息

3. 填写上期结余

上期结余，可以是上年结余，也可以是上月结余，业务较多的企业，很可能每天都需要小结一下，那么第二天就需要填写前一天的余额。填写上年结余，一般是账簿第一页需要写的内容，平时登记日记账是不需要填写的。

填写好上月余额的银行日记账页，如图8-4所示。

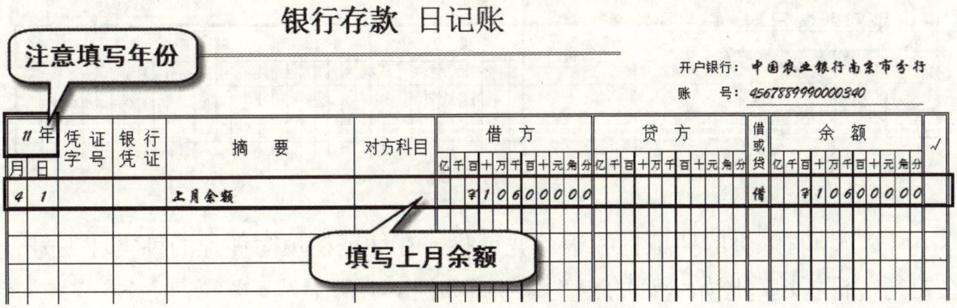
银行存款 日记账

开户银行：中国农业银行南京市分行
账　　号：456788990000340

11年 月 日	凭证字号	银行凭证	摘要	对方科目	借方	贷方	借或贷	余额	√
4 1			上月余额		¥10600000		借	¥10600000	

图8-4　填写上期余额

至此，银行存款日记账已经可以开始登记了。

8.1.2　实例：银行存款日记账的登记

2011年4月1日，本月的银行存款日记账开始登记，其上月余额为106000元（如图8-4所示）。将当日营业款139177.6元存入银行，银行将盖章后的银行现金缴款单返回企业作为做账凭证。

根据上述原始凭证编制记账凭证，如图8-5所示。

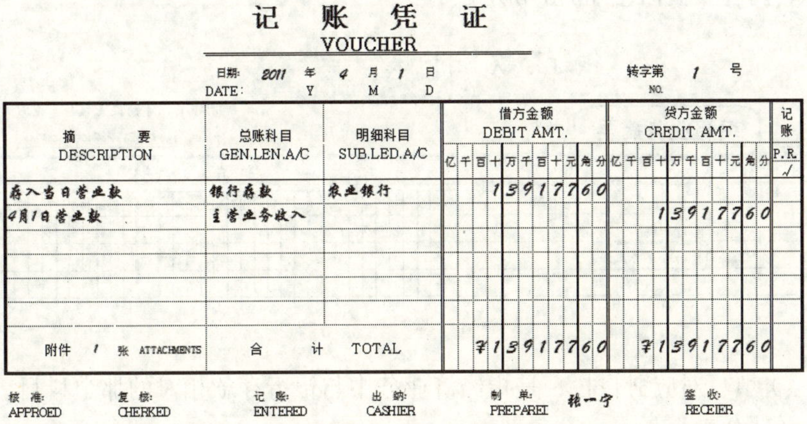
记　账　凭　证
VOUCHER

日期：2011 年 4 月 1 日　DATE: Y M D　　转字第 1 号 NO.

摘要 DESCRIPTION	总账科目 GEN.LEN.A/C	明细科目 SUB.LED.A/C	借方金额 DEBIT AMT.	贷方金额 CREDIT AMT.	记账 P.R. √
存入当日营业款	银行存款	农业银行	13917760		
4月1日营业款	主营业务收入			13917760	
附件 1 张 ATTACHMENTS	合　计 TOTAL		¥13917760	¥13917760	

核准：APPROED　复核：CHERKED　记账：ENTERED　出纳：CASHIER　制单：PREPAREI 张一宁　签收：RECEIER

图8-5　编制记账凭证

根据上述记账凭证，现将其内容登记到银行存款日记账上，其登记方法和步骤如下。

（1）填写账页的日期栏。此栏的日期并不是填写当前日期，此日期应与会计凭证上的日期一致，如图8-6所示。

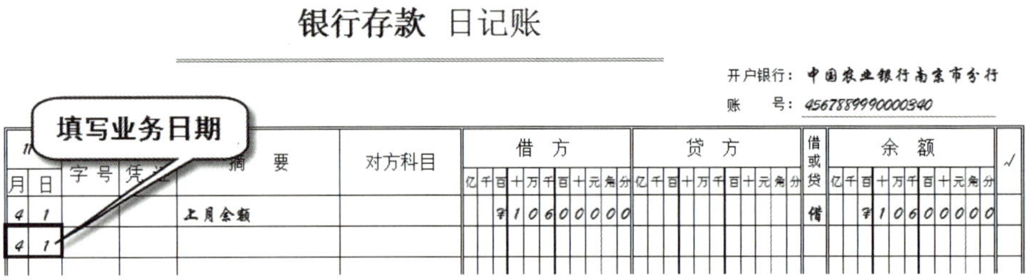

图8-6　填写业务日期

（2）填写账页的凭证栏和银行凭证栏，在凭证栏填写凭证的种类和编号，在银行凭证栏填写原始凭证的相关编号，如图8-7所示。

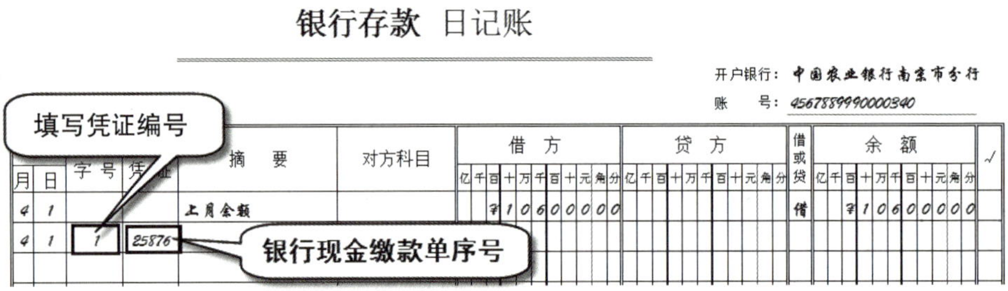

图8-7　填写凭证编码和银行凭证号码

（3）填写账页的摘要栏，在账页的摘要栏填写相关经济业务的内容，文字要简练，内容要概括，如图8-8所示。

图8-8　填写业务摘要

（4）填写对应科目栏，是指经济业务中与银行存款相对的那个科目。本笔业务的会计分录为：

借：银行存款

　　贷：主营业务收入

则对方科目栏内应填写"主营业务收入"，如图8-9所示。

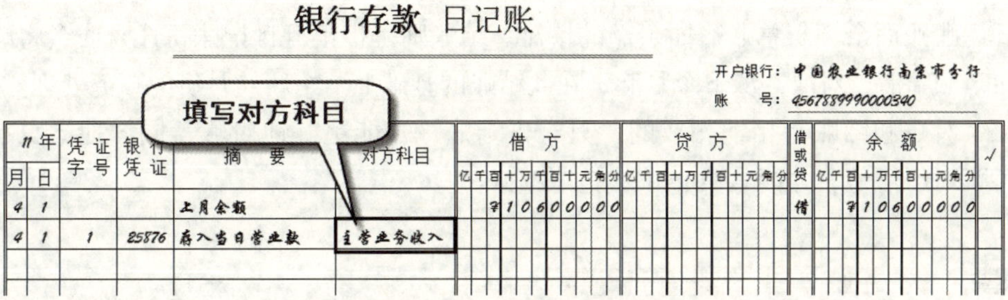

图8-9　填写对方科目

（5）填写账页的借方或贷方栏。本笔业务银行存款为借方，则业务的数据应填入日记账页的借方处，如图8-10所示。

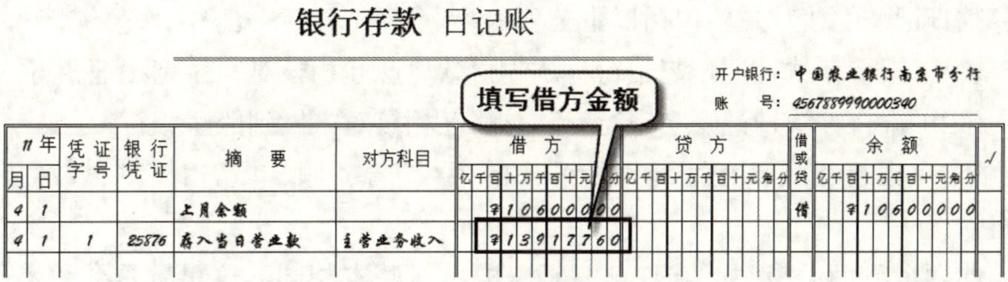

图8-10　填写贷方金额

（6）填写账页的余额栏，并标明余额是借或是贷。银行日记账的账户余额一般是每登记一笔就随手结算出来的，如图8-11所示。

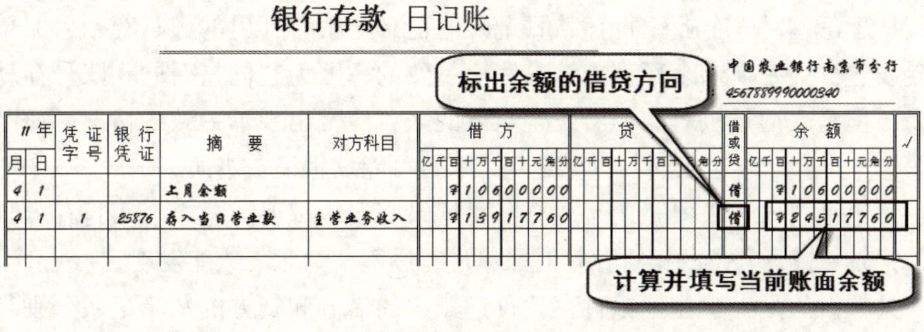

图8-11　填写余额并标明借贷

至此，银行日记账的登记就完成了。

8.2 银行日记账的核算

对账，是指企业银行日记账的账面余额与银行系统账面余额的核对，以及日记账账面余额与总账账面余额的核对。结账则是指银行日记账每逢月底会将账面余额结清、对清，从下个月起，在此结账的基础上开始新的月份的账务处理。

对账和结账是相辅相成的，只有先结账，才能更好地对账；同样地，只有对账对得清楚，才能真真正正地把账结好。

8.2.1 银行日记账的核对

银行存款日记账与现金日记账的核对方法有一定的区别，现金日记账的账实核对是通过库存现金实地盘点查对的，而银行存款日记账的账实核对无法进行存款的实地盘点查对，它需要通过与银行送来的对账单进行核对。所以，银行存款日记账的核对主要包括以下三项内容。

（1）银行存款日记账与银行存款收付款凭证互相核对，做到账证相符；

（2）银行存款日记账与银行存款总账互相核对，做到账账相符；

（3）银行存款日记账与银行开出的银行存款对账单互相核对，做到账实相符。

前两个方面的核对，与现金日记账的核对基本相同。这里着重介绍企业与银行之间的"账单核对"。

银行开出的银行存款对账单是银行对本企业在银行的存款进行序时核算的账簿记录的复制件，所以与银行存款对账单进行核对，实际上是与银行进行账簿记录的核对。

从理论上讲，企业银行存款日记账的记录与银行开出的银行存款对账单无论是发生额还是期末余额都应该是完全一致的，因为它们是对同一账号存款的记录。但是，通过核对我们会发现双方的账目经常出现不一致的情况。原因有两个：一是有"未达账项"，二是双方账目可能发生记录错误。

无论是"未达账项"还是双方账目记录有误，都要通过企业银行存款日记账的记录与银行开出的银行存款对账单进行逐笔"勾对"才能发现。

具体做法是：企业把银行存款日记账中的借方和贷方的每笔记录分别与银行存款对账单中的贷方和借方的每笔记录，从凭证种类、编号、摘要内容、记账方向和金额等方面进行逐笔核对。经核对相符时，分别在各自有关数额旁边划"√"做标记。在双方账单中没有划"√"标记的，不是"未达账项"就是双方账目记录错误项。

对于已查出的错账、漏账，有过错的一方应及时加以更正。但是，为了对账方便，银行记录错误可暂由企业出纳在银行存款对账单中做假设性更正，事后再与银行联系，由银行更正其账目；对于"未达账项"，则应编制余额调节表加以调节，以便切实查清双方账目是否相符，查明企业银行存款的实有数额。要注意，只是通过编制余额调节表来调整余额数字达到查清账目的目的，并不是按照查对的情况直接记账。账簿记录要依据日后凭证到达后进行处理。

8.2.2　未达账项

未达账项是指银行收付款结算凭证在企业和开户银行之间传递时，由于收到凭证的时间不同而发生的，有些凭证一方已经入账，而另一方尚未入账，从而造成企业银行存款日记账记录与银行对账单记录不符。未达账项是银行存款收付结算业务中的正常现象，主要有以下四种情况。

（1）银行已经收款入账，而企业尚未收到银行的收款通知因而未收款入账的款项，如，委托银行收款等；

（2）银行已经付款入账，而企业尚未收到银行的付款通知因而未付款入账的款项，如，借款利息的扣付、托收无承付等；

（3）企业已经收款入账，而银行尚未办理完转账手续因而未收款入账的款项，如，收到外单位的转账支票等；

（4）企业已经付款入账，而银行尚未办理完转账手续因而未付款入账的款项，如，企业已开出支票而持票人尚未向银行提现或转账等。

出现（1）和（4）情况时，开户单位银行存款账面余额小于银行对账单的存款余额；出现（2）和（3）情况时，开户单位银行存款账面余额大于银行对账单的存款余额。无论出现哪种情况，都会使开户单位存款余额与银行对账单存款余额不一致，很容易开出空头支票。对此，必须编制银行存款余额调节表进行调节。

8.2.3　银行余额调节表的编制

银行余额调节表，很多人认为是很基础的东西，有很多公司不是很重视。有很多人有这样的想法：对现金看得比较紧是怕出纳犯错误。对于银行存款，他们认为多数公司有严格的内部审批制度和印鉴章的分开管理制度，所以从心理上就没重视。但是实际上银行存款不比现金的重要性差，而且银行存款余额调节表是对银行业务在企业内部最重要也是最后的一道关。

银行账户余额调节表，是在银行账面余额与企业银行存款账的账面余额不符时，对双方余额进行调节的会计表格。银行账面余额经过调整后，可以与企业银行存款账面余额相同，即说明双方的账务无误；否则，还需要进一步核对双方账目。

银行账户的余额调节，可以单方调节，即只调节其中一方的余额，如单独调节银行账面余额；也可以双方调节，即双方的余额都进行调节。在实际的会计工作中，通常对银行账户余额调节表进行双方调节。

（1）银行余额调节表编制范围的要求。现在一般每个公司至少有一个基本账户、一个纳税专用账户、一个社保专用账户，这些账户应分别编制调节表，即一个银行账户编制一张银行存款余额调节表。为了更好地清晰明了地掌握银行存款各个账户的情况，即使没有发生未达账项，也要编制银行存款余额调节表。

（2）银行余额调节表编制所需资料的要求。

① 要求单位结账要以自然月份结账，这样有利于和银行对账单的时点统一。如单位有自己的结账日，若为25日，银行对账单相应地采用上月26日到本月25日止的银行对账单。

② 企业银行日记账要求每一个银行账号有一个明细账，并且所有应入账凭证都要入账。对银行日记账，要求每一张银行原始单据做一行记录。

③ 上月对平的银行存款余额调节表。

（3）银行存款余额调节表公式。银行存款余额调节表，是在银行对账单余额与企业账面余额的基础上，各自加上对方已收、本单位未收账项数额，减去对方已付、本单位未付账项数额，以调整双方余额使其一致。银行存款余额调节表的编制方法有三种，其计算公式如下。

① 企业账面存款余额＝银行对账单存款余额＋企业已收而银行未收账项－企业已付而银行未付账项＋银行已付而企业未付账项－银行已收而企业未收账项

② 银行对账单存款余额＝企业账面存款余额＋企业已付而银行未付账项－企业已收而银行未收账项＋银行已收而企业未收账项－银行已付而企业未付账项

③ 银行对账单存款余额＋企业已收而银行未收账项－企业已付而银行未付账项＝企业账面存款余额＋银行已收而企业未收账项－银行已付而企业未付账项

（4）银行余额调节表编制步骤。

① 按银行存款日记账登记的先后顺序与银行对账单逐笔核对，对双方都已登记的事项打"√"；

② 对日记账和对账单中未打"√"项目进行检查，确认是属于记账错误还

是属于未达账项；

③ 对查出的企业记账错误，按照一定的错账更正方法进行更正，登记入账，调整银行存款日记账账面余额；对银行记账错误，通知银行更正，并调整银行对账单余额；

④ 编制银行存款余额调节表，将属于未达账项的事项计入调节表，计算调节后的余额。

通过核对调节使得银行存款余额调节表上的双方余额相等，一般可以说明双方记账没有差错。如果经调节仍不相等，要么是未达账项未全部查出，要么是一方或双方记账出现差错，需要进一步采用对账方法查明原因，加以更正。调节相等后的银行存款余额是当日可以动用的银行存款实有数。对于银行已经划账而企业尚未入账的未达账项，要待银行结算凭证到达后，才能据以入账，不能以银行存款余额调节表作为记账依据。

下面就用一个实例，来说明银行账户余额调节的编制方法。

某工厂2014年3月5日与银行对账和编制余额调节表的情况。

3月1日到3月5日企业银行存款日记账账面记录与银行出具的3月5日对账单资料及对账后勾对的情况如下。

① 账面记录：

1日转支1246号付料款30000元，贷方记30000.00√

1日转支1247号付料款59360元，借方记59360.00经查为登记时方向记错，立即更正并调整账面余额。调整后划√

1日存入销货款43546.09元，借方记43546.09√

2日存入销货款36920.29元，借方记36920.29√

2日转支1248号上交上月税金76566.43元，贷方记76566.43√

3日存入销货款46959.06元，借方记46959.06√

3日取现备用20000元，贷方记20000.00√

4日转支1249号付料款64500元，贷方记64500.00

4日转支1250号付职工养老保险金29100元，贷方记29100.00√

5日存入销货款64067.91元，借方记64067.91

5日转支1251号付汽车修理费4500元，贷方记4500.00

5日自查后账面余额为506000.52元。

② 银行对账单记录：

2日转支1246号付出30000元，借方记30000.00√

2日转支1247号付出59369元，借方记59360.00√

2日收入存款43546.09元，贷方记43546.09√

3日收入存款36920.29元，贷方记36920.29√

3日转支1248号付出76566.43元，借方记76566.43√

4日收入存款46959.06元，贷方记46959.06√

4日付出20000元，借方记20000.00√

4日代交电费12210.24元，借方记12210.24

5日收存货款43000元，贷方记43000.00

5日转支1250号付出29100元，借方记29100.00

5日代付电话费5099.32元，借方记5099.32

5日余额为536623.05元。

银行存款余额调节表编制，如表8-1所示。

表8-1 银行存款余额调节表

2014年3月5日

项目	金额	项目	金额
银行存款日记账余额	506000.52	银行对账单余额	536623.05
加：银行已收企业未收款 委托收款	43000.00	加：企业已收银行未收款 5日存入款	64067.91
减：银行已付企业未付款 代付电费 代付电话费	 12210.24 5099.32	减：企业已付银行未付款 转支修理费 转支货款	 4500.00 64500.00
调节后存款余额	531690.96	调节后存款余额	531690.96

调节后的余额既不是企业银行存款日记账的余额，也不是银行对账单的余额。它是企业银行存款的真实数字，也是企业当日可以动用的银行存款的极大值。

现在大多数企业用财务软件做账，可以将上月的未达账款、本月的银行对账单录入，凭证要按每一张银行原始单据做一条分录，这样大多数软件可以自动对账，自动完成银行存款余额调节表。

▌8.2.4 银行日记账的结账

一般来说，最好是先结账再对账。结账时会将本月账务截止，在结账线之后的账务属于下个月，而线上的则都是本月的。不然，银行业务一直不停，账根本不能对清。当然也不是说不结账就不能对账，那只是在对账时没有先划上结账的红线，实际上也是以一个时间为准来核对的。

结账的操作很简单，就是将本月的所有业务都清好，做好记账凭证，登记完账簿后，在账簿的空行那里划上一道红线，在线下结出本期借方发生额、本期贷方发生额及最后的账面余额，如图8-12所示。

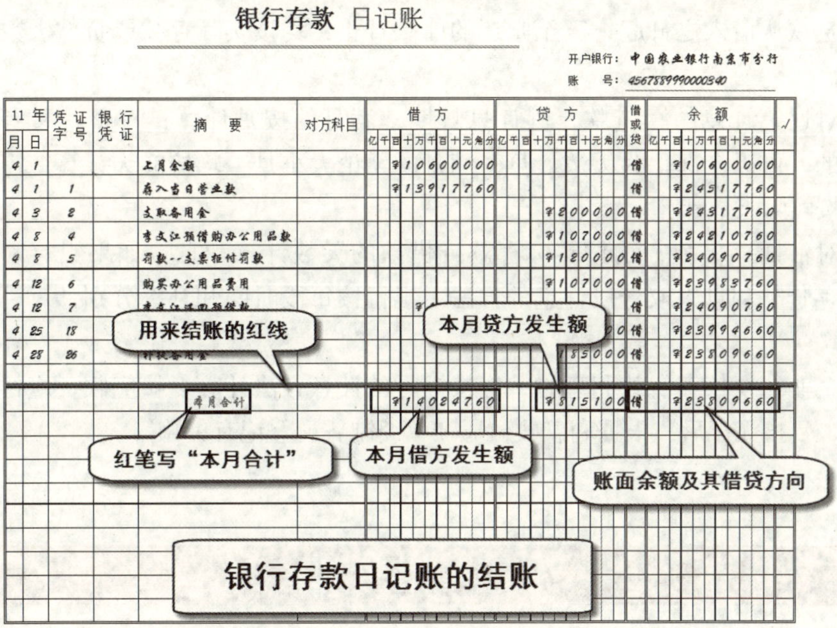

图8-12　银行存款日记账的结账

说明： 笔者习惯用电脑做账，所以每笔账会由电脑自动计算出余额来。在实际工作中，可以每日结出余额，或是每5笔账结出余额。

8.2.5　如何复核银行利息

企业在收到银行转来的利息收付通知单时，应按存款或借款期限、金额、利率和银行计算利息的方法，对应收、应付的利息金额进行复核。当前银行存借款利息的计算规定及方法如下：企业单位的存款账户、定期调整和下贷上转方式的贷款账户，按季计算利息，计息日为每季末月20日；对工商企业实行逐笔核贷方式的贷款账户，按季或按贷款收回日计算利息，按季计息的计息日为每季末月20日；单位撤销账户或转移账户，于结清账户时随时结计利息。

银行计算存贷款利息的公式如下：

$$本金 \times 时期 \times 利率 = 利息$$

$$累计计息积数 \times 日利率 = 利息$$

$$利息本金 \times 时期 = 计息积数$$

$$日利率 = 月利率 \div 30（天）= 年利率 \div 360（天）$$

$$月利率 = 年利率 \div 12（月）$$

计息时期"算头不算尾"，即：存款从存入之日起，算至支付的前一日止；贷款从借入之日起，算至归还的前一日止，均按实际存款或贷款天数计算利息。

对逐笔计息的存贷款，其计息日期，满月的按月计算；有整月又有零头天数的，可以全部化为天数计算；满月的无论大小月，均按30天计算；零头天数，按实际天数计算。

对活期存借款，均按实际存款或借款的天数计算利息。如果银行利率调整，存贷款利息采取分段计息的方法。银行按每段时间和利率分别计算，然后加总。

企业在复核存借款利息时，应按银行的计息方法计算复核应收、应付的利息额，复核无误后，根据利息收付通知单编制凭证登记有关账簿。

8.3 错 账

在对账过程中，可能发生各种各样的差错。这些差错会影响会计信息的正确性。所以对账，实际上也是查找账目中的错误，并及时更正的过程。

8.3.1 错账产生原因

账目发生的错误是多方面的，其产生的原因也各有不同。一般在查账、对账中查到的，多数是因为会计人员人为失误造成的错漏情况。真正大的账目舞弊很少能从日常对账中查找出来。账目产生差错的原因很多，可能有以下七种情况。

- 重记；
- 漏记；
- 数字颠倒；
- 数字错位；
- 数字记错；
- 科目记错；
- 借贷方向记反等。

8.3.2 差错查找方法

错账被发现时，一般只有一种情况，就是试算无法平衡。如发现差错，会计人员应及时查找并予以更正。常见的差错查找方法有以下五种。

1. 差数法

差数法，是按照错账的差数查找错账的方法。

如会计人员在记账时漏记了城市维护建设税367.5元，那么在进行应交税费总账和明细账核对时，就会出现总账借方余额比明细账借方余额多367.5元的现象。对于类似差错，应由会计人员通过核对相关金额的记账凭证进行查找。

2. 尾数法

对于发生的角、分的差错，可以只查找小数部分，以提高查错的效率。如只差0.06元，只需看一下尾数有"0.06"的金额，看是否已将其登记入账。

3. 除2法

当账账、账证或账实不符，且差数为偶数时，应首先检查记账方向是否发生错误。

对于这种错误的检查，可用差错数除以2，得出的商数就是账中记账方向的反方向数字，然后再到账目中去寻找差错的数字，就有了一定的目标。

如登记明细账时，错把其他应收款借方发生额500元登记入贷方，总账与明细账核对时，就会出现总账借方余额大于明细账借方余额1000元，将1000元除以2，正好是贷方记错的500元，然后就可以找到记错的条目。

4. 除9法

除9法，是指用对账差额除9来查找差错的一种方法，主要适用于下列两种错误的查找。

- ☑ 数字错位；
- ☑ 相邻数字颠倒。

（1）数字错位。如果差错数字正好能被9整除，那么首先就怀疑可能是数字错位，也就是说错误数字比正确数字多个0或少个0。一般数字错位多发生在尾数有0的数字上，要么是多了一个0，要么是少记了一个0。将差错数字除以9，得到的商很可能就是正确数和错误数里较小的那一个。

数字错位后使用除9法实例，如表8-2所示。

表8-2　数字错位除9法找错实例

分类	正确的数字	错位的数字	差额	被9除得商
错一位数字	138	1380	−1242	−138
	125000	12500	112500	12500
	12968	1296.8	11671.2	1296.8
	45	4.5	40.5	4.5
错两位数字	1380	13.8	1366.2	151.8
	13800	138	13662	1518

从表8-2可以看到，在这些情况下，除9得的商都是两个数字里较小的那一个，比如138错写为1380，差额除9后正好得138。

除9法只适合查找错一位数字的错位错误，错两位时就查不到了。不过，错两位的情况也是比较少见的。

（2）数字颠倒错误的查找。如果发现账务有错，差额可以被9整除，但是却没有找到数字错位的情况的，那就有可能是数字颠倒错误。在记账时，有时易将相邻的两位数或三位数的数字登记颠倒了，如将86记成68，315记成了513等。这种情况下也可以用除9法来查找错误项。

数字颠倒时，用除9法查错误，也可以根据除9后得到的余数得到错误数字的线索。比如将32写为23，其差额为9，除9后得商为1，那么颠倒的数字之间的差额必为1，而2与3的差额正是1。

根据数学原理，一个数只要各组成数字不变，只是变化次序，那变化后的数与原数之差必能被9整除，如表8-3所示。

表8-3　数字颠倒后与原数的关系

正确的数字	错位的数字	正误数字的差额	被9除得商
1385	1358	27	3
1385	1583	−198	−22
1385	5381	−3996	−444
1385	1835	−450	−50
1385	8315	−6930	−770
1385	1583	−198	−22
2231385	2218533	12852	1428
2231385	3138522	−907137	−100793
2231385	3232185	−1000800	−111200

5. 其他查错方法

如果用上述方法检查均未发现错误，而对账结果又确实不符，还可以采用其他方法检查是否有漏记和重记等现象。

✍ 顺查法是指按账务处理的顺序，从凭证开始到账簿记录止，从头到尾进行一一核对；

✍ 递查法是指与账务处理顺序相反，从尾到头进行核对的检查方法；

✍ 抽查法是指抽取账簿记录中局部财务进行检查的方法。

▌8.3.3　错账更正

1. 错账更正方法

出纳每天的工作还是比较多的，尤其在有现金出入的时候，不仅累，而且责任重。而记日记账只是出纳工作的一部分，所以在忙乱当中难免会出现错漏，这时就需要对错账进行更正。一般会计出现错账，在没有结账的情况下，可以将有错的账页换去，但是出纳是不能这样做的。

出纳的两本日记账都是订本账，不但账页是订死的，页数也有固定数字，账目错得再厉害也只能更正，不能换账页，哪怕换账本也不能动账页。所以，出纳需要懂得如何选择合适的方法进行错账的更正。

更正错账的方法主要有三种。

✍ 划线更正法；

✍ 红字更正法；

✍ 补充更正法。

这三种方法中，划线更正法是在账目结账之前使用的，其他两种则用于结账之后的错账更正。

说明：在会计核算当中，是不得涂改的，即不得将原错误字迹涂黑或遮盖起来。无论是哪种更正方法，账目中原有的错误记录必须保持清晰可读。

（1）划线更正法，适用于符合下列条件的账目错误。

✍ 结账之前发现错误；

✍ 记账凭证无错误；

✍ 纯属记账时的文字或数字错误。

划线更正法，就是用单行红线将账目中的错误记录整行划掉，然后再将正确的账目信息登记在账簿上。有时也可以将错误的摘要等信息用红线划掉，然后将正确信息写在错误信息的上方。

说明： 后一种局部修改的方法，是会计比较常用的方法，这也是会计的基本记账规则中要求记账的文字只占半行的原因。

例如，出纳张一宁在记账时，突然发现将12日李文江交回的预借款1070元错记到了贷方，如图8-13所示。

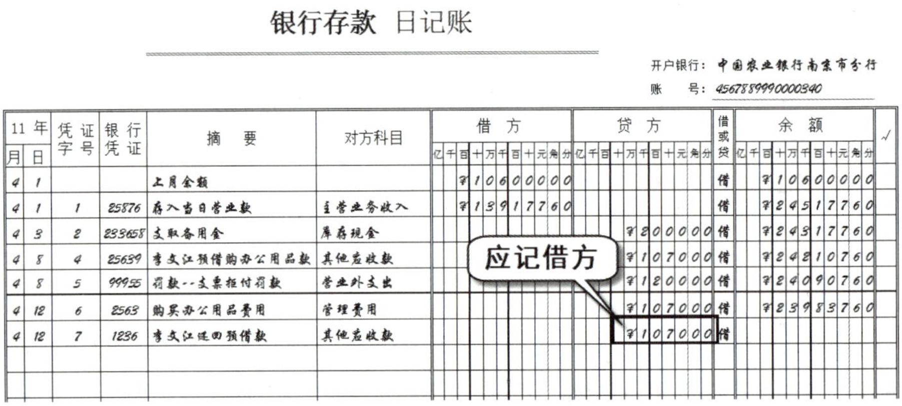

图8-13　借方金额错记为贷方

对上述账目错误进行更正时，应用单红线将错误行整行划掉，在红线上盖上自己的名章，然后在下方重新登记正确的账目信息，如图8-14所示。

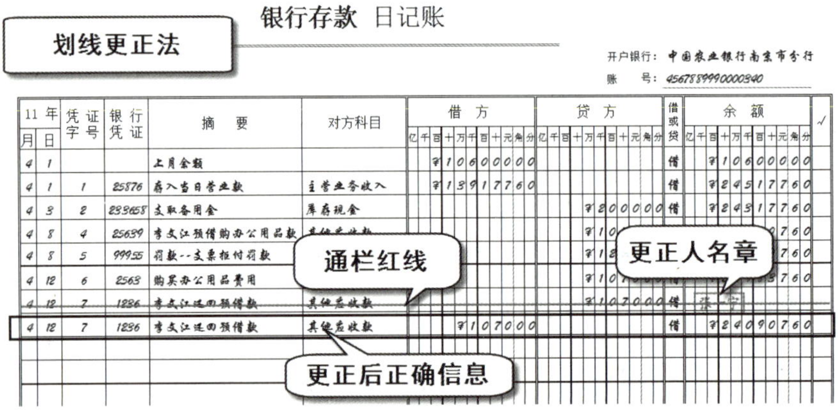

图8-14　划线更正法更正错账

（2）红字更正法。红字在会计上是有特别含义的，一般用于表示负数，所以在账簿上的红字通常都是用来对黑字金额进行抵销。红字更正法一般用于以下情况。

☑ 结账之后发现错误；

☑ 记账凭证错误。

结账之后，就不能随意对结账红线之上的账目进行更改，而凭证如果错误，结账后凭证已被订本，要改只能重做凭证进行修改，这时候就要用到红字更正法。

红字更正法有两种形式。

① 红字凭证将错误凭证完全冲销。这种形式适用于的记账以后发现的错误，错误类型是借贷方向、科目或金额有错误，如图8-15所示。

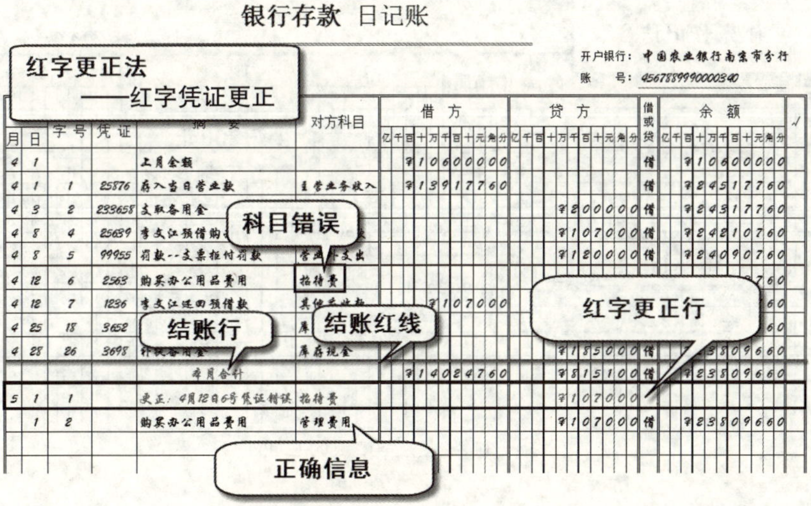

月	日	字号	凭证	摘要	对方科目	借方	贷方	借或贷	余额
4	1			上月余额		¥10600000		借	¥10600000
4	1	1	25876	存入当日营业款	主营业务收入	¥13917760		借	¥24517760
4	3	2	233658	支取备用金	[illegible]		¥200000	借	¥24317760
4	8	4	25639	李文江预借购[illegible]	[illegible]		¥107000	借	¥24210760
4	8	5	99955	罚款--支票拒付罚款	营业外支出		¥120000	借	¥24090760
4	12	6	2563	购买办公用品费用	招待费		[illegible]	[illegible]	[illegible]760
4	12	7	1236	李文江送回预借款	其他应收款	¥107000	[illegible]	[illegible]	[illegible]60
4	25	18	3652	[illegible]	库[illegible]		[illegible]	[illegible]	[illegible]60
4	28	26	3698	补提备用金	库存现金		¥185000	借	[illegible]3809660
				本月合计		¥14024760	¥815100	借	¥23809660
5	1	1		更正：4月12日6号凭证错误	招待费		¥107000		
	1	2		购买办公用品费用	管理费用		¥107000	借	¥23809660

图8-15　红字更正法——红字凭证更正

② 红字凭证只冲销多出的一部金额。这种形式同样适用于结账之后发现的错误，一般用于金额的错误，如图8-16所示。

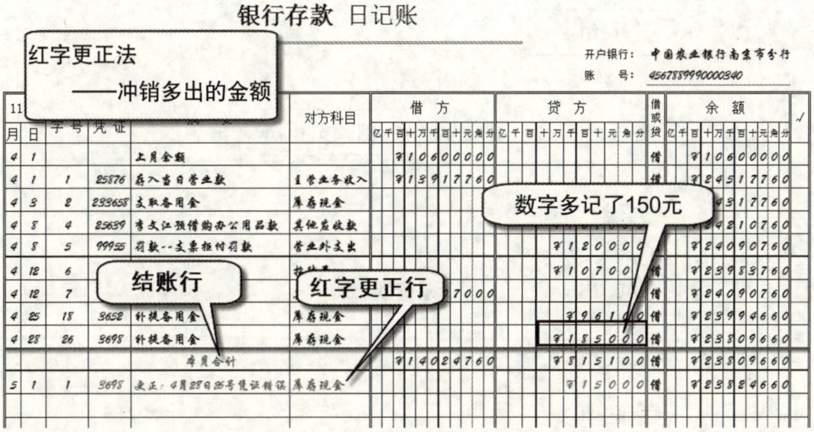

月	日	字号	凭证	摘要	对方科目	借方	贷方	借或贷	余额
4	1			上月余额		¥10600000		借	¥10600000
4	1	1	25876	存入当日营业款	主营业务收入	¥13917760		借	¥24517760
4	3	2	233658	支取备用金	库存现金		[illegible]	[illegible]	[illegible]4317760
4	8	4	25639	李文江预借购办公用品款	其他应收款		[illegible]	[illegible]	[illegible]4210760
4	8	5	99955	罚款--支票拒付罚款	营业外支出		¥120000	[illegible]	¥24090760
4	12	6	[illegible]	[illegible]	招待费		¥10700	借	¥23983760
4	12	7	[illegible]	[illegible]	[illegible]	[illegible]7000		借	¥24090760
4	25	18	3652	补提备用金	库存现金		¥961[illegible]0	借	¥23994660
4	28	26	3698	补提备用金	库存现金		¥185000	借	¥23809660
				本月合计		¥14024760	¥815100	借	¥23809660
5	1	1	3698	更正：4月28日26号凭证错误	库存现金		¥15000	借	¥23824660

图8-16　红字更正法——冲销多出的金额

（3）补充登记法。补充登记法也适用于记账以后，对账簿记录错误的更正。补充登记法针对的错误类型是：

✍ 借贷科目无错误的；

✍ 金额小于实际金额。

这种方法只是将原先少记录的差额补一个凭证后，在账簿上补一个记录而已，如图8-17所示。

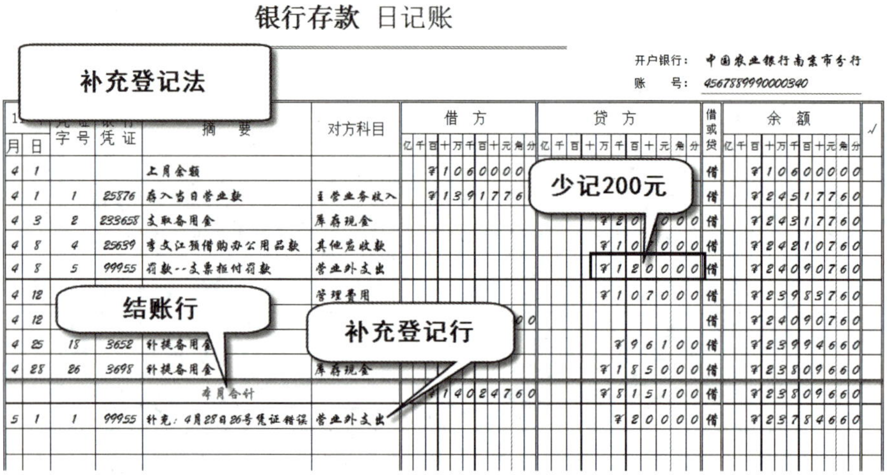

银行存款 日记账

开户银行：中国农业银行南京市分行
账　　号：456788990000340

月	日	凭证字号	银行凭证	摘要	对方科目	借方	贷方	借或贷	余额	√
4	1			上月余额		¥10600000		借	¥10600000	
4	1	1	25876	存入当日营业款	主营业务收入	¥1391776[illegible]		借	¥24517760	
4	3	2	233658	支取备用金	库存现金		¥20[illegible]000	借	¥24317760	
4	8	4	25639	李文江预借购办公用品款	其他应收款		¥10[illegible]000	借	¥24210760	
4	8	5	99955	罚款--支票拒付罚款	营业外支出		¥120000	借	¥24090760	
4	12				管理费用		¥107000	借	¥23983760	
4	12					[illegible]00		借	¥24090760	
4	25	18	3652	补提备用金			¥96100	借	¥23994660	
4	28	26	3698	补提备用金	库存现金		¥185000	借	¥23809660	
				本月合计		¥14024760	¥815100	借	¥23809660	
5	1	1	99955	补充：4月28日26号凭证错误	营业外支出		¥20000	借	¥23784660	

图8-17　补充登记法的应用

2. 错账更正方法的选择

在对错账进行更正的时候，应当根据相应的情况选择恰当的更正方法。错账更正法的选择过程，如图8-18所示。

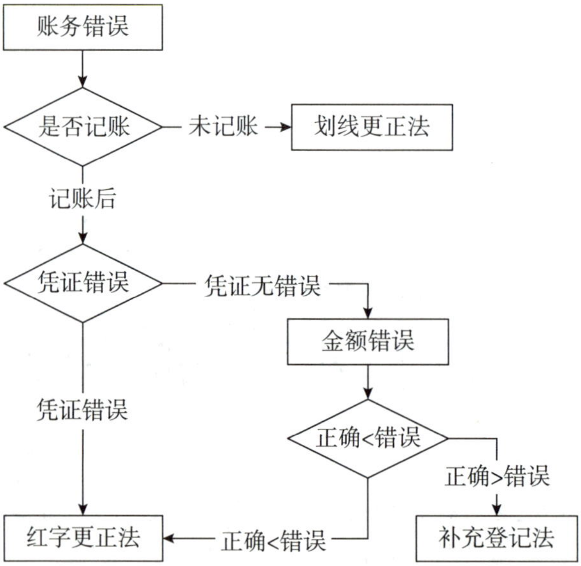

图8-18　错账更正法的选择

第四篇

票据结算业务

第9章　结算票据业务须知

票据是企业经济业务中比较常见却又非常重要的凭证，是指那些依据法律、按照规定形式制成的、并显示有支付义务的凭证，或者是发出或运送货物的证明等。票据是各种会计原始凭证的统称。这些原始凭证在企业的财务活动中担任媒介或支付手段，具有相当重要的地位。

9.1　结算票据概述

结算票据是企业最重要的收支活动载体。由于国家对现金收支的严格控制，企业在进行大多数经济业务结算时，都需要使用银行票据和其他结算票据。

结算票据管理，就是指出纳人员对经济结算的相关票据进行管理的行为。

9.1.1　结算票据的概念

结算票据，主要是指可以进行经济结算的票据，是指《票据法》规定由出票人依法签发的有价证券，其内容如下：

- 约定付款人，指出票人自己或者委托付款人；
- 约定付款时间，比如在见票时或在指定的日期；
- 约定收款人，一般是收款人或持票人；
- 约定付款金额；
- 约定付款条件。

银行票据在银行允许的条件下，可以进行背书转让。

9.1.2　结算票据的种类

1. 结算票据种类

结算票据的种类比较多，而且根据相关法律规定的不同，不同国家的票据种类也不相同。在我国，可以用于结算的票据，包括以下四种。

- 支票；

- 银行汇票；
- 商业汇票；
- 银行本票。

这四种除了商业汇票外，都是银行票据。而且因为商业汇票的信用不如银行汇票信用好，在企业的实际经济往来中，商业汇票基本不被使用。所以，有时结算票据也会被称为银行票据。

2. 三票之间的区别

（1）本票是约定（约定本人付款）证券；汇票是委托（委托他人付款）证券；支票是委托支付证券，但受托人只限于银行或其他法定金融机构。

（2）我国的票据在使用区域上有区别。本票只用于同城范围的商品交易和劳务供应以及其他款项的结算；支票可用于同城或票据交换地区；汇票在同城和异地都可以使用。

（3）付款期限不同。本票付款期为1个月，逾期兑付银行不予受理。

我国汇票必须承兑，因此，承兑到期，持票人不能兑付。商业承兑汇票到期日付款人账户不足支付时，其开户银行应将商业承兑汇票退给收款人或被背书人，由其自行处理。银行承兑汇票到期日付款，如果承兑到期日已过但持票人没有要求兑付，对此应如何处理《银行结算办法》没有规定，各银行都自行作了一些补充规定。如中国工商银行规定超过承兑期日1个月，持票人没有要求兑付的，承兑失效。支票付款期为5天（背书转让地区的转账支票付款期为10天。从签发的次日算起，到期日遇惯例假日顺延）。

（4）汇票和支票有三个基本当事人，即出票人、付款人、收款人；而本票只有出票人（付款人和出票人为同一个人）和收款人两个基本当事人。

（5）支票的出票人与付款人之间必须先有资金关系，才能签发支票；汇票的出票人与付款人之间不必先有资金关系；本票的出票人与付款人为同一个人，不存在所谓的资金关系。

（6）支票和本票的主债务人是出票人；而汇票的主债务人，在承兑前是出票人，在承兑后是承兑人。

（7）远期汇票需要承兑；支票一般为即期，无须承兑；本票也无须承兑。

（8）汇票的出票人担保承兑付款，若另有承兑人，由承兑人担保付款；支票出票人担保支票付款；本票的出票人自行承担付款责任。

（9）支票、本票持有人只对出票人有追索权；而汇票持有人在票据的有效期内，对出票人、背书人、承兑人都有追索权。

（10）汇票有复本，而本票、支票没有。

3. 三票之间的联系

（1）具有同一性质。

① 都是设权有价证券。即票据持票人凭票据上所记载的权利内容来证明其票据权利，以取得财产。

② 都是格式证券。票据的格式（其形式和记载事项）都是由法律（即《票据法》）严格规定，不遵守格式对票据的效力有一定的影响。

③ 都是文字证券。票据权利的内容以及票据有关的一切事项都以票据上记载的文字为准，不受票据上文字以外事项的影响。

④ 都是可以流通转让的证券。一般债务契约的债权，如果要进行转让，必须征得债务人的同意。而作为流通证券的票据，可以经过背书或不作背书仅交付票据的简易程序而自由转让与流通。

⑤ 都是无因证券。即票据上权利的存在只依票据本身的文字确定，权利人享有票据权利只以持有票据为必要，至于权利人取得票据的原因、票据权利发生的原因均可不问。这些原因存在与否、有效与否，与票据权利原则上互不影响。由于我国的票据还不是完全《票据法》意义上的票据，只是银行结算的方式，这种无因性不是绝对的。

（2）具有相同的票据功能。

① 汇兑功能。凭借票据的这一功能，解除两地之间现金支付在空间上的障碍。

② 信用功能。票据的使用可以解除现金支付在时间上的障碍。票据本身不是商品，它是建立在信用基础上的书面支付凭证。

③ 支付功能。票据的使用可以解决现金支付在手续上的麻烦。票据通过背书可作多次转让，在市场上成为一种流通、支付工具，减少现金的使用。而且，由于票据交换制度的发展，票据可以通过票据交换中心集中清算，简化结算手续，加速资金周转，提高社会资金使用效益。

9.1.3 结算票据的职能及作用

1. 结算票据的职能

结算票据在企业的经济活动中，主要有五项职能。

（1）信用。结算票据的信用职能，主要体现在其在经济业务中充当信用保证，如国际贸易中的信用证等。

信用职能是票据的核心功能。票据当事人可以凭借某人的信誉，将未来可以取得的金钱，作为现在的金钱来用。票据的背书加强了票据的信誉职能。汇票和本票都有信用工具的作用。

（2）支付。结算票据的支付职能，这是结算票据的主要职能。结算票据是经济业务中的支付手段。

汇票、本票作为汇兑工具的功能逐渐成形后，在交易中以支付票据代替现金支付的方式逐渐流行起来。作为支付工具，用票据代替现钞可以避免清点现钞时可能产生的错误，并可以节省清点现钞的时间。因此，人们在经济生活中普遍使用票据特别是支票作为支付的工具。

（3）汇兑。结算票据的汇兑职能，主要是将其用于钱款的区域转移等，比如银行汇票。

在商业交易中，交易双方往往分处两地或远居异国，经常会发生在异地之间兑换或转移金钱的情况。一旦成交，就要向外地或外国输送款项供清偿之用。在这种情况下，如果输送大量现金，不仅十分麻烦，而且途中风险很大。但是，如果通过在甲地将现金转化为票据，再在乙地将票据转化为现金的办法，以票据的转移代替实际的金钱转移，则可以大大减少麻烦和风险。

（4）结算。结算票据的结算职能，也是其主要职能之一。此类票据也因此而得名。

结算功能是指票据在收付过程中都要进行结算。每一笔经济业务的发生都要对收入或者支出进行核对，核对无误后进行结算。

（5）融资。票据的融资作用就是票据筹集资金的作用，这主要通过票据贴现来实现。所谓票据贴现，是指对未到期票据的买卖行为，也就是说持有未到期票据的人通过卖出票据来得到现款。在汇票、本票的付款日期到来之前，持票人可能会发生资金运转困难的情况，为了调动资金，持票人可将手中未到期的票据以买卖方式转让于他人。收买未到期的票据，再将其卖给需用票据进行支付或结算的人，可以从买卖票据的差价中获利。这样，买卖票据的业务就发展起来。

2. 结算票据的作用

结算票据在企业的经济活动中有着不可替代的功能，主要体现在以下三点。

- 支付手段；
- 流通手段；
- 信用工具。

票据因其自身的价值，在经营活动中可以作为支付手段使用。而大部分票据实际上就是因为交易支付的需要而存在的。

票据作为有价证券，可以通过相应的手段自由转让给他人，从而起到流通的作用。而票据也可以抵销或结清各种债务关系，这样既减少了现金流通，又扩大了流通的范围。

银行是票据的信用保证，由强大的银行作保，企业之间可以更好地相互信任、更多地进行各种经济活动，也可以凭票据的信用从事票据买卖活动，从而起到融通资金、扶持贸易发展的作用。

9.1.4　票据的结算区域

前面提到我国现行票据结算方式包括支票、银行本票、银行汇票、商业汇票。这些票据结算方式可根据是否能够进行跨区域结算划分为同城结算方式、异地结算方式和通用结算方式三类。

同一票据区域并不完全等同于同一城市。在同一票据区域可以跨城市使用支票。

银行本票一般只限于同城使用；支票和商业汇票可以同城使用，也可以异地使用；银行汇票只能异地使用。这几种票据类型的结算区域及其相互关系，如图9-1所示。

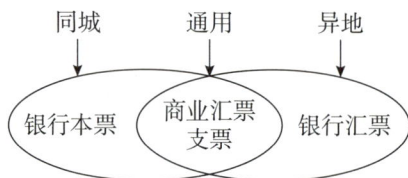

图9-1　票据的结算区域

9.1.5　票据的记载事项

票据记载事项是指依法在票据上记载票据相关内容的行为。

票据记载事项一般分为绝对记载事项、相对记载事项、任意记载事项和不产生《票据法》上效力的记载事项。

（1）绝对记载事项，是指《票据法》明文规定必须记载的，如不记载，票据即为无效的事项。它包括票据种类、票据金额、票据收款人和年月日的记载。

（2）相对记载事项，是指除了必须记载的事项外，《票据法》规定的其他应记载的事项。相对记载事项可以记载，也可以不记载。记载的，按照记载的具体事项履行权利和义务；未记载的，适用法律的统一认定。例如，《票据法》规定背书由背书人签章并记载背书日期；背书未记载日期的，视为在票据到期日前背书。这里的"背书日期"就属于相对记载事项。还有付款地和出票地也属相对记载事项。

（3）任意记载事项，是不强制当事人必须记载而允许当事人自行选择，不记载时不影响票据效力，记载时则产生票据效力的事项。例如，出票人在汇票上记载"不得转让"字样的，汇票不得转让，其中的"不得转让"事项即为任意记载事项。

（4）不产生《票据法》上的效力的记载事项，是指除了绝对记载事项、相对记载事项、任意记载事项外，票据上还可以记载的其他一些事项，但这些事项不具有票据效力。

9.1.6 票据当事人及其签章

1. 票据当事人

票据当事人是指票据法律关系中享有票据权利、承担票据义务的当事人，也称票据法律关系主体。票据当事人可分为基本当事人和非基本当事人。

基本当事人是指在票据作成和交付时就已存在的当事人，是构成票据法律关系的必要主体，包括出票人、付款人和收款人。

（1）出票人。出票人是指在票据上签名并发出票据的人，或者说是签发票据的人。

（2）付款人。付款人是受发票人委托付款的人，有的情况下发票人也是付款人，如本票。

（3）收款人。收款人是指从发票人那里接受票据并有权向付款人请求付款的人。

除了三个基本当事人以外，票据还有一些非基本当事人。非基本当事人的情况较为复杂，不同的票据行为产生不同的非基本当事人，如背书行为而产生的背书人和被背书人，保证行为产生保证人和被保证人，参加行为产生参加人和被参加人等。

非基本当事人是指在票据作成并交付后，通过一定的票据行为加入票据关系，而享有一定权利、义务的当事人，包括承兑人、背书人、被背书人、保证人等。

（1）承兑人。承兑人是指接受汇票出票人的付款委托，同意承担支付票款义务的人，它是汇票主债务人。

（2）背书人与被背书人。背书人，是指在转让票据时，在票据背面或粘单上签字或者盖章的当事人（称为前手），并将该票据交付给受让人的票据收款人或持有人。被背书人，是指被记名受让票据或接受票据转让的人。背书后，被背书人成为票据新的持有人（称为后手），享有票据的所有权利。但是，在票据得到最终付款前，在持票人之前的所有前手，不能终结其第一或第二债务人的义务。

（3）保证人。保证人是指为票据债务提供担保的人，由票据债务人以外的第三人担当。保证人在被保证人不能履行票据付款的责任时，以自己的金钱履行票据付款义务，然后取得持票人的权利，向票据债务人追索所付款项。

保证人应当依据《票据法》的规定，在票据或者其粘单上记载保证事项；保证人为出票人、付款人、承兑人的，应当在票据的正面记载保证事项；保证人为背书人的，应当在票据的背面或者其粘单上记载保证事项。

并非所有的票据当事人一定同时出现在某一张票据上。除基本当事人外，非基本当事人是否存在，完全取决于相应票据行为是否发生。不同票据上可能出现的票据当事人也有所不同。

2. 票据签章

票据签章，是指票据有关当事人在票据上签名、盖章或签名加盖章的行为。票据签章是票据行为生效的重要条件，也是票据行为表现形式中必须记载的事项。如果票据缺少当事人的签章，将导致票据无效或该票据行为无效。票据上的签章因票据行为的性质不同，签章当事人也不相同。票据签发时，由出票人签章；票据转让时，由背书人签章；票据承兑时，由承兑人签章；票据保证时，由保证人签章；持票人行使票据权利时，由持票人签章。

一般来讲，出票人在票据上的签章不符合法律规定的，票据无效；背书人在票据上的签章不符合法律规定的，其签章无效，但不影响其前面符合规定签章的效力；承兑人、保证人在票据上的签章不符合法律规定的，其签章无效，但不影响其他符合规定签章的效力。

9.1.7 票据行为

票据行为，是指企业针对票据的一系列行为。票据行为有广义和狭义两种，如表9-1所示。

表9-1 广义票据行为与狭义票据行为

广义票据行为	狭义票据行为
出票	出票
背书	背书
涂改	
禁止背书	
付款	
保证	保证

（续表）

承兑	承兑
参加承兑	参加承兑
划线	
保付	保付

通常情况下所说的票据行为，多是指狭义的票据行为。

1. 出票

出票，是指出票人依照法定款式作成票据并交付于受款人的行为，通俗地说就是把票据从空白票据变成具有法律支付意义的票据的行为，包括：

- ✍ 作成；
- ✍ 交付。

作成是指将票据按法定款式制作完成，填写内容并签章。票据都是由银行等印制而成的，所以企业的作成行为，只是填写法定内容和签章而已。

交付是将作成的票据交付给收款人的行为。这个"交付"必须是出自出票人本人意愿的行为，不是本人意愿的交付，如偷窃票据等行为，不能称为交付。

票据的出票行为，如图9-2所示。

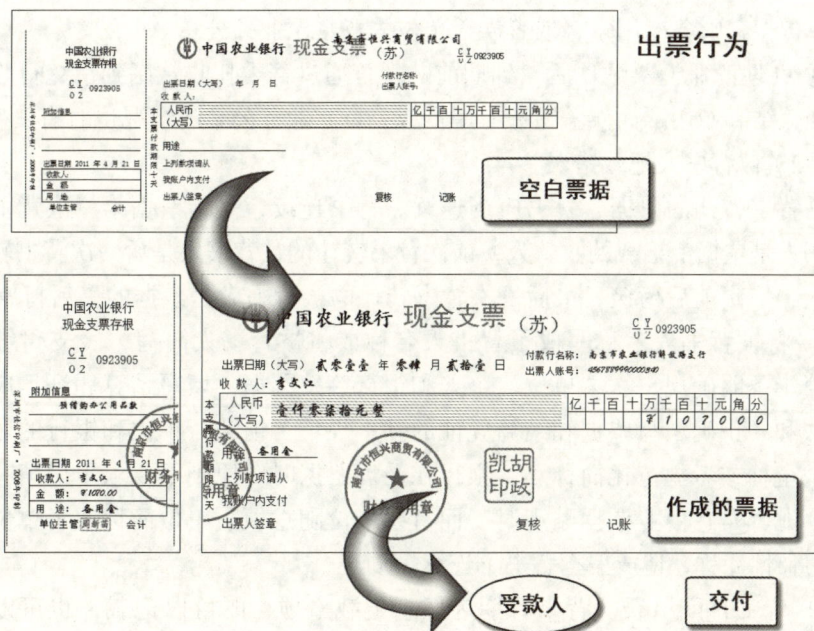

图9-2 票据的出票行为

2. 背书

背书，通常是指票据的转让行为，即持票人转让票据权利与他人的行为。票据是可以流通的，票据的流通主要由交付和背书行为来完成。背书转让是持票人的票据行为，只有持票人才能进行票据的背书。票据一经背书转让，票据上的权利也随之转让给被背书人。

票据背书转让时，由背书人在票据背面签章、记载被背书人名称和背书日期。背书未记载日期的，视为在票据到期日前背书。从中可以看出，签章和背书人名称属于绝对记载事项，日期则为相对记载事项。但是在具体的业务经办中，时常出现背书人签章和记载错误的现象，造成背书不连续，影响票据的流通或持票人正常收款。主要体现在以下两个方面。

（1）签章错误。

① 单位签章错误。单位、银行在票据上的签章和单位在结算凭证上的签章，为该单位、银行的盖章加其法定代表人或其授权的代理人的签名或盖章。银行在受理票据时，时常出现有单位加盖"营业用章""工程专用章"甚至"发票专用章"的现象。

② 银行签章错误。《支付结算办法》第二十三条规定："银行承兑商业汇票、办理商业汇票转贴现、再贴现时的签章，应为经中国人民银行批准使用的该银行汇票专用章加其法定代表人或其授权经办人的签名或者签章。"然而，有的单位误盖财务专用章，或者误盖单位公章甚至业务公章。

③ 办理商业汇票贴现后，到期前贴现行通过寄委托收款函到承兑行收款，本应加盖结算专用章而误盖财务专用章或公章、业务公章的情况也时有发生。

（2）被背书人记载错误。

已背书转让的票据，背书应当连续。背书连续，是指票据第一次背书转让的背书人是票据上记载的收款人，前次背书转让的被背书人是后一次背书转让的背书人，依次前后衔接，最后一次背书转让的被背书人是票据的最后持票人。

① 将被背书人名称写成了背书人名称或将被背书人简写。《支付结算办法》第十条明确规定："单位、个人和银行签发票据、填写结算凭证，应按照本办法和《正确填写票据和结算凭证的基本规定》记载，单位和银行的名称应当记载全称或者规范化简称。"银行在受理票据时，原则上要求单位填写单位全称，尤其是在商业票据贴现时。而有些单位随意填写单位简称或者单位在本地的习惯性简称，造成票据背书不连续。

② 背书日期错误。背书日期为任意记载事项，既可以记载，也可以不记载。但是，一些单位在记载背书日期时，出现了不合逻辑的情况。如后手背书

人记载的背书日期在前手背书人的背书日期之前，出现明显的逻辑错误，造成背书不连续。

③ 粘单使用错误。票据凭证不能满足背书人记载事项的需要，可以加附粘单，黏附于票据凭证上。粘单上的第一记载人，应当在汇票和粘单的粘接处签章。时常出现不是粘单上的第一记载人签章，而是粘单上第一记载人的前手的签章，造成票据背书不连续。

3. 承兑

承兑，就是承诺兑付，是指汇票的付款人对持票人做出的付款承诺。承兑为汇票所独有的票据行为。汇票分为银行承兑和商业承兑两种。虽然这两种汇票的发票人都是银行，但银行承兑汇票是由银行承诺兑付的，而商业承兑汇票却需要付款人承诺兑付。

持票人为确定汇票到期时能得到付款，在汇票到期前向付款人进行承兑提示。如果付款人签字承兑，那么他就对汇票的到期付款承担责任。若到期未支付相关款项，持票人有权对其提起诉讼。

4. 参加承兑

参加承兑，是指第三方对票据的承兑行为，一般是在汇票得不到承兑、付款人或承兑人死亡、逃亡或其他原因无法承兑、付款人或承兑人被宣告破产的情况下发生。

参加承兑行为，类似担保行为，一旦付款人或承兑人出现无法兑付的情况时，就由参加承兑方进行票据兑付。

5. 保证

保证，是一种附属票据行为，实际上就是担保行为，是指除票据债务人以外的人为担保票据债务的履行，承诺负担同一内容的票据债务。票据保证的目的是担保其他票据债务的履行，适用于汇票和本票，不适用于支票。

6. 保付

保付，是指保证付款，是一种绝对付款承诺。付款人在支票上注明"照付"或"保付"字样，并签名后，付款人便负有绝对付款责任。不论发票人在付款人处是否有资金，也不论持票人在法定提示期间是否有提示，或者即使发票人撤回付款委托，付款人均须按规定付款。

在具体操作时，票据行为表现为票据当事人把行为的意思按照法定的方式记载在票据上，并由行为人签章后将票据交付。它包括三方面内容，即记载、签章和交付。

所谓记载，通俗地讲就是票据当事人在票据上写明所要记载的内容。如签发票据时应写明票据的种类、金额、无条件支付命令、签发票据日期以及其他需要明确的内容，承兑汇票时写上"承兑"字样，保证时应写上"保证"或"担保"字样。

所谓签章，即是指签名、盖章或签名加盖章，它表明行为人对其行为承担责任。自然人签章是指在票据上亲自书写其姓名或加盖其私章。法人和其他使用票据单位的签章为该法人或者该单位的盖章加其法定代表人或其授权的代理人的签章。按照《票据法》规定，在票据上的签名应当为当事人的本名，而不能用笔名、艺名等来代替。

所谓交付，是指票据行为人应将票据交付给执票人。票据行为人在票据上进行记载，并签章后，票据还不能发生法律效力，只有票据被交付给了持票人，票据才能发生法律效力。

9.1.8 票据的贴现

贴现对于贴现银行来说，就是收购没有到期的票据。贴现期限都较短，一般不会超过6个月，而且可以办理贴现的票据也仅限于已经承兑的并且尚未到期的商业汇票。

1. 票据贴现的分类

票据贴现可以分为三种：贴现、转贴现和再贴现。

（1）贴现，指银行承兑汇票的持票人在汇票到期日前，为了取得资金，贴付一定利息将票据权利转让给银行的票据行为，是持票人向银行融通资金的一种方式。

（2）转贴现，指商业银行在资金临时不足时，将已经贴现但仍未到期的票据交给其他商业银行或贴现机构给予贴现，以取得资金融通。

（3）再贴现，指中央银行通过买进商业银行持有的已贴现但尚未到期的商业汇票，向商业银行提供融资支持的行为。

2. 银行承兑汇票的贴现

银行承兑汇票贴现涉及银行的相关业务操作，有着一整套完整的贴现流程。

（1）贴现业务受理。

① 持票人向开户行申请银行承兑汇票贴现，银行市场营销岗位客户经理根据持票人提出的业务类型，结合自身的贴现业务政策，决定是否接受持票人的业务申请。

② 银行客户经理依据持票人的业务类型、期限、票面情况，结合本行制定的相关业务利率向客户做出业务报价。

③ 持票人接受业务报价后，银行正式受理业务，通知持票人准备各项办理业务所需的资料。

✎ 申请人营业执照副本或正本复印件、企业代码证复印件（首次办理业务时提供）；

✎ 经办人授权申办委托书（加盖贴现企业公章及法定代表人私章）；

✎ 经办人身份证、工作证（无工作证提供介绍信）原件及经办人、法定代表人身份证复印件；

✎ 贷款卡原件及复印件；

✎ 加盖贴现企业财务专用章和法定代表人私章的预留印鉴卡；

✎ 填写完整、加盖公章和法定代表人私章的贴现申请书；

✎ 加盖与预留印鉴一致的财务专用章的贴现凭证；

✎ 银行承兑汇票票据正反面复印件；

✎ 票据最后一手背书的票据复印件，填写银行承兑汇票查询申请书，由客户经理持银行承兑汇票复印件和填写完整的银行承兑汇票查询申请书交清算岗位办理查询。

④ 清算岗位根据承兑行确定的查询方式，属本行的在系统内网上查询，属他行的填写银行承兑汇票一式三联查询书，通过交换向承兑行查询票据的真实性。如承兑行为民生银行、招商银行、交通银行、华夏银行、光大银行、中信银行、兴业银行、浦东发展银行、广东发展银行、深圳发展银行的，市场营销岗位客户经理需另行填写特殊业务划拨申请书，向承兑行所属系统在本地的分支机构支付每笔30元的查询费用委托查询。

⑤ 收到会计结算部门提供的承兑人查复书后，市场营销岗位换人进行电话复查，核对汇票的票面要素。复查无误后通知贴现企业，持贴现所需的资料和已背书完整的承兑汇票前来办理业务。

⑥ 首次办理业务的贴现企业，需持开户资料（申请人营业执照副本或正本复印件、企业代码证复印件）至银行会计部门办理开户（临时账户）手续。

⑦ 客户经理进行票面初审，检查银行承兑汇票背书是否完整；审核完毕后客户经理填写票据收执，陪同客户将银行承兑汇票移交给票据审核岗位；票据审核岗位在核对票据原件和票据收执后，在票据收执上加盖收讫章，交由客户保管。

⑧ 客户经理对客户提供的票据交易文件进行初审，客户经理填好商业汇票贴现申请审批书并签字，负责电话查复的客户经理在电话查复一栏中签字；营销主管进行复审并在审批书中签字确认，如有特殊情况，则需客户经理在特殊事项说明一栏中注明，并由营销主管签字确认；营销主管复审完毕后，客户经理交各项跟单资料至风险审核岗位，并办理交接手续。

（2）资金申报。客户经理测算业务资金需求，提前向资金营运部门申报预约资金。

（3）票据审查。票据审核岗位对贴现票据进行票面审查。审查完毕后，及时通知客户经理票据瑕疵情况和退票情况，由客户经理负责与客户进行沟通，商量对瑕疵票据是否出具说明。票据审查岗位在审批书中签字。

（4）票据交易文件审查。风险审核岗位对票据交易文件和资料进行审查，并对企业贷款卡进行查询。查询完毕后，及时通知客户经理票据跟单资料瑕疵情况和退票情况，由客户经理负责与客户进行沟通，商量对跟单资料瑕疵的处理方法。风险审核岗位在审批书中签字。

（5）数据录入、贴现凭证制作。客户经理在票据业务系统中录入贴现业务数据，并打印制作贴现凭证。

（6）复核利息，计算实际划款金额。票据审核岗位剔除因票面因素和跟单资料因素无法办理贴现业务的票据后，对剩余的根据交易文件审核后均合格的票据的贴现凭证、经有权人签字确认的申请审批表等进行利息复核，并计算本次业务的实际划款金额。票据审核岗位在审批书中签字。

（7）签批。客户经理将已填写完整的申请审批表交授权签批人或最高签批人签批。

（8）合同盖章。客户经理填写用印单，将已填写完整的贴现协议书同已签批的申请审批表交风险审核岗位盖章。

（9）支付流程。客户经理将依据填写完整连同经过最终签批的申请审批表和贴现协议书一并提交资金调拨岗位。资金调拨岗位根据交易合同上的户名、开户行、账号及申请审批表上的实际划款金额填写资金调拨通知书。

票据审核岗位向客户收回已加盖收讫章的票据收执。清算岗位根据资金调拨通知书填制会计凭证，并向客户划付资金。

（10）业务办理完毕后，客户经理将已加盖转讫章的贴现凭证第四联和一份已填写完整的交易合同交给客户。

（11）信贷台账登记。业务办理完毕后，由风险审核岗位负责信贷台账的登记和到期收妥资金后销账的工作。

3. 商业汇票的贴现

商业汇票持有人在资金暂时不足的情况下，可以凭承兑的商业汇票向银行办理贴现，以提前取得货款。

（1）申请贴现。汇票持有人将未到期的商业汇票交给银行，向银行申请贴现，填制一式五联贴现凭证。

- 第一联（代申请书）交银行作贴现付出传票；
- 第二联（收入凭证）交银行作贴现申请单位账户收入传票；
- 第三联（收入凭证）交银行作贴现利息收入传票；
- 第四联（收账通知）交银行给贴现申请单位的收账通知；
- 第五联（到期卡）交会计部门按到期日排列保管，到期日作贴现收入凭证。

（2）贴现申请书的样式及填写说明。贴现凭证的基本样式，如图9-3所示。

贴现凭证（代申请书）

填写日期：　　年　　月　　日

<table>
<tr><td rowspan="3">贴现汇票</td><td>种类</td><td colspan="2">号码</td><td rowspan="3">申请人</td><td>名称</td><td colspan="2"></td></tr>
<tr><td>出票日</td><td colspan="2">年　月　日</td><td>账号</td><td colspan="2"></td></tr>
<tr><td>到票日</td><td colspan="2">年　月　日</td><td>开户银行</td><td colspan="2"></td></tr>
<tr><td colspan="2">汇票承兑人（或银行）</td><td>名称</td><td></td><td>账号</td><td></td><td>开户银行</td><td></td></tr>
<tr><td colspan="2">汇票金额</td><td>人民币（大写）</td><td colspan="4"></td><td>千百十万千百十元角分</td></tr>
<tr><td>贴现率</td><td>%</td><td>贴现利息</td><td colspan="2">千百十万千百十元角分</td><td colspan="2">实付贴现金额</td><td>千百十万千百十元角分</td></tr>
<tr><td colspan="3">附送承兑汇票申请贴现，请审核。
请审核。
此致
贴现银行
申请人签章</td><td>银行审批</td><td colspan="4">负责人　　信贷员</td></tr>
</table>

图9-3　贴现凭证的样式

贴现单位的出纳员应根据汇票的内容逐项填写上述贴现凭证的有关内容，其中：

- 贴现申请人，即汇票持有单位本身；
- 贴现汇票种类，是指银行承兑汇票还是商业承兑汇票；
- 汇票承兑人，银行承兑汇票承兑银行即付款单位开户银行，
- 商业承兑汇票付款人为付款单位自身；
- 汇票金额（即贴现金额），指汇票本身的票面金额。

填完贴现凭证后，在第一联贴现凭证"申请人盖章"处和商业汇票第二联、第三联背后加盖预留银行印鉴，然后一并送交开户银行信贷部门。

商业汇票的贴现凭证第二联、第三联纸质不一样（厚度差异，注意背

书），开户银行审查无误后，在贴现凭证"银行审批"栏签注"同意"字样，并加盖有关人员印章后送银行会计部门。

（3）办理贴现。银行会计部门对银行信贷部门审查的内容进行复核，并审查汇票盖印及压印金额是否真实有效。审查无误后，按规定计算并在贴现凭证上填写贴现率、贴现利息和实付贴现金额。其中：

- ✍ 贴现率，是国家规定的月贴现率；
- ✍ 贴现利息，是指汇票持有人向银行申请贴现面额付给银行的贴现利息；
- ✍ 实付贴现金额，是指办理贴现后实际得到的款项金额。

按照规定，贴现利息应根据贴现金额、贴现天数（自银行向贴现单位支付贴现票款日起至汇票到期日前一天止的天数）和贴现率计算求得。用公式表示为：

$$日贴现率=贴现率/360$$

$$票据到期值=面值×日利率×付款期+面值$$

$$贴现利息=票据到期值×日贴现率×贴现天数$$

$$实付贴现金额=到期值-贴现利息$$

以一个实例来说明这些公式的用法。

例如，票据面值为150000元，年利率为5%，期限为60天。银行的贴现率为6%，贴现天数41天。其相关数据整理，如表9-2所示。

表9-2　贴现相关数据表

面值	150000元
利率	5%
付款期	60天
贴现率	6%
贴现天数	41天

根据上述数据可计算实付贴现金额，其计算过程，如表9-3所示。

表9-3　实付贴现金额计算表

项目	计算公式	计算结果
日利率	利率/360	0.000138889
日贴现率	贴现率/360	0.000166667
票据到期值	面值+（面值×日利率×付款期）	151250
贴现利息	票据到期值×日贴现率×贴现天数	1033.541667
实付贴现金额	到期值-贴现利息	150216.4583

银行会计部门填写完贴现率、贴现利息和实付贴现金额后，将贴现凭证第四联加盖"转讫"章后交给贴现单位作为收账通知，同时将实付贴现金额转入贴现单位账户。

贴现单位根据开户银行转回的贴现凭证第四联，按实付贴现金额作银行存款收款账务处理。

4. 贴现的支付方式

按贴现利息支付方式，可以分为以下三种。

（1）卖方付息，即贴现利息由卖方支付的票据贴现行为。贴现申请人持未到期的商业汇票向银行申请办理贴现时，贴现利息由银行直接从拟支付给贴现申请人的贴现款项中一次性扣收。

（2）买方付息，即贴现利息由买方支付的票据贴现行为。贴现申请人持未到期的商业汇票向银行申请办理贴现时，贴现利息由银行向买方收取，并将全额贴现票款支付给贴现申请人。

（3）协议付息，即贴现利息由买卖双方协商，分担支付贴现利息的票据贴现行为。贴现申请人持未到期的商业汇票向银行申请办理贴现时，银行收取应由买方支付的贴现利息，再从拟支付给贴现申请人的贴现款项中一次性扣收应由卖方支付的贴现利息后，将贴现票款支付给贴现申请人。

9.1.9　票据权利与责任

票据权利是指持票人向票据债务人请求支付票据金额的权利，它包括付款请求权和追索权。

票据责任是指票据债务人向持票人支付票据金额的义务。票据责任有广义和狭义的区别。广义的票据责任是指票据当事人根据票据行为或者法律观点而承担的票据义务；狭义的票据责任是指在票据上签章的票据行为人应当对持票人支付一定金额的义务。

1. 付款请求权

《票据法》规定持票人最基本的权利是请求付款人按票据金额给付。付款请求权是票据的第一权利，实践中人们常称此权利为主票据权利。付款人包括汇票的承兑人，本票的出票人、付款人，保付支票的付款人、参加承兑人、参加付款人等，对持票人承担付款责任。关于付款请求权，我们一定要知道其构成要件。

（1）持票人持有处在有效期内的票据。汇票和本票的有效期自票据到期日起2年以内；见票付的汇票和本票，自出票日起2年以内；支票自出票日起6个月以内。如果票据已经过了期限，持票人的票据权利便丧失。

（2）持票人须持原票据向付款人提示付款。如果不能提供票据原件，不能请求付款，付款人也不得付款。

（3）持票人只能请求付款人支付票据上确定的金额，付款人须一次性将债务履行完毕。因此，持票人也不得向付款人请求少于票据确定的金额付款。

（4）持票人得到付款后，必须将票据移交给付款人。原票据上的权利可能由付款人承受，向其他债务人请求付款，从而使付款请求权呈持续状态。

（5）付款人支付票据金额后，如果发现该票据有伪造、变造情况，有权向持票人（接受付款人）请求返还其所给付的金额。这是对票据权利不确切的处置。

2. 追索权

持票人行使付款请求权受到拒绝承兑或拒绝付款时，或有其他法定事由请求付款未到时，向其前手请求支付票据金额的权利即为追索权。由于这个请求是在第一次请求未果后的再次请求，所以称其为第二次请求权，是票据权利的再次行使。追索权的追索对象视票据种类的不同，可以分别包括出票人、背书人、保证人、承兑人和参加承兑人。这些人在票据中的地位是连带债务人，持票人可以不按照汇票债务人的先后顺序，对其中的任何一人、数人或者全体行使追索权；持票人对汇票债务人中的一人或者数人已经进行追索的，对其他汇票债务人仍可行使追索权。被追索人清偿债务后，与持票人享有相同权利。

9.1.10 票据丧失的补救

票据丧失，是指因票据灭失、遗失、被盗等原因而使票据权利人脱离其对票据的占有。票据一旦丧失，票据的债权人不通过一定的方法就不能阻止债务人向拾获者履行义务，从而造成正当票据权利人经济上的损失。因此，需要进行票据丧失的补救。票据丧失后，可以采取挂失止付、公示催告、普通诉讼三种形式进行补救。

1. 挂失止付

根据我国《票据法》和《支付结算办法》的规定，可以挂失止付的票据包括：已承兑的商业承兑汇票和银行承兑汇票、填明"现金"字样和代理付款人的银行汇票、填明"现金"字样的银行本票、支票。不能挂失止付的票据包括：未记载付款人或者无法确定付款人及其代理付款人的票据、未填明"现金"字样和代理付款人的银行汇票以及未填明"现金"字样的银行本票、空白票据。此处的付款人或者代理付款人，具体是指银行汇票的代理付款银行或者出票银行、商业汇票的承兑人、银行本票的出票人和支票的付款银行。挂失止付的申请人为最后持票人，即失票人。挂失止付的受理人，为票据的付款人或者代理付款人，除商业承兑汇票的承兑人为非金融机构外，其他票据的付款人或者代理付款人均为票据上记载的金融机构。

根据《票据实施管理办法》《支付结算办法》《支付结算会计核算手续》等金融法规的规定，挂失止付的程序如下。

（1）允许挂失支付的票据丧失，失票人挂失止付时，应填写"挂失止付通知书"并签章。挂失止付通知书应当记载下列事项：票据丧失的时间、起点、原因；票据的种类、号码、金额、出票日期、付款日期、付款人名称、收款人名称；挂失止付人的姓名、营业场所以及联系方法。欠缺上述记载事项之一的，银行不予受理；已经依法向持票人付款的，不予受理。

（2）对于符合条件的挂失止付申请，付款人或者代理付款人核对相符并确未付款的，应当受理并立即暂停支付，如受失票人的委托，付款人和代理付款人应相互通知。

（3）失票人应当在通知挂失止付后3日内向有管辖权的人民法院申请公示催告或提起诉讼，同时，付款人或者代理付款人自收到挂失止付通知书之日起12日内没有收到人民法院的止付通知书的，自第13日起，挂失止付通知书失效。此规定的目的是要求失票人及时申请法院冻结票据的流通，亦反映出挂失止付仅产生该票据不获付款的效力，并未产生使票据转让行为无效的法律效力。

（4）失票人凭借人民法院出具的其享有票据权利的证明，向受理挂失止付人请求付款或退款。此处的法院证明，应是法院在依据公示催告程序终结后或者诉讼审理后所做出的判决。

2. 公示催告

《民事诉讼法》第二百一十八条规定，"按照规定可以背书转让的票据的持有人，因票据被盗、遗失或者灭失，可以向票据支付地的基层人民法院申请公示催告。"《票据法》第十五条规定，"票据丧失，失票人可依法向人民法院申请公示催告。"由此我们认为，可适用公示催告的票据范围大于挂失止付的范围，除了空白票据丧失不能确定付款人不能适用以外，其余形式的票据丧失后均可使用公示催告的补救措施。对此人民法院应当受理，人民法院发出的止付通知，付款人或者代理付款人亦应当受理。公示催告的申请人，为最后持票人，即失票人。公示催告的管辖法院，为票据支付地的基层人民法院。何为票据支付地？《支付结算办法》第五十二条明确规定，"银行汇票的付款地为代理付款人或出票人所在地，银行本票的付款地为出票人所在地，商业汇票的付款地为承兑人所在地，支票的付款地为付款人所在地。"其公示催告程序如下。

（1）失票人向有管辖权的人民法院递交申请书，写明票面金额、出票人、持票人、背书人等票据主要内容和申请的理由、事实。

（2）人民法院决定受理申请后，应同时通知支付人停止支付，根据最高人民法院的司法解释，受理法院通知支付人停止支付的，可以要求申请人提供担保。

（3）受理法院在3日内发出公告，催促利害关系人申报权利，公示催告的期间不少于60日。

（4）在公示催告期间有利害关系人申报并未经法院裁定驳回的，受理法院裁定终结公示催告程序，公示催告申请人或者利害关系人可以向有管辖权的法院另行起诉。

（5）在公示催告期间无人申报或者申报被驳回的，公示催告申请人应在公示催告期间届满次日起一个月内申请受理法院做出判决；逾期不申请的，终结公示催告程序。

（6）公示催告申请人依据生效判决向票据付款人请求付款或者退款。

3. 诉讼

《票据法》第十五条明确规定，诉讼为补救措施之一。但此时的诉讼是指一般意义上的民事诉讼，必须至少符合法院受理民事诉讼要件之一，即必须有明确的被告。而在票据丧失的大多数情况下，是没有被告或者无法确定被告的。我们认为，除非失票人明确知道票据仍然存在，并且知道明确的持有人，否则无法采用诉讼措施进行补救。

从以上规定的三种补救措施可以看出，挂失止付可以使失票人比较及时和方便地取得停止支付的效力，但不适用某些情况下的票据丧失，亦无法阻止票据的流通，而且仍必须进一步采取公示催告、申请除权判决或者诉讼的措施；而公示催告虽然适用面较广，保护措施较为彻底，但在受理的要求和时间上均不及挂失止付理想；诉讼措施则更为次之。因此，我们认为，结合挂失止付与公示催告两种补救措施是比较适合的，即在票据丧失后，能够挂失止付的，首先挂失止付，再按法律要求进行公示催告；不能挂失止付的，应及时向法院申请公示催告，由法院发出的止付通知书和公告取得止付与宣告票据转让行为无效的效力。

9.2 支票的基本概念

支票是出票人签发的，委托办理支票存款业务的银行在见票时无条件支付确定的金额给收款人或者持票人的票据。支票的样式，前面的内容已多次提到，见图5-13所示。

支票是最常见的结算票据。当企业需要收支相关款项时，比较直接的方式就是使用支票。而且，因为支票一般是即时兑现的，所以支票是除现金外最受欢迎的收支方式。

9.2.1 支票的服务对象

要开出支票，首先要有个可以使用支票的存款账户，这个存款账户还需要开立在一个合法的银行机构。而所谓合法的银行机构，是指还需要经中国人民银行当地分支行批准办理业务的银行机构。

可以开支票的不仅仅是企业或事业单位，一般的个人也可以使用支票，前提是有一个可以使用支票的存款账户。

按照规定，凡是在银行开立存款账户的企业、事业单位和机关、团体、部队、学校、个体经济户以及单位所附属食堂、幼儿园等，其在同一城市或票据交换地区的商品交易、劳务供应、债务清偿和其他款项结算等均可使用支票。

9.2.2 支票的分类及特点

1. 支票的分类

支票，根据不同的分类方法有不同的分类，比如根据支票是否记名可分为：

- 记名支票；
- 不记名支票。

记名支票又称抬头支票，即在支票上记载收款人姓名。这种支票的票款，只能付给票面指定的收款人，转让时须由收款人背书。目前，我国使用的支票均为记名支票。不记名支票又叫空白支票，即在支票上不记载收款人名称。

根据支票的实际作用，可分为：

- 现金支票；

✍ 转账支票;

✍ 普通支票。

现金支票是开户单位用于向开户银行提取现金的凭证。在实务工作中一般在提取备用金时使用。

转账支票是用于单位之间的商品交易、劳务供应或其他款项往来的结算凭证。它只能用于转账结算,不能用于提取现金。

普通支票既可以用来支付现金,也可以用来转账。

在实际工作中,现金支票和转账支票都很常见,普通支票却从未见过,这是因为我国目前并未推行普通支票的应用。

对于有国外贸易活动的企业,出纳应该见过国外银行发行的普通支票及划线支票。划线支票是在普通支票的左上角划有两条横跨票面的平行线,可以限制支票的支付行为,如只能用于转账、只能在某个银行的账户进账等。

我国也有少量的划线支票,如图9-4所示。

图9-4 中国香港的划线支票样式

2. 支票的特点

支票作为一种非常方便快捷的有价票据,具有以下五个特点。

(1)无金额起点的限制;

(2)可支取现金或用于转账;

(3)有效期10天,从签发之日起计算,到期日为节假日时依次顺延;

(4)转账支票可以背书转让;

(5)可以挂失。

9.2.3　支票的出票和付款

1. 支票的出票

支票的出票是出票人签发支票并交付的行为。出票人签发支票必须具备一定的条件，即出票人应为在经中国人民银行当地分支行批准办理支票业务的银行机构开立可以使用支票的存款账户的单位和个人。支票的出票人是单位和个人，支票的付款人为支票上记载的出票人，开户银行支票的付款地为付款人所在地。

支票记载事项包括绝对记载事项、相对记载事项、非法定记载事项。我国《票据法》和《支付结算办法》规定两项绝对记载事项可以通过出票人以授权补记的方式记载，包括支票的金额和收款人名称。

注意：未补记前不得使用。

（1）绝对记载事项。

① 标明"支票"字样；

② 无条件支付委托；

③ 确定的金额；

④ 付款人名称；

⑤ 出票日期；

⑥ 出票人签章。

其中，支票的金额、收款人名称可以由出票人授权补记，未补记前不得背书转让和提示付款。

（2）相对记载事项。

① 付款地（支票上未记载付款地的，付款人的营业场所为付款地）；

② 出票地（支票上未记载出票地的，出票人的营业场所、住所、经常居住地为出票地）。

此外，支票上可以记载非法定记载事项，但这些事项并不发生支票上的效力。

（3）非法定记载事项。

① 支票的用途；

② 合同编号；

③ 约定的违约金；

④ 管辖法院等。

非法定记载事项并不发生支票上的效力。

（4）出票的效力。

出票人作成支票并交付之后，出票人必须在付款人处存有足够的可处分的资金，以保证支票票款的支付；当付款人对支票拒绝付款或者付款时间超过支票付款提示期限的，出票人应向持票人承担付款责任。

2. 支票的付款

狭义的付款是指支票的付款人（出票人的开户银行或其他金融机构）支付支票金额并收回票据的行为。

广义的付款是指一切支票的债务人（包括出票人、经过背书转让的支票的持票人的全部前手，但不包括支票上记载的付款人）依照支票文义支付支票金额的法律行为。

付款行为做出后，支票流通过程结束，支票债权得以实现，全体支票债务人解除责任，并取消支票债权债务关系。

支票的持票人向付款人提示付款的方式有两种。

（1）持票人到付款人的营业场所直接向付款人提示票据，请求付款；

（2）委托开户银行通过票据交换系统向付款人提示票据，视同持票人提示付款。

支票的提示付款期限为自出票日起10日内，从签发支票的当日起，到期日遇节假日顺延支票的付款。

9.2.4 支票的办理要求

1. 签发支票的要求

（1）签发支票应当使用碳素墨水或墨汁填写，中国人民银行另有规定的除外。

（2）签发现金支票和用于支取现金的普通支票，必须符合国家现金管理的规定。

（3）支票的出票人签发支票的金额不得超过在付款人处实有的存款金额，禁止签发空头支票。

（4）支票的出票人预留银行签章是银行审核支票付款的依据；银行也可以与出票人约定使用支付密码，作为银行审核支付支票金额的条件。

（5）出票人不得签发与其预留银行签章不符的支票；使用支付密码的，出票人不得签发支付密码错误的支票。

（6）出票人签发空头支票、签章与预留银行签章不符的支票，使用支付密码的地区，支付密码错误的支票，银行应予以退票，并按票面金额处以小于5%但不低于1000元的罚款；持票人有权要求出票人赔偿支票金额2%的赔偿金。对屡次签发错误的，银行应停止其签发支票。

2. 兑付支票的要求

（1）持票人可以委托开户银行收款或直接向付款人提示付款。用于支取现金的支票仅限于收款人向付款人提示付款。

（2）持票人委托开户银行收款时，应作委托收款背书，在支票背面背书人签章栏签章，记载"委托收款"字样、背书日期，在被背书人栏记载开户银行名称，并将支票和填制的进账单送交开户银行。

（3）持票人持用于转账的支票向付款人提示付款时，应在支票背面背书人签章栏签章，并将支票和填制的进账单交送出票人开户银行。收款人持用于支取现金的支票向付款人提示付款时，应在支票背面"收款人签章"处签章；持票人为个人的，还需交验本人身份证件，并在支票背面注明证件名称、号码及发证机关。

▌9.2.5 使用支票注意事项

支票作为企业重要支付手段，也是银行重要的业务来源，所以支票在使用中有许多要点需要注意。支票的使用有许多环节，比如领用、注销、签发、转让等，每个环节的要点都有不同。

（1）支票的领用与注销。出纳去银行领用支票，须填写支票领用单，再加盖预留银行印鉴。账户结清时，须将全部剩余空白支票还回开户行注销。

（2）签发支票。填写支票时，必须使用墨水或碳素墨水笔填写支票内容和签发日期。支票上的内容，尤其是大小写金额和收款人名称绝对不能涂改，也不得使用任何方法修改，一旦写错需要将写错的支票作废，然后重新正确填写一张新的支票。

签发支票时，需要注意账户中有足够的支付金额，以防支票被银行退票。

填写完支票内容和金额，还需要加盖预留银行印鉴，以确认企业的支付请求。

（3）支票取现。只有现金支票可以提现，提现时收款人须在支票背面背书。

（4）支票转账。委托收款的支票或经背书转让的支票须按规定背书。

（5）支票挂失。已签发的记名支票遗失时，可以在付款期内向银行申请挂失，如挂失前已经支付，银行不予受理。

9.2.6 支票结算的内部管理

支票是企业重要的支付票证，为了避免发生丢失、被盗、空头等情况，防止由于管理不善而带来经济损失，企业应在内部建立完善的支票结算管理制度，加强对支票结算的管理和控制。

（1）专人管理。支票的管理由财务部门负责，指定的出纳员专门负责，妥善保管，严防丢失、被盗。

（2）支票与印鉴分开保管。支票和预留银行印鉴、支票密码单应分别存放，专人保管。

（3）建立支票领用制度。有关部门和人员领用支票一般必须填制专门的支票领用申请单，说明领用支票的用途、日期、金额，由经办人员签章，经有关领导批准。支票领用申请单的样式，如图9-5所示。

支票领用申请单

年　月　日

编号

部　门		项目名称		预算科目	
收款单位					
支票用途					
支票金额	人民币（大写）			¥：	
（财务填写）	支票归属行			支票号码	
备注			支票领用申请单		
领导批示		财务主管		部门主管	

会计　　出纳　　领款人

图9-5　支票领用申请单

（4）专人签发。支票由指定的出纳员签发。出纳员根据经领导批准的支票领用申请单，按照规定要求签发支票，并在支票签发登记簿上加以登记。

（5）各单位不准携带盖好印鉴的空白支票外出采购。如果采购金额事先难以确定，实际情况又需用空白转账支票结算时，经单位领导同意后，出纳员可签发具有下列内容的空白支票：定时（填写好支票日期）、定点（填写好收款单位）、定用途（填写好支票用途）、限金额（在支票的右上角再加注“限额××元”字样），如图9-6所示。

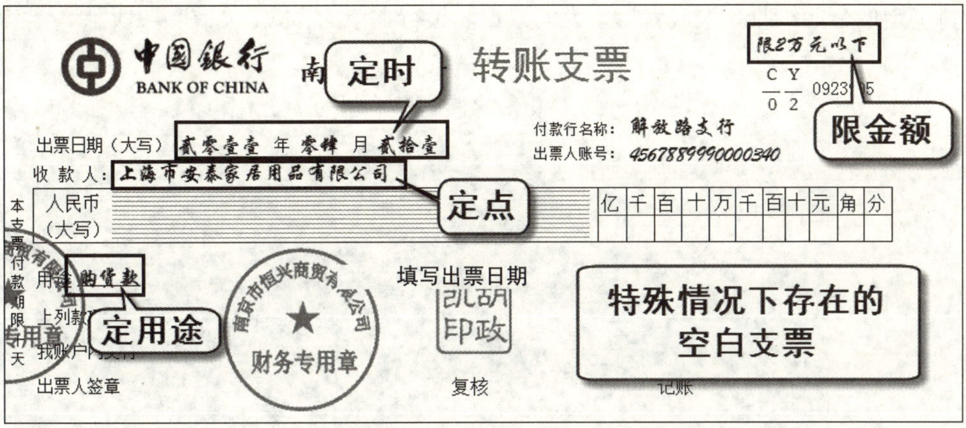

图9-6 特殊情况下才能签发的空白支票

　　各单位签发空白支票要设置"空白支票签发登记簿"，实行空白支票领用销号制度，以严格控制空白支票的签发。领用人领用支票时要在登记簿"领用人"栏签名或盖章；领用人将支票的存根或未使用的支票交回时，应在登记簿"销号"栏销号并注明销号日期。

　　（6）建立、健全支票报账制度。单位内部领用支票的有关部门和人员应按规定及时报账，遇有特殊情况与单位财务部门及时取得联系，以便财务部门能掌握支票的使用情况，合理地安排和使用资金。

　　（7）避免签发空头支票。各单位财务部门要定期与开户银行核对往来账，了解未达账项情况，准确掌握和控制其银行存款余额，从而为合理地安排生产经营等各项业务提供决策信息。

　　（8）建立收受支票的审查制度。为避免收受空头支票和无效支票，各单位应建立收受支票的审查制度。为防止发生诈骗和冒领，收款单位一般应规定必须收到支票几天（如三天、五天）后才能发货，以便有足够的时间将收受的支票提交银行，办妥收账手续。遇节假日相应推后发货时间，以防不法分子利用假日银行休息无法办妥收账手续进行诈骗。

　　（9）遗失支票处理机制。一旦发生支票遗失，立即向银行办理挂失或者请求银行和收款单位协助防范。

9.3　银行本票的基本概念

　　银行本票，是指由银行签发的，承诺自己或代理付款银行在见票时无条件支付确定的金额给收款人或者持票人的票据。银行本票的样式，如图9-7所示。

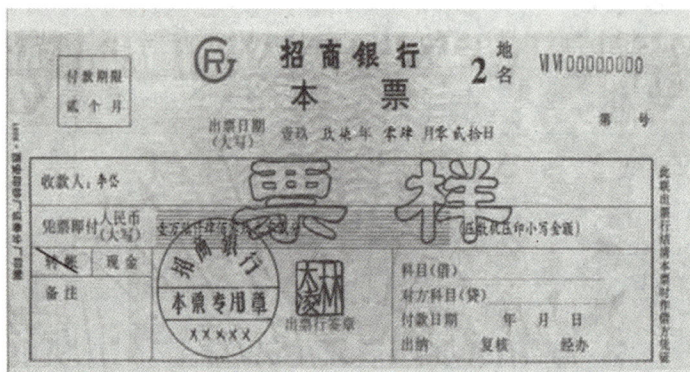

图9-7　银行本票

银行本票实行见票即付，银行即时将银行本票资金转入客户账户，即使是跨行转账，也可以即时实现"票款两清"，万一遗失还可以通过挂失等方式挽回损失。在国际上，银行本票几乎可以与现金支付画上等号。

我国目前只开办了转账银行本票业务，并没有开办现金银行本票业务。

9.3.1　银行本票的服务对象

单位和个人在同一票据交换区域需要支取各种款项，均可以使用银行本票。

9.3.2　银行本票的特点

银行本票具有以下特点。

☞ 无金额起点限制；

☞ 结算快捷，见票即付。

9.3.3　银行本票的结算

银行本票由银行签发并保证兑付，而且见票即付，具有信誉高、支付功能强等特点。用银行本票购买材料物资，销货方可以见票付货，购货方可以凭票提货；债权债务双方可以凭票清偿；收款人将本票缴存银行，银行即可为其入账。

银行本票分定额本票和不定额本票。定额本票面值分别为1000元、5000元、10000元和50000元。在票面划去"转账"字样的，为现金本票。

银行本票的付款期限为自出票日起最长不超过两个月，在付款期内银行本票见票即付。超过提示付款期限不获付款的，在票据权利时效内向出票银行做出说明，并提供本人身份证或单位证明，可持银行本票向银行请求付款。

支付购货款等款项时，应向银行提交"银行本票申请书"，填明收款人名称、申请人名称、支付金额、申请日期等事项并签章。申请人或收款人为单位的，银行不予签发现金银行本票。出票银行受理银行本票申请书后，收妥款项签发银行本票。不定额银行本票用压数机压印出票金额，出票银行在银行本票上签章后交给申请人。申请人取得银行本票后，即可向填明的收款单位办理结算。收款单位可以根据需要在票据交换区域内背书转让银行本票。

收款企业在收到银行本票提示付款时，应该在本票背面"持票人向银行提示付款签章"处加盖预留银行印鉴，同时填写进账单，连同银行本票一并交开户银行转账。

▌9.3.4　真假本票的识别

（1）真本票系采用专用纸张印刷，纸质好，有一定的防伪措施；假本票采用市面上的普通纸张印刷，纸质差，一般比真本票所用纸张薄且软。

（2）印刷真本票的油墨配方是保密的，诈骗分子很难得到，因此，只能用相似颜色的油墨印制，这样假本票票面颜色较真本票有一定的差异。

（3）真本票号码、字体规范整齐；有的假本票号码、字体排列不齐，间隔不匀。

（4）由于是非法印刷，假本票上的签字也必然会假冒签字，与银行掌握的预留签字不符。

9.4　银行汇票的基本概念

汇票是由出票人签发的，委托付款人在见票时或者在指定日期无条件支付确定的金额给收款人或者持票人的票据。银行汇票，就是由银行签发和付款的汇票。

▌9.4.1　银行汇票的服务对象

银行汇票可以用于企业的各种款项结算，使用比较方便。银行汇票可以用于转账，填明"现金"字样的银行汇票也可以用于支取现金。

9.4.2 银行汇票的特点

银行汇票具有以下特点。

（1）无金额起点限制；

（2）无地域限制；

（3）对申请人没有限制，企业和个人均可申请；

（4）可签发现金银行汇票（仅限个人使用）；

（5）可以背书转让；

（6）付款时间较长，银行汇票有效期为一个月；

（7）现金银行汇票可以挂失；

（8）见票即付；

（9）在票据的有效期内可以办理退票。

9.4.3 银行汇票的记载事项

银行汇票的记载事项有：

（1）收款人姓名或单位；

（2）汇款人姓名或单位；

（3）签发日期（发票日）；

（4）汇款金额、实际结算金额、多余金额；

（5）汇款用途；

（6）兑付地兑付行行号；

（7）付款日期。

9.4.4 银行汇票的规定

1. 银行汇票的基本规定

（1）银行汇票可以用于转账，标明"现金"字样的银行汇票也可以提取现金。

（2）银行汇票的付款人为银行汇票的出票银行，银行汇票的付款地为代理付款人或出票人所在地。

（3）银行汇票的出票人在票据上的签章，应为经中国人民银行批准使用的该银行汇票专用章加其法定代表人或其授权经办人的签名或者盖章。

（4）银行汇票的提示付款期限为自出票日起一个月内。持票人超过付款期限提示付款的，代理付款人（银行）不予受理。

（5）银行汇票可以背书转让，但填明"现金"字样的银行汇票不得背书转让。银行汇票的背书转让以不超过出票金额的实际结算金额为准。未填写实际结算金额或实际结算金额超过出票金额的银行汇票不得背书转让。

（6）填明"现金"字样和代理付款人的银行汇票丧失，可以由失票人通知付款人或者代理付款人挂失止付。

（7）银行汇票丧失，失票人可以凭人民法院出具的其享有票据权利的证明，向出票银行请求付款或退款。

2. 银行汇票申办和兑付的基本规定

收款人受理银行汇票依法审查无误后，应在出票金额以内，根据实际需要的款项办理结算，并将实际结算金额和多余金额填入银行汇票和解讫通知的有关栏内。未填明实际结算金额和多余金额或实际结算金额超过出票金额的，银行不予受理。银行汇票的实际结算金额不得更改。更改实际结算金额的银行汇票无效。

持票人向银行提示付款时，必须同时提交银行汇票和解讫通知。缺少任何一项，银行不予受理。

持票人超过提示付款期限向代理付款银行提示付款不获付款的，必须在票据权利时效期内向出票银行做出说明，并提供本人身份证件或单位证明，持银行汇票和解讫通知向出票银行请求付款。

第10章 支票和汇票

支票是出纳工作中特别常用的货币资金进出方式。支票也是企业支付手段中非常重要的一环。对于出纳来说，支票从购买到签发再到支付，从收到支票的审核到持支票进账，几乎全都需要出纳去具体操作。

所以，支票是出纳必须懂、必须熟的银行结算凭证。

10.1 支 票

10.1.1 支票的购买

企业购买支票，必须要先开立基本存款账户。开立基本存款账户以后，就可以在开户行购买支票了。目前我国使用的支票主要有现金支票和转账支票。

初次去开户行购买支票，先要准备好购买支票专用证，然后带上相关资料到银行填写支票申购单。其操作步骤如下。

- ✍ 办理支票购买证；
- ✍ 带齐相关资料；
- ✍ 填写支票申购单；
- ✍ 支付支票工本费。

支票的购买流程，如图10-1所示。

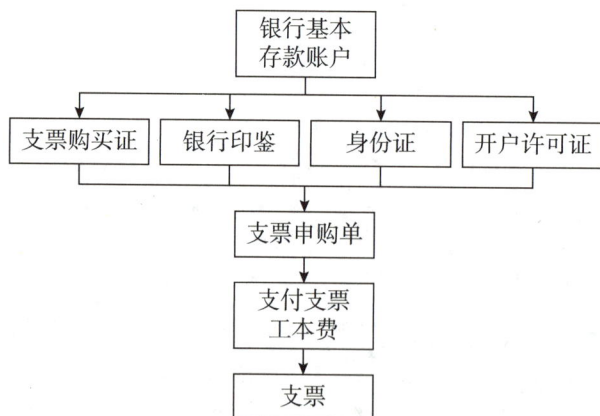

```
            ┌─────────────┐
            │ 银行基本      │
            │ 存款账户      │
            └─────────────┘
                   │
     ┌─────────┬───┴────┬─────────┐
     ▼         ▼        ▼         ▼
 ┌───────┐ ┌───────┐ ┌──────┐ ┌────────┐
 │支票购买证│ │银行印鉴│ │身份证│ │开户许可证│
 └───────┘ └───────┘ └──────┘ └────────┘
                   │
                   ▼
            ┌─────────────┐
            │ 支票申购单    │
            └─────────────┘
                   │
                   ▼
            ┌─────────────┐
            │ 支付支票      │
            │ 工本费        │
            └─────────────┘
                   │
                   ▼
            ┌─────────────┐
            │ 支票          │
            └─────────────┘
```

图10-1 支票的购买流程

1. 办理支票购买证

支票购买证，也叫购买支票专用证，这是在首次购买支票时由银行发给办理支票人员的凭据，也是以后购买时必须携带的证明资料之一。

支票购买证是限定使用人员的，也就是说当初办的时候是谁办的，那么谁以后购买支票，只能是专用证的持有人才能购买。如果出纳换岗、换人，那么支票购买证需要及时更改持证人相关信息。

专用证的办理方式如下。

（1）开户单位申请办理专用证时，应填写《购买空白重要凭证登记簿》，且须加盖单位公章及预留开户行印鉴。

（2）将以下资料交到开户行柜台，即可办理支票购买证。

☑ 填写无误的登记簿；

☑ 持证人身份证；

☑ 持证人一寸免冠照相片1张。

支票购买证，并不是所有银行都要求办理的，主要看企业开户行的具体规定。不过，一般来说如果开户行要求在购买支票时使用支票购买证，那么开户的时候银行就会提醒和要求办理，所以不用特意去办理支票购买证。

2. 带齐相关资料

购买支票时，需要携带以下资料。

☑ 银行预留印鉴；

☑ 支票购买证；

☑ 开户许可证；

☑ 身份证。

（1）银行预留印鉴。企业在开户时都会与银行约定印鉴，也就是银行预留印鉴。银行在付款时，核对印鉴无误才会放款。购买支票时也需要将此印鉴带上。银行预留印鉴一般包括：

☑ 财务章；

☑ 法人章。

（2）支票购买证。各个银行有具体规定，有些银行并不严格要求，有些银行则要求必须有。

（3）开户许可证。开户许可证主要是在购买现金支票时要用。柜台人员要查看企业银行账户是不是基本存款账户，如果是，那么可以支取现金，也就可以购买现金支票，否则不能购买。

（4）身份证。身份证主要是为了对照支票购买证而使用的。不过，不要求购买证的银行也有要求身份证的，反正带上比较好，宁可多带不要少带。

3. 填写支票领购单

到开户行对公窗口办理购买支票，银行会给你凭证购买单。不同的银行相关单据的名称可能不太一样，有些叫支票领购单，有些叫结算票证购买表等。以支票领购单为例，常见的支票领购单的样式，如图10-2所示。

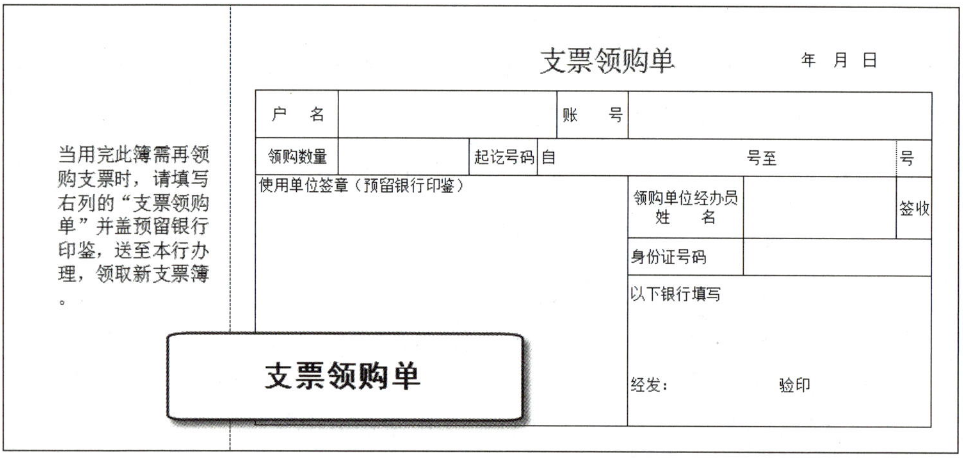
当用完此簿需再领购支票时，请填写右列的“支票领购单”并盖预留银行印鉴，送至本行办理，领取新支票簿。

支票领购单　　年　月　日

户　名			账　号		
领购数量		起讫号码	自	号至	号
使用单位签章（预留银行印鉴）			领购单位经办员姓　名		签收
			身份证号码		
			以下银行填写 经发：　验印		

图10-2　支票领购单

填写支票领购单的相关内容，再加盖银行预留印鉴。

说明：支票领购单的填写是十分简单的。因为这个单据并不是统一单据，所以不再详细介绍其填写方法。到了银行如果有填写方面的问题，可以直接咨询大堂经理，会得到比较专业而且有针对性的回答。

4.支付支票工本费

一般一本支票为30元，工本费5元、手续费为15元。不过每个银行都不相同。一般购买支票时所产生的工本费及手续费由银行从公司账户里扣除。

银行扣除支票的购买费用后，会为企业提供收款凭证，以方便企业记账。

注意：工本费入账的会计处理，前面银行相关章节已经有详细介绍，这里就不再多说。

10.1.2　现金支票与转账支票的签发

票据的签发，则是指企业通过填写票据、加盖印鉴等手续，将空白票据变成合法的有效票据的过程。比如签发支票，是指将支票的内容、金额等填好，然后再盖上银行预留印鉴。

因为现金支票与转账支票的签发过程基本相同，而现金支票的要求更严格一些，所以本节就以现金支票的签发过程为例，分步骤来说明支票的签发过程。

1. 填写出票日期

填写出票日期时，日期必须填写中文大写数字，如图10-3所示。

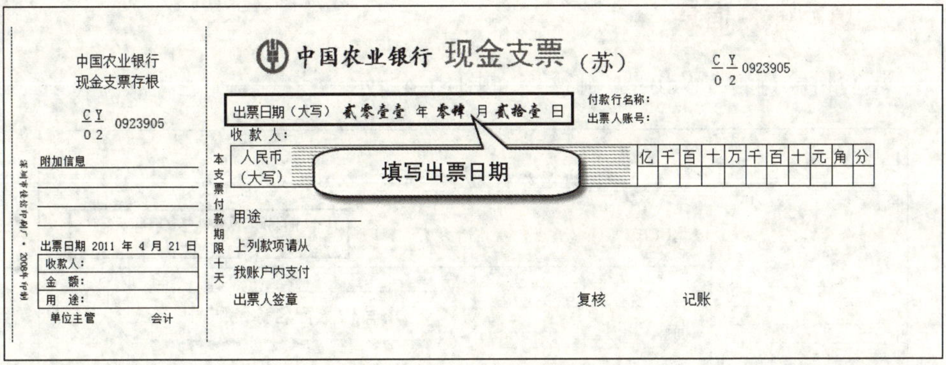

图10-3　第一步：填写出票日期

银行单据的日期，一般都是要求填写大写数字的，其月份和日期的填写规则为：

☎ 单日或单月，需要在数字前面加"零"字，如2月2日，应写为"零贰月零贰日"；

☎ 双字日或双字月，需要写为"某拾某"日，如12月27日，应写为"壹拾贰月贰拾柒日"；

☎ 日期或月份为整10的，如10日、20日、30日、10月，应在前面加"零"，如10月30日，应写为"零壹拾月零叁拾日"。

将上述规则整理成表格，如表10-1所示。

表10-1　中文大写数字日期的填写规则

类别	小写日期	大写日期	说明
单日单月	2月2日	年 零贰 月 零贰 日	1～9日，1～9月，需要在数字前面加"零"
	9月8日	年 零玖 月 零捌 日	
整十日、整十月	10月10日	年 零壹拾 月 零壹拾 日	10日、20日、30日、10月，应在前面加"零"
	10月20日	年 零壹拾 月 零贰拾 日	
	10月30日	年 零壹拾 月 零叁拾 日	
	7月20日	年 零柒 月 零贰拾 日	

类别	小写日期	大写日期	说明
双字日、双字月	12月27日	年 壹拾贰 月 贰拾柒 日	需要写为"某拾某"日
	11月6日	年 壹拾壹 月 零陆 日	
	12月10日	年 壹拾贰 月 零壹拾 日	

2. 填写账户信息

填写付款行名称及出票人账号，如图10-4所示。

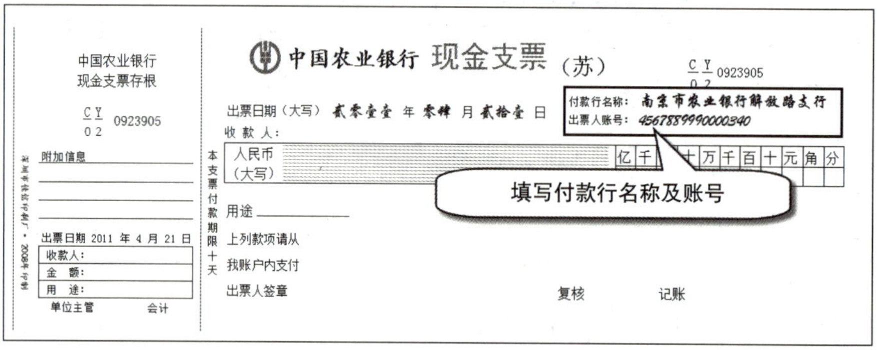

图10-4　第二步：填写付款行名称及账号

3. 填写收款人

填写支票的收款人全称，个人须写全姓名，要求与其身份证上的字完全相同；单位收款人，要写其全称，其全称应与其财务专用章上的全称完全一致。

支票的收款人填写完成后，如图10-5所示。

注意：现金支票的收款人一般为个人或是企业自己，如果是其他企业，那么就会开转账支票，不需要对方去提现金。

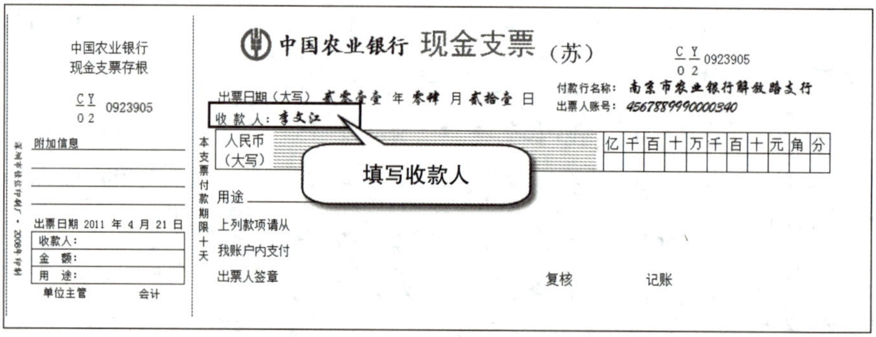

图10-5　第三步：填写收款人

4. 填写支票金额

填写大小写金额，如图10-6所示。

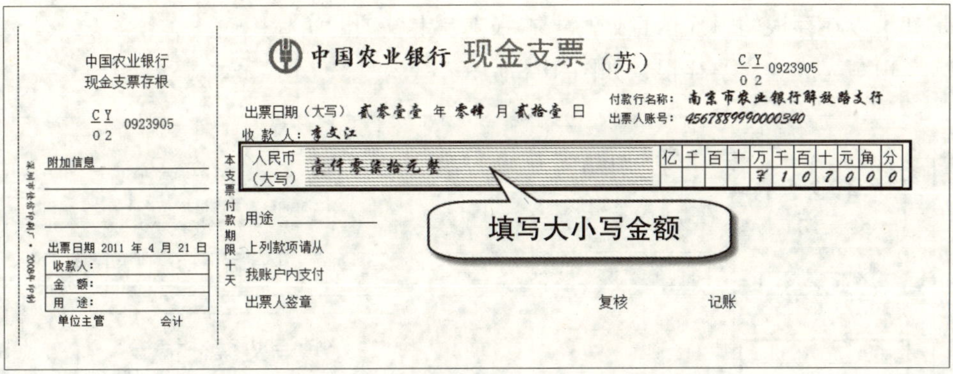

图10-6 第四步：填写大小写金额

5. 填写款项用途

填写款项用途，如图10-7所示。

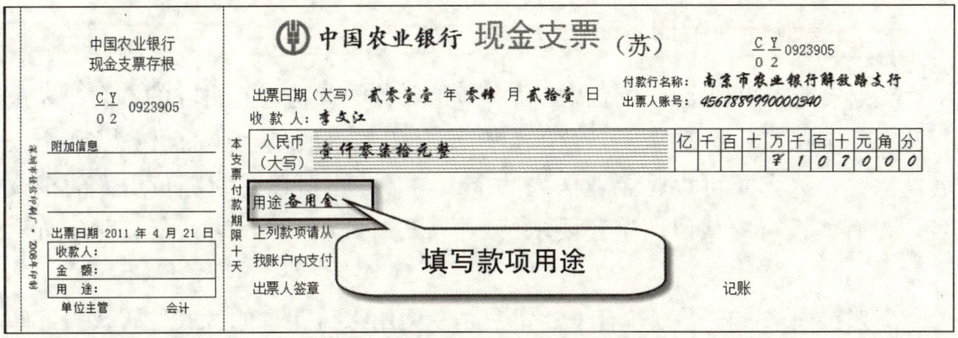

图10-7 第五步：填写款项用途

现金支票上的用途有一定限制，一般填写"备用金""差旅费""工资""劳务费"等，如果写错，银行就会拒绝支付。所以，在填写现金支票的用途时，在上述几个常用用途中选一个相近的，然后在存根中写明真实的用途。

转账支票没有具体规定，只要是简明扼要的词或短语都可以填写，如"货款""代理费"等。

6. 填写支票存根

支票的存根，主要是留给本单位做账使用的，其中的出票人、金额和用途等信息需要与票面完全一致，附加信息则可以灵活方便地根据需要记录相关信息。

比如现金支票，为了能够顺利提取现金，其用途只能写固定的那几个，但是却可以在存根的附加信息处写上本张支票上款项的实际用途。

填写完成的支票存根，如图10-8所示。

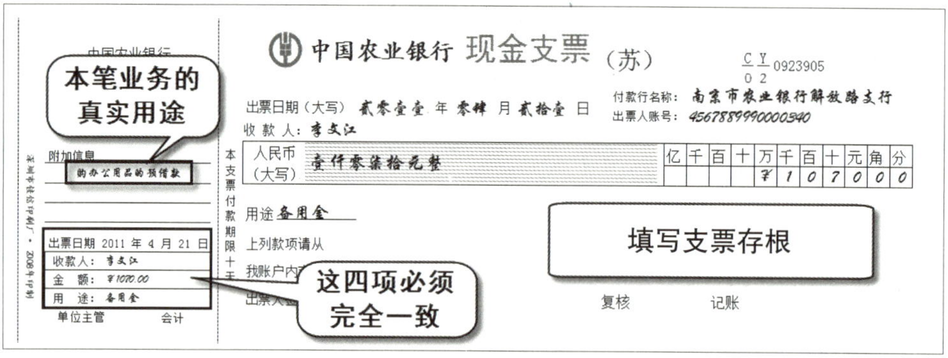

图10-8　第六步：填写支票存根

至此，现金支票中需要手工填写的部分就全部完成了。

7. 加盖银行预留印鉴

支票要能提出现金来，还需要盖章。这要盖的章是很有讲究的。企业在银行开立基本账户时，都需要预留印鉴。这个印鉴一般是企业的财务章和个人名章。这个人名章可以是企业法人的个人名章，也可以是财务负责人的个人名章，有些银行的预留印鉴还要求留三个章，即财务章、法人章和财务负责人章。

支票正面票面栏下方，有一片留白是专门用来盖印章的，其位置及盖好印章的效果，如图10-9所示。

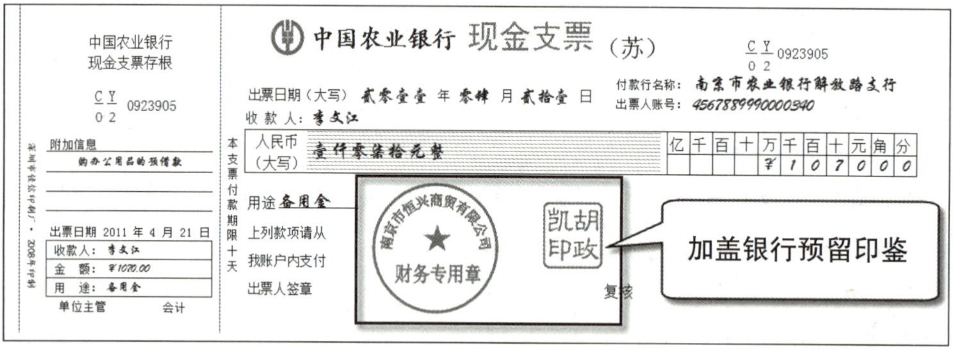

图10-9　第七步：加盖预留银行印鉴

8. 加盖剪裁线骑缝章

支票正面两栏中间的剪裁线处，还需要加盖骑缝章。骑缝章，因其加盖在票据连接处的接缝而得名。骑缝章很常见，凡是需要出一半留一半的重要文件，都有骑缝章，比如单位的证明、支票。

由于支票在使用时，需要从剪裁线处裁开使用，如果发生银行退票等情况，支票需要原样退回重开，这时就需要两边对起来，如果骑缝章完整，则说明该支票确实与比对的存根是原配。

加盖骑缝章，一般来说应该正好以剪裁线为中线，尽量即可。加盖好骑缝章的支票，如图10-10所示。

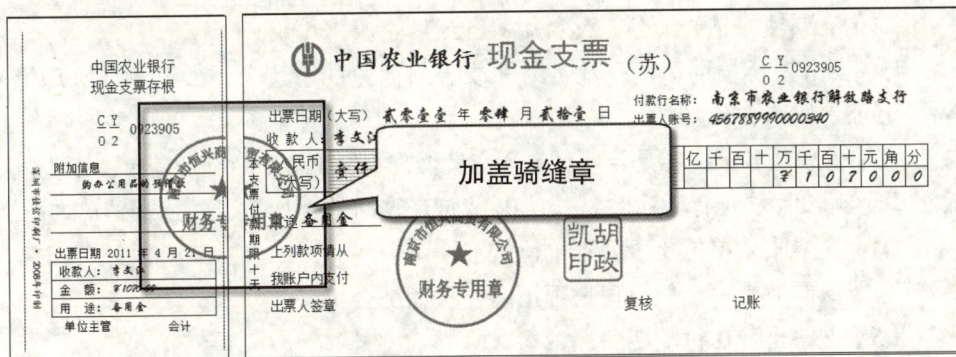

图10-10 第八步：骑缝章

这个位置盖章，主要是防止支票的票面和存根内容不一致。一般情况下，现金支票的票面栏是很难造假的，而且支票交到银行时，内容都要受到严格的审核，一点点涂改的痕迹都会被拒付，所以盖骑缝章主要是防止有造假的支票存根。

支票存根是企业用来做账的，是重要的原始凭证，如果留有造假的漏洞，始终是有隐患的。而骑缝章盖上之后，由于财务章看管严密，又不易仿制，所以安全系数就高很多。而且一旦有问题，也可以拿银行保存的支票票面进行对缝。

自此，支票需要加盖的印章也全部盖齐，可以将票面裁下来到银行提取现金了。

▌10.1.3 支票的使用

支票的使用，是指企业对现金支票和转账支票的使用，包括两种操作。

✍ 提现；

✍ 进账。

提现是指企业使用现金支票提取现金，而进账是指企业将收到的转账支票存入账户中。不过，不管企业要进行哪种操作，其前提都是收到的支票能够顺利通过银行的审查。所以当出纳人员收到支票或者写好支票后，都应当仔细检查是否有错漏。

1. 支票的审查

出纳人员收到支票，应当首先自行审查，以免收进假支票或无效支票。对支票的一般审查，是指出纳人员对支票内容的初步审查，应包括如下内容。

（1）支票填写是否清晰，是否用墨汁或碳素墨水填写；

支票会由银行长期保存，凡是易涂改、易褪色的字迹，比如铅笔、圆珠笔等书写的，都会直接被退票。

（2）支票的各项内容是否填写齐全，是否在签发单位盖章处加盖单位印鉴，大小写金额和收款人有无涂改，其他内容如有改动是否加盖了银行预留印鉴；

（3）支票收款单位是否为本单位；

（4）支票大小写金额填写是否正确，两者是否相符；

（5）支票是否在付款期内；

（6）背书转让的支票其背书是否正确、是否连续。

收款单位出纳员对受理的转账支票审查无误后，即可填制一式两联进账单，连同支票一并送交其开户银行。开户银行审核无误后即可在进账单第一联上加盖"转讫"章退回收款单位。收款单位根据银行盖章退回的进账单第一联编制银行存款收款凭证。

在对支票经过一般审查后，还需要对一些比较特别但是银行极易退票的方面进行进一步的审查。

（1）支票上的出票日期要大写。当然如果没有大写，有时候银行也可能不会退票，不过最好用大写，省得到时候银行退票，还得重开。

（2）支票的收款人注意名称或姓名中的字一点都不能错，否则对不上也会被退票。支票的背面是需要收款人盖章或签名的，如果是企业，那么支票背面会加盖其财务章，或者预留银行印鉴；如果是个人，则需要其提供身份证件，并将证件号码等登记在支票背面。

（3）支票正面不能有涂改痕迹，否则本支票作废。一般来说，绝对不能涂改的只有三项，即大小写金额和收款人。但是在实际与银行的互动过程中，只要支票正面有涂改，银行就很有可能退票，所以最好不要有涂改的痕迹。

（4）写支票不能中途换笔或同一张支票上存在两种字迹。这一点要格外注意。有些时候支票填到一半笔坏了，换一支笔来填写，如果两支笔的颜色或笔触粗细不相同，银行很可能会退票；如果支票由两个人填写，字迹差异较大，又无相关证明，银行会认为企业非法使用盖好印鉴的空白支票，从而退票。

（5）如果发现支票填写不全，可以补记，但不能涂改。发现支票上的应填项目没写完，如没写用途等，可以请对方开票人补写上去，但绝对不能涂改。

（6）支票付款期限为10天，这10天包含出票日当天。在计算支票是否超期时，需要记住付款期限应从出票日当天开始计算。比如出票日为4月21日，那么其付款期限为4月21日至4月30日，到了5月1日那天，支票就过期无效了。

2. 支票上银行预留印鉴的审核

支票上加盖的银行预留印鉴，是出票企业与银行约定的准付条件，如果因为其模糊不清而无法核对真伪，那么银行肯定会将支票退回，不予处理。

以下是四种支票上印章疑似有误的情况。

- 印章颠倒；
- 印章模糊；
- 印章重叠；
- 印章盖错。

现将其处理方法一一举例说明。

（1）印章颠倒。有时可能一时大意，把印章给盖颠倒了，也就是将其盖反了。这种情况并不影响银行的印鉴比对，所以可以直接按正常支票处理。这种印章颠倒的情况，如图10-11所示。

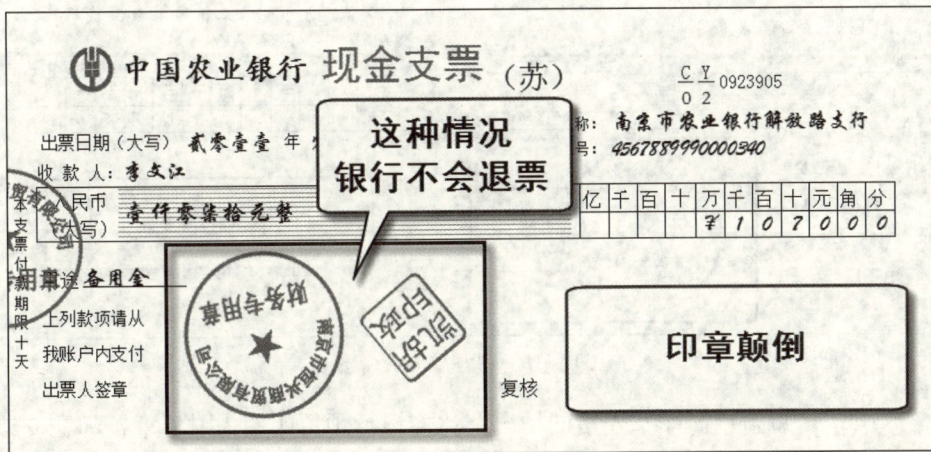

图10-11 支票印章颠倒的情况

（2）印章模糊。如果支票上的印章比较模糊，可以将原印章划"×"后，重新在空白处加盖该印章，如图10-12所示。

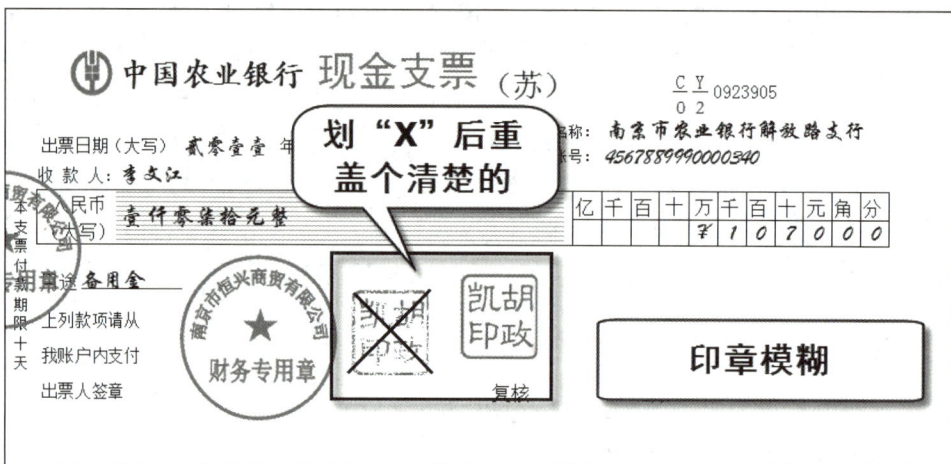

图10-12 印章模糊不清的情况

（3）印章重叠。印章重叠的情况下，一般是会被银行退票的，所以看到印章有重叠的支票，最好不要收。

如果是自己签出的支票，直接将这张支票作废处理。因为重叠的两个章都需要重盖，一般来说应该是没有那么大的地方的，所以作废重开吧。

印章重叠的情况，如图10-13所示。

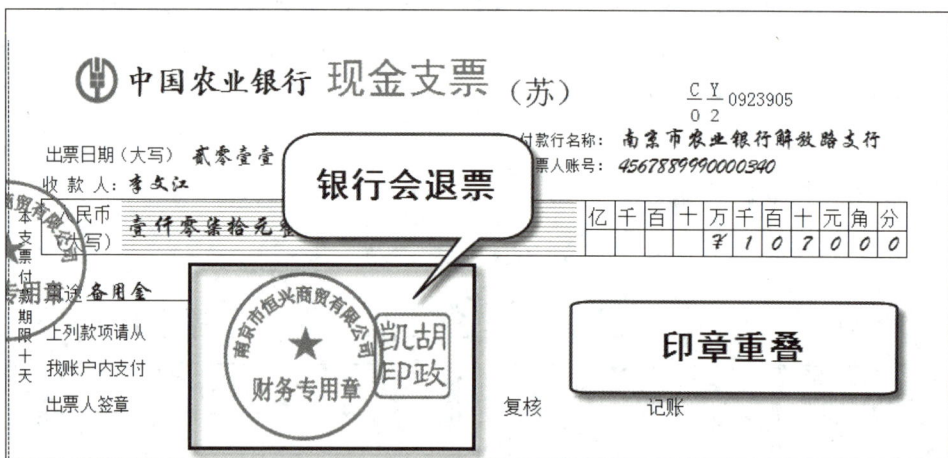

图10-13 印章重叠的情况

（4）印章盖错。印章盖错的情况，比如银行预留印鉴为财务章，却在支票上错盖了公章。此时，在错误印章上划"×"，然后重新在空白处加盖正确的印章，如图10-14所示。

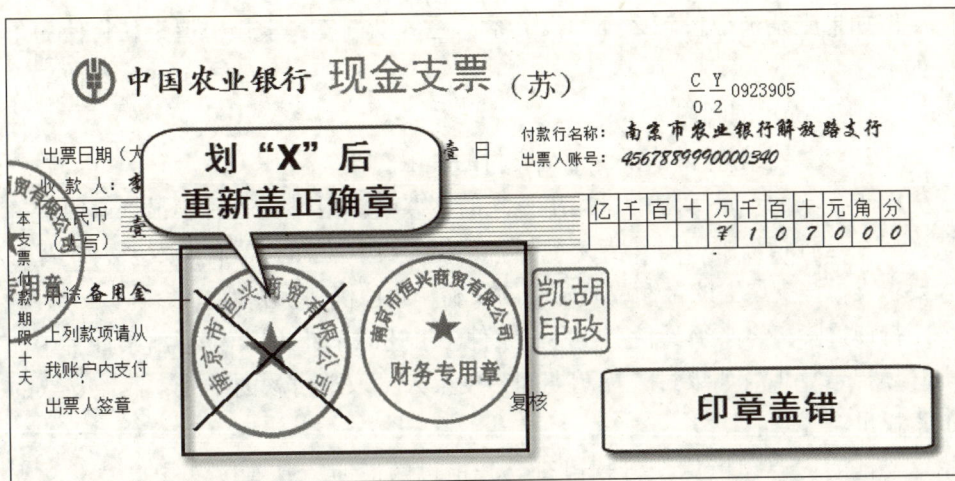

图10-14 印章盖错

3. 使用现金支票提现

使用现金支票提现，有两种情况。

☒ 收款人为本单位；

☒ 收款人为个人。

在前面第5章已提到这两种情况，详见图5-45和5-46。

4. 支票的兑现

取得支票后，就要将支票向付款人（金融机构）提示。支票一旦被提示后，付款人就从该提示的支票的发票人户头中支付支票上记载的金额给持票人。

通常都是以委托自己公司的往来银行代为转账的方式兑现支票金额。将支票委托自己公司的往来银行代为交换兑现，银行将支票带至票据交换所交换，由银行之间处理。这时，如果付款银行的发票人的存款余额不足，这张支票就成了拒付支票，会被贴上不能付款的笺条而退还。

也可由持票人直接向付款银行提示支票的方式兑现支票。但如果付款银行是在外地，这么做就很没效率，而且不经由票据交换所，若发生存款不足的情况，彼此间的纠纷就很难处理。因此，为确保安全及便利性，还是经由银行代为交换兑现。

有些发票人很糊涂，即使今年2月无29日，付款日仍写29日，6月无31日，也要开6月31日。遇到这种情况，依《票据法》规定，仍以当月最后一天为付款日。支票若经发票人向银行提出止付的申请，付款银行就不得支付金额给持票人。会计人员在收到支票的当天或第二天，就应该立刻将支票转入银行代收。

但如果支票被拒付怎么办？没关系，还可以行使追索权。追索权行使的条件如下。

（1）在提示期间内提示；

（2）支票上附有付款银行拒绝支付的理由。

由于存款额不足等理由，提出兑现的支票会被拒付，然后从银行退回给持票人。在这种情况下，虽然支票被拒付，但对持票人而言，有向发票人或背书人要求支付该支票上的金额或利息等的权利，此种权利就称为追索权。

行使追索权，必须具备上述两项条件。上述的条件（1）是指出票日后10日内必须提示兑现。如果过了提示期间，发票人可取消付款的委托，而该支票的追索权也随之取消。

要证明支票被拒付，付款银行会开拒付的证明。其有关文句是"××支票，由于×××理由，无法兑现。×年×月×日××银行××分行，经理×××印"。票据拒付被退票时，拒付理由的笺条会随着支票退还给持票人。

如果票据遭退票无法领到现金，即可行使追索权。如果行使了追索权，而发票人或背书人无支付意思的话，就会导致诉讼案件的产生。

5. 支票的处理

（1）遗失支票的处理。

企业可以到银行为遗失的支票做如下处理。

✍ 已签发的现金支票遗失时，可以向银行申请挂失；

✍ 已签发的转账支票遗失，银行不予挂失，但付款单位可以请求收款单位协助防范。

因为转账支票是规定了收款单位的，所以其他人如果没有收款单位的银行印鉴无法进行背书，也就不能对付款单位造成实际损失。所谓防范，就是指收款单位在支票的10天的付款期内，要格外注意单位的印鉴，不要被他人盗用。

现金支票的挂失程序。

✍ 向开户银行提交挂失止付通知书；

✍ 经开户行查询支票未支付后，向法院申请催告或诉讼；

✍ 向开户银行提供申请催告或诉讼的证明；

✍ 开户银行收到法院的停止支付通告，完成挂失支付的程序。

（2）背书转让支票的处理。在日常业务中，我们经常需要把某公司付给我们的款项转付给其他公司。如果等到我们的支票到账后，再开给其他公司，那么效率就会大打折扣。这个时候，我们就需要背书转让了。

通常支票的背面都印制好若干背书栏的位置，写明表示将票据权利转让给被背书人的文句。而留出背书人及被背书人的空白，供背书人背书时填写。《票据法》一般并不限制背书的次数，在背书栏或票据背面写满时，可以在票据上粘贴粘单进行背书。背书应当由背书人签章并记载背书日期。如果未记载背书日期，视为在支票到期日前背书。同时背书也必须记载被背书人名称。

背书后，背书人应将支票复印，在复印件上填写清楚需说明的情况。之后，根据复印件入账。其会计分录为：

借：库存商品

应交税费——应交增值税（进项税额）

贷：应收票据

（3）空头支票行政处罚。前面已经提到空头支票，是指支票持有人请求付款时，出票人在付款人处实有的存款不足以支付票据金额的支票。

我国不允许开出空头支票，支票出票人所签发的支票金额不得超过其在付款人处实有的存款金额，这就要求出票人自出票日起至支付完毕止，保证其在付款人处的存款账户中有足以支付支票金额的资金。对签发空头支票骗取财物的，要依法追究刑事责任。如果签发空头支票骗取财物的行为情节轻微，不构成犯罪，《票据法》规定要依照国家有关规定给予行政处罚。以下是空头支票行政处罚操作流程。

① 调查取证。银行发现出票人有签发空头支票行为的，应立即填制《空头支票报告书》（以下简称《报告书》），将支票和其他足以证明出票人违规签发空头支票的资料复印并签章后作为《报告书》附件，于当日至迟次日（节假日顺延）报送当地人民银行分支行支付结算管理部门（以下简称人民银行）。人民银行收到《报告书》之日起3个工作日内进行核实，并做出是否进行行政处罚的决定。

签发空头支票事实清楚、证据确凿的，应做出行政处罚。行政处罚决定由主管行长授权支付结算管理部门负责人批准。做出行政处罚决定后，应编制《中国人民银行行政处罚意见告知书》（以下简称《告知书》），并连同拟处罚决定一并通知举报行。签发空头支票事实不清、证据不足的，应提出纠正意见，将材料退回举报行。

② 告知。银行应在收到人民银行做出的拟处罚决定和《告知书》之日起5个工作日内，填写《告知书》中出票人名称、违规事实等有关内容，并送达出票人。送达情况应在当日至迟次日（节假日顺延）报告人民银行。

③ 决定。人民银行在银行送达《告知书》之日起5个工作日内，未收到出票人陈述或申辩的书面材料的，或在对当事人提出的陈述或申辩意见复核后不予采纳的，应编制《中国人民银行行政处罚决定书》（以下简称《决定书》），

并通知银行。对于拟进行重大行政处罚决定的，出票人在收到《告知书》3日内要求听证的，人民银行应组织听证。

④ 罚款缴纳。罚款代收机构应根据《决定书》决定的罚款金额收取罚款。对逾期缴纳罚款的出票人，人民银行可以每日按罚款数额的3％加处罚款，或填写中国人民银行强制执行申请书，向人民法院申请强制执行。代收机构应于每季终了后3日内，将上季代收并缴入中央国库的各项罚款汇总，填制空头支票罚款收入汇总表，分送财政部驻各地财政监察专员办事机构和做出行政处罚决定的中国人民银行分支行。人民银行分支行应按月与委托的代收机构就罚款收入的代收情况进行对账，对未到指定代收机构缴纳罚款的，应责成被处罚单位和个人缴纳并加处罚款。

⑤ 手续费的支付。财政部门向收取空头支票罚款的代收机构支付代收手续费。财政专员于每年终了后的20个工作日内，按上年金融机构代收空头支票罚款实际缴入中央国库总额的0.5％，开具收入退还书，就地从中央国库退付给代收机构。

⑥ 资料管理。有关空头支票处罚的资料按会计档案管理要求进行专项装订，保管期限5年。

（7）空头支票罚款。对于签发空头支票或者与其预留的签章不符的支票，不以骗取财物为目的的，出票人将被处以支票票面金额5％但不低于1000元的罚款，持票人还有权要求出票人赔偿支票票面金额2％的赔偿金；以骗取财物为目的的，出票人还将被追究刑事责任。

对于屡次签发空头支票或者与其预留的签章不符的支票的单位或个人，除以上处罚外，央行还将其列入支付信用黑名单中。央行对于被纳入黑名单管理的单位或个人，将降低其信用等级，会对该出票单位或个人今后的正常经济生活产生直接影响；情节严重的，各银行业金融机构还将停止为其办理支付结算业务。

6. 转账支票存入银行

转账支票收款人应填写对方单位名称。转账支票背面本单位不盖章。收款单位取得转账支票后，在支票背面被背书栏内加盖收款单位财务专用章和法人章，填写好银行进账单后连同该支票交给收款单位的开户银行委托银行收款。

例如，上海星月服饰批发有限公司收到南京市恒兴商贸有限公司的21070元货款。该货款的支付方式是2011年4月22日签出的，为期10天的转账支票。

收到支票时，这张转账支票的正面，如图10–15所示。

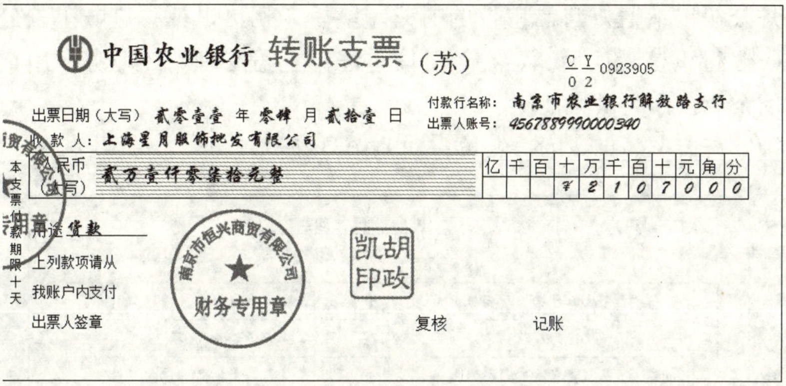
中国农业银行 转账支票（苏）

CY 02 0923905

出票日期（大写） 贰零壹壹 年 零肆 月 贰拾壹 日

付款行名称： 南京市农业银行解放路支行

收款人： 上海星月服饰批发有限公司

出票人账号： 4567889990000340

人民币（大写） 贰万壹仟零柒拾元整

亿	千	百	十	万	千	百	十	元	角	分
			¥	2	1	0	7	0	0	0

本支票付款期限十天

用途 货款

上列款项请从

我账户内支付

出票人签章

复核　　记账

南京市恒兴商贸有限公司 财务专用章

胡凯印政

图10-15　收到的转账支票正面

这张转账支票的背面，如图10-16所示。

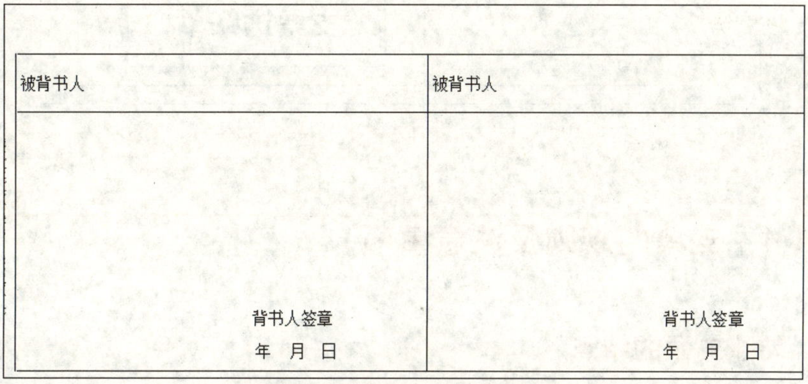
被背书人	被背书人
背书人签章 年　月　日	背书人签章 年　月　日

图10-16　收到的转账支票背面

因为转账支票上的收款人为星月公司，所以在办理转账支票进账之前，需要先在支票背面盖上星月公司的银行预留印鉴，如图10-17所示。

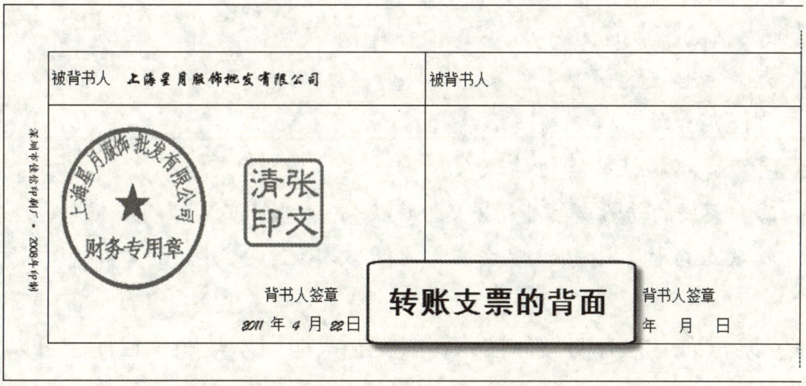
被背书人　上海星月服饰批发有限公司	被背书人
上海星月服饰批发有限公司 财务专用章 张清印文 背书人签章 2011 年 4 月 22 日	背书人签章 年　月　日

图10-17　盖好取款人印鉴的转账支票背面

星月公司出纳盖好自己单位的财务印鉴后，就可以填写进账单去公司开户行进账。银行审核无误后，会在第一联进账单上盖受理章（业务专用章），并将其交回企业，作为做账证明。

已被银行盖上受理章的进账单，如图10-18所示。

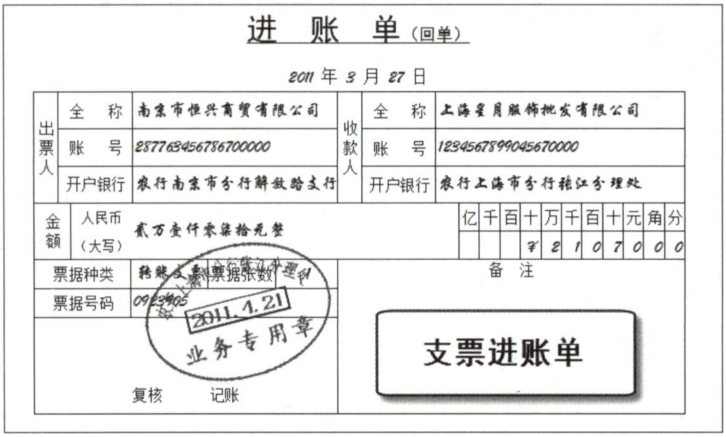

进 账 单（回单）

2011 年 3 月 27 日

出票人	全 称	南京市恒兴商贸有限公司	收款人	全 称	上海星月服饰批发有限公司
	账 号	28776345678670000		账 号	12345678990456700000
	开户银行	农行南京市分行解放路支行		开户银行	农行上海市分行松江分理处

		亿	千	百	十	万	千	百	十	元	角	分
金额 人民币（大写）	贰万壹仟零柒拾元整				¥	2	1	0	7	0	0	0

票据种类	转账支票	票据张数		备 注
票据号码	0923405			

2011.1.21 业务专用章

支票进账单

复核 记账

图10-18 已被银行盖上受理章的进账单

10.1.4 支票的规则及注意事项

1. 转账支票的特点

前面已经提到，转账支票是出票人签发的，委托办理支票存款业务的银行在见票时无条件支付确定的金额给收款人或持票人的票据。在银行开立存款账户的单位和个人，用于同城交易的各种款项，均可签发转账支票，委托开户银行办理付款手续。

转账支票的特点有：

- 无金额起点的限制；
- 只能用于转账，不得支取现金；
- 可以背书转让给其他债权人；
- 客户签发的转账支票可直接交给收款人，由收款人到其开户银行办理转账；
- 收款人名称、金额可以由出票人授权补记，未补记的不得背书转让和提示付款。

在支票正面上方有明确标注，转账支票只能用于转账（目前已可以异地转账）。

2.支票的填写规则

（1）出票日期数字必须大写。大写数字写法：零、壹、贰、叁、肆、伍、陆、柒、捌、玖、拾。

例如，2005年8月5日，写作"贰零零伍年捌月零伍日"。捌月前零字可写也可不写，伍日前零字必写。2006年2月13日，写作"贰零零陆年零贰月壹拾叁日"。

① 壹月、贰月和拾月前零字必写，叁月至玖月前零字可写可不写。拾壹月至拾贰月必须写成壹拾壹月、壹拾贰月（前面多写了"零"字也认可，如零壹拾壹月）。

② 壹日至玖日和拾日、贰拾日和叁拾日前零字必写，拾壹日至拾玖日必须写成壹拾×日（前面多写了"零"字也认可，如零壹拾伍日，下同），贰拾壹日至贰拾玖日必须写成贰拾×日，叁拾壹日必须写成叁拾壹日。

（2）收款人的填写。

转账支票收款人应填写为对方单位名称。转账支票背面本单位不盖章。收款单位取得转账支票后，在支票背面被背书栏内加盖收款单位财务专用章和法人章，填写好银行进账单后连同该支票交给收款单位的开户银行委托银行收款。

（3）付款行名称、出票人账号，即为本单位开户银行名称及银行账号，例如，开户银行名称为工行高新支行九莲分理处，银行账号为1202027409900088888，银行账号必须小写。

（4）人民币大写数字写法：零、壹、贰、叁、肆、伍、陆、柒、捌、玖、亿、万、仟、佰、拾、整（正）。

注意："万"字不带单人旁。

例如，

① 289546.52贰拾捌万玖仟伍佰肆拾陆元伍角贰分；

② 7560.31柒仟伍佰陆拾元零叁角壹分，此时"陆拾元零叁角壹分"中"零"字可写可不写；

③ 532.00伍佰叁拾贰元整，"整"写为"正"字也可以，不能写为"零角零分"；

④ 425.03肆佰贰拾伍元零叁分；

⑤ 325.20 叁佰贰拾伍元贰角。

角字后面可加"整"字，但不能写"零分"，比较特殊。

（5）书写人民币小写时，最高金额的前一位空白格用"¥"字头打掉，数字填写要求完整、清楚。

（6）用途的填写前面已经提到。现金支票有一定限制，一般填写"备用金""差旅费""工资""劳务费"等。转账支票没有具体规定，可填写如"货款""代理费"等。

（7）盖章的相关要求。支票正面盖财务专用章和法人章，缺一不可，印泥为红色，印章必须清晰，印章模糊只能将本张支票作废，换一张重新填写、重新盖章。反面盖章与否见前面收款人的填写规则。

（8）填写支票的常识有如下六条。

① 支票正面不能有涂改痕迹，否则本支票作废。

② 受票人如果发现支票填写不全，可以补记，但不能涂改。

③ 支票的有效期为10天，日期首尾算一天，节假日顺延。

④ 支票见票即付，不记名。（丢了支票尤其是现金支票，可能就是票面金额数目的钱丢了，银行不承担责任。现金支票一般要素填写齐全，假如支票未被冒领，到开户银行挂失。转账支票假如支票要素填写齐全，到开户银行挂失；假如要素填写不齐，到票据交换中心挂失。）

⑤ 出票单位现金支票背面有印章盖模糊了，可把模糊印章打叉，重新再盖一次。收款单位转账支票背面印章盖模糊了（此时《票据法》规定是不能以重新盖章方法来补救的），收款单位可带转账支票及银行进账单到出票单位的开户银行去办理收款手续（不用付手续费），俗称"倒打"。这样，就用不着到出票单位重新开支票了。

⑥ 转账支票可以开给个人。

注意：收款人名称和背书章的名称要一致。容易出现的错误：日期填写错误，收款单位与背书单位印鉴不符等。

3. 收取支票时提防"支票陷阱"

商务收账是工商企业经营管理中非常重要的环节。越来越多的企业把能否及时、足额地收回外账作为衡量业务人员绩效的重要指标。

支票是商务活动中使用最多的票据。业务人员在收支票时要提防"支票陷阱"，因为票据退票会带给企业难以弥补的财务损失。现在就实际业务中可能存在的"支票陷阱"加以说明。

（1）关于签名盖章。出票人在支票上签名盖章，是负担票据债务的一种具体表示。当支票退票时，要负起出票人的责任，偿还支票上所记载的金额。签名盖章要盖在支票上出票人栏的位置，盖在其他地方就不产生签名盖章的效力，属于不合格支票。

实际操作中，收票人应注意以下五点。

① 没有签名盖章的支票不能收。鉴章空白的支票是"不完全票据"，这种票据无法律效力，必须请出票人补盖印鉴方可接收。

② 出票签名或盖章模糊不清的支票不能收。这种鉴章不清楚或不明的支票经常被银行退票。

③ 支票上签章处只有出票人的指印，没有其他签名或盖章，最好拒收。支票上的签名能以盖章的方式代替，但不能以捺指印代替签名。

④ 图章颠倒的支票是有效的，可以收受。

⑤ 盖错印章涂销后，再加盖正确印鉴的支票，可以收受。出票人在盖错的印鉴上打"×"注销，这枚印鉴视为没有记载。只要第二次所盖的印鉴和银行内原有的印鉴相同，而且账户内有足够存款，这张支票是安全的。

（2）关于发票时间。

① 没有填写出票年月日的支票，最好不收。缺少出票年月日的支票是无效支票，出票人不必负任何的票据责任。如果出票人授权收票人代填日期，收票人在收受支票时，应要求出票人出具"授权书"作为证明，否则有可能吃伪造有价证券的官司。

② 出票年月日改写后，必须在改写处盖章。如不盖章，这种支票会被银行退票。

（3）关于支票金额。金额是支票必须记载的事项之一，也是票据债务人员担保范围的指标。支票的金额应以大写数字来书写，以示慎重，并可以防止遭人涂改。因此，金额一经填写，就不能改写，否则支票无效。

对于支票金额应注意以下问题。

① 票面大写金额栏内漏写"元"字的支票，不可收受。我国通用的币制单位有元、角、分。只有记载数字，而无"元"的记载，其金额难以确定。

② 大写金额经涂改的支票是无效支票，绝对不能接收。

③ 支票上大写金额不应当写零，而多写零的支票，尽可能不要收受。金额位数连续有几个零时，应只写一个"零"字。比如50005元，应写成"伍万零五元整"，而不能写成"伍万零零伍元整"。

④ 票面金额填写"拾元整"的支票，不可收受。银行实务对有关支票金额的写法有特别的要求，10元应写为"壹拾元整"。

⑤ 支票上大写金额写"廿"绝对不能接收。20元的正确写法是"贰拾元"整，如果写成"廿"，银行会以退票方式处理。

10.2 汇 票

10.2.1 银行汇票

银行汇票一式四联，第一联为卡片，由签发行结清汇票时作汇出汇款付出传票；第二联为银行汇票，与第三联解讫通知一并由汇款人自带，在兑付行兑付汇票后此联作银行往来账付出传票；第三联是解讫通知，在兑付行兑付后随报单寄签发行，由签发行作余款收入传票；第四联是多余款通知，在签发行结清后交汇款人。

银行汇票第二联，如图10-19所示。

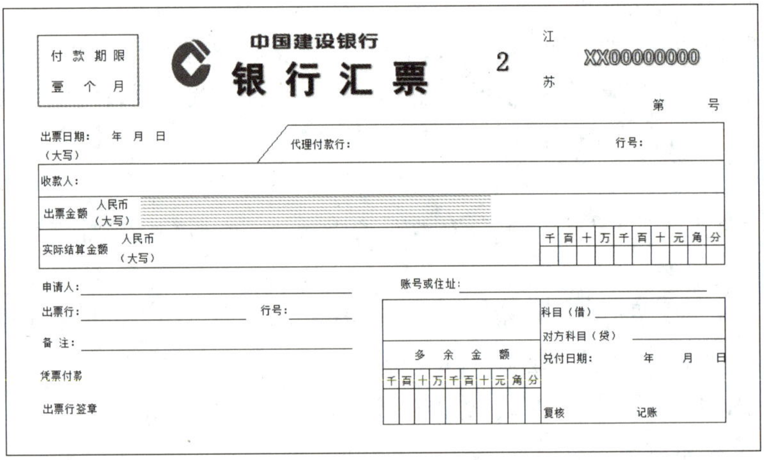

付款期限 壹个月

中国建设银行 银行汇票 2

江苏 XX00000000

第 号

出票日期：年 月 日（大写）　代理付款行：　行号：

收款人：

出票金额 人民币（大写）

实际结算金额 人民币（大写）　千 百 十 万 千 百 十 元 角 分

申请人：　账号或住址：

出票行：　行号：

备注：

凭票付款

出票行签章

多余金额 千 百 十 万 千 百 十 元 角 分

科目（借）

对方科目（贷）

兑付日期：年 月 日

复核　记账

图10-19　银行汇票

1. 银行汇票的申请

凡是要求使用银行汇票办理结算业务的企业，均应按规定向签发银行提交银行汇票委托书。银行汇票委托书一式三联，其中：

第一联是存根，由汇款人留存作为记账传票；

第二联是支款凭证，是签发行办理汇票的传出传票；

第三联为收入凭证，由签发行作汇出汇款收入传票。

说明：如果申请人用现金办理银行汇票，可以注销第二联。

在银行汇票委托书上逐项写明汇款人名称和账号、收款人名称和账号、兑付地点、汇款金额、汇款用途（军工产品可免填）等内容，并在“汇款委托书”上加盖汇款人银行预留印鉴，由银行审查后签发银行汇票。

填写完成的汇票委托书，如图10-20所示。

中国XX银行汇票委托书（借方凭证）

委托日期：2011 年 10 月 20 日

汇款人	南京市恒兴商贸有限公司	收款人	上海星月服饰批发有限公司
账号或住址	28776345678670000	账号或住址	123456789904567000
兑付地点	南京 市/县　兑付行 解放路支行	汇款用途	货款
汇款金额	人民币（大写）贰万壹仟零柒拾元整	亿千百十万千百十元角分	￥2107000
上述款项请从我账户支付　汇款人盖章（南京市恒兴商贸有限公司 财务专用章）（胡凯印政）		科目（贷）： 对方科目（借） 转账日期 复核　记账	

图10-20　填写完成的汇票委托书

2. 银行汇票的签发

签发银行受理银行汇票委托书，经过验对银行汇票委托书内容和印鉴，并办妥转账或收妥现金之后，即可向汇款人签发转账或支取现金的银行汇票。

签发后的银行汇票第二联，如图10-21所示。

付款期限　壹个月

中国建设银行　**银行汇票**　2　江苏　XX00000000　第　号

出票日期（大写）：贰零壹壹年 零拾 月 零贰拾 日　代理付款行：　行号：

收款人：南京XXXXXXXXXX公司

出票金额　人民币（大写）叁拾陆万伍仟捌佰元整

实际结算金额　人民币（大写）叁拾陆万伍仟捌佰元整　千百十万千百十元角分　￥36580000

申请人：江苏省南京XXXXXXXXXXXXXXX公司　账号或住址：南京市XX区XX大道XX路

出票行：建行南京市分行　行号：5XXXX

备注：购货款

凭票付款

出票行签章（中国建设银行南京分行 汇票专用章 5XXXX）（刘凯坤印）

多余金额									
千	百	十	万	千	百	十	元	角	分

科目（借）

对方科目（贷）

兑付日期：　年　月　日

复核　记账

图10-21　签发后的银行汇票第二联

3. 银行汇票与银行承兑汇票的区别

银行汇票和银行承兑汇票不仅仅是名称上的不同，其在账务处理上也有很大区别。区别主要表现在入账时的对应科目上，银行汇票入"其他货币资金"科目，而银行承兑汇票则入"应收票据"或"应付票据"，如表10-2所示。

表10-2　银行汇票与银行承兑汇票的账务处理区别

项目	银行汇票	银行承兑汇票
入账科目	其他货币资金	应收票据
		应付票据

4. 银行汇票的账务处理

（1）签发银行汇票的账务处理。银行汇票适用于单位或个人向异地支付各种款项的结算。根据实际需要，既可以用于转账，又可以用于支取现金。该种结算方式具有使用范围广、方便灵活、结算迅速（钱随人到）、兑付性强、剩余款项由银行负责退回等优点，主要适用于先发货或钱货两清的商品交易。

① 以银行汇票方式进行付款业务办理的工作过程。

☑ 出纳员按规定向开户银行申请办理银行汇票，按要求填制一式三联的银行汇票申请书；

☑ 将填写好的申请书送交银行；

☑ 银行查证资金账户，同意后按申请额出票，并交与申请人公司；

☑ 根据银行规定缴纳手续费；

☑ 会计以手续费、工本费收费凭条和退回的银行汇票申请书存根联为依据作银行存款减少的核算；

☑ 出票单位业务办妥后将银行汇票的第二、三联交给收款单位；

☑ 公司会计根据业务过程中所索取到的原始凭证编制相关业务的转账凭证；

☑ 接到开户银行通知收回多余款项，会计做相应账务处理。

② 签发入账。汇款单位财务部门收到签发银行签发的"银行汇票联"和"解讫通知联"后，根据银行盖章退回的银行汇票委托书第一联存根联，编制银行存款付款凭证。

根据银行退回的银行汇票委托书存根联编制银行存款付款凭证，其会计分录为：

借：其他货币资金——银行汇票

　　贷：银行存款

如果汇款单位用现金办理银行汇票，则财务部门在收到银行签发的银行汇票后，根据"银行汇票委托书"第一联存根联编制现金付款凭证，其会计分录为：

借：其他货币现金——银行汇票

　　贷：现金

③ 手续费和邮电费入账。对于银行按规定收取的手续费和邮电费，汇款单位应根据银行出具的收费收据，用现金支付的编制现金付款凭证，从其账户中扣收的编制银行存款付款凭证。其会计分录为：

借：财务费用

　　贷：现金或银行存款

④ 汇票登记。出纳员在收到银行签发的银行汇票并将其交给请领人，应按规定登记银行汇票登记簿，将银行汇票的有关内容，如签发日期、收款单位名称、开户银行、账号、持票人部门、姓名、汇款用途等一一进行登记，以备日后查对。

（2）收到银行汇票的账务处理。

以银行汇票方式进行收款业务办理的工作过程为：

① 仓库按销售部门通知发货，填写销售小票；

② 销售部门填写发票，将记账联交给会计，对购方提供的银行汇票进行审核，并将审核后的银行汇票交给出纳员办理进账；

③ 出纳员完成银行汇票第二、三联的补填工作，并填写进账单办理进账手续；

④ 会计人员接到银行转来的收账通知联后连同发货票的记账联做账务处理。

收到银行汇票时，应当以其他货币资金入账，当款项正式汇入企业账户时，再将其转为银行存款。

收到银行汇票时，企业以其他货币资金入账，其会计分录如下：

借：其他货币资金——银行汇票

　　贷：应收账款

或者

借：其他货币资金——银行汇票

　　贷：主营业务收入

等汇过来的款项正式转入企业账户时，其会计分录如下：

借：银行存款

　　贷：其他货币资金——银行汇票

10.2.2　商业汇票

1. 商业汇票的基本概念

商业汇票是指出票人签发的，委托付款人在指定日期内无条件支付确定的金额给收款人或者持票人的票据。在银行开立存款账户的法人以及其他组织之间须具有真实的交易关系或债权债务关系，才能使用商业汇票。商业汇票的付款期限由交易双方商定，但最长不得超过6个月。商业汇票的提示付款期限为自汇票到期日起10日内。

存款人领购商业汇票，必须填写票据和结算凭证领用单并加盖银行预留印鉴。存款账户结清时，必须将剩余的空白商业汇票全部交回银行注销。

商业汇票可以背书转让。符合条件的商业汇票的持票人，可持未到期的商业汇票连同贴现凭证，向银行申请贴现。

2. 商业汇票的种类

根据商业汇票的承兑人不同，可以分为以下两种。

- ✍ 商业承兑汇票；
- ✍ 银行承兑汇票。

这两种汇票的区别十分明显，由银行承兑的汇票为银行承兑汇票，由银行以外的企事业单位承兑的汇票为商业承兑汇票。

3. 商业汇票的特点

两种商业汇票都具有各自的特点，在企业需要使用时，可以根据其特点进行相应选择。

商业承兑汇票是由银行以外的付款人承兑。商业承兑汇票按交易双方约定，由销货企业或购货企业签发，由购货企业承兑。承兑时，购货企业应在汇票正面记载"承兑"字样和承兑日期并盖章。承兑不得附有条件，否则视为拒绝承兑。汇票到期时，购货企业的开户银行凭票将票款划给销货企业或贴现银行。销货企业应在提示付款期限内通过开户银行委托收款或直接向付款人提示付款。对异地委托收款的，销货企业可匡算邮程，提前通过开户银行委托收款。汇票到期时，如果购货企业的存款不足支付票款，开户银行应将汇票退还销货企业，银行不负责付款，由购销双方自行处理。

商业承兑汇票的特点。

- ✍ 无金额起点的限制；

✍　付款人为承兑人；

✍　出票人可以是收款人，也可以是付款人；

✍　付款期限最长可达6个月；

✍　可以贴现；

✍　可以背书转让。

银行承兑汇票由银行承兑，由在承兑银行开立存款账户的存款人签发。承兑银行按票面金额向出票人收取万分之五的手续费。

购货企业应于汇票到期前将票款足额缴存其开户银行，以备由承兑银行在汇票到期日或到期日后的见票当日支付票款。销货企业应在汇票到期时将汇票连同进账单送交开户银行，以便转账收款。承兑银行凭汇票将承兑款项无条件转给销货企业。如果购货企业于汇票到期日未能足额缴存票款，承兑银行除凭票向持票人无条件付款外，对出票人尚未支付的汇票金额按照每天万分之五计收罚息。

银行承兑汇票的特点，如下：

✍　无金额起点限制；

✍　第一付款人是银行；

✍　出票人必须在承兑（付款）银行开立存款账户；

✍　付款期限最长达6个月；

✍　可以贴现；

✍　可以背书转让。

商业汇票两种类型的特点对比，如表10-3所示。

表10-3　两种商业汇票的对比表

项目	商业承兑汇票	银行承兑汇票
金额起点	无限制	无限制
付款人	承兑人	银行
出票人	出票人可以是收款人，也可以是付款人	出票人必须在承兑（付款）银行开立存款账户
付款期限	最长可达6个月	最长达6个月
可否贴现	可以贴现	可以贴现
可否背书转让	可以背书转让	可以背书转让

4. 商业汇票的出票

（1）出票人的确定。商业汇票的出票人，为在银行开立存款账户的法人以及其他组织，与付款人具有真实的委托付款关系，具有支付汇票金额的可靠资金来源。

（2）商业汇票的绝对记载事项。

签发商业汇票必须记载下列事项：

①表明"商业承兑汇票"的字样；

②无条件支付的委托；

③确定的金额；

④付款人名称；

⑤收款人名称；

⑥出票日期；

⑦出票人签章。

欠缺记载上述规定事项之一的，商业承兑汇票无效。

（3）汇票的相对记载事项。

①汇票上未记载付款日期的，视为见票即付；

②汇票上未记载付款地的，视付款人的营业场所、住所或者经常居住地为付款地；

③汇票上未记载出票地的，视出票人的营业场所、住所或者经常居住地为出票地。

此外，汇票上可以记载非法定记载事项，但这些事项不具有汇票上的效力。

（4）商业汇票出票的效力。出票人依照《票据法》的规定完成出票行为之后，即产生票据上的效力。

①对收款人的效力。收款人取得汇票后，即取得票据权利。

②对付款人的效力。付款人在对汇票承兑后，即成为汇票的主债务人。

③对出票人的效力。出票人签发汇票后，即承担保证该汇票承兑和付款的责任。

5. 商业汇票的承兑

承兑是指汇票付款人承诺在汇票到期日支付汇票金额的票据行为。承兑是汇票特有的制度。商业承兑汇票可以由付款人签发并承兑，也可以由收款人签发交由付款人承兑。

定日付款或者出票后定期付款的汇票，持票人应当在汇票到期日前向付款人提示承兑；见票后定期付款的汇票，持票人应当自出票日起1个月内向付款人提示承兑；汇票未按规定期限提示承兑的，持票人丧失对其前手的追索权；见票即付的汇票无须提示承兑。

付款人对向其提示承兑的汇票，应当自收到提示承兑的汇票之日起3日内承兑或者拒绝承兑。如果付款人在3日内不作承兑与否的表示，则应视为拒绝承兑。持票人可以请求其做出拒绝承兑证明，向其前手行使追索权。付款人收到持票人提示承兑的汇票时，应当向持票人签发收到汇票的回单。回单上应当记明汇票提示承兑日期并签章。回单是付款人向持票人出具的已收到请求承兑汇票的证明。

付款人承兑汇票的，应当在汇票正面记载"承兑"字样和承兑日期并签章；见票后定期付款的汇票，应当在承兑时记载付款日期。汇票上未记载承兑日期的，以3天承兑期的最后一日为承兑日期。上列应记载事项必须记载于汇票的正面。付款人依承兑格式填写完毕应记载事项并将已承兑的汇票退回持票人后才产生承兑的效力。

承兑的效力有：

（1）承兑人于汇票到期日必须向持票人无条件地支付汇票上的金额，否则其必须承担迟延付款责任；

（2）承兑人必须对汇票上的一切权利人承担责任，该等权利人包括付款请求权人和追索权人；

（3）承兑人不得以其与出票人之间的资金关系来对抗持票人，拒绝支付汇票金额；

（4）承兑人的票据责任不因持票人未在法定期限提示付款而解除。

付款人承兑商业汇票，不得附有条件。承兑附有条件的，视为拒绝承兑。银行承兑汇票的承兑银行，应当按照票面金额向出票人收取万分之五的手续费。

6. 商业汇票的付款

商业汇票的付款，是指付款人依据票据文义支付票据金额，以消灭票据关系的行为。

（1）提示付款。持票人应当按照下列法定期限提示付款。

① 见票即付的汇票，自出票日起1个月内向付款人提示付款；

② 定日付款、出票后定期付款或者见票后定期付款的汇票，自到期日起10日内向承兑人提示付款。

持票人未按照上述规定期限提示付款的，在做出说明后，承兑人或者付款人应当继续对持票人承担付款责任。

（2）支付票款。持票人提示付款后，付款人依法审查无误后，必须无条件地在当日按票据金额足额支付给持票人。否则，应承担迟延付款的责任。

（3）付款的效力。付款人依法足额付款后，全体汇票债务人的责任解除。

7. 商业汇票的背书

商业汇票的背书，是指以转让商业汇票权利或者将一定的商业汇票权利授予他人行使为目的，按照法定的事项和方式在商业汇票背面或者粘单上记载有关事项并签章的票据行为。出票人在汇票上记载“不得转让”字样，则该汇票不得转让。

8. 商业汇票的保证

（1）保证的当事人。保证的当事人为保证人与被保证人。保证应由汇票债务人以外的人承担。

（2）保证的格式。保证人必须在汇票或粘单上记载下列事项：

①表明“保证”的字样；

②保证人名称和住所；

③被保证人的名称；

④保证日期；

⑤保证人签章。

（3）保证的效力。

① 保证人的责任。对于被保证的汇票，保证人应当与被保证人对持票人承担连带责任。

② 共同保证人的责任。保证人为两人以上的，保证人之间承担连带责任。

③ 保证人的追索权。保证人清偿汇票债务后，可以行使持票人对被保证人及其前手的追索权。

9. 申请和签发商业汇票时的手续

企业签发商业承兑汇票时，并不需要特别的申请，只要企业将相关的款项支出的手续走清，那么就可以直接签发。发出的商业承兑汇票，其样式如图10-22所示。

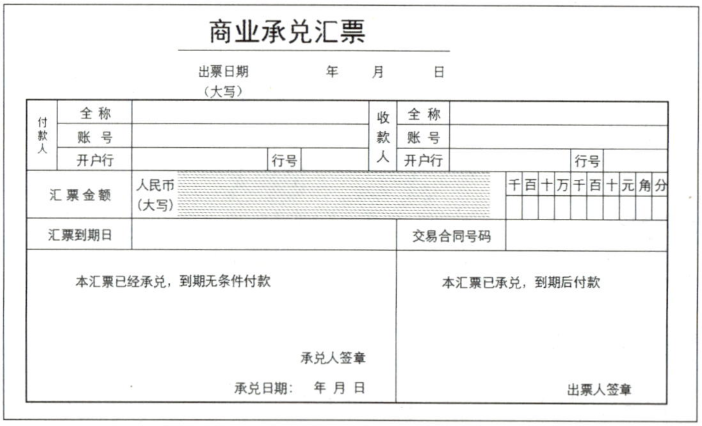

商业承兑汇票

出票日期 年 月 日
（大写）

付款人	全 称		收款人	全 称		
	账 号			账 号		
	开户行	行号		开户行	行号	
汇票金额	人民币（大写）				千百十万千百十元角分	
汇票到期日			交易合同号码			
本汇票已经承兑，到期无条件付款 承兑人签章 承兑日期： 年 月 日			本汇票已承兑，到期后付款 出票人签章			

图10-22 商业承兑汇票

而银行承兑汇票，由于其承兑人为银行，所以还需要向银行申请。只有银行同意兑付，并与企业签订承兑协议后，才可以签发银行承兑汇票。

申请和签发银行承兑汇票的步骤如下。

（1）向银行出示收付款人双方签订的购销合同及银行承兑汇票申请书；

（2）银行按有关规定和程序审核出票人资格、购销合同、资信等，必要时出票人应提供担保；

（3）经审核符合规定和承兑条件，银行与出票人签订承兑协议，即可承兑银行承兑汇票。

银行承兑汇票，如图10-23所示。

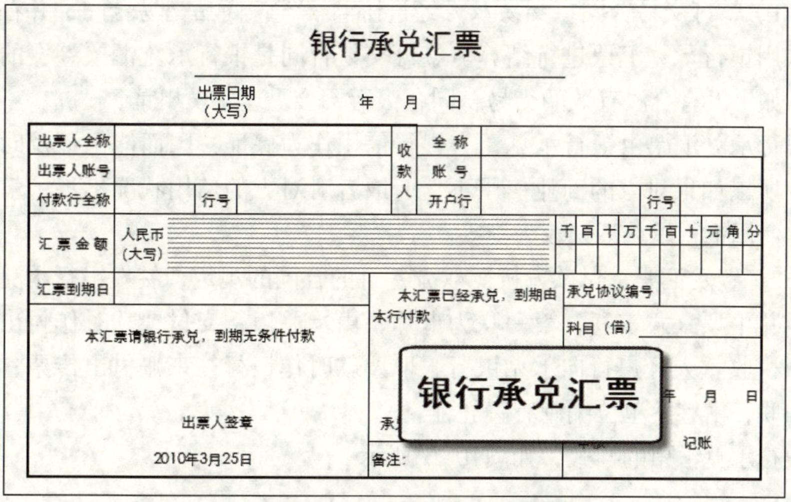
银行承兑汇票
出票日期（大写）　年　月　日
出票人全称
出票人账号
付款行全称　行号
收款人　全称
账号
开户行　行号
汇票金额　人民币（大写）　千 百 十 万 千 百 十 元 角 分
汇票到期日
本汇票已经承兑，到期由本行付款
承兑协议编号
科目（借）
本汇票请银行承兑，到期无条件付款
银行承兑汇票
年　月　日
出票人签章
2010年3月25日
承
备注：
记账

图10-23　银行承兑汇票

10.2.3　银行承兑汇票

1. 银行承兑汇票的签发与兑付

银行承兑汇票的签发与兑付，大体包括如下步骤。

- 签订交易合同；
- 签发汇票；
- 汇票承兑；
- 支付手续费；

银行承兑汇票流程如图10-24所示。

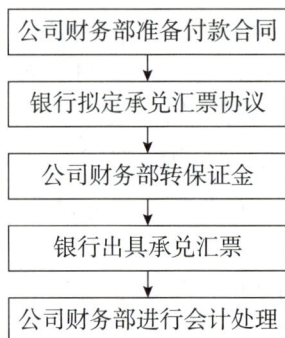

图10-24　银行承兑汇票流程

（1）签订交易合同。交易双方经过协商，签订商品交易合同，并在合同中注明采用银行承兑汇票进行结算。签订交易合同是银行承兑汇票签发的要件和前提，如果没有合法有效的交易合同，银行不会受理签发申请。

银行承兑汇票由银行承兑，有银行信用作为保证，因而能保证及时地收回货款。所以如果对方的商业信用不佳，或者对对方的信用状况不甚了解或信心不足，使用银行承兑汇票较为稳妥。

（2）签发汇票。付款方按照双方签订的合同的规定，签发银行承兑汇票。银行承兑汇票一式三联，第一联为卡片，由承兑银行支付票款时作付出传票；第二联由收款人开户行向承兑银行收取票款时作银行往来账付出传票；第三联为存根联，由签发单位编制有关凭证。

银行承兑汇票的样式，如图10-25所示。

图10-25　银行承兑汇票的样式

付款单位出纳员在填制银行承兑汇票时，应当逐项填写银行承兑汇票中的相关内容。填写时需要注意以下四点。

✍ 签发日期必须大写；

✍ 出票人与收款人必须书写单位全称；

✍ 汇票上除下方三个框以外，不应当有空白格；

✍ 分别在汇票的第一联、第二联、第三联的"汇票签发人盖章"处加盖银行预留印鉴及负责人和经办人印章。

（3）汇票承兑。付款单位出纳员在填制完银行承兑汇票后，应将汇票的有关内容与交易合同进行核对，核对无误后填制银行承兑协议及银行承兑汇票清单，并在"承兑申请人"处盖单位公章。

银行承兑协议一般为一式三联，银行信贷部门一联、银行会计部门一联、付款单位一联。其内容主要是汇票的基本内容和汇票经银行承兑后承兑申请人应遵守的基本条款等。

待银行审核完毕之后，在银行承兑协议上加盖银行公章或合同章，在银行承兑汇票上加盖汇票专用章，并至少加盖一个经办人私章。

（4）支付手续费。按照银行承兑协议的规定，付款单位办理承兑手续应向承兑银行支付手续费，由开户银行从付款单位存款户中扣收。

按照现行规定，银行承兑手续费按银行承兑汇票的票面金额的万分之五计收。每笔手续费不足10元的，按10元计收。

2. 银行承兑汇票的账务处理

（1）签发银行承兑汇票的账务处理。签发银行承兑汇票时。企业并不会即时将相应款项支付到对方账户，这中间存在一个承兑期。在承兑期内，这笔款项仍然在企业账户上，只有到期支付后，企业账户上的资金金额才会减少。

签发银行承兑汇票时，其会计分录如下：

借：库存商品

　　贷：应付票据

到期付款后，根据银行相关凭证入账，其会计分录如下：

借：应付票据

　　贷：银行存款

（2）收到银行承兑汇票的账务处理。企业收到其他公司签发的银行承兑汇票时，承兑期内应当将相应款项记入"应收票据"中，收到款项后，再将其记入"银行存款"账户。

收到汇票时，其会计分录如下：

借：应收票据
　　贷：应收账款
到期收到款项时，其会计分录如下：
借：银行存款
　　贷：应收票据

3. 银行承兑汇票的真假鉴别

近两年，银行承兑汇票贴现业务迅猛发展，成为一大工作亮点。但同时市场上假冒、变造、"克隆"承兑汇票的现象也随之涌现。业务临柜人员能否把住审查关，对防范票据风险至关重要。现从长期工作经验中总结出五种实用有效的方法：一查、二听、三摸、四比、五照。

一查，即通过审查票面的"四性"——清晰性、完整性、准确性、合法性来辨别票据的真伪。

（1）清晰性。主要指票据平整洁净，字迹印章清晰可辨，达到"两无"。

① 无污损，指票面无折痕、水迹、油渍或其他污物；

② 无涂改，指票面各记载要素、签章及背书无涂改痕迹。

（2）完整性。主要指票据没有破损且各记载要素及签章齐全，达到"两无"。

① 无残缺，指票据无缺角、撕痕或其他损坏；

② 无漏项，指票面各记载要素及背书填写完整、各种签章齐全。

（3）准确性。主要指票面各记载要素填写正确，签章符合《票据法》的规定，达到"两无"。

① 无错项，指票据的行名、行号、汇票专用章等应准确无误，背书必须连续等；

②无笔误，指票据大小写金额应一致，书写规范，签发及支付日期的填写符合要求（月份要求1、2月前加零，日期要求1～9日前加零，10日、20日、30日前加零）。

（4）合法性。主要指票据能正常流转和受理，达到"两无"。

① 无免责，指注有"不得转让""质押""委托收款"字样的票据不得办理贴现；

②无禁令，指票据应不属于被盗、被骗、遗失范围及公检法禁止流通和公示催告范围。

二听，即通过听抖动汇票纸张发出的声响来辨别票据的真伪。

用手抖动真的汇票，汇票纸张会发出清脆的响声，能明显感到纸张韧性；而假票的纸张手感软、绵、不清脆，而且票面颜色发暗、发污，个别印刷处字迹模糊。

三摸，即通过触摸汇票号码凹凸感来辨别票据的真伪。

真票汇票号码正反面分别为棕黑色和红色的渗透性油墨，用手指触摸时有明显的凹凸感；假票的号码则很少使用渗透性油墨，而且用手指触摸时凹凸感不明显。

四比，即借助比较票面"四种防伪标志"来辨别票据的真伪。

（1）纸张防伪。不需借助仪器可看到在汇票表面无规则地分布着色彩纤维。汇票纸张中加入了一种化学元素，如用酸、碱性物质进行涂改，汇票会变色。

（2）油墨防伪。汇票正中大写金额线由荧光水溶线组成，如票据被涂改、变造，此处会发生变化，线条会消失。

（3）缩微文字。汇票正面"银行承兑汇票"字样的下划线是由汉语拼音"HUIPIAO"的字样组成；汇票中间是由汉语拼音"HUIPIAO"字样的缩微文字组成的右斜线，横贯整个票面的宽带区域。

（4）印刷防伪。汇票右下角的梅花花心内为小写汉语拼音"H"的字样。注意H字母应为空心。

五照，即借助鉴别仪的"四个灯"来辨别票据的真伪。

（1）放大灯。在放大灯下可观测到汇票正面的印刷纹路清晰连续，且纸张无涂改变色痕迹。同时，还可通过子母放大镜的子镜观测到汇票正面清晰连续的缩微文字。

（2）短波灯。在短波灯下可观测到汇票背面的二维标识码在灯下呈淡绿色荧光反应。

（3）长波灯。在长波灯下可以观测到在汇票表面无规则地分布着荧光纤维；汇票正面大写金额线有红色荧光反应；汇票的左上角印有红色的承兑行行徽，呈现橘红色；"汇票"字样右侧有暗记，为各行行徽（如工行为"ICBC"字样），长波灯下呈淡绿色荧光反应。

（4）水印灯。在水印灯下可以观测到汇票内部排列着黑白水印相间的小梅花，以及"HP"字样，一正一倒、一阴一阳地进行排列，位置不固定，定向不定位。

4. 不可收取的银行承兑汇票

作为出纳，并不是所有的银行承兑汇票都要无条件收取。如果遇到不合格的银行承兑汇票，一定要拒绝。一般，有如下某种特征的银行承兑汇票不可收取。

（1）背书人的签章不清晰；

（2）盖在汇票与粘贴单连接处的骑缝章不清晰；

（3）盖在汇票与粘贴单连接处的骑缝章位置错误，正确的做法是盖章时连接处的缝应该穿过骑缝章的中心；

（4）骑缝章与前面背书人签章有重叠；

（5）背书人的签章盖在背书栏外；

（6）被背书人名称书写有误、有涂改或是未写在被背书人栏上；

（7）背书不连续，如背书人的签章与上一次背书的被背书人的名字或签章不一致；

（8）汇票票面有严重污渍，导致票面一些字迹、签章无法清晰辨别；

（9）汇票票面有破损或撕裂；

（10）汇票票面字迹不够清楚或有涂改；

（11）汇票票面项目填写不齐全；

（12）汇票票面金额大小不一致；

（13）出票日期和票据到期日没大写或不规范；

（14）承兑期限超过6个月；

（15）出票人的签章与出票人名称不一致；

（16）汇票收款人与第一背书人签章不一致；

（17）粘贴单不是银行统一格式；

（18）连续背书转让时，日期填写不符合前后逻辑关系，如后一次背书的日期比前一次背书的日期早。

上述（1）～（9）项为较常见情况，（10）～（18）项较为少见。不可收取的银行承兑汇票的特征当然不只上述18种，不可能一一详尽列举，关键还是经办人要仔细认真。

10.2.4 商业承兑汇票

商业承兑汇票一式三联，第一联为卡片，由承兑人（付款单位）留存；第二联为商业承兑汇票，由收款人开户银行随结算凭证寄付款人开户银行作付出传票附件；第三联为存根联，由签发人存查。其样式见图10-22所示。

1. 签发与承兑

商业承兑汇票是指由收款人签发、付款人承兑，或由付款人签发并承兑的票据。

商业承兑汇票由付款单位承兑。付款单位承兑时，无须填写承兑协议，也不通过银行办理。只需付款人在商业承兑汇票的第二联正面签署"承兑"字样，并加盖银行预留印鉴即可。

由收款人签发的商业承兑汇票应交付款人承兑。付款人须在商业承兑汇票正面签署"承兑"后，将商业承兑汇票交给收款人。由付款人签发的商业承兑汇票应经本人承兑。

在实务中，一般以由付款人签发的商业承兑汇票居多。

2. 委托银行收款

收款人在汇票到期时，需要提前委托银行收款。委托银行收款时，应填写一式五联的委托收款凭证，在其中委托收款凭证名称栏内注明"商业承兑汇票"字样及汇票号码。在商业承兑汇票第二联背面加盖收款单位公章后，一并送交开户银行。开户银行审查后办理有关收款手续，并将盖章后的委托收款凭证第一联退回给收款单位保存。

3. 到期兑付

商业承兑汇票到期时，由对方委托的银行从付款人账户中划转相关款项。

付款单位存款账户无款支付或不足支付时，付款单位开户银行将按规定按照商业承兑汇票票面金额的5%收取罚金，不足50元的按50元收取，并通知付款单位送回委托收款凭证及所附商业承兑汇票。

付款单位应在接到通知的次日起两天内将委托收款凭证第五联及商业承兑汇票第二联退回开户银行。付款单位开户银行收到付款单位退回的委托收款凭证和商业承兑汇票后，应在其收存的委托收款凭证第三联和第四联"转账原因"栏注明"无款支付"字样并加盖银行业务公章后，一并退回收款单位开户银行转交给收款单位，再由收款单位和付款单位自行协商票款的清偿问题。

如果付款单位财务部门已将委托收款凭证第五联及商业承兑汇票第二联做了账务处理而无法退回，可以填制一式二联的应付款项证明单，将其第一联送付款单位开户银行，连同其他凭证一并退回收款单位开户银行由其再转交收款单位。

作为付款单位，由于无力支付而退回商业承兑汇票时，应编制转账凭证，将应付票据转为应付账款。

4. 承兑汇票的背书转让注意事项

承兑汇票和其他票据一样，可以背书转让。背书是一种权利的转让。背书应当记载在票据的背面或者粘单上，而不得记载在票据的正面。背书栏不敷背书的，可以使用统一格式的粘单，黏附于票据凭证上规定的粘接处。粘单上的第一记载人，应当在票据和粘单粘贴处签章。如果背书记载在票据的正面，背书无效。因为如果将背书记载在票据正面，将无法确定背书人的签章究竟是背书行为还是承兑行为或是保证行为，因而也不能确认该签章的效力。

（1）实务中要注意背书签章应向右斜对角。第一栏内的签章应为汇票正面的收款人。同时，在第一栏的上半栏"被背书人"处写上第二栏要签章的公司名称。第二栏内的签章为第一栏的上半栏的"被背书人"，则此时，背书签章是一个向右斜的对角线。

（2）盖章要注意印鉴章只能在所在栏内上下出线，而不能左右出线，即不能超出其所在的栏。

现在很多公司在背书转让时，为了省事，怕出错，都不填写被背书人，留给最后承兑人去填写。这样存在很大的风险。如果出现票据纠纷，追索时会发生困难。因此，大家在转让时，最好把被背书人填上，免得给公司带来麻烦。

注意在书写背书时，先把被背书人按斜右对角线写在一张纸上，从最后一个往前一个一个地写，这样就不会出错。背书一旦出错，就会带来很大麻烦，又要给银行写证明，又要到对方单位去盖章。

粘单，银行里一般有现成的粘单提供，可以复印，也可以自制。粘单一般与票据一样大小，一张粘单都是两栏。粘单与粘单之间，粘单与票据之间要盖骑缝章（即印鉴章）。粘单上的盖章应为下一家（右边）被背书人的盖章。

第11章 其他结算方式

11.1 银行卡

　　银行卡是指经批准由商业银行（含邮政金融机构）向社会发行的具有消费信用、转账结算、存取现金等全部或部分功能的信用支付工具。

11.1.1 银行卡的种类

　　（1）按照发行主体是否在境内分为境内卡和境外卡。
　　（2）按照是否给予持卡人授信额度分为信用卡和借记卡。
　　（3）按照账户币种的不同分为人民币卡、外币卡和双币种卡。
　　（4）按信息载体不同分为磁条卡和芯片卡。

11.1.2 银行卡账户与交易

1. 银行卡交易的基本规定

　　（1）单位人民币卡可办理商品交易和劳务供应款项的结算，但不得透支。单位卡不得支取现金。
　　（2）发卡银行对贷记卡的取现应当每笔进行授权，每卡每日累计取现不得超过限定额度。
　　（3）发卡银行应当依照法律规定遵守信用卡业务风险控制指标。
　　（4）准贷记卡的透支期限最长为60天。贷记卡的首月最低还款额不得低于其当月透支余额的10%。
　　（5）发卡银行通过四种途径追偿透支款项和诈骗款项：扣减持卡人保证金、依法处理抵押物和质押物、向保证人追索透支款项、通过司法机关的诉讼程序进行追偿。

2. 银行卡的资金来源

单位卡账户的资金，一律从其基本存款账户转账存入，不得缴存现金，不得将销货收入的款项存入其账户。

个人卡在使用过程中，需要向其账户续存资金的，只限于其持有的现金存入和工资性款项以及属于个人的劳务报酬收入转账存入。严禁将单位的款项存入个人卡账户。

3. 银行卡的计息和收费

（1）发卡银行对准贷记卡及借记卡（不含储值卡）账户内的存款，按照中国人民银行规定的同期同档次存款利率及计息办法计付利息。

（2）发卡银行对贷记卡账户的存款、储值卡（含IC卡的电子钱包）内的币值不计付利息。

（3）贷记卡持卡人非现金交易享受如下优惠条件。

① 免息还款期待遇。银行记账日至发卡行规定的到期还款日之间为免息还款期，最长为60天。

② 最低还款额待遇。持卡人在到期还款日前偿还所使用全部银行款项有困难的，可按发卡行规定的最低还款额还款。

③ 贷记卡选择最低还款或超过批准的信用额度卡，不享受免息还款期待遇。贷记卡支取现金、准贷记卡透支，不享受免息还款期和最低还款额待遇。贷记卡透支按月计收复利，准贷记卡按月计收单利。透支利率为日利率0.05%。

④ 收费是指商业银行办理银行卡收单业务，向商户收取结算手续费。

▌11.1.3 银行卡的申领和使用

1. 银行卡的申领

（1）凡在中国境内金融机构开立基本存款账户的单位，可凭中国人民银行核发的开户许可证申领单位卡。单位卡可申领若干张。持卡人资格由申领单位法定代表人或其委托的代理人书面指定和注销。

（2）凡具有完全民事行为能力的公民，可凭本人有效身份证件及发卡银行规定的相关证明文件申领个人卡。个人卡的主卡持卡人，可为其配偶及年满18周岁的亲属申领附属卡。申领的附属卡最多不得超过两张。持卡人也有权要求注销其附属卡。

2. 在使用银行卡结算方式时，应遵循以下四点规定

（1）单位卡账户的资金一律从基本存款账户转账存入，不得缴存现金，不得将销货收入的款项存入单位卡账户；

（2）单位银行卡不得用于10万元以上的商品交易或者劳务供应款项的结算；

（3）单位卡一律不得支取现金；

（4）需向账户续存资金的，应该使用转账方式从基本存款账户转账存入。

▌11.1.4 银行卡的注销和挂失

当不再继续使用银行卡时，应主动持银行卡到发卡银行办理销户。如果办理销户时账户内还有余额，银行会将该账户内的余额转入基本存款账户，不予提取现金。

1. 银行卡的注销

持卡人在还清全部交易款项、透支本息和有关费用后，有下列情形之一的，可申请办理销户。

（1）信用卡有效期满45天后，持卡人不更换新卡的；

（2）信用卡挂失满45天后，没有附属卡又不更换新卡的；

（3）信用卡被列入止付名单，发卡银行已收回其信用卡45天的；

（4）持卡人死亡，发卡银行已收回其信用卡45天的；

（5）持卡人要求销户或担保人撤销担保，并已交回全部信用卡45天的；

（6）持卡人违反其他规定，发卡银行认为应该取消资格的。

2. 银行卡的挂失

银行卡丢失后，使用人应立即持本人身份证件或其他有效证明，并按规定提供有关情况，向发卡银行或代办银行申请挂失。发卡银行或代办银行审核后办理挂失手续。

如果因持卡人不及时办理挂失手续造成损失，应自行承担该损失；如果持卡人办理了挂失手续，因发卡银行或代办银行的原因给持卡人造成损失的，应由发卡银行或代办银行赔偿该损失。

11.2　信用卡

11.2.1　信用卡的概念与特点

信用卡是一种非现金交易付款的方式，是简单的信贷服务。信用卡由银行或信用卡公司依照用户的信用度与财力发给持卡人。持卡人持信用卡消费时无须支付现金，待账单日时再进行还款。一般的信用卡与借记卡、提款卡不同，除部分与金融卡结合的信用卡外，信用卡不会由用户的账户直接扣除资金。

信用卡的特点如下。

（1）信用卡是当今发展最快的金融业务之一，它是一种可在一定范围内替代传统现金流通的电子货币；

（2）信用卡同时具有支付和信贷两种功能，持卡人可用其购买商品或享受服务，还可通过信用卡从发卡机构获得一定额度的贷款；

（3）信用卡是集金融业务与电脑技术于一体的高科技产物；

（4）信用卡能减少现金货币的使用；

（5）信用卡能提供结算服务，方便购物消费，增强安全感；

（6）信用卡能简化收款手续，节约社会劳动力；

（7）信用卡能促进商品销售，刺激社会需求。

11.2.2　信用卡的透支

银行为了控制风险，对单位信用卡的使用进行了严格的规定，其规定如下。

（1）单位信用卡的单笔透支发生额不得超过5万元（含等值外币）。

（2）单位信用卡同一账户的月透支余额不得超过发卡银行对该单位综合授信额度的3%。无综合授信额度可参照的单位，月透支余额不得超过10万元（含等值外币）。

（3）准贷记卡的透支期限最长为60天，贷记卡的首月最低还款额不得低于其当月透支余额的10%。

11.2.3　信用卡存款账户的开立

信用卡是银行、金融机构向信誉良好的单位、个人提供的，能在指定的银行提取现金和在指定的饭店、商店、宾馆等购物和享受服务时进行记账结算的一种信用凭证。

申请办理信用卡的单位和个人，应向发行信用卡的银行填交信用卡申请书。发卡行经审查符合条件批准发卡的，向申请人发出信用卡通知书，通知申请人到发卡行办理开户手续。申请人办理开户手续时应先缴存信用卡存款，再缴纳年费，有时还缴存一定的保证金。对于信用卡的年费，各发卡银行有不同的规定，由10元至100元不等。

根据《信用卡业务管理办法》及各银行对信用卡有如下规定。

（1）持卡人可持信用卡在特约单位购物、消费。发卡银行对于约定商店拒绝接受信用卡不负责任。

（2）信用卡若丢失或被窃，持卡人应立即持本人身份证或其他有效证明，并按规定提供有关情况，向发卡银行或代办银行申请挂失。在挂失生效前被非法使用的款项仍由本人负责。

（3）信用卡只限于合法持卡人本人使用，不得出租或转借。

（4）单位信用卡在使用过程中，需要向其账户续存资金的，一律从其基本存款账户转账存入。

（5）银行信用卡备用金按中国人民银行规定的活期存款利率计付利息。

（6）信用卡允许小额善意透支，透支额度金卡最高不超过10000元，普通卡最高为5000元。透支期限最长为60天。持卡人不得发生恶意透支。

（7）透支利息自签单日或银行记账日起15日内按日息0.05%计算，超过15日按日息0.10%计算，超过30日或透支超过规定限额的按日息0.20%计算。透支计息不分段，按最后期限或最高透支额的最高利率档次计息。

11.2.4 信用卡的结算程序

持卡人持信用卡消费时，应按以下程序进行。

1. 持卡人将信用卡和身份证件一并交特约单位

如果信用卡属智能卡、照片卡可免验身份证件。特约单位不得拒绝受理持卡人合法持有的、签约银行发行的有效信用卡，不得因持卡人使用信用卡而向其收取附加费用。

2. 特约单位应审查信用卡

特约单位受理信用卡时，应审查下列事项。

（1）确为本单位可受理的信用卡；

（2）信用卡在有效期内，未列入"止付名单"；

（3）签名条上没有"样卡"或"专用卡"等非正常签名的字样；

（4）信用卡无打孔、剪角、毁坏或涂改的痕迹；

（5）持卡人身份证件或卡片上的照片与持卡人相符，但使用智能卡、照片卡或持卡人凭密码在销售点终端上消费、购物，可免验身份证；

（6）卡片正面的拼音姓名与卡片背面的签名和身份证件上的姓名一致。

3. 办理结算手续

特约单位受理信用卡审查无误的，在签购单上压卡，填写实际结算金额、用途、持卡人身份证件号码、特约单位名称和编号。超过支付限额的，应向发卡银行索取并填写授权号码，交持卡人签名确认，同时核对其签名与卡片背面签名是否一致。经审查无误后，对同意按经办人填写的金额和用途付款的，由持卡人在签购单上签名确认，并将信用卡、身份证件和第一联签购单交还给持卡人。

特约单位在每日营业终了，应将当日受理的信用卡签购单汇总，计算手续费和净计金额，并填写汇计单和进账单，连同签购单一并送交收单银行办理进账。收单银行接到特约单位送交的各种单据，经审查无误后，为特约单位办理进账。

11.3 网上银行

由于互联网的飞速发展，各大银行推出的网上银行得到了普及，方便了很多的企业。

11.3.1 网上银行的概念

网上银行业务是指银行依托因特网推出的新一代电子银行服务。它提供24小时网上服务，满足全方位、多层次的金融需求。个人网上银行可提供丰富的银行服务，是日常理财的好帮手，能帮助管理个人财务，如缴纳水、电、煤气、电话等日常费用，支持网上购物付款、国债、基金、黄金、外汇买卖投资、理财产品等，提供账户管理、转账汇款、缴费支付、信用卡、投资理财、客户服务、安全中心等服务。

网上银行功能有如下八种。

（1）账户查询。"余额查询""明细查询""交易查询""交易积分查询""日志查询"等多种信息查询提供全面的账户信息。无论持有的是存折还是龙卡，是定期账户还是活期账户，都可立即获得所需要的信息。

（2）转账汇款。网上银行转账汇款，可实现多种账户之间的转账汇款。收款人可以是本行的企业、个人客户或其他银行企业、个人客户。

（3）缴费支付。网上银行提供的在线缴费支付，可以在线缴纳手机费、固话费、水电煤气费、学费等多种费用，并可在缴费完成后，通过短信通知缴费结果。

（4）信用卡可以通过网上银行办理信用卡开卡、余额查询、消费积分查询、账单查询、信用卡还款、购汇还款、账户挂失、补发密码函等。

（5）网上支付。只要有储蓄卡、准贷记卡或贷记卡，就可以在各大电子商务网站上购买商品或服务。

（6）外汇买卖。通过网上银行外汇买卖功能，可以方便、快捷地查询外汇行情，及时进行外汇交易。种类丰富的交易方式，全天候24小时的悉心服务，为在全球外汇市场中获得更多收益提供了强有力的保障。

（7）银证业务。在股市中，无论是使用银证转账或是银证通的模式，网上银行都提供了全方位的服务，成为使用者的得力助手。

（8）账户设置。网上银行提供贴身银行服务，使用者可自助管理账户，进行账户追加、账户注销、账户挂失等。

11.3.2　手机银行

手机银行业务是指银行依托移动运营商网络提供的金融服务。将手机号与银行账户绑定，就能让手机成为一个掌上的银行柜台，随时随地体验各项金融服务。

手机银行功能有如下五种。

（1）手机到手机转账。用手机到手机转账，无须知道收款方的银行账号，只需简单地输入收款方手机号码和转账金额，即可实现同城和异地账户之间的转账。

（2）手机跨行转账。可通过手机银行向全国范围内其他商业银行个人账户转账。跨行转账还提供了历史收款账户保存、收款网点名称的关键字查询，以及免费短信通知收款方的辅助功能。

（3）手机基金投资。不仅可以查询各个基金的实时行情，还可以掌握自己的历史交易、余额、委托、成交、持仓、对账等信息，并可快速便捷地进行基金申购、认购、赎回、转换、撤单和修改分红方式，功能全面，应有尽有。

（4）手机虚拟币充值。通过手机银行可以为本人或其他任意QQ号码或游戏账号等进行充值。

（5）手机来账查询。您可以查询到手机银行各账户下转入款项的来账信息，包括转账时间、付款人姓名、账号和转账金额等。

▌11.3.3　银行电子回单

银行回单，对于每一名财务人员来说都不陌生。我们每天发生的收付款业务都会有银行回单与之对应，以银行回单来辅助企业日常的账务处理。近几年，在互联网的飞速发展下，网上银行越来越被大家所认可。对于企业来说，同时出现了银行电子回单。

银行电子回单是为企业客户提供网银付款交易查询、下载、打印（补打）以及验证功能的电子回单。其特点有如下三条。

（1）信息详细、丰富。电子回单记载了企业网上付款交易的各种详细交易信息。

（2）认证真实、可靠。电子回单加盖了银行电子回单专用章，并且标注了电子回单号和验证码，以确保电子回单的真实性和可认证性。

（3）使用方便、快捷。电子回单提供7×24小时全天候账户电子回单查询功能，可以轻松完成各类交易的企业账务处理。在银行开立单位结算账户的企业到开户网点柜面注册普及版企业网银后，即可使用此功能。

当然，有利必有弊。电子回单固然方便，但在使用时也应该注意以下三个问题。

（1）电子回单为补打回单，请勿重复记账；

（2）此回单不作为收款方发货依据；

（3）每笔交易的电子回单的回单号是唯一的，而回单验证码不唯一，每次打印时都会重新生成新的回单验证码。

11.4　汇　兑

汇兑是汇款人委托银行将其款项支付给收款人的结算方式。汇兑分为电汇和信汇两种。汇兑结算适用于各种经济内容的异地提现和结算。这种结算方式划拨款项简便、灵活。

信汇是指汇款人委托银行通过邮寄方式将款项划给收款人。电汇是指汇款人委托银行通过电信手段将款项划转给收款人。两种方式可由汇款人根据需要选择使用。

汇款人委托银行办理信汇或电汇时，应向银行填制一式四联的信汇凭证或一式三联的电汇凭证，加盖银行预留印鉴，并按要求详细填写收付款人名称、账号、汇入地点及汇入行名称、汇款金额等。

▌11.4.1　汇兑的结算特点

（1）普通汇款一般24小时到账；加急汇款的汇划速度快，自客户提交电汇凭证起2小时内到达收款人账户。

（2）收款人既可以是在汇入行开立账户的单位，也可以是"留行待取"的个人。

（3）汇款人对银行已经汇出的款项，可以申请退汇。

（4）对在汇入银行开立存款账户的收款人，由汇款人与收款人自行联系退汇。

（5）对未在汇入银行开立存款账户的收款人，由汇出银行通知汇入银行，经核实汇款确未支付，并将款项收回后，可办理退汇。

（6）个人汇款解讫后，可通过开立的"应解汇款及临时存款"账户，办理转账支付和以原收款人为收款人的转汇业务。

▌11.4.2　办理汇兑的程序

1. 签发汇兑凭证

签发汇兑凭证必须记载下列事项。

（1）表明"信汇"或"电汇"的字样；

（2）无条件支付的委托；

（3）确定的金额；

（4）收款人名称；

（5）汇款人名称；

（6）汇入地点、汇入行名称；

（7）汇出地点、汇出行名称；

（8）委托日期；

（9）汇款人签章。

汇款人和收款人均为个人，需要在汇入银行支取现金的，应在信汇、电汇凭证的汇款金额大写栏先填写"现金"字样，后填写汇款金额。

2. 银行受理

汇出银行受理汇款人签发的汇兑凭证，经审查无误后，应及时向汇入银行办理汇款，并向汇款人签发汇款回单。汇款回单只能作为汇出银行受理汇款的依据，不能作为该笔汇款已转入收款人账户的证明。

3. 汇入处理

汇入银行对开立存款账户的收款人，应将汇入款项直接转入收款人账户，并向其发出收账通知。收账通知是银行将款项确已转入收款人账户的凭据。

11.4.3 汇兑的撤销和退汇

（1）汇兑的撤销。汇款人对汇出银行尚未汇出的款项可以申请撤销。

（2）汇兑的退汇。汇款人对汇出银行已经汇出的款项可以申请退汇。

转汇银行不得受理汇款人或汇出银行对汇款的撤销或退汇。对在汇入银行开立存款账户的收款人，由汇款人与收款人自行联系退汇；对未在汇入银行开立存款账户的收款人，汇款人应出具正式函件或本人身份证件以及原信、电汇回单，由汇出银行通知汇入银行，经汇入银行核实汇款确未支付，并将款项退回汇出银行，方可办理退汇。汇入银行对于收款人拒绝接受的汇款，应立即办理退汇。汇入银行对于向收款人发出取款通知，经过2个月无法交付的汇款，应主动办理退汇。

11.4.4 电汇业务

电汇是汇款人将款项缴存汇出行，汇出行通过电报方式将汇款凭证转发给目的地的分行或代理行（汇入行），指示汇入行向收款人支付款项的一种汇款方式。

银行的电汇业务，其实际办理步骤如下。

（1）电汇凭证的填写。出纳人员填写电汇凭证，并在借方凭证联加盖银行预留印鉴，如图11-1所示。

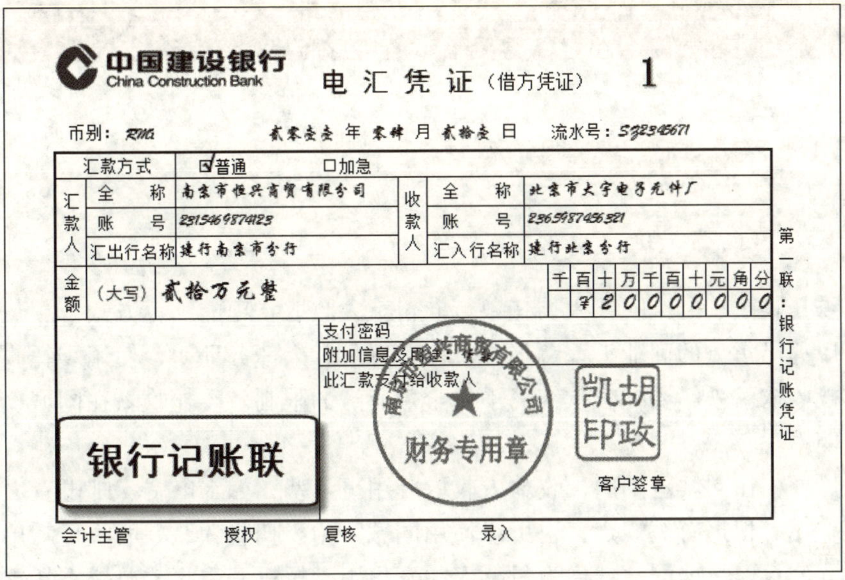
中国建设银行 China Construction Bank 电汇凭证（借方凭证） 1

币别：RMB 贰零壹壹 年 零肆 月 贰拾壹 日 流水号：SZ2345671

汇款方式	☑普通 ☐加急				
汇款人	全称	南京市恒兴商贸有限公司	收款人	全称	北京市大宇电子元件厂
	账号	231546987423		账号	2365987456321
	汇出行名称	建行南京市分行		汇入行名称	建行北京分行
金额	（大写）	贰拾万元整		千百十万千百十元角分	¥20000000

支付密码

附加信息及用途：货款

此汇款支付给收款人

银行记账联

南京市恒兴商贸有限公司 财务专用章

胡凯印政

客户签章

会计主管 授权 复核 录入

第一联：银行记账凭证

图11-1 电汇凭证银行记账联

（2）电汇凭证的银行受理。

①银行审核无误后，在回单联盖章，连同业务收费凭证一同交给出纳人员，如图11-2所示。

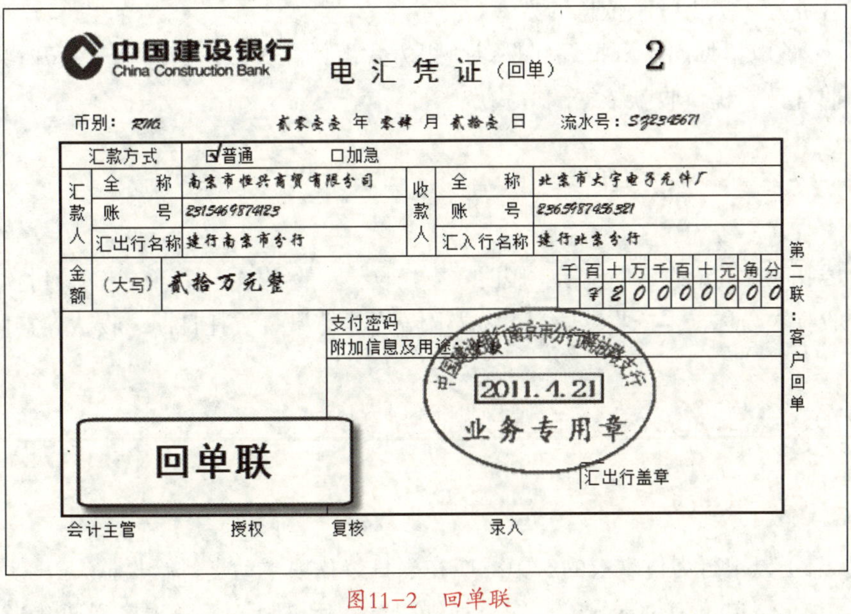
中国建设银行 China Construction Bank 电汇凭证（回单） 2

币别：RMB 贰零壹壹 年 零肆 月 贰拾壹 日 流水号：SZ2345671

汇款方式	☑普通 ☐加急				
汇款人	全称	南京市恒兴商贸有限公司	收款人	全称	北京市大宇电子元件厂
	账号	231546987423		账号	2365987456321
	汇出行名称	建行南京市分行		汇入行名称	建行北京分行
金额	（大写）	贰拾万元整		千百十万千百十元角分	¥20000000

支付密码

附加信息及用途：

回单联

2011.4.21 业务专用章

汇出行盖章

会计主管 授权 复核 录入

第二联：客户回单

图11-2 回单联

②出纳根据电汇凭证及业务收费凭证编制记账凭证（记账凭证及相关账簿略）。

11.5　委托收款

▌11.5.1　委托收款的含义与种类

1. 委托收款的含义

委托收款，是指收款人委托银行向付款人收取款项的结算方式。单位和个人可以凭已承兑的商业汇票、债券、存单等付款人债务证明，使用委托收款结算方式收取款项。委托收款结算不受金额起点的限制。委托收款在同城、异地均可使用。

另外，在同城范围内，收款人收取公用事业费，如水电费、邮电费、电话费等费用。根据有关规定，也可以使用同城特约委托收款。一般收付款单位双方共同签订经济合同，然后由付款人向开户银行授权。当收款单位委托银行收款时，银行从付款单位账户主动划款转入收款人账户。

2. 委托收款的种类

（1）邮寄划回。邮寄划回是以邮寄方式由付款人开户行向收款人开户行转送托收凭证、提供收款依据的方式。

（2）电报划回。电报划回是以电报方式由付款人开户行向收款人开户行转送托收凭证、提供收款依据的方式。

▌11.5.2　委托收款的记载事项

委托收款的记载事项包括：表明"委托收款"的字样，确定的金额，付款人名称，收款人名称，委托收款凭据名称及附寄单证张数，委托日期，收款人签章。

▌11.5.3　委托收款的结算规定与程序

1. 委托收款办理方法

（1）以银行为付款人的，银行应在当日将款项主动支付给收款人；

（2）以单位为付款人的，银行通知付款人后，付款人应于接到通知当日书面通知银行付款。

银行在办理划款时，付款人存款账户不能足额支付的，应通过被委托银行向收款人发出未付款项通知书。

2. 委托收款的注意事项

（1）付款人审查有关债务证明后，对收款人委托收取的款项需要拒绝付款的，有权提出拒绝付款；

（2）收款人收取公用事业费，必须具有收付双方事先签订的经济合同，由付款人向开户银行授权，并经开户银行同意，报经中国人民银行当地分支行批准，可以使用同城特约委托收款。

3. 委托收款结算的基本程序

（1）收款人付出商品或提供劳务，付款人交付商业汇票等债务证明；

（2）收款人委托银行收款；

（3）银行接受委托，收款人取得委托回单；

（4）收款人开户行将托收凭证传递给付款人开户行；

（5）付款人开户行通知付款；

（6）付款人开户行划拨款项；

（7）收款人开户行通知收款人款项已收。

11.6　托收承付

使用托收承付结算方式的收款单位和付款单位，必须是国有企业、供销合作社以及经营管理较好并经开户银行审查同意的城乡集体所有制工业企业。办理托收承付结算的款项，必须是商品交易以及因商品交易而产生的劳务供应的款项。代销、寄销、赊销商品的款项不得办理托收承付结算。托收承付结算每笔的金额起点为10000元，新华书店系统每笔的金额起点为1000元。

11.6.1　托收承付的概念与记载事项

托收承付是收款单位根据商品购销合同发货后，委托银行向付款单位收取款项，由购销双方开户银行根据购销合同的内容监督的，由付款人向银行承付的结算方式。

托收承付凭证记载事项有：表明"托收承付"的字样，确定的金额，付款人的名称和账号，收款人的名称和账号，付款人的开户银行名称，收款人的开户银行名称，托收附寄单证张数或册数，合同名称、号码，委托日期，收款人签章。

收付双方使用托收承付结算方式，必须签有符合《合同法》的购销合同，并在合同上写明使用托收承付结算款项的划回方法。划回方法分为邮寄和电报，由收款人选用。

11.6.2　托收承付结算方式的规定与程序

1. 托收承付结算方式的规定

（1）托收承付仅限于计划性比较强、遵守合同、信用好的单位之间的商品交易，以及因商品交易而产生的劳务供应的款项结算。

（2）托收承付目前仅限于异地结算，起点金额为1000元。

（3）托收承付属银行监督性质。付款人无理拒付，其开户银行可强行在付款人账户扣款支付，以保护收款人权益。

（4）托收承付的承付期分为验单付款3天、验货付款10天。期满付款人如没有合理的拒付理由，其开户银行即主动划款给收款人。

2. 托收承付的结算程序

（1）在托收承付结算的过程中，收款人按合同规定发运货物后，填写托收凭证，连同有关发票附件送开户银行办理托收。

（2）收款人开户银行受理后，将托收凭证及有关发票等附件转寄付款人开户银行委托收款。

（3）付款人开户银行收到托收凭证及有关附件，经审查无误，应及时通知付款人。

（4）付款人接到托收凭证及附件后，审查无误同意付款，则通知银行付款；如不同意付款，则应在承付期内出具"拒付理由书"，通知银行拒付。

11.6.3　托收承付的账务处理

外贸企业办理托收承付结算，通过"应收账款"过渡核算。已办理托收手续而尚未收到的款项，记入借方；实际收到的托收款项，记入贷方。现将其账务处理举例如下。

例如，按合同企业向大丰实业公司发运进口商品一批，贷款30000元，增值税5100元，代垫运费2900元，共计款38000元，向银行办理托收承付。

借：应收账款——大丰实业公司 38000

　　贷：主营业务收入 30000

　　　　应交税费——应交增值税（销项税） 5100

　　　　银行存款 2900

接到银行收账通知，大丰实业公司的托收款38000元，已汇入银行账户，

借：银行存款 38000

　　贷：应收账款——大丰实业公司 38000

11.6.4 托收承付方式下逾期付款的办理

购货企业在承付期满日银行营业终了时，如无足够资金支付，其不足部分即为逾期未付款项，按逾期付款处理。

（1）付款人开户银行对付款人逾期支付的款项，应当根据逾期付款金额和逾期天数，按每天万分之五计算逾期付款赔偿金（滞纳金），将其划给收款单位。其计算公式为：

$$应付滞纳金＝逾期未付金额×延期天数×扣收比例$$

逾期付款天数从承付期满日算起。承付期满日银行营业终了时，付款人如无足够资金支付，应当算作逾期一天、计算一天的赔偿金。在承付期满的次日（如遇例假日，逾期付款赔偿金的天数计算也相应顺延，但在以后遇到例假日应当照算逾期天数）银行营业终了时，仍无足够资金支付，应当算作逾期两天，计算两天的赔偿金，其余以此类推。银行审查拒绝付款期间，不能算作付款人逾期付款，但对因无理的拒绝付款而增加银行审查时间的，应从承付期满日算起，计算逾期付款赔偿金。

例如，大明公司的托收承付款项184000元，于5月6日承付期满，因存款不足只划付了100000元，到5月26日才全部付清，扣收比例为0.05%，那么，

逾期未付金额＝184000-100000＝84000（元）

延期天数为20天

应付滞纳金＝84000×20×0.05%＝840（元）

（2）按照规定，赔偿金实行定期扣付，每月计算一次，于次月3日内单独划给收款人。次月又有部分付款的，从当月1日起计算赔偿金，随同部分支付的款项划给收款人。对尚未支付的款项，从当月1日起到月终再计算赔偿金，于第三个月3日内划给收款人。第三个月仍有部分付款的，按照上述方法计付赔偿。

赔偿金的扣付，列为企业销货收入扣款顺序的首位。如付款人账户余额不足全额支付，应排列在工资之前，并对该账户采取"只收不付"的控制方法，待一次足额扣付赔偿金后，才准予办理其他款项的支付。因此产生的经济后果，由付款人自行负责。

付款人开户银行对逾期未付的托收凭证，负责进行扣款的期限为3个月（从承付期满日算起）。在此期限内，银行必须按照扣款顺序陆续扣款。期满时，如果付款人仍无足够资金支付该笔尚未付清的欠款，银行应于次日通知付款人将有关交易单证（单证已作账务处理或已部分支付的，可以填制应付款项证明单），在两日内退回银行。银行将有关结算凭证连同交易单证或应付款项证明单退回收款人开户银行转交收款人，并将应付的赔偿金划给收款人。对付款人逾期不退回单证的，开户银行应当自发出通知的第三日起，按照尚未付清欠款的金额，每天处以万分之五但不低于50元的罚款，并暂停付款人向外办理结算业务，直到退回单证时为止。

（3）重新托收。收款人对被无理拒绝付款的托收款项，在收到退回的结算凭证及其所附单证后，如需委托银行重办托收，应当填写四联"重办托收理由书"，将其中三联连同购销合同、有关证据和退回的原托收凭证及交易单证一并送交银行。经开户银行审查，确属无理拒绝付款的，可以重办托收。

11.7 国内信用证

11.7.1 国内信用证的概念及结算方式

国内信用证（简称信用证）是适用于国内贸易的一种支付结算方式，是开证银行依照申请人（购货方）的申请向受益人（销货方）开出的有一定金额、在一定期限内凭信用证规定的单据支付款项的书面承诺。

国内信用证结算方式只适用于国内企业之间商品交易产生的货款结算，并且只能用于转账结算，不得支取现金。

当银行审单完毕后，信用证即进入结算阶段。所有信用证都必须清楚地表明该证是否适用即期付款、延期付款、承兑或议付。

1. 即期付款

（1）受益人将单据送交付款行；

（2）银行审核单据与信用证条款，相符后付款给受益人；

（3）该银行如不是开证行的话，以事先议定的方式将单据寄交开证行索赔。

2. 延期付款

（1）受益人把单据送交承担延期付款的银行；

（2）银行审核单据与信用证条款相符后，依据信用证所能确定的到期日付款；

（3）该银行如不是开证行，以事先议定的方式将单据寄交开证行索赔。

3. 承兑汇票

（1）受益人把单据和向银行出具的远期汇票送交办理该信用证的银行（承兑行）；

（2）银行审核单据与信用证条件相符后，承兑汇票并退还给受益人。

4. 议付

（1）受益人按信用证规定，将单据连同向信用证规定的付款人开出的即期或延期汇票送交议付银行；

（2）议付银行审核单据与信用证规定相符后，可买入单据和汇票；

（3）该议付银行如不是开证行，则以事先议定的形式将单据和汇票交开证行索赔。

11.7.2　国内信用证的办理基本程序

（1）开证。开证行决定受理开证业务时，应向申请人收取不低于开证金额20%的保证金，并可根据申请人资信情况要求其提供抵押、质押或由其他金融机构出具保函。

（2）通知。通知行收到信用证审核无误后，应填制信用证通知书，连同信用证交付受益人。

（3）议付。议付是指信用证指定的议付行在单证相符条件下，扣除议付利息后向受益人给付对价的行为。议付行必须是开证行指定的受益人开户行。议付仅限于延期付款信用证。议付行议付后，应将单据寄开证行索偿资金。议付行议付信用证后，对受益人具有追索权。到期不获付款的，议付行可从受益人账户收取议付金额。

（4）付款。开证行对议付行寄交的凭证、单据等审核无误后，对即期付款信用证，从申请人账户收取款项支付给受益人；对延期付款信用证，应向议付行或受益人发出到期付款确认书，并于到期日从申请人账户收取款项支付给议付行或受益人。申请人缴存的保证金和其存款账户余额不足支付的，开证行仍应在规定的付款时间内进行付款，对不足支付的部分作逾期贷款处理。

11.7.3 信用证中不必修改的"错误"

1. 信用证数量溢短装条款与金额不配套

信用证根据合同条款对货物数量做了溢短装条款的规定，但对信用证金额却没有做相应规定，允许金额有一定的增减幅度。这就导致了信用证项下数量与金额的规定不相匹配。在这种情况下，如果受益人溢装货物，货物溢装部分的收汇没有信用证的保证。除非信用证另有规定，银行可拒收其金额超过信用证允许金额的商业发票。但如银行根据信用证被授权付款、承担延期付款责任、承兑汇票或议付信用证接收了该发票，只要其付款、承担延期付款责任、承兑或议付的金额为超过信用证允许的金额，该银行的决定对各方均具有约束力。这就是说，当出口方的发票金额超过信用证金额时，可能遭到银行的拒绝；即使银行接收了该发票，银行承担的付款责任也仅仅限于信用证规定金额，而不是发票金额。所以说，溢装部分的货款没有信用证收汇的保证。对有溢短装条款而金额未做相应规定的信用证，出口方在货物装运数量上受到限制。但是，当出口方预计货物数量不会超过信用证规定金额时，就不一定非得要求修改信用证。在发货时，控制好货物数量，不溢装货物就可以了。

2. 小写金额的写法与我们的习惯写法不同

信用证金额一般同时用大写与小写两种方式来表达。在我们收到的相当一部分信用证中，其小写金额的写法与我们的习惯写法不同，信用证中的小写金额的小数点与数字间的分隔符号正好与我们的习惯相反。比如三万二千一百二十三点四五，我们的小写为"32，123.45"，但按照我们收到的部分信用证的小写写法则写为"32.123，45，这可能会让人有些不放心。"怎么看起来有点像三十二点几？"其实，不必为此担心。在实际工作中，我们收到不少信用证金额的小写的确与我们的习惯不同，但都没有因小写习惯不同而发生金额方面的争执。何况信用证金额还有大写，只要大写金额正确、清楚，即使小写金额写法与我们不同，也是完全可以接受的，不必要求进口方修改信用证。

3. 未显示允许分批装运

如果合同条款规定允许分批装运，而信用证却没有显示"允许分批装运"，但也没有显示"禁止分批装运"。在这种情况下，也不必修改信用证，除非信用证另有规定：允许分批付款或分批装运。这就是说，只要信用证没有明确表示"禁止分批装运"，就是允许分批装运。因此，当信用证对分批装运没有做出任何表态时，就是"允许分批装运"，不必要求进口方对该条款进行修改。

4. 禁止转运与多式联运

当信用证在规定"接受多式联运单据"的同时，又规定了"禁止分批装运"，这显然是矛盾的。但是，即使信用证规定禁止转运，银行也将接受表明可能转运或将转运的多式联运单据，但以同一多式联运单据包括全程运输为条件。按照这个规定，只要信用证表明"接受多式联运单据"，即使信用证明令"禁止分批装运"，出口方在将货物交付多式联运承运人，取得包括全程运输的多式联运单据后，仍可向银行议付。因此，当信用证出现接受多式联运单据而又禁止分批装运的矛盾规定时，也是可以不用修改的，只要出口方在发货时注意一定要取得包括全程运输的多式联运单据才可正常议付。

5. 对信用证双到期的处理

如果双到期的信用证的到期日是合同装运期后15天以上的日期，不必修改信用证。开证行承担信用证项下的付款责任是有期限的，这个期限就是信用证的交单到期日。所有信用证必须规定一个付款、承兑的交单到期日。为付款、承兑或议付规定的到期日可解释为提交单据的到期日。单据必须于到期日或到期日之前提交。为了便于出口方在装运货物后，能有足够的时间办理制单、向银行交单议付的工作，在进出口业务中，通常要求信用证的到期日规定在装运期后15~21天，但有的信用证把最后装运期和信用证到期日规定为同一天，我们称之为"双到期"。

有人认为：双到期的信用证，出口方在货物装运后，没有制单、交单议付的时间，双到期信用证需要修改。是不是所有的双到期信用证都需要修改呢？这就要把双到期与合同的装运期相比较：如果双到期的日期仅仅是合同规定的装运期，出口方在原拟定时间装运货物后，缺少制单、交单议付的时间，出口方有理由要求进口方修改信用证，按照合同条款展期；如果双到期的日期是合同装运期后的15天以后的日期，双到期已经包含了出口方在装运后制单、交单议付的时间了，那么，出口方就没必要再要求进口方修改信用证了。

6. 未规定交单期限

交单期限是为了保障信用证申请人的权益而向受益人规定的，它要求受益人在货物装运后一定期限内向银行交单议付。货物发运后，若受益人在交单期内没有及时交单，银行就解除必须付款的责任。如果信用证上没有规定交单期限，何时交单呢？一定要修改信用证吗？不！除规定交单到期日以外，每一个要求提交运输单据的信用证还应规定一个装运期后必须按照信用证条款交单的特定期限。如未规定期限，银行将不接受晚于装运日21天后提交的单据，但无论如何，单据不得晚于信用证到期日提交。这就是说，如果信用证没有规定交单的特定期限，我们就可将交单期视为21天。对没有规定交单日期的信用证，不必修改该项条款。

7. 信用证的字母、单词拼写错误

信用证上难免会出现一些字母、单词的拼写错误。有些有拼写错误的信用证是不用修改的，如果这些拼写错误有下列特点。

（1）出现在无关紧要的位置；

（2）不会影响信用证各有关当事人对货物描述、货物品质、数量、信用证金额等重要信息的正确理解；

（3）信用证各当事人不会因为拼写错误对信用证内容做出各自不同的解释。在制作单据时，可以对信用证的拼写错误做一点技术处理，在这些拼写错误的字词旁边加上正确的拼写，并用括号括起来。当然，有时候也可以不必理会拼写错误，按信用证原文照搬制作单据，也不失为一种方法。

第五篇

报销核算业务

第12章　费用报销业务须知

费用报销是企业财务部门常见的业务。比较大的企业或报销业务较多的企业，费用报销会安排专人负责。一般情况下，报销业务会由出纳来承担。

费用报销业务向来是查账审计必看必查的项目，因为如果这一块出现漏洞，不管对国家还是对企业都是十分不利的。

出纳人员应当熟悉报销业务的相关规定，熟练掌握报销业务的审核、审查技能。这样才能为企业把好关，才能把工作做好。

12.1　费用报销业务概述

笔者在网上看到许多没有参加工作的人提问，什么是报销，什么都能报吗，能报全款吗。这是他们对报销没有概念，对费用报销业务也没有理解。许多工作多年的人实际上也不太明白费用报销是怎么回事。大部分的非财务人员，在报销时总是往财务部门跑了一趟又一趟，搞到头大之余，还深感会计报销之程序多、规矩大。

其实报销时的程序和规矩，都是为了企业的资金安全，也是为了能让企业花该花的钱、把钱花在应该花的地方。

12.1.1　报销的概念

报销，就是拿着发票找财务把发票上的钱给拿回来。报销一般是用在两个方面。

- 公司日常费用的报销；
- 企业工薪福利费及专项支出的报销。

1. 公司日常费用的报销

日常费用主要包括：

- 差旅费；
- 电话费；
- 交通费；

- 办公费；
- 低值易耗品及备品备件；
- 业务招待费；
- 培训费；
- 资料费等。

运营中的企业总是会有日常费用，只要企业在运作，这些费用就会产生。而在这些支出发生时，企业必须派出相关人员负责，款项也由其支付，这时就会出现报销业务。从这个意义来说，报销实际上也是企业支出程序中的一个验证和监督环节。企业支出的经办人员在付款时必须取得合法的相关证明，经过出纳审核、领导批示之后，才能进行报销。

2. 企业工薪福利费及专项支出的报销

工薪福利等支出包括：
- 工资；
- 临时工资；
- 社会保险；
- 住房公积金；
- 其他福利费用等。

专项支出主要包括：
- 软件资产购置；
- 固定资产购置；
- 咨询顾问费用；
- 广告宣传活动费；
- 其他专项费用等。

在实际工作中，工资和其他主要福利费因为数额较大，都会被当作专项支出来对待，其实，工资和福利费也是费用报销的一部分。不过本书会将工资放在单独一块来讲。

12.1.2　报销的相关规定及注意事项

1. 报销的相关规定

因为费用报销业务直接牵扯到员工个人的经济利益，所以为了避免在报销过程中出现各种争执，也为了确保企业的财产不造成流失，在企业的财务制度当中，报销的相关规定是最具体、最详细的。

（1）任何请购和支出都必须事先得到书面核准。任何请购及支出包括：

- ☑ 物品设备请购；
- ☑ 差旅费；
- ☑ 车费；
- ☑ 交际费等。

上述这些请购和支出，必须于事前取得权责人的书面核准。而各种预算和费用的审核权限，财务制度也有着非常严格而明确的规定。

要得到事先的书面核准，就需要在事前填写请款单，并请领导批准。请款单的样式，前面第5章我们已经见过，如图5-42所示。

（2）报销有时限。零星费用的报销，一般以周为单位，将本周产生的费用凭证粘贴在一起，然后汇总进行报销，但是仅限同一周的费用。不得将几周的凭证粘在一起来报销，否则财务部有权予以退单处理。

当月发生的费用应尽量在当月报销，最晚不得超过发生月份的次月。逾期须经总经理书面批准，否则财务部将不予报销。

（3）报销金额不得有误。报销的金额出现差错，是指可能出现填写错误或计算错误。对于这两种错误的处理，财务部门以扣除部分报销款来处理。

- ☑ 填写错误时，针对不写小计数和总计数，报销总额的20%将会被扣除；
- ☑ 计算错误时，针对加总错误，差额部分的50%将会被扣除。

（4）签名的规定。所有员工在任何凭单上签字，表示对该凭单所载事项以及金额完全同意，并已尽到诚实申报或认真审核之责。所有签名应同时附注日期，如不附注日期，当产生争议时，未签注日期的员工将为最不利的结果承担责任。

（5）关于报销支付的时间。员工的报销款视情况可付现金或采用转账到个人账户的方式付款。一般情况下，财务部门尽可能采用转账方式付款。

报销款的支付时间为每周汇一次，每月的最后一个周五不汇款。

2. 报销的注意事项

报销是财务的一项基础工作。在企业财务管理中，费用报销与控制是企业"节流"的关键点，是成本控制的重要内容，也是企业良好内控机制建设中不可或缺的部分。优化企业费用报销流程，将给企业的成本摊销、费用管理、预算控制带来诸多好处。

建立信息化报销体系的主要目标，是完善以全面预算管理为重要内容的内部控制体系，即在全面预算的指导下，通过信息化技术手段实现环节监督，保证报销流程通畅流转，实现报销处理过程的追踪；实现对报销事项、人员及单据的跟踪回溯，解决报销中票据集中、信息分散的难题；促进财务规定的具体落实；同时通过数量分析建立预算反馈体系，为管理决策、量化管理、逐步完善基层财务考核评价体系提供依据。

在信息化环境下，对报销流程的优化主要从预算的执行和落实来入手。通过对流程的优化，进一步推进预算管理的落实。因而，信息化支持下的报销体系建设和改进，主要关注以下三个方面。

（1）预算贯彻执行。主要通过信息化支持，实现全程实时费用动态监管，掌握费用支出流向；促进财务与业务数据的有效结合，加强部门之间信息沟通，控制费用支出的合理性，严格执行预算情况控制，达到管理协调统一；提供动态的预算执行控制和预警机制，各级管理层可以随时监督支出执行情况。

（2）流程优化。流程优化主要通过建立信息化网络应用的方式，实现在线报销审批。电子审批的好处在于可以对报销实现实时监控，对重大、超标报销行为增加审批环节等，增加日常报销行为控制，通过流程的流转，自动接受各级部门的监督审核，确保整个流程的公正和严谨，从而提高财务报销过程透明度，加大成本控制力度。

（3）及时的信息分析。既然建立信息化支持下的报销体系，就要求能够提供实时的数据分析，能够为基层报销考核和管理提供准确数据分析和支持。

从成本控制上看，实现财务报销管理信息化将进一步降低财务成本，如审批成本、付款成本、信息重复成本、报告成本等。

从管理的效率上看，报销管理的信息化将提升财务部门的标准化作业水平，降低手工化财务工作的出错率，使得财务人员从重复、繁琐的财务工作中解放出来，把工作重心转移到预算制定、成本控制及费用分析上。

从企业内控质量上看，通过实现财务预算管理和费用报销操作自动化、审批过程系统化、费用分析实时化，将提升企业内控的效率和质量。

因此，建立信息化财务报销体系，有利于企业财务管理水平的提升。在决策、执行、监督、反馈等各个环节上，通过流程实现相互监督的机制，帮助企业实现集权有道、分权有序、授权有章、用权有度的企业内控体制，同时也强化了与部门及基层单位之间的协作。

12.1.3 报销业务责任认定

报销业务的最终结果是企业需要支付应该付出的款项。但是款项到底是不是应该付出、应该付出的金额是不是报销单上的金额、报销单上的项目是否符合相关规定等，都需要有相应的责任认定。

责任认定，就是指报销业务中相应的责任应由谁来承担的认定。一般来说，签字就代表着签字人愿意承担相应的责任。

1. 签字要求

在报销时，需要层层地签字确认。这些签字或签名必须遵守一定的规则和要求，不合规定的签字，在被审核时可能会被认为无效。签字需要遵守以下五条规定。

（1）按规定应该签字的人员必须全部签字，签字必须签全称，不得只签姓。比如交接表，一般规定交接双方要签名，监交人也要签名确认，所以这三个人都是必须要签字的。

（2）签字人签署姓名后，还应当签署签字的日期。这个可以防止有人用旧签名冒领相关款项。

（3）领导签字应当明确表明是否同意报销。领导签字时，应明确写出"同意报销"或"同意付款"等字样。

（4）为便于原始凭证的装订，签字是签在凭证的正面，应签在凭证右上方；签字如果是签在凭证的反面，应签在左上方。这是因为原始凭证装订时，都是左上角会订在一起，所以签字时应避开这个位置。

（5）有多张凭证都需要签字时，要一张一张分别签，不能用复写纸同时签。所有的签名都不能用复写纸同时签，复写的签名实在很容易造假。且签名者可能会以复写为理由，申辩自己没有看清所签单据的内容，从而推卸责任。

2. 签字意义

签字，实际上是签了字也签了名。通常情况下，签字基本等同于签名。因为凡是有效力的签字，无不需要签上姓名。在费用报销业务中，签字有着非常重要的意义。

签字的意义有三种。

✍ 表达态度；

✍ 承担责任；

✍ 落笔生效。

签字可以表达签字人的态度。一般情况下，签字时可以签上意见和姓名，如"同意报销，周正文"，这是说，名叫周正文的这位领导同意报销。有时候即使不签上意见，签名也可以被认为是签字人表达了同意的意见。比如请购单上财务复核的签名，虽然并没有"复核通过"的字样，但是只要签了名，就代表财务相关人员已同意报销。

签了字之后，代表着相应责任已由签字人承担，如报销单上领导签字后，说明领导同意报销，那么报销单的报销责任初步落在了领导身上。

落笔生效这个意义，一般指在合同等文件上的签名，只要双方签字人都签好名字，那么合同就可以生效了。

3. 签字责任：谁签字谁负责

在费用报销的审批过程中，签字确认实际上就是对责任的认定。谁签了字谁就要负起相应的责任。以差旅费报销的审批签字为例，层层签字所确定的责任，如图12-1所示。

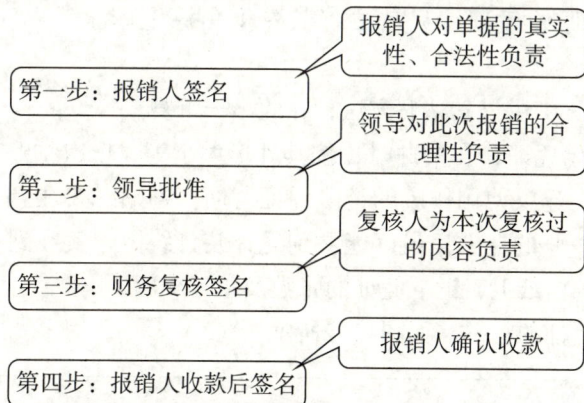

第一步：报销人签名	报销人对单据的真实性、合法性负责
第二步：领导批准	领导对此次报销的合理性负责
第三步：财务复核签名	复核人为本次复核过的内容负责
第四步：报销人收款后签名	报销人确认收款

图12-1 报销过程中的签字责任

12.1.4 费用报销的流程

费用报销业务，其并不仅仅指报销的单个过程，其应当包含两个分步过程。

- 事前过程；
- 报销过程。

1. 事前过程

事前过程，是指费用产生前，其预算、审批、预借的过程。比如购买办公用品，事前要先将需采购用品的清单及预算交相关领导审批，批准后再到财务部门预借款项。

2. 报销过程

报销过程，则是从费用产生、取得相关合法凭证开始，共有六个步骤。

（1）合法原始凭证。原始凭证必须完整、真实、合法。其中发票上的单位名称必须是正确无误，否则无法报销。

（2）粘贴凭证。由报销人整齐地自行粘贴在A4纸大小的粘存单上，同类性质的凭证必须粘在一起。

前面已经提到，在记账过程中的凭证整理，主要是指将收集好的原始凭证粘贴起来，以供编制会计记账凭证时作为附件使用。

原始凭证的粘贴，虽然并没有十分严格的硬性规定，但是却需要遵照一些技巧和经验来进行。

① 单张的原始凭证，只需要将其左上角涂上胶水，贴于记账凭证背面即可。

在第5章已详细讲过其粘贴方法，在此不作重复。

② 多张原始凭证，在粘贴时，按其外形大小等，依次粘贴在与记账凭证同样大的白纸上，建议使用作废的记账凭证背面。粘贴时要注意一个压一个地粘贴，最上面那一张的左上角最好能贴到凭证装订线内，实在到不了也没关系。最后，在衬底的白纸上，记下凭证的张数及总计金额。

两张原始凭证的粘贴，如图12-2所示。

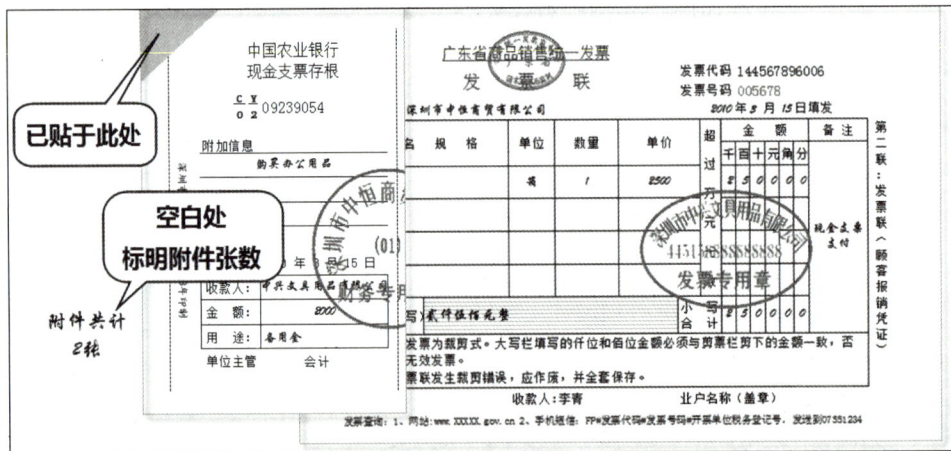

图12-2　两张原始凭证的粘贴

③ 多张原始凭证的粘贴，如图12-3所示。

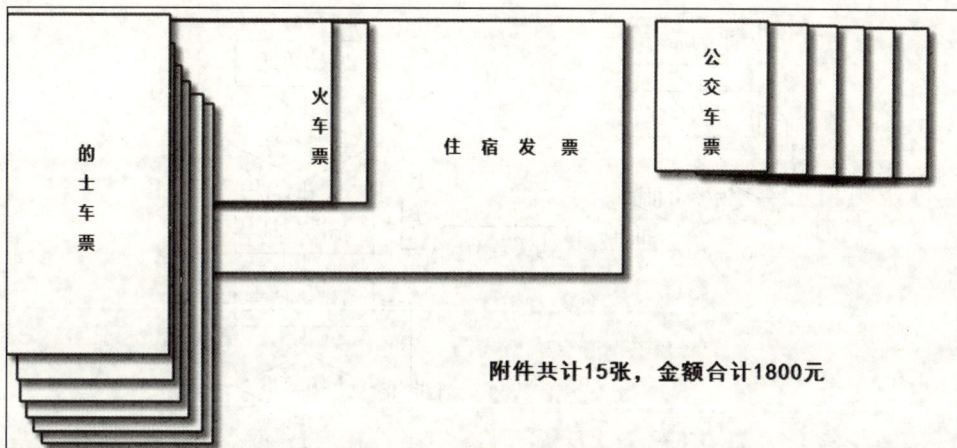

附件共计15张，金额合计1800元

图12-3　多张原始凭证的粘贴

（3）填写报销申请表。相应的报销表格，应按原始凭证的交易发生时间分类详细填写，并自行编号以便参照。

（4）核准。报销表格必须要经过相应级别授权人员的核准，也就是经过上级领导的批准。

（5）复核。

领导批准后，财务部还需要对单据、报销标准等进行复核。虽然领导已批准，但是领导对报销的相关规定也不一定很精通，所以还需要财务部门的复核。

财务复核后，视情况对报销单做下列处置。

①退回报销单（注明退回原因）；

②剔除部分不合格、不合理、说明不全的金额后付款（附剔除原因）；

③要求报销人员补充说明或补充必要单证；

④交出纳付（汇）款。

（6）付款。最后，出纳根据审批签字完备的报销表付款。

完整的费用报销流程，如图12-4所示。

报销人员填写相关单据，相关知情人给予证明签字，交部门主管副总经理（或总经理）审核签字，财务会计审核签字，董事长审批，出纳报销。

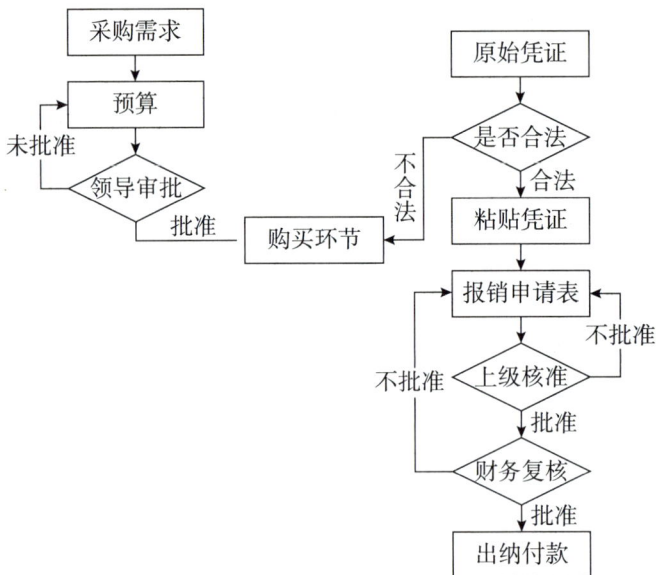

图12-4　完整的费用报销流程

12.1.5　报销单的审核

1. 借款报销单的审核

（1）报销单日期有否填写，填写是否正确。

（2）借款报销人与借款报销单位是否相符。

（3）报销人是否借过款，原借款时间和借款金额是否填写，与原借款单填写情况是否相符。

（4）报销单上借款用途或出差任务是否填写清楚，与原借款单填写的借款用途或出差任务是否相符。

（5）报销单出差报销地点是否与原借款单出差地点相符。

（6）报销人的单位负责人是否签字同意。

（7）报销单是否加盖了单位公章。

（8）报销人是否在报销单上签了字。

2. 差旅费报销单的审核

出纳最常接触的报销单据就是差旅费报销单，对差旅费报销单的审核，一般要注意以下六个方面。

（1）报销明细表上是否填列了各次车、船、飞机出发和到达的日期，即月、日、钟点和地点。

（2）是否填列了出差的各次车、船、飞机票别和金额。

（3）是否填列软席或硬席的卧铺票别和金额。

（4）是否填列了市内交通费按不同车票单价的张数合计的票价金额（若企业实行了市内交通费包干，此项业务可以改革）。

（5）是否填列了住宿费金额。

（6）是否填列了有关订票费、退票费、邮电费、行李费、运输搬运费、资料费、文具费、会议交通费及其他等项费用分项的合计金额。

3. 凭证粘贴单的审核

许多企业为了规范非财务人员粘贴的票据，在报销业务中引用了专门印制的凭证粘贴单。这种凭证粘贴单与记账凭证大小相同，不但有粘贴票据的地方，还可以直接在粘贴单上记录零散票据的相关统计信息。凭证粘贴单的样式，如图12-5所示。

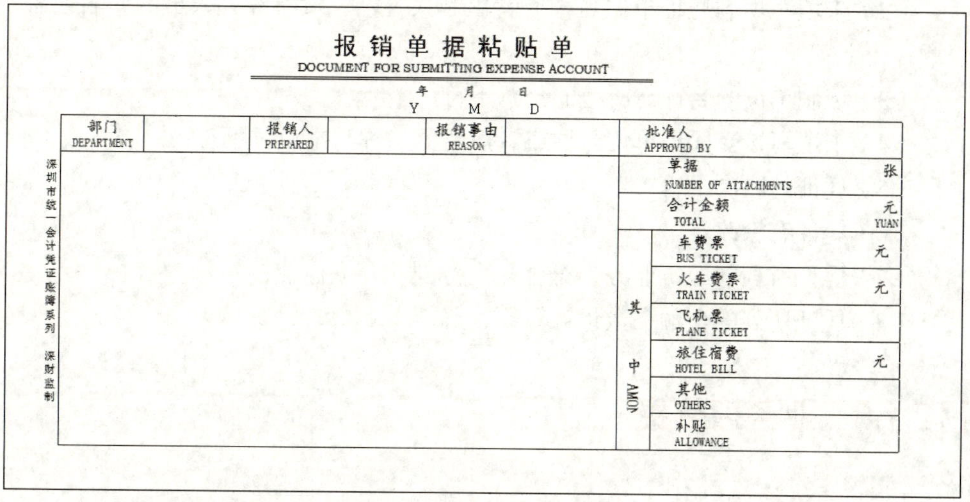

报销单据粘贴单

DOCUMENT FOR SUBMITTING EXPENSE ACCOUNT

年 Y　月 M　日 D

部门 DEPARTMENT		报销人 PREPARED		报销事由 REASON		批准人 APPROVED BY	
						单据 NUMBER OF ATTACHMENTS	张
						合计金额 TOTAL	元 YUAN
					其中 AMOU	车费票 BUS TICKET	元
						火车费票 TRAIN TICKET	元
						飞机票 PLANE TICKET	
						旅住宿费 HOTEL BILL	元
						其他 OTHERS	
						补贴 ALLOWANCE	

深圳市统一会计凭证账簿系列　深财监制

图12-5　报销单据粘贴单

对凭证粘贴单的审核，一般要注意以下七个方面。

（1）凭证粘贴单上粘贴的各次车、船、飞机票别、车次、席别、出发和到达地点、日期、金额的单据，是否与报销单上填写的相符。

（2）粘贴的住宿费单据金额，是否与报销单上填写的相符。

（3）粘贴的市内交通费票据单价、张数和计算的金额是否与报销单上填写的相符。

（4）粘贴的订票费、退票费、邮电费、行李费、运输搬运费、资料费、文具费、会议交通费和其他等项费用原始报销单据，是否与报销单上填写的分项合计金额相符。

（5）检查厚纸板式的火车票是否将中间的夹层撕去，并依次粘贴牢固。决不允许用订书机装订车票和市内交通费成叠装订报销。

（6）对丢失车、船票原始报销凭证后要求办理报销的，是否附有经过领导批准的人个书面情况检查报告书。

（7）对丢失住宿费单据的是否附有取得原住宿单位补开的住宿费单据或住宿费收费证明书。

4. 不能接受的外来报销单据

报销是一项严肃的工作，出纳一定要认真地审核外来报销的单据是否合法，杜绝只看一下外来报销单据的金额就给报销。

每个失真、违规或不完整的外来原始凭证均不能接受，具体如下。

（1）应盖有税务局发票监制章、填制凭证单位公章的，未加盖；

（2）未填写填制凭证单位名称或者填制人姓名，没有经办人员的签名或者盖章；

（3）填制单位的名称与所盖的公章不符；

（4）未填写接受凭证单位名称或者填写的名称与本单位不符；

（5）凭证的联次不符；

（6）凭证有涂改；

（7）凭证所列的经济业务不符合开支范围、开支标准；

（8）凭证所列的金额、数量计算不正确。

12.1.6　业务招待费

1. 业务招待费

一般来说，业务招待费的计算基础为当年的销售（营业）收入，即当年的主营业务收入和其他业务收入。

虽然在业务招待费的列支范围上，不论是财务会计制度还是新旧税法都未给予准确的界定，但是在实践中，业务招待费列支的具体范围包括四项。

（1）因企业生产经营需要而宴请或用于工作餐的开支；

（2）因企业生产经营需要赠送纪念品的开支；

（3）因企业生产经营需要而发生的旅游景点参观费、交通费及其他费用的开支；

（4）因企业生产经营需要而发生的业务关系人员的差旅费开支。

在实际工作中，因税务机关无法分清业务招待费（餐票）中到底有多少是真正用于招待客户的（还存在公司内部员工的个人消费），故规定业务招待费的扣除需打六折之后与营业收入的0.5%进行比较，较小者为扣除限额。

业务招待费与收入之间的比例为多少时最合理呢？下面计算一下。

例如，企业年销售（营业）收入为A，当年业务招待费为B，则当年允许税前扣除的业务招待费为B×60%与A×0.5%二者的较小者，只有在 B×60%=A×0.5%的情况下，即B=A×0.83%，也就是说业务招待费为销售（营业）收入的0.83%时，企业才可能充分利用好上述政策。

2. 误餐费和招待费的区别

（1）国家的财务制度只是对因出差、特殊工作而影响正常吃饭的人给予适当补助。对于一名正常工作、正常领取工资的人来说，既然是正常的午餐为什么还要给予补助，那岂不是乱发钱吗？误餐费包括了一日三餐的补助，所以叫误餐费。如医生开刀，错过中或晚餐时间，发给的补助餐费就叫误餐费；如企业职工因无法回企业食堂进餐而报销的费用，即用餐人是企业职工，原因是无法回企业食堂用餐而发生的支出。误餐费是国家劳动部门为了保护劳动者合法权益而设立的，具有一定的关爱和保护意义。

（2）招待费是对外接待业务单位和个人而发生的吃、喝、用、玩费用。它的消费人主体是外单位的个人，而不是本单位的员工，目的是维护良好的外部公共关系。招待费具体范围前面已经说明，在此不作强调。

12.2　往来条据

12.2.1　常见的往来条据

1. 借条

借条又称借据、借款据或者借款凭证。借条是确认双方借贷关系成立的原始凭证。除支付报销款项、支付无须归还的款项和确认以往债务外，其他款项支付皆可以用借条。在会计实践中，款项付出时如果当时难于确定其使用性质，会计人员应坚持要求收款人出具借条。收款人使用白纸书写借条时，标题可直接写"借条""借据"或"今借到"。

2. 领条

领条是确认应领款项（或物资，下同）已实际领取的原始凭证。通常情况下，领条表示两重含义：（1）应领款项已收到；（2）所领款项属于收款人应得，无须归还。因此，在会计处理上，领条或用于报销，或用于冲销往来款项，或代办收付。

领条也有两种形式：（1）以白纸由收款人直接书写或单独出具；（2）印制有固定格式的原始凭证，付款时由收款人签字领取。后一种多为多人式的，而且不一定使用"领条"这一名称，职工工资表、取暖费发放表等均属这类领条。以白纸直接书写领条时，通常标题为"领条"或"今领到"，而且必须在领条正文写明领款原因。

实践中，业务人员还可能从出纳员处领取已盖印章的空白转账支票、填有数额的银行汇票等。其实质属借款，但习惯上往往出具领条或收条。

3. 收条

收条是在不宜使用借条、领条的情况下，收款方出具的确认已收到款项的原始凭证。收条一般用于预收账款、接受投资、接受捐赠这类收款，以及用于收到不退还原借条、原欠条的还款。会计实践中，收到委托人转交或代为返还的款项、受托代保管款项以及非现金票据或实物接收，也多使用收条表示收讫。

收条与借条比较，不一定需要归还，如收到还款的收条；收条与领条比较，又不一定不要归还，如形成借贷关系的收条，如收到预收账款的收条。据此，收条的性质介于借条和领条之间，收款性质具有较大的不确定性，所以使用收条时应特别认真对待。写收条时，除标题的"收条"或"今收到"外，应在收条的正文部分写明款项收受的性质或缘由，否则，一旦发生纠纷，持据人与出据人分别做出不同解释，第三方将很难做出裁判。

4. 收款收据

收款收据是印有固定格式的用以确认应领、应收或借入款项已经收到的原始凭证。在诸多种类条据中，收款收据现时使用最多，包含业务内容最广泛，因使用不当而引发的纠纷也最多。收款收据被应用于借、领、收、欠以及销售等各方面业务事项。根据收款收据持据方可否凭据报销这一特点进行分类，收款收据可分为往来性收据与发票性收据两大类。在目前，我国规定发票性收据只限用于规费性收款和非营利性行政事业单位代办费收款。

会计人员在出具或受理收款收据时，必须注意如下事项。

（1）应严格划清往来性收据与发票性收据的界限。凡属往来性收据性质的，均不得记入成本费用；凡属发票性收据性质，除单位内部费用收付外，所用收据均必须套印主管财政机关的监制章，否则不得作为发票性收据使用或收受。违者，税务机关将不在税前扣除甚至处以补税罚款。

（2）应规范填写收据事由。严格意义上的收款收据应属于收条，但鉴于用收款收据代替借条、领条甚至代替欠条在社会上已成惯例，所以使用者只能在收款事由上加以区别。填写收款事由时，应尽可能做到用语准确、详略适当，让使用者一看便能认定属于借、领、收、欠的具体性质。作为持据方，除审查收据的各要素项目外，应重点审查收款事由书写是否恰当，会不会在日后产生歧义而发生纠纷。如果事由书写不当，应拒绝收受，提请出据方重开。

5. 欠条

欠条是指债务方出具给债权方确认应偿还但尚未偿还款项数额的书面证据。因此，在条据大类中，欠条性质特别，它只是体现对已存在的债权、债务关系进行确认，并不因之导致款项的立即收付。

欠条与借条有相同之处，即两者都可以确认借贷关系的成立，如凭一张借条或凭一张欠条都可以要求债务人还款。但与借条比较，欠条具有借条所不具有的"累积性""排他性"的特点。用会计账务作比喻，借条相当于账务记录的发生额，在债权人存有债务人出具的几张借条的情况下，如果债务人没有债权人出具的还款收据或收条，应以几张借条金额的合计数作为债务金额处理；而债权人持有债务人出具的几张欠条时，如果债权人在最后一张欠条的日期以后没有向债务人出具还款收据或收条，则应以最后出具的一张欠条的金额作为债务金额处理，其他欠条或在最后一张欠条以前的还款收据或收条，都不再作为确认双方债权债务关系的依据。当然，上述欠条或借条上如果特别注明其他内容或欠条上均附有往来清单的，则还需结合附注或清单的内容确认债务金额。

6. 送货单

与以上五种往来条据不同，送货单与会计人员特别是出纳人员的关系，不如以上五种条据密切，但送货单作为往来条据的作用不低于以上五种条据。货款清收纠纷中，不少供货单位因为未出具送货单，或者送货单没有收货单位经办人签字也没有收货单位盖公章（仓库章、业务章），使得供货单位在争议中处于十分不利地位，甚至输掉整个官司。因此，企业销售过程中，凡不属于现金买卖，比如先供货后收款，或者先收款（预收）后交货，交货时都必须出具送货单并要求收货方签字或盖章。

如果是购货方来人提货，则将"送货单"改为"收货单"；如果是代办托运（发货制），将受托方签字盖章的"托运单"代替"送货单"。

此外，还有一些文字或签字并不独立成为条据，但与有关内容结合则起到条据的作用，比如在发票或其他有关原始凭证上加注签名，均属广义的条据范围。

▌12.2.2 条据的盖章与签字

按照规定，从外单位取得的条据（原始凭证），必须盖有出具单位的公章；从个人取得的条据，必须有收款人（或代收款人，下同）的签名或盖章，否则，不得付款。对于单位与内部职能部门或分支机构之间，或这些部门之间的往来条据也应参照上述规定执行。为防范经济纠纷及对单位或会计人员造成的不利后果，应该注意以下三个方面。

（1）以单位名义出具的条据必须加盖出具单位公章。根据民法原理，单位出具的条据，既盖了公章、个人又签字的，除条据上另有特殊说明外，视为单位行为，个人不论与出具单位关系如何，均推定为经办人。如果上述条据收到诉讼，个人不作为当事人处理，但如果应有单位盖章而未盖章，只有个人的盖章或签名的，即使已写有单位名称，而如果持据方不想找单位或出具条据单位不认账，则盖私章或签名的个人将会在诉讼中成为被告。

（2）认真防范无效代签及冒签冒领条据。

① 代签。属于代签的条据，条据的收款人事后不承认，原因一般为代签方法不规范，代签字办理借、领、收款时，有些代签人只签被代签人的条据的收款人或欠款人的姓名，不签自己即代签人的姓名。这样，事后发生纠纷时，被代签人说自己实际没有收到款项也没有签字而不予认账，代签人因没有签写自己的姓名，事后一赖了之也奈何他不得，甚至纠纷发生时已记不起是谁代签的。因此，对于代签字的，都必须同时由代签人书写被代签人和代签入两个人的姓名，代签人自己签名后应加"代"字并将姓名和"代"字置于括号中。

②冒签。指冒用他人姓名即法定收款人的姓名签字。实践中，这种纠纷案发率较高，原因是不少人对签字的条据不附加条件，一见到签字条据特别是熟人的签字条据就深信不疑，给心术不正者甚至坏人代签冒领提供了便利。防范的方法应是：对于自己不能熟练鉴别真伪的签字人，应要求其当着自己面签字；对于不具备上述条件的，在对方已签字的情况下，可以通过电话联系方式核实条据业务，顺便核实签字。

（3）妥善处理好碍于面子的写条、签章问题。一些属碍于面子的签字业务，由于收款人是付款人的领导或要好者，付款人不好意思要求收款人出具借条、领条或欠条等，事后收款人赖账或忘记，造成纠纷。防范的方法是：对于不好要求其亲自写借条、收条、领条或欠条的，可以由会计人员事前写好应写的条据，只将条据的签名或盖章处空着，这样做一般都可以收到预期效果。

12.3 构成发票犯罪的标准界定

12.3.1 发票非法行为

1. 虚开发票行为

（1）虚开发票行为的界定。行为人有以下四种行为之一的，即构成虚开发票的行为。

①为他人开具与实际经营业务情况不符的发票；

②为自己开具与实际经营业务情况不符的发票；

③让他人为自己开具与实际经营业务情况不符的发票；

④介绍他人开具与实际经营业务情况不符的发票。

以上发票包括增值税专用发票，包括用于出口退税、抵扣税款的其他发票，如货物运输发票等，也包括一般的普通发票。无论是经税务机关监制的真发票还是伪造的假发票，只要符合上述条件，均构成虚开行为。

（2）税务行政处罚方式及幅度。

没收违法所得；虚开金额在1万元以下的，可以并处5万元以下的罚款；虚开金额超过1万元的，并处5万元以上50万元以下的罚款。

（3）构成犯罪的标准、罪名及刑罚。

①虚开增值税专用发票或者虚开用于骗取出口退税发票、抵扣税款的其他发票，虚开的税款数额在1万元以上或者致使国家税款被骗数额在5000元以上的，即涉嫌构成犯罪。罪名分别为虚开增值税专用发票罪、虚开用于骗取出口退税发票罪、虚开用于抵扣税款发票罪。

个人犯罪的，处拘役、15年以下有期徒刑，直至无期徒刑，可并处罚金；单位犯罪的，对单位判处罚金，并对其直接负责的主管人员和其他直接责任人员，按个人犯罪处罚。

②虚开上述发票以外的其他普通发票，如建筑安装业、广告业、餐饮服务业发票等，有下列情形之一的，即涉嫌构成虚开发票罪。

✍ 虚开发票100份以上或者虚开金额累计在40万元以上的；

✍ 虽未达到上述数额标准，但五年内因虚开发票行为受过行政处罚两次以上，又虚开发票的；

✍ 其他情节严重的情形。

个人犯罪的，可处管制、拘役、7年以下有期徒刑，并处罚金；单位犯罪的，对单位处以罚金，对其直接负责的主管人员和其他直接责任人员按个人犯罪处以刑罚。

2. 非法制造发票，出售非法制造的发票，非法出售发票的行为

（1）税务行政处罚方式及幅度。

没收违法所得；并处1万元以上5万元以下的罚款；情节严重的，并处5万元以上50万元以下的罚款。

（2）构成犯罪的标准、罪名及刑罚。

① 非法制造、出售非法制造的、出售经税务机关监制的增值税专用发票25份以上或票面额累计在10万元以上，分别涉嫌构成伪造增值税专用发票罪、出售伪造的增值税专用发票、非法出售增值税专用发票罪。

个人犯罪的，处管制、拘役、15年以下有期徒刑，直至无期徒刑；单位犯罪的，对单位判处罚金，并对其直接负责的主管人员和其他直接责任人员，按个人犯罪处以刑罚。

②非法制造、出售非法制造的，或出售经税务机关监制的用于骗取出口退税、抵扣税款的发票50份以上或者票面额累计在20万元以上，分别构成非法制造用于骗取出口退税发票罪、非法制造用于抵扣税款发票罪、出售非法制造的用于骗取出口退税发票罪、出售非法制造的抵扣税款发票罪，非法出售用于骗取出口退税发票罪、非法出售用于抵扣税款发票罪。

个人犯罪的，处管制、拘役、15年以下有期徒刑；单位犯罪的，对单位判处罚金，并对其直接负责的主管人员和其他直接责任人员，按个人犯罪处以刑罚。

③非法制造、出售非法制造的，或非法出售经税务机关监制的一般普通发票，如建安发票、货物销售发票等，数量在100份以上或者票面额累计在40万元以上的，分别涉嫌构成非法制造发票罪、出售非法制造的发票罪、非法出售发票罪。

个人犯罪的，处管制、拘役、7年以下有期徒刑；单位犯罪的，对单位判处罚金，并对其直接负责的主管人员和其他直接责任人员，按个人犯罪处以刑罚。

3. 非法购买发票，非法持有发票的行为

（1）税务行政处罚方式及幅度。

处1万元以上5万元以下的罚款；情节严重的，处5万元以上50万元以下的罚款；有违法所得的予以没收。

（2）构成犯罪的标准、罪名及刑罚。

① 非法购买增值税专用发票或者购买伪造的增值税专用发票25份以上或者票面额累计在10万元以上，构成非法购买增值税专用发票罪或者购买伪造的增值税专用发票罪。

个人犯罪的，处5年以下有期徒刑或者拘役，并处或者单处罚金；单位犯罪的，对单位判处罚金，并对其直接负责的主管人员和其他直接责任人员，按个人犯罪处以刑罚。

②明知是伪造的发票而持有，具有下列情形之一的，构成持有伪造的发票罪。

✍ 持有伪造的增值税专用发票50份以上或者票面额累计在20万元以上的；

✍ 持有伪造的可以用于骗取出口退税、抵扣税款的其他发票100份以上或者票面额累计在40万元以上的；

✍ 持有伪造的上述两类发票以外的，如广告业、服务业、餐饮业发票等其他普通发票200份以上或者票面额累计在80万元以上的。

个人犯罪的，处管制、拘役、7年以下有期徒刑；单位犯罪的，对单位判处罚金，并对其直接负责的主管人员和其他直接责任人员，按个人犯罪处以刑罚。

对于达到上述标准的，也就是税务机关移送涉嫌犯罪案件的标准，应当及时移送公安机关处理。

12.3.2 发票虚假经济业务的鉴别

1. 税务机关代开发票情况

要关注办公用品、耗材、培训费等内容的大额发票和税务机关代开票情况。虚假业务内容的票据类型中有一部分是税务机关代开的发票，内容多为雇工费、租车费、运费等，如果一个单位报销的凭证中税务机关代开发票情况很普遍，应关注是否存在虚假业务。假发票带来的更为严重的问题是大量资金尤其是财政资金被转移到各种各样的公司，经过一轮清洗后，资金被用于贪污、挪用、行贿。

2. 违反逻辑的情况

关注违反逻辑常识的情况，如相同单位或不同单位出现发票号码连号，不同单位出具的发票明显为同一人填写，多次出现开票日期在前的发票号码大于开票日期在后的发票号码，多个单位发票报销但只有一个支票结算，外地发票报销但采用支票结算，发票出具单位的经营范围与发票开具的业务内容存在逻辑上的不合理，一项经济业务连开多张发票，断号号码间隔大或者时间长，均可作为疑点经济业务。出现上述情况，可通过直接询问和追查发票来源确认是否属于虚假经济业务。

3. 发票印刷质量

一般可以从发票本身的印刷质量上发现疑点。假发票质地较差，用的纸张是普通纸，其印刷字体、荧光度与真发票相比都有差异，无税务水印防伪标志或者防伪水印不清、印刷突出。如果是带防伪密码的发票，假发票的密码覆盖层一般很粗糙，有明显的凸出感、颗粒感。出现这些情况，可以通过税务机关的发票查询系统鉴别发票真伪。

4. 异常情况发票

（1）频繁使用同一销售单位开具的各类商业发票，这是由于与开票单位的特殊关系，容易取得发票。

（2）小商店大发票，由于零售小商店提供商品服务有限，如果从零售小商店累计开具高额发票，则属于异常情况。

（3）多张餐饮或差旅发票一次报销。如果多张餐饮及差旅发票存在间隔时间长、所属不同地域、票据新旧不一等情况，则可以确认为疑点。这种情况可通过银行账户查询、询问调查和实地考察取证查实。

（4）发票金额较大、较整，没有零头或者几张发票合计正好是一个整数。这可能是一些虚假经济事项为拼凑合计数值所为，仔细核查就会发现有畸高或低、畸多或少的，即为虚假经济业务疑点。

5. 近似限额发票

比如千元版发票，开具金额可达到999元。对此可通过银行查询、实物查证、询问排查等方法查实。

除上述判断法以外，还可以走出账面通过支出结构分析法、询问排查法、由账及事法、群众举报法、延伸调查法和合作核查等方法来鉴别和审查假发票。

▌12.3.3　假发票的识破技巧

1. 从发票代码编制规则鉴别

通过咨询税务机关可以核查出发票代码设定的涵义和单位税号，与具体印制发票单位和发票开具单位的地理区域、服务类别相比对，可以核实发票真假。

2. 从发票质量上鉴别

假发票质地较差，用是普通纸，其印刷字体、荧光度与真发票相比都有质差，无税务水印防伪标志，即便有也印制不清。

3. 从发票是否已作废鉴别

有的已经在工商部门注销的单位，其税务发票未全部收缴销毁。此类发票若被不法经营者使用，这样经营者就逃避了税款，也为某些单位伪造经济业务提供了方便。核查的关键是通过调查工商、税务部门的企业登记和注销情况，核实发票是否作废以鉴别真伪。

4. 从发票刮擦奖区覆盖层鉴别

假发票覆盖层较淡薄，质地硬滑，不宜刮出奖区隐藏的文字，假商品销售发票奖区覆盖层背面没有重叠"8"字码。

第13章　报销业务实务

费用报销业务是很常见的会计业务，其处理过程也相当典型。本章就以最为典型的差旅费用报销业务为例，以详尽的操作流程来介绍出纳在经手报销业务时应注意的环节。有的图表在前面部分章节已经出现过，希望读者学习此部分内容时，可以回顾前面所学知识，加深理解和记忆。

例如，李文江是公司的一般业务人员将于近期到北京出差，其于2011年4月21日借得公司现金3000元。李文江4月26日从北京回到公司，其各项应报销费用及出差补贴共计4322元，李文江于4月27日办理报销手续。

以下就根据天弘公司的业务费用报销管理制度来说明本例的所有出纳操作及会计处理。

13.1　业务费用报销管理制度实例

天弘公司费用报销管理制度

第一章　总则

第一条　制定目的

为了严格公司的费用报销管理，规范费用报销的程序及规定，加强费用开支控制，提高经济效益，制定本办法。

第二条　适用范围

公司所有部门及全体员工。

第二章　管理职责

第三条　管理部

负责管理办法的制定，费用使用的监督管理，对超费用使用标准的部门和个人进行处罚。

第四条　财务部

负责费用报销的审查，费用报销，费用开支的分析、控制及管理。

第五条　各部门

负责本部门费用开支的管理和标准的控制，部门主管负责本部门及员工费用报销的审核。

第六条　公司领导

（1）副总经理负责对分管部门费用开支的管理和标准的控制，负责分管部门及员工费用报销的审核；

（2）总经理负责公司费用报销的审批。

第三章　差旅费报销

第七条　出差申请

（1）员工因公出差，应填写出差申请单，详细注明出差事由、行程安排及费用预算、是否借支等；

（2）填好出差申请单后，报上级领导核准后，转管理部登记后方可出差；

（3）如遇紧急情况，由主管临时派遣出差者，可先行出差，事后补填出差申请单，并呈报人力资源部登记备案。

第八条　出差核准权限

（1）员工出差天数不超过3天的，由部门主管核准；

（2）员工出差时间3～7天的，由主管副总或总经理核准；

（3）员工出差天数超过7天的，由总经理批准；

（4）部长以上管理人员出差由总经理批准。

第九条　借款

（1）员工出差需要预支差旅费的，可以办理借款；

（2）出差人员借款，应填写借款申请单；

（3）借款申请单与出差申请单一并报上级领导核准后，经财务部长签字后，方予借支；

（4）前次借支未清者，不得再借款。

第十条　差旅费报销标准

（1）短途（能当天返回公司的）出差的差旅费报销标准。

① 凡乘坐公司车辆出差的不报销交通费，乘坐公共汽车、中巴车的费用实报实销。特殊情况要乘出租车的须经部门主管在出租车发票上签字同意，由公司总经理批准方能报销。

② 短途出差，伙食费原则上不报销，特殊情况可按5元/餐的标准报销伙食补贴，但须经部门主管在报销单的备注栏中注明"同意报销伙食补贴"，由公司总经理批准方能报销。

③ 由公司统一安排就餐的，不报销伙食补贴。

④ 短途出差不报销住宿费。

（2）长途（不能当天返回公司的）出差的差旅费报销标准。

①交通工具标准：

交通工具	总经理	副总级	部门主管	一般工作人员
飞机	头等舱	经济舱		经总经理批准可乘经济舱
火车	软卧	硬卧、软座、特殊情况经总经理批准可坐软卧		硬卧、软座
轮船	二等舱	三等舱		
长途汽车	据实报销			
市内出租车	据实报销	经总经理批准可报销		

②住宿标准（元/天）：

出差地点	总经理	副总经理	部门主管	一般工作人员
特区、沿海城市、直辖市	据实报销	350	300	200
省会城市	据实报销	250	200	150
其他	据实报销	200	150	100

③伙食补助标准（元/天）：

出差地点	总经理	副总经理	部门主管	一般工作人员
特区、沿海城市、直辖市	据实报销	70	60	50
省会城市	据实报销	60	50	40
其他地区	据实报销	50	40	30

④短途交通补助标准（元/天）：

出差地点	总经理	副总经理	部门主管	一般工作人员
特区、沿海城市、直辖市	据实报销		30	20
省会城市	据实报销		20	15
其他地区	据实报销		15	10

⑤培训、学习、销售人员驻点、临时外派人员（15天以上）住宿、伙食及交通费补贴标准：

项目	对方单位统一安排食宿交通	自己租房	住宾馆
住宿	不补贴	20元/天	50元/天
伙食	不补贴	20元/天	30元/天
交通	不补贴	5元/天	5元/天

说明：

① 副总以上领导在报销标准以内的，按发票据实报销；超过标准的，按标准报销；

② 部门主管及以下人员，按标准包干使用；

③ 副总以下人员两人出差，住宿费减半报销；

④ 出差期间若报销了招待费，则不再报销伙食补贴。

第十一条　差旅费报销程序

（1）出差人员应于出差返回后，一周内到财务报销差旅费；

（2）出差人员出差返回后应写出差小结报告、填写报销凭证；

（3）出差人员将出差小结报告、报销凭证连同各项单据报部门负责人和分管副总经理审核，审核通过后报总经理审批；

4. 出差人员持审批后的差旅费凭证并附出差申请单，经财务部负责人复核后报销差旅费，同时一次交还预支差旅费。

5. 报账后结欠部分金额或一周内不办理报销手续人员的欠款，财务部通知管理部，在其当月工资中扣回。

第十二条 通信费报销（补贴）标准：

1. 手机费报销（补贴）标准：

职位	部门	报销标准（元/月）
总经理		据实报销
副总经理	营销、采购系统	800
	其他	600
部长	市场部、采购部	600
	其他部门	200～400
副部长	市场部、采购部	500
	其他部门	100～300
室主任（车间主任）	市场部、采购部	80～300
	其他部门	80～150
部门主管（工段长）	市场部、采购部	50～200
	其他部门	50～100

2. 座机费报销标准：

部门	直拨电话数	可打长话数	报销标准（元/月）
总经理室	1		据实报销
副总经理室	1		据实报销
市场部	无	无	无
采购部	无	无	无
技术部	无	无	无
质量部	无	无	无
总经办	无	无	无
管理部	无	无	无
生产部	无	无	无
总装车间	无	无	无
机动车间	无	无	无
焊装车间	无	无	无
涂装车间	无	无	无

第十三条 通信费报销程序

（1）各部门的座机费和家住遵义市的领导的手机费由总经办经办人员统一缴费；

（2）总经办经办人员缴费后填写报销凭证并附缴费单据，报总经办主任审核；

（3）总经办主任审核后报总经理审批；

（4）总经办经办人员持审批后的缴费凭证，经财务部负责人复核后报销；

（5）总经办经办人员报账完毕，将各电话费用清单报一份给管理部；

（6）管理部复核每个电话的标准，超过标准的，手机费在本人工资中扣除，座机费在部门负责人工资中扣除；

（7）家在外省的领导的手机补贴费通过工资发放，由自己缴费。

第五章　招待费报销

第十四条　招待费开支原则

（1）招待费开支要严格遵循"厉行节约，合理开支，严格控制，超标自负"的原则，能免则免，能省则省；

（2）招待费的使用严禁超标（超出预算总额）；

（3）用餐完毕，原则上不允许到营业性酒吧、歌舞厅等娱乐场所消费，经总经理批准的除外。

第十五条　招待费开支的申报及审批

（1）招待费采取申报制度，负责接待的部门（单位）或个人需要招待客人的，应按本规定提前申报；

（2）负责接待的部门（单位）或个人填写招待费用申报表，注明客人单位、职务、人数、事由、陪同领导、陪同部门、陪同人数、用餐时间、费用预算等；

（3）招待费实行"一支笔"审批制度，接待人数无论多少，支出金额无论大小，只有总经理有审批权；

（4）招待费用申报表，先报部门负责人和分管副总经理审核；

（5）审核同意后报总经办复核其当月招待费是否超标，并在招待费用申报表上注明；

（6）招待费用申报表经总经办复核后，再报总经理审批同意后，方可按标准开支；

（7）特殊情况由当事部门（单位）负责人向总经理电话请示，得到批准后方可开支但事后必须补办手续，否则财务部有权拒绝报销；

（8）赠送礼品、纪念品等由总经办统一办理。当事部门（单位）应在申请时注明礼品名称、数量、价格、事由，报总经办，总经办报总经理审批同意后，统一购买，然后交当事部门（单位）。

第十六条　招待费报销标准

（1）总额控制标准：

①公司总的业务招待费，控制在公司营业收入的2.5%之内；

②各部门的业务招待费，由公司结合各部门实际情况，在与其签定目标经济责任制时下达年度业务招待费指标；

③各部门将指标分解到月，并将分解指标报总经办备案；

④各部门（单位）应严格按照公司下达的指标进行开支，各部门（单位）负责人对此负责。超过部分一律在部门（单位）负责人年终奖金或工资中予以扣除。

（2）用餐控制标准：

主持接待人员级别	用餐标准（元/人）
总经理	据实报销
副总经理	50以下
部长	30以下
一般工作人员	20以下

说明：

① 一般客人中午用餐统一在食堂用工作餐，重要客人经总经理批准可以在外面用餐；

② 一般情况，中午不许喝酒，特殊情况经总经理批准可少量喝酒；

③ 应由总经理或副总经理主持接待的用餐，因特殊情况不能亲自参加，委托其他人员接待的，用餐可按总经理或副总经理的标准执行；

④ 因特殊情况超过用餐标准的，必须经总经理审批同意后方可报销，否则超过部分由经办人承担。

第十七条　招待费报销程序

（1）用餐后，应在3天内报销费用；

（2）使用人填写报销凭证后连同各项单据报部门负责人和分管副总经理审核；

（3）审核通过后报总经理审批；

（4）使用人持审批后的报销凭证并附招待费用申报表，经财务部负责人复核后报销；

（5）如有超过用餐标准的，财务部将经办人和超过部分报管理部，由管理部在经办人工资中扣除。

第六章　附则

第二十八条　本规定从发布之日起执行，以前有关规定与本规定相抵触的地方，按本规定执行。执行以后公司如有新的规定，另行通知。

第二十九条　本规定的解释权归管理部。

13.2　预借差旅费

13.2.1　预借差旅费的步骤

根据13.1节的业务费用报销管理制度实例可知，差旅费的预借，一般需要填写出差申请单，批准后再到会计处预借款项。差旅费的预借，其步骤如下：

- 出差申请的填写和审批；
- 填写借款单；
- 出纳开出现金支票；
- 出差人签名确认收款；
- 出纳盖“现金付讫”章。

1. 出差申请的填写和审批

李文江填写出差申请单，并请直属上级周新苗及经理审批，如图13-1所示。

南京市恒兴商贸有限公司

出差申请单

出差申请单

部门：业务部

<table>
<tr><td rowspan="2">出差人</td><td>部门</td><td>业务部</td><td>职务</td><td>业务员</td><td rowspan="2">代理人
职 务</td><td>部门</td><td></td><td rowspan="2">代理人签认</td><td rowspan="2"></td></tr>
<tr><td>姓名</td><td colspan="3">李文江</td><td>职务</td><td></td></tr>
<tr><td>出差要办事项</td><td colspan="9">到北京处理供应商年检事宜</td></tr>
<tr><td>暂支旅费</td><td colspan="2">3000元</td><td colspan="2" rowspan="2">出差时间</td><td colspan="5" rowspan="2">自 2011 年 4 月 22 日 10 时 起
至 2011 年 4 月 26 日 15 时 止
共 5 日</td></tr>
<tr><td>出差地点</td><td colspan="2">北京</td></tr>
<tr><td>经理</td><td>胡政凯</td><td>直属上级</td><td colspan="2">周新苗</td><td>申请人</td><td>李文江</td><td>申请日期</td><td colspan="2">2011.4.21</td></tr>
</table>

图13-1　出差申请单

2. 填写借款单

出差申请单得到批准后，李文江就可以填写借款单，写明所属部门、借款人姓名、借款事由及金额，然后在借款申请人处签字，最后征得部门主管和财务主管的签名。其填写的借款单，如图13-2所示。

恒兴购物中心
南苑分店

借　款　单

2011 年 4 月 21 日

<table>
<tr><td>部　门</td><td>业务部</td><td>借款人</td><td>李文江</td><td>借款事由</td><td>北京出差</td></tr>
<tr><td>借款金额</td><td colspan="4">金额（大写）叁仟元整</td><td>¥3,000.00</td></tr>
<tr><td>部门领导批示</td><td colspan="2">同意　周新苗</td><td>上级领导批示</td><td colspan="2">同意　胡政凯</td></tr>
</table>

借款申请人：李文江

图13-2　差旅费预借单

3. 出纳开出现金支票

出纳拿到签好名的借款单后，为李文江开出3000元现金支票，如图13-3所示。

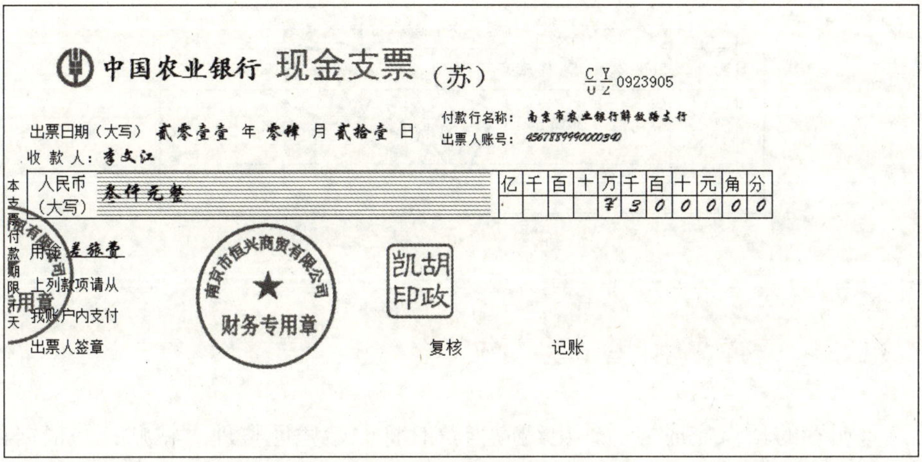

中国农业银行　现金支票（苏）　CY 02 0923905

出票日期（大写）贰零壹壹 年 零肆 月 贰拾壹 日　付款行名称：南京市农业银行解放路支行

收款人：李文江　出票人账号：4567889990000340

本支票付款期限十天

人民币（大写）叁仟元整　¥300000

用途 差旅费

上列款项请从我账户内支付

出票人签章　复核　记账

图13-3　现金支票

4. 出差人签名确认收款

李文江在支票存根上签名，如图13-4所示。

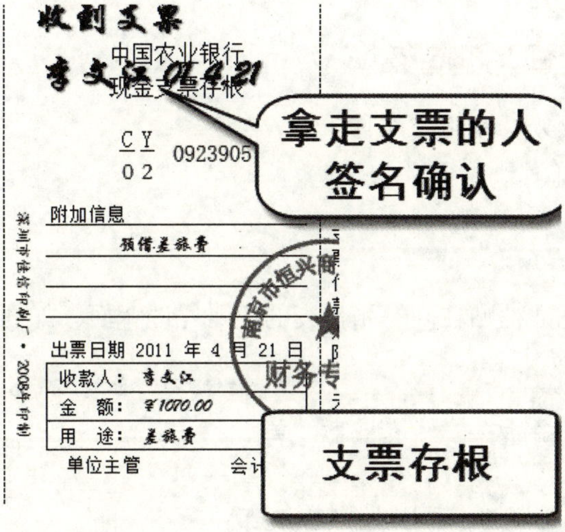

图13-4　支票存根

5. 出纳盖“现金付讫”章

出纳在借款单上盖“现金付讫”章，如图13-5所示。

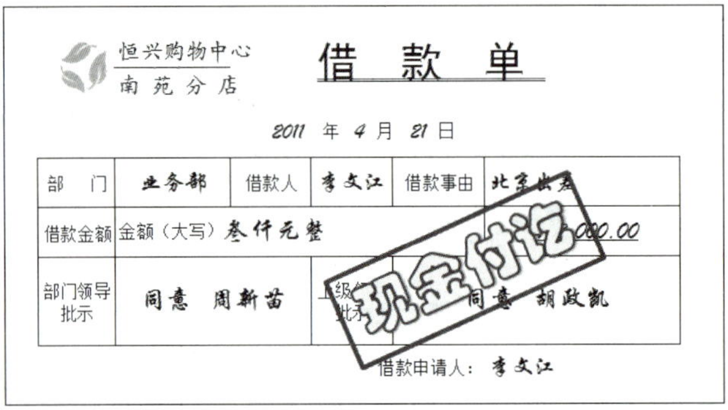
恒兴购物中心 南苑分店

借款单

2011 年 4 月 21 日

部门	业务部	借款人	李文江	借款事由	北京出差
借款金额	金额（大写）叁仟元整				¥3 000.00
部门领导批示	同意 周新苗		上级领导批示	同意 胡政凯	

借款申请人：李文江

现金付讫

图13-5　借款单上盖“现金付讫”章

13.2.2　差旅费预借的会计处理

差旅费的预借完成之后，出纳应当及时将原始凭证整理、粘贴，并根据正确的会计分录编制记账凭证。

差旅费预借的会计处理，其步骤如下：

- 原始凭证整理和粘贴；
- 会计分录和记账凭证；
- 记入银行日记账。

1. 原始凭证整理和粘贴

差旅费预借业务，原始凭证有三张。

- 出差申请单；
- 借款单；
- 现金支票存根。

将上述三张凭证粘贴在同一张作废的记账凭证背面，如图13-6所示。

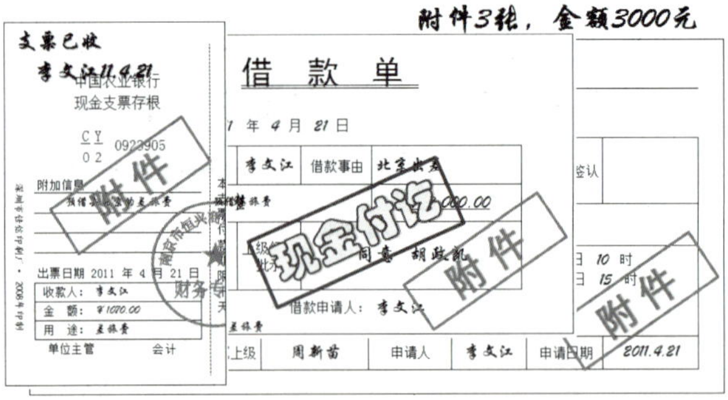

图13-6　粘贴好的票据

2. 会计分录和记账凭证

本笔业务的会计分录，如下：

借：其他应收款——李文江　3000

　　贷：银行存款　　　　　　　3000

根据会计分录填写记账凭证，如图13-7所示。

记　账　凭　证
VOUCHER

日期 DATE: 2011 年 Y 4 月 M 21 日 D　　　转字第 1104012 号 NO.

摘　要 DESCRIPTION	总账科目 GEN.LEN.A/C	明细科目 SUB.LED.A/C	借方金额 DEBIT AMT.	贷方金额 CREDIT AMT.	记账 P.R.
李文江预借差旅费	其他应收款	李文江	300000		√
李文江预借差旅费	银行存款			300000	
附件 2 张 ATTACHMENTS	合　计 TOTAL		¥300000	¥300000	

核准 APPROED　复核 CHERKED　记账 ENTERED　出纳 CASHIER　制单 PREPAREI 张一宁　签收 RECEIER

记账凭证

图13-7　填写好的记账凭证

3. 银行日记账

将本笔预借业务记入银行日记账中，如图13-8所示。

银行存款　日记账

开户银行：中国农业银行南京市分行
账　　号：456788999000340

11年 月	日	凭证字号	银行凭证	摘　要	对方科目	借方	贷方	借或贷	余额	√
4	1			上月余额		¥10600000		借	¥10600000	
4	1	1	25876	存入当日营业款	主营业务收入	¥13917760		借	¥24517760	
4	3	2	233658	支取备用金	库存现金		¥200000	借	¥24317760	
4	8	4	25639	李文江预借购办公用品款	其他应收款		¥107000	借	¥24210760	
4	8	5	99955	罚款--支票拒付罚款			¥120000	借	¥24090760	
4	12	6	2563	购买办公用品费用			¥107000	借	¥23983760	
4	12	7	1236	李文江退回预借款	其他应收款	¥107000		借	¥24090760	
4	21	12	3905	李文江预借差旅费	银行存款		¥300000	借	¥23790760	

记入账簿中

图13-8　将业务记入账簿中

13.3　报销差旅费

13.3.1　报销差旅费的步骤

2011年4月27日，李文江回到公司办理本次出差的报销手续，其步骤如下：

- 粘贴原始凭证；
- 填写差旅费报销单；
- 差旅费报销单的审批；
- 支付报销款；
- 加盖"现金付讫"章和"附件"章。

1. 粘贴原始凭证

整理并粘贴差旅费原始凭证，如图13-9所示。

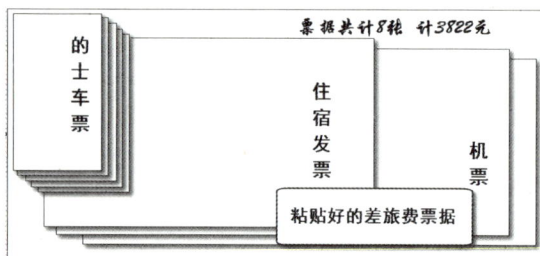

图13-9　差旅费相关单据

2. 差旅费报销单的审批

将粘贴在一起的差旅费单据与差旅费报销单粘贴在一起，就可以找领导签字了，如图13-10所示。

图13-10　粘贴好的差旅费报销单据

3. 支付报销款

出纳张一宁根据审批好的差旅费报销单，补给李文江现金1322元。出纳张一宁开出收据给李文江，如图13-11所示。

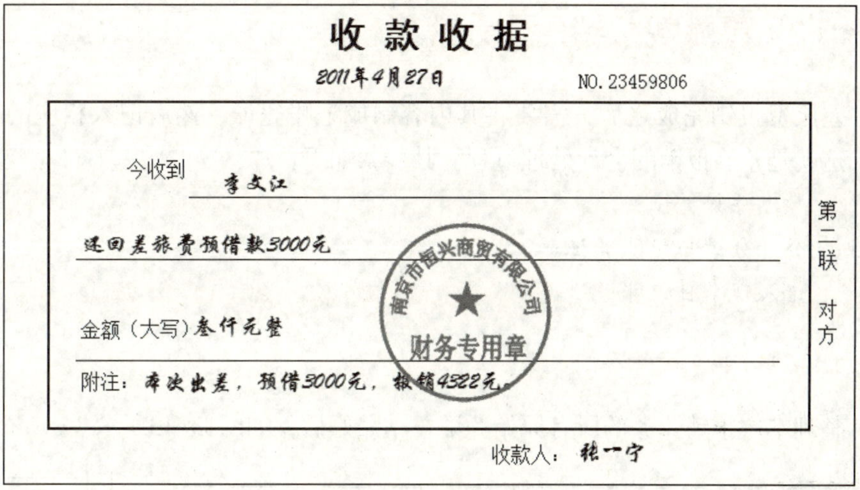

收款收据

2011年4月27日   NO. 23459806

今收到　李文江

退回差旅费预借款3000元

金额（大写）叁仟元整

附注：本次出差，预借3000元，报销4322元

收款人　张一宁

第二联 对方

图13-11　收款收据

4. 加盖"现金付讫"章和"附件"章

出纳张一宁在差旅费报销单上加盖"现金付讫"章和"附件"章，如图13-12所示。

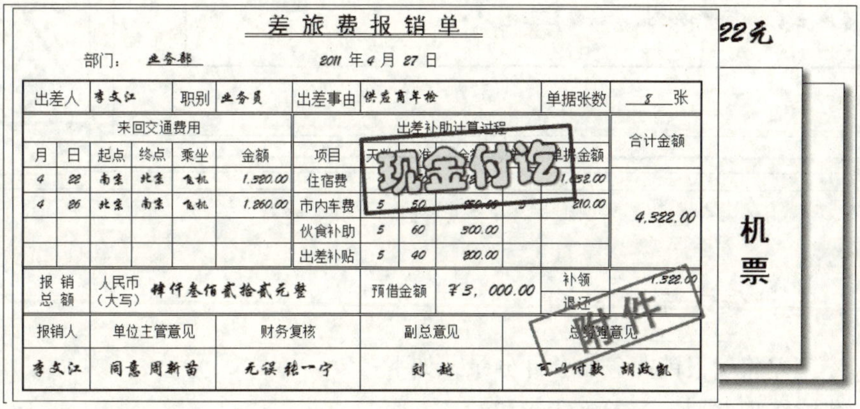

图13-12　加盖"现金付讫"章

说明： 本步加盖的两个章并不是规定必须加盖的，但是为了方便出纳的付款管理和附件管理，盖上这样的章为好。现金付讫章在出纳款项付出后，加盖

在相关票据上；而附件章则盖在所有记账凭证的附件上。

至此，差旅费的报销涉及出差人员的部分已经结束，以下就是出纳人员的会计处理过程了。

13.3.2 差旅费报销的会计处理

差旅费报销完成之后，需要将其内容制成记账凭证，然后记入相应的账簿中，这就是差旅报销的会计处理过程。其步骤如下：

- ✍ 粘贴原始凭证；
- ✍ 会计分录与记账凭证；
- ✍ 记入现金日记账。

1. 粘贴原始凭证

整理本次报销业务的所有原始凭证，粘贴好后，如图13-13所示。

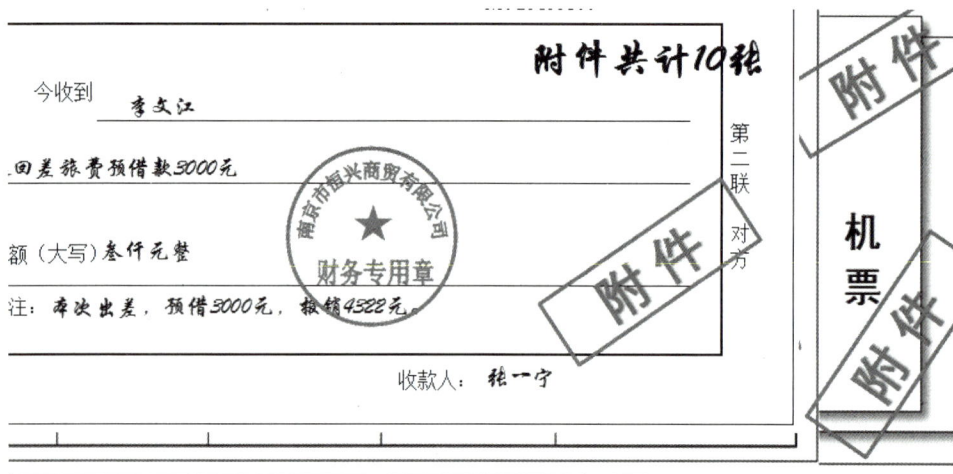

图13-13　粘贴好的所有原始凭证

2. 会计分录与记账凭证

本笔差旅费报销业务的会计分录，如下：

借：管理费用——差旅费　4322

　　贷：其他应收款——李文江　3000

　　　　库存现金　　　　　　1322

根据会计分录填制为记账凭证，如图13-14所示。

记　账　凭　证

VOUCHER

日期：2011 年 4 月 27 日　　转字第 023 号

DATE：Y M D　　NO.

摘要 DESCRIPTION	总账科目 GEN.LEN.A/C	明细科目 SUB.LED.A/C	借方金额 DEBIT AMT.	贷方金额 CREDIT AMT.	记账 P.R. ✓
李文江出差北京差旅费	管理费用		432200		
李文江退回预借款	其他应收款	李文江		300000	
	库存现金			132200	
附件 10 张 ATTACHMENTS	合计 TOTAL		¥432200	¥432200	

核准：APPROED　复核：CHERKED　记账：ENTERED　出纳：CASHIER　制单：PREPAREI 张一宁　签收：RECEIER

图13-14　填制记账凭证

3. 记入现金日记账

出纳张一宁将本笔业务记入库存现金日记账中，如图13-15所示。

库存现金日记账

11年 月	日	凭证号	票据号码	摘要	对方科目	借方	贷方	借或贷	余额	✓
				上月余额				贷	¥0	
4	3	002	60354	提取备用金	银行存款	¥200000		借	¥200000	
4	5	003		购买结算凭证10本	财务费用		¥5000	借	¥195000	
4	12	006		从向北公司购办公用品一箱	管理费用		¥32500	借	¥162500	
4	13	008		支付4月水电费	管理费用		¥58600	借	¥103900	
4	16	011	88514	补提备用金	银行存款	¥96100		借	¥200000	
4	17	013		支付本月	费用		¥185000	借	¥15000	
4	19	015	88516	补提备	款	¥185000		借	¥200000	
4	23	020	2599	支付电脑	费用		¥45800	借	¥154200	
4	27	023		李文江出差北京差旅费	管理费用		¥132200	借	¥22000	

记入日记账中

图13-15　将报销业务记入日记账

至此，差旅费报销业务，出纳应当负责的部分已全部完成。

附录

附录1　人民币银行结算账户管理办法

第一章　总　则

第一条　为规范人民币银行结算账户（以下简称银行结算账户）的开立和使用，加强银行结算账户管理，维护经济金融秩序稳定，根据《中华人民共和国中国人民银行法》和《中华人民共和国商业银行法》等法律法规，制定本办法。

第二条　存款人在中国境内的银行开立的银行结算账户适用本办法。

本办法所称存款人，是指在中国境内开立银行结算账户的机关、团体、部队、企业、事业单位、其他组织（以下统称单位）、个体工商户和自然人。

本办法所称银行，是指在中国境内经中国人民银行批准经营支付结算业务的政策性银行、商业银行（含外资独资银行、中外合资银行、外国银行分行）、城市信用合作社、农村信用合作社。

本办法所称银行结算账户，是指银行为存款人开立的办理资金收付结算的人民币活期存款账户。

第三条　银行结算账户按存款人分为单位银行结算账户和个人银行结算账户。

（一）存款人以单位名称开立的银行结算账户为单位银行结算账户。单位银行结算账户按用途分为基本存款账户、一般存款账户、专用存款账户、临时存款账户。

个体工商户凭营业执照以字号或经营者姓名开立的银行结算账户纳入单位银行结算账户管理。

（二）存款人凭个人身份证件以自然人名称开立的银行结算账户为个人银行结算账户。

邮政储蓄机构办理银行卡业务开立的账户纳入个人银行结算账户管理。

第四条　单位银行结算账户的存款人只能在银行开立一个基本存款账户。

第五条　存款人应在注册地或住所地开立银行结算账户。符合本办法规定可以在异地（跨省、市、县）开立银行结算账户的除外。

第六条　存款人开立基本存款账户、临时存款账户和预算单位开立专用存款账户实行核准制度，经中国人民银行核准后由开户银行核发开户登记证。但存款人因注册验资需要开立的临时存款账户除外。

第七条　存款人可以自主选择银行开立银行结算账户。除国家法律、行政法规和国务院规定外，任何单位和个人不得强令存款人到指定银行开立银行结算账户。

第八条　银行结算账户的开立和使用应当遵守法律、行政法规，不得利用银行结算账户进行偷逃税款、逃废债务、套取现金及其他违法犯罪活动。

第九条　银行应依法为存款人的银行结算账户信息保密。对单位银行结算账户的存款和有关资料，除国家法律、行政法规另有规定外，银行有权拒绝任何单位或个人查询。对个人银行结算账户的存款和有关资料，除国家法律另有规定外，银行有权拒绝任何单位或个人查询。

第十条　中国人民银行是银行结算账户的监督管理部门。

第二章　银行结算账户的开立

第十一条　基本存款账户是存款人因办理日常转账结算和现金收付需要开立的银行结算账户。下列存款人，可以申请开立基本存款账户。

（一）企业法人。

（二）非法人企业。

（三）机关、事业单位。

（四）团级（含）以上军队、武警部队及分散执勤的支（分）队。

（五）社会团体。

（六）民办非企业组织。

（七）异地常设机构。

（八）外国驻华机构。

（九）个体工商户。

（十）居民委员会、村民委员会、社区委员会。

（十一）单位设立的独立核算的附属机构。

（十二）其他组织。

第十二条　一般存款账户是存款人因借款或其他结算需要，在基本存款账户开户银行以外的银行营业机构开立的银行结算账户。

第十三条　专用存款账户是存款人按照法律、行政法规和规章，对其特定用途资金进行专项管理和使用而开立的银行结算账户。对下列资金的管理与使用，存款人可以申请开立专用存款账户。

（一）基本建设资金。

（二）更新改造资金。

（三）财政预算外资金。

（四）粮、棉、油收购资金。

（五）证券交易结算资金。

（六）期货交易保证金。

（七）信托基金。

（八）金融机构存放同业资金。

（九）政策性房地产开发资金。

（十）单位银行卡备用金。

（十一）住房基金。

（十二）社会保障基金。

（十三）收入汇缴资金和业务支出资金。

（十四）党、团、工会设在单位的组织机构经费。

（十五）其他需要专项管理和使用的资金。

收入汇缴资金和业务支出资金，是指基本存款账户存款人附属的非独立核算单位或派出机构发生的收入和支出的资金。

因收入汇缴资金和业务支出资金开立的专用存款账户，应使用隶属单位的名称。

第十四条　临时存款账户是存款人因临时需要并在规定期限内使用而开立的银行结算账户。有下列情况的，存款人可以申请开立临时存款账户。

（一）设立临时机构。

（二）异地临时经营活动。

（三）注册验资。

第十五条　个人银行结算账户是自然人因投资、消费、结算等而开立的可办理支付结算业务的存款账户。有下列情况的，可以申请开立个人银行结算账户。

（一）使用支票、信用卡等信用支付工具的。

（二）办理汇兑、定期借记、定期贷记、借记卡等结算业务的。

自然人可根据需要申请开立个人银行结算账户，也可以在已开立的储蓄账户中选择并向开户银行申请确认为个人银行结算账户。

第十六条　存款人有下列情形之一的，可以在异地开立有关银行结算账户。

（一）营业执照注册地与经营地不在同一行政区域（跨省、市、县）需要开立基本存款账户的。

（二）办理异地借款和其他结算需要开立一般存款账户的。

（三）存款人因附属的非独立核算单位或派出机构发生的收入汇缴或业务支出需要开立专用存款账户的。

（四）异地临时经营活动需要开立临时存款账户的。

（五）自然人根据需要在异地开立个人银行结算账户的。

第十七条　存款人申请开立基本存款账户，应向银行出具下列证明文件。

（一）企业法人，应出具企业法人营业执照正本。

（二）非法人企业，应出具企业营业执照正本。

（三）机关和实行预算管理的事业单位，应出具政府人事部门或编制委员会的批文或登记证书和财政部门同意其开户的证明；非预算管理的事业单位，应出具政府人事部门或编制委员会的批文或登记证书。

（四）军队、武警团级(含)以上单位以及分散执勤的支（分）队，应出具军队军级以上单位财务部门、武警总队财务部门的开户证明。

（五）社会团体，应出具社会团体登记证书，宗教组织还应出具宗教事务管理部门的批文或证明。

（六）民办非企业组织，应出具民办非企业登记证书。

（七）外地常设机构，应出具其驻在地政府主管部门的批文。

（八）外国驻华机构，应出具国家有关主管部门的批文或证明;外资企业驻华代表处、办事处应出具国家登记机关颁发的登记证。

（九）个体工商户，应出具个体工商户营业执照正本。

（十）居民委员会、村民委员会、社区委员会，应出具其主管部门的批文或证明。

（十一）独立核算的附属机构，应出具其主管部门的基本存款账户开户登记证和批文。

（十二）其他组织，应出具政府主管部门的批文或证明。

本条中的存款人为从事生产、经营活动纳税人的，还应出具税务部门颁发的税务登记证。

第十八条　存款人申请开立一般存款账户，应向银行出具其开立基本存款账户规定的证明文件、基本存款账户开户登记证和下列证明文件。

（一）存款人因向银行借款需要，应出具借款合同。

（二）存款人因其他结算需要，应出具有关证明。

第十九条　存款人申请开立专用存款账户，应向银行出具其开立基本存款账户规定的证明文件、基本存款账户开户登记证和下列证明文件。

（一）基本建设资金、更新改造资金、政策性房地产开发资金、住房基金、社会保障基金，应出具主管部门批文。

（二）财政预算外资金，应出具财政部门的证明。

（三）粮、棉、油收购资金，应出具主管部门批文。

（四）单位银行卡备用金，应按照中国人民银行批准的银行卡章程的规定出具有关证明和资料。

（五）证券交易结算资金，应出具证券公司或证券管理部门的证明。

（六）期货交易保证金，应出具期货公司或期货管理部门的证明。

（七）金融机构存放同业资金，应出具其证明。

（八）收入汇缴资金和业务支出资金，应出具基本存款账户存款人有关的证明。

（九）党、团、工会设在单位的组织机构经费，应出具该单位或有关部门的批文或证明。

（十）其他按规定需要专项管理和使用的资金，应出具有关法规、规章或政府部门的有关文件。

第二十条　合格境外机构投资者在境内从事证券投资开立的人民币特殊账户和人民币结算资金账户纳入专用存款账户管理。其开立人民币特殊账户时应出具国家外汇管理部门的批复文件，开立人民币结算资金账户时应出具证券管理部门的证券投资业务许可证。

第二十一条　存款人申请开立临时存款账户，应向银行出具下列证明文件。

（一）临时机构，应出具其驻在地主管部门同意设立临时机构的批文。

（二）异地建筑施工及安装单位，应出具其营业执照正本或其隶属单位的营业执照正本，以及施工及安装地建设主管部门核发的许可证或建筑施工及安装合同。

（三）异地从事临时经营活动的单位，应出具其营业执照正本以及临时经营地工商行政管理部门的批文。

（四）注册验资资金，应出具工商行政管理部门核发的企业名称预先核准通知书或有关部门的批文。

本条第（二）（三）项还应出具其基本存款账户开户登记证。

第二十二条　存款人申请开立个人银行结算账户，应向银行出具下列证明文件。

（一）中国居民，应出具居民身份证或临时身份证。

（二）中国人民解放军军人，应出具军人身份证件。

（三）中国人民武装警察，应出具武警身份证件。

（四）香港、澳门居民，应出具港澳居民往来内地通行证；台湾居民，应出具台湾居民来往大陆通行证或者其他有效旅行证件。

（五）外国公民，应出具护照。

（六）法律、法规和国家有关文件规定的其他有效证件。

银行为个人开立银行结算账户时，根据需要还可要求申请人出具户口簿、驾驶执照、护照等有效证件。

第二十三条 存款人需要在异地开立单位银行结算账户，除出具本办法第十七条、十八条、十九条、二十一条规定的有关证明文件外，应出具下列相应的证明文件。

（一）经营地与注册地不在同一行政区域的存款人，在异地开立基本存款账户的，应出具注册地中国人民银行分支行的未开立基本存款账户的证明。

（二）异地借款的存款人，在异地开立一般存款账户的，应出具在异地取得贷款的借款合同。

（三）因经营需要在异地办理收入汇缴和业务支出的存款人，在异地开立专用存款账户的，应出具隶属单位的证明。

属本条第（二）（三）项情况的，还应出具其基本存款账户开户登记证。

存款人需要在异地开立个人银行结算账户，应出具本办法第二十二条规定的证明文件。

第二十四条 单位开立银行结算账户的名称应与其提供的申请开户的证明文件的名称全称相一致。有字号的个体工商户开立银行结算账户的名称应与其营业执照的字号相一致；无字号的个体工商户开立银行结算账户的名称，由"个体户"字样和营业执照记载的经营者姓名组成。自然人开立银行结算账户的名称应与其提供的有效身份证件中的名称全称相一致。

第二十五条 银行为存款人开立一般存款账户、专用存款账户和临时存款账户的，应自开户之日起3个工作日内书面通知基本存款账户开户银行。

第二十六条 存款人申请开立单位银行结算账户时，可由法定代表人或单位负责人直接办理，也可授权他人办理。

由法定代表人或单位负责人直接办理的，除出具相应的证明文件外，还应出具法定代表人或单位负责人的身份证件；授权他人办理的，除出具相应的证明文件外，还应出具其法定代表人或单位负责人的授权书及其身份证件，以及被授权人的身份证件。

第二十七条 存款人申请开立银行结算账户时，应填制开户申请书。开户申请书按照中国人民银行的规定记载有关事项。

第二十八条 银行应对存款人的开户申请书填写的事项和证明文件的真实性、完整性、合规性进行认真审查。

开户申请书填写的事项齐全，符合开立基本存款账户、临时存款账户和预算单位专用存款账户条件的，银行应将存款人的开户申请书、相关的证明文件和银行审核意见等开户资料报送中国人民银行当地分支行，经其核准后办理开户手续；符合开立一般存款账户、其他专用存款账户和个人银行结算账户条件的，银行应办理开户手续，并于开户之日起5个工作日内向中国人民银行当地分支行备案。

第二十九条　中国人民银行应于2个工作日内对银行报送的基本存款账户、临时存款账户和预算单位专用存款账户的开户资料的合规性予以审核，符合开户条件的，予以核准；不符合开户条件的，应在开户申请书上签署意见，连同有关证明文件一并退回报送银行。

第三十条　银行为存款人开立银行结算账户，应与存款人签订银行结算账户管理协议，明确双方的权利与义务。除中国人民银行另有规定的以外，应建立存款人预留签章卡片，并将签章式样和有关证明文件的原件或复印件留存归档。

第三十一条　开户登记证是记载单位银行结算账户信息的有效证明，存款人应按本办法的规定使用，并妥善保管。

第三十二条　银行在为存款人开立一般存款账户、专用存款账户和临时存款账户时，应在其基本存款账户开户登记证上登记账户名称、账号、账户性质、开户银行、开户日期，并签章。但临时机构和注册验资需要开立的临时存款账户除外。

第三章　银行结算账户的使用

第三十三条　基本存款账户是存款人的主办账户。存款人日常经营活动的资金收付及其工资、奖金和现金的支取，应通过该账户办理。

第三十四条　一般存款账户用于办理存款人借款转存、借款归还和其他结算的资金收付。该账户可以办理现金缴存，但不得办理现金支取。

第三十五条　专用存款账户用于办理各项专用资金的收付。

单位银行卡账户的资金必须由其基本存款账户转账存入。该账户不得办理现金收付业务。

财政预算外资金、证券交易结算资金、期货交易保证金和信托基金专用存款账户不得支取现金。

基本建设资金、更新改造资金、政策性房地产开发资金、金融机构存放同业资金账户需要支取现金的，应在开户时报中国人民银行当地分支行批准。中国人民银行当地分支行应根据国家现金管理的规定审查批准。

粮、棉、油收购资金、社会保障基金、住房基金和党、团、工会经费等专用存款账户支取现金应按照国家现金管理的规定办理。

收入汇缴账户除向其基本存款账户或预算外资金财政专用存款户划缴款项外，只收不付，不得支取现金。业务支出账户除从其基本存款账户拨入款项外，只付不收，其现金支取必须按照国家现金管理的规定办理。

银行应按照本条的各项规定和国家对粮、棉、油收购资金使用管理规定加强监督，对不符合规定的资金收付和现金支取，不得办理。但对其他专用资金的使用不负监督责任。

第三十六条　临时存款账户用于办理临时机构以及存款人临时经营活动发生的资金收付。

临时存款账户应根据有关开户证明文件确定的期限或存款人的需要确定其有效期限。存款人在账户的使用中需要延长期限的，应在有效期限内向开户银行提出申请，并由开户银行报中国人民银行当地分支行核准后办理展期。临时存款账户的有效期最长不得超过2年。

临时存款账户支取现金，应按照国家现金管理的规定办理。

第三十七条　注册验资的临时存款账户在验资期间只收不付，注册验资资金的汇缴人应与出资人的名称一致。

第三十八条　存款人开立单位银行结算账户，自正式开立之日起3个工作日后，方可办理付款业务。但注册验资的临时存款账户转为基本存款账户和因借款转存开立的一般存款账户除外。

第三十九条　个人银行结算账户用于办理个人转账收付和现金存取。下列款项可以转入个人银行结算账户。

（一）工资、奖金收入。

（二）稿费、演出费等劳务收入。

（三）债券、期货、信托等投资的本金和收益。

（四）个人债权或产权转让收益。

（五）个人贷款转存。

（六）证券交易结算资金和期货交易保证金。

（七）继承、赠与款项。

（八）保险理赔、保费退还等款项。

（九）纳税退还。

（十）农、副、矿产品销售收入。

（十一）其他合法款项。

第四十条　单位从其银行结算账户支付给个人银行结算账户的款项，每笔超过5万元的，应向其开户银行提供下列付款依据。

（一）代发工资协议和收款人清单。

（二）奖励证明。

（三）新闻出版、演出主办等单位与收款人签订的劳务合同或支付给个人款项的证明。

（四）证券公司、期货公司、信托投资公司、奖券发行或承销部门支付或退还给自然人款项的证明。

（五）债权或产权转让协议。

（六）借款合同。

（七）保险公司的证明。

（八）税收征管部门的证明。

（九）农、副、矿产品购销合同。

（十）其他合法款项的证明。

从单位银行结算账户支付给个人银行结算账户的款项应纳税的，税收代扣单位付款时应向其开户银行提供完税证明。

第四十一条　有下列情形之一的，个人应出具本办法第四十条规定的有关收款依据。

（一）个人持出票人为单位的支票向开户银行委托收款，将款项转入其个人银行结算账户的。

（二）个人持申请人为单位的银行汇票和银行本票向开户银行提示付款，将款项转入其个人银行结算账户的。

第四十二条　单位银行结算账户支付给个人银行结算账户款项的，银行应按第四十条、第四十一条规定认真审查付款依据或收款依据的原件，并留存复印件，按会计档案保管。未提供相关依据或相关依据不符合规定的，银行应拒绝办理。

第四十三条　储蓄账户仅限于办理现金存取业务，不得办理转账结算。

第四十四条　银行应按规定与存款人核对账务。银行结算账户的存款人收到对账单或对账信息后，应及时核对账务并在规定期限内向银行发出对账回单或确认信息。

第四十五条　存款人应按照本办法的规定使用银行结算账户办理结算业务。

存款人不得出租、出借银行结算账户，不得利用银行结算账户套取银行信用。

第四章　银行结算账户的变更与撤销

第四十六条　存款人更改名称，但不改变开户银行及账号的，应于5个工作日内向开户银行提出银行结算账户的变更申请，并出具有关部门的证明文件。

第四十七条　单位的法定代表人或主要负责人、住址以及其他开户资料发生变更时，应于5个工作日内书面通知开户银行并提供有关证明。

第四十八条　银行接到存款人的变更通知后，应及时办理变更手续，并于2个工作日内向中国人民银行报告。

第四十九条 有下列情形之一的，存款人应向开户银行提出撤销银行结算账户的申请。

（一）被撤并、解散、宣告破产或关闭的。

（二）注销、被吊销营业执照的。

（三）因迁址需要变更开户银行的。

（四）其他原因需要撤销银行结算账户的。

存款人有本条第（一）（二）项情形的，应于5个工作日内向开户银行提出撤销银行结算账户的申请。

本条所称撤销是指存款人因开户资格或其他原因终止银行结算账户使用的行为。

第五十条 存款人因本办法第四十九条第（一）（二）项原因撤销基本存款账户的，存款人基本存款账户的开户银行应自撤销银行结算账户之日起2个工作日内将撤销该基本存款账户的情况书面通知该存款人其他银行结算账户的开户银行；存款人其他银行结算账户的开户银行，应自收到通知之日起2个工作日内通知存款人撤销有关银行结算账户；存款人应自收到通知之日起3个工作日内办理其他银行结算账户的撤销。

第五十一条 银行得知存款人有本办法第四十九条第（一）（二）项情况，存款人超过规定期限未主动办理撤销银行结算账户手续的，银行有权停止其银行结算账户的对外支付。

第五十二条 未获得工商行政管理部门核准登记的单位，在验资期满后，应向银行申请撤销注册验资临时存款账户，其账户资金应退还给原汇款人账户。注册验资资金以现金方式存入，出资人需提取现金的，应出具缴存现金时的现金缴款单原件及其有效身份证件。

第五十三条 存款人尚未清偿其开户银行债务的，不得申请撤销该账户。

第五十四条 存款人撤销银行结算账户，必须与开户银行核对银行结算账户存款余额，交回各种重要空白票据及结算凭证和开户登记证，银行核对无误后方可办理销户手续。存款人未按规定交回各种重要空白票据及结算凭证的，应出具有关证明，造成损失的，由其自行承担。

第五十五条 银行撤销单位银行结算账户时应在其基本存款账户开户登记证上注明销户日期并签章，同时于撤销银行结算账户之日起2个工作日内，向中国人民银行报告。

第五十六条 银行对一年未发生收付活动且未欠开户银行债务的单位银行结算账户，应通知单位自发出通知之日起30日内办理销户手续，逾期视同自愿销户，未划转款项列入久悬未取专户管理。

第五章　银行结算账户的管理

第五十七条　中国人民银行负责监督、检查银行结算账户的开立和使用，对存款人、银行违反银行结算账户管理规定的行为予以处罚。

第五十八条　中国人民银行对银行结算账户的开立和使用实施监控和管理。

第五十九条　中国人民银行负责基本存款账户、临时存款账户和预算单位专用存款账户开户登记证的管理。

任何单位及个人不得伪造、变造及私自印制开户登记证。

第六十条　银行负责所属营业机构银行结算账户开立和使用的管理，监督和检查其执行本办法的情况，纠正违规开立和使用银行结算账户的行为。

第六十一条　银行应明确专人负责银行结算账户的开立、使用和撤销的审查和管理，负责对存款人开户申请资料的审查，并按照本办法的规定及时报送存款人开销户信息资料，建立健全开销户登记制度，建立银行结算账户管理档案，按会计档案进行管理。

银行结算账户管理档案的保管期限为银行结算账户撤销后10年。

第六十二条　银行应对已开立的单位银行结算账户实行年检制度，检查开立的银行结算账户的合规性，核实开户资料的真实性；对不符合本办法规定开立的单位银行结算账户，应予以撤销。对经核实的各类银行结算账户的资料变动情况，应及时报告中国人民银行当地分支行。

银行应对存款人使用银行结算账户的情况进行监督，对存款人的可疑支付应按照中国人民银行规定的程序及时报告。

第六十三条　存款人应加强对预留银行签章的管理。单位遗失预留公章或财务专用章的，应向开户银行出具书面申请、开户登记证、营业执照等相关证明文件；更换预留公章或财务专用章时，应向开户银行出具书面申请、原预留签章的式样等相关证明文件。个人遗失或更换预留个人印章或更换签字人时，应向开户银行出具经签名确认的书面申请，以及原预留印章或签字人的个人身份证件。银行应留存相应的复印件，并凭以办理预留银行签章的变更。

第六章　罚　则

第六十四条　存款人开立、撤销银行结算账户，不得有下列行为。

（一）违反本办法规定开立银行结算账户。

（二）伪造、变造证明文件欺骗银行开立银行结算账户。

（三）违反本办法规定不及时撤销银行结算账户。

非经营性的存款人，有上述所列行为之一的，给予警告并处以1000元的罚款；经营性的存款人有上述所列行为之一的，给予警告并处以1万元以上3万元以下的罚款；构成犯罪的，移交司法机关依法追究刑事责任。

第六十五条 存款人使用银行结算账户，不得有下列行为。

（一）违反本办法规定将单位款项转入个人银行结算账户。

（二）违反本办法规定支取现金。

（三）利用开立银行结算账户逃废银行债务。

（四）出租、出借银行结算账户。

（五）从基本存款账户之外的银行结算账户转账存入、将销货收入存入或现金存入单位信用卡账户。

（六）法定代表人或主要负责人、存款人地址以及其他开户资料的变更事项未在规定期限内通知银行。

非经营性的存款人有上述所列（一）至（五）项行为的，给予警告并处以1000元罚款；经营性的存款人有上述所列（一）至（五）项行为的，给予警告并处以5000元以上3万元以下的罚款；存款人有上述所列第六项行为的，给予警告并处以1000元的罚款。

第六十六条 银行在银行结算账户的开立中，不得有下列行为。

（一）违反本办法规定为存款人多头开立银行结算账户。

（二）明知或应知是单位资金，而允许以自然人名称开立账户存储。

银行有上述所列行为之一的，给予警告，并处以5万元以上30万元以下的罚款；对该银行直接负责的高级管理人员、其他直接负责的主管人员、直接责任人员按规定给予纪律处分；情节严重的，中国人民银行有权停止对其开立基本存款账户的核准，责令该银行停业整顿或者吊销经营金融业务许可证；构成犯罪的，移交司法机关依法追究刑事责任。

第六十七条 银行在银行结算账户的使用中，不得有下列行为。

（一）提供虚假开户申请资料欺骗中国人民银行许可开立基本存款账户、临时存款账户、预算单位专用存款账户。

（二）开立或撤销单位银行结算账户，未按本办法规定在其基本存款账户开户登记证上予以登记、签章或通知相关开户银行。

（三）违反本办法第四十二条规定办理个人银行结算账户转账结算。

（四）为储蓄账户办理转账结算。

（五）违反规定为存款人支付现金或办理现金存入。

（六）超过期限或未向中国人民银行报送账户开立、变更、撤销等资料。

银行有上述所列行为之一的，给予警告，并处以5000元以上3万元以下的罚款；对该银行直接负责的高级管理人员、其他直接负责的主管人员、直接责任人员按规定给予纪律处分；情节严重的，中国人民银行有权停止对其开立基本存款账户的核准；构成犯罪的，移交司法机关依法追究刑事责任。

第六十八条　违反本办法规定，伪造、变造、私自印制开户登记证的存款人，属非经营性的处以1000元罚款；属经营性的处以1万元以上3万元以下的罚款；构成犯罪的，移交司法机关依法追究刑事责任。

第七章　附　则

第六十九条　开户登记证由中国人民银行总行统一式样，中国人民银行各分行、营业管理部、省会（首府）城市中心支行负责监制。

第七十条　本办法由中国人民银行负责解释、修改。

第七十一条　本办法自2003年9月1日起施行。1994年10月9日中国人民银行发布的《银行账户管理办法》同时废止。

附录2 现金管理暂行条例

第一章 总 则

第一条 为改善现金管理，促进商品生产和流通，加强对社会经济活动的监督，制定本条例。

第二条 凡在银行和其他金融机构（以下简称开户银行）开立账户的机关、团体、部队、企业、事业单位和其他单位（以下简称开户单位），必须依照本条例的规定收支和使用现金，接受开户银行的监督。

国家鼓励开户单位和个人在经济活动中，采取转账方式进行结算，减少使用现金。

第三条 开户单位之间的经济往来，除按本条例规定的范围可以使用现金外，应当通过开户银行进行转账结算。

第四条 各级人民银行应当严格履行金融主管机关的职责，负责对开户银行的现金管理进行监督和稽核。

开户银行依照本条例和中国人民银行的规定，负责现金管理的具体实施，对开户单位收支、使用现金进行监督管理。

第二章 现金管理和监督

第五条 开户单位可以在下列范围内使用现金。

（一）职工工资、津贴。

（二）个人劳务报酬。

（三）根据国家规定颁发给个人的科学技术、文化艺术、体育等各种奖金。

（四）各种劳保、福利费用以及国家规定的对个人的其他支出。

（五）向个人收购农副产品和其他物资的价款。

（六）出差人员必须随身携带的差旅费。

（七）结算起点以下的零星支出。

（八）中国人民银行确定需要支付现金的其他支出。

前款结算起点定为1000元。结算起点的调整，由中国人民银行确定，报国务院备案。

第六条 除本条例第五条第（五）（六）项外，开户单位支付给个人的款项，超过使用现金限额的部分，应当以支票或者银行本票支付；确需全额支付现金的，经开户银行审核后，予以支付现金。

前款使用现金限额，按本条例第五条第（二）项的规定执行。

第七条　转账结算凭证在经济往来中，具有同现金相同的支付能力。

开户单位在销售活动中，不得对现金结算给予比转账结算优惠待遇；不得拒收支票、银行汇票和银行本票。

第八条　机关、团体、部队、全民所有制和集体所有制企业事业单位购置国家规定的专项控制商品，必须采取转账结算方式，不得使用现金。

第九条　开户银行应当根据实际需要，核定开户单位3天至5天的日常零星开支所需的库存现金限额。

边远地区和交通不便地区的开户单位的库存现金限额，可以多于5天，但不得超过15天的日常零星开支。

第十条　经核定的库存现金限额，开户单位必须严格遵守。需要增加或者减少库存现金限额的，应当向开户银行提出申请，由开户银行核定。

第十一条　开户单位现金收支应当依照下列规定办理。

（一）开户单位现金收入应当于当日送存开户银行。当日送存确有困难的，由开户银行确定送存时间。

（二）开户单位支付现金，可以从本单位库存现金限额中支付或者从开户银行提取，不得从本单位的现金收入中直接支付（即坐支）。因特殊情况需要坐支现金的，应当事先报经开户银行审查批准，由开户银行核定坐支范围和限额。坐支单位应当定期向开户银行报送坐支金额和使用情况。

（三）开户单位根据本条例第五条和第六条的规定，从开户银行提取现金，应当写明用途，由本单位财会部门负责人签字盖章，经开户银行审核后，予以支付现金。

（四）因采购地点不固定，交通不便，生产或者市场急需，抢险救灾以及其他特殊情况必须使用现金的，开户单位应当向开户银行提出申请，由本单位财会部门负责人签字盖章，经开户银行审核后，予以支付现金。

第十二条　开户单位应当建立健全现金账目，逐笔记载现金支付。账目应当日清月结，账款相符。

第十三条　对个体工商户、农村承包经营户发放的贷款，应当以转账方式支付。对确需在集市使用现金购买物资的，经开户银行审核后，可以在贷款金额内支付现金。

第十四条　在开户银行开户的个体工商户、农村承包经营户异地采购所需货款，应当通过银行汇兑方式支付。因采购地点不固定，交通不便必须携带现金的，由开户银行根据实际需要，予以支付现金。

未在开户银行开户的个体工商户、农村承包经营户异地采购所需货款，可以通过银行汇兑方式支付。凡加盖"现金"字样的结算凭证，汇入银行必须保证支付现金。

第十五条　具备条件的银行应当接受开户单位的委托，开展代发工资、转存储蓄业务。

第十六条　为保证开户单位的现金收入及时送存银行，开户银行必须按照规定做好现金收款工作，不得随意缩短收款时间。大中城市和商业比较集中的地区，应当建立非营业时间收款制度。

第十七条　开户银行应当加强柜台审查，定期和不定期地对开户单位现金收支情况进行检查，并按规定向当地人民银行报告现金管理情况。

第十八条　一个单位在几家银行开户的，由一家开户银行负责现金管理工作，核定开户单位库存现金限额。

各金融机构的现金管理分工，由中国人民银行确定。有关现金管理分工的争议，由当地人民银行协调、裁决。

第十九条　开户银行应当建立健全现金管理制度，配备专职人员，改进工作作风，改善服务设施。现金管理工作所需经费应当在开户银行业务费中解决。

第三章　法律责任

第二十条　开户单位有下列情形之一的，开户银行应当依照中国人民银行的规定，责令其停止违法活动，并可根据情节轻重处以罚款。

（一）超出规定范围、限额使用现金的。

（二）超出核定的库存现金限额留存现金的。（2011年1月8日删除）

第二十一条　开户单位有下列情形之一的，开户银行应当依照中国人民银行的规定，予以警告或者罚款；情节严重的，可在一定期限内停止对该单位的贷款或者停止对该单位的现金支付。

（一）对现金结算给予比转账结算优惠待遇的；

（二）拒收支票、银行汇票和银行本票的；

（三）违反本条例第八条规定，不采取转账结算方式购置国家规定的专项控制商品的。

（四）用不符合财务会计制度规定的凭证顶替库存现金的。

（五）用转账凭证套换现金的。

（六）编造用途套取现金的。

（七）互相借用现金的；

（八）利用账户替其他单位和个人套取现金的。

（九）将单位的现金收入按个人储蓄方式存入银行的。

（十）保留账外公款的。

（十一）未经批准坐支或者未按开户银行核定的坐支范围和限额坐支现金的。（2011年1月8日删除）

第二十二条　开户单位对开户银行做出的处罚决定不服的，必须首先按照处罚决定执行，然后可在十日内向开户银行的同级人民银行申请复议。同级人民银行应当在收到复议申请之日起三十日内做出复议决定。开户单位对复议决定不服的，可以在收到复议决定之日起三十日内向人民法院起诉。（2011年1月8日删除）

第二十三条　银行工作人员违反本条例规定，徇私舞弊、贪污受贿、玩忽职守纵容违法行为的，应当根据情节轻重，给予行政处分和经济处罚；构成犯罪的，由司法机关依法追究刑事责任。

第四章　附　则

第二十四条　本条例由中国人民银行负责解释；施行细则由中国人民银行制定。

第二十五条　本条例自1988年10月1日起施行。1977年11月28日发布的《国务院关于实行现金管理的决定》同时废止。

附录3 财务工作流程

F1 出纳岗工作流程

F1.1 现金收付

1. 收现

根据会计岗开具的收据（销售会计开具的发票）收款→检查收据开具的金额正确、大小写一致、有经手人签名→在收据（发票）上签字并加盖财务结算章→将收据第二联（或发票联）给交款人→凭记账联登记现金流水账→登记票据传递登记本→将记账联连同票据登记本传相应岗位签收制证。相应的岗位包括以下四个岗位：

- 工资及固定资产岗（水电费、代收款项）；
- 管理费用岗（其他应收款）；
- 销售核算岗（货款）；
- 成本核算岗（加工费、材料款）。

注意： 原则上只有收到现金才能开具收据。在收到银行存款或下账时需开具收据的，核实收据上已写有"转账"字样后，加盖"转账"图章和财务结算章，并登记票据传递登记本后传给相应会计岗位。

随工资发放时代收代扣的款项，由工资及固定资产岗开具收据，可以没有交款人签字。

2. 付现

（1）费用报销。

审核各会计岗传来的现金付款凭证金额与原始凭证一致→检查并督促领款人签名→据记账凭证金额付款→在原始凭证上加盖"现金付讫"图章→登记现金流水账→将记账凭证及时传主管岗复核。

（2）人工费、福利费发放。

凭人力资源部开具的支出证明单付款（包括车间工资差额、需以现金形式发放的兑现、奖金等款项）→在支出证明单上加盖"现金付讫"图章→登记现金流水账→登记票据传递登记本→将支出证明单连同票据传递登记本传工资福利岗签收制证。

3. 现金存取及保管

每天上午按用款计划开具现金支票（或凭银行存折）提取现金→安全妥善保管现金、准确支付现金→及时盘点现金→下午3：30视库存现金余额送存银行。

注意：下午下班后，现金库存应在限额内。从银行提取现金以及将现金送存银行时都须通知保安人员随从，注意保密，确保资金安全。

4. 管理现金日记账

要做到日清月结，并及时与微机账核对余额。

F1.2　银行存款收付

1. 银收

（1）收货款。整理销售会计传来支票、汇票→核查和补填进账单→上午上班时交主管岗背书→送交司机进账及取回单→整理从银行拿回的回款单据→将第一联与回执粘贴在一起→在微机中编制回款登记表并共享→打印→将回款登记表连同回款单传销售会计。

（2）其他项目收款。收到除货款以外项目的支票、汇票→填写进账单→进账→回单→登记票据传递登记本→相关岗位。

（3）贷款。收到银行贷款上账回单→登记票据传递登记本→传管理费用岗位。

2. 银付

（1）日常性业务款项。根据付款审批单（计划内费用经相关岗位审核，计划内10万元以上或计划外费用经财务部长或财务总监审核）审核调节表中无该部门前期未报账款项→开具支票（汇票、电汇）→登记支票使用登记本→将支票、汇票存根粘贴到付款审批单上（无存根的注明支票号及银行名称）→加盖"转账"图章→登记单据传递登记本→传相关岗位制证。相关岗位包括以下以六个岗位：

- ✍ 材料核算岗（材料采购）；
- ✍ 成本核算岗（外协加工、车间质保费用）；
- ✍ 管理费用岗（管理部门用款）；
- ✍ 销售费用岗（销售部门用款）；

✍ 工资福利岗（工资兑现、福利）；

✍ 固定资产岗（GMP部门费用、固定资产购建）。

注意：（1）开出的支票应填写完整，禁止签发空白金额、空白收款单位的支票；

（2）开出的支票（汇票、电汇）收款单位名称应与合同、发票一致；

（3）有前期未报账款项的个人及所在部门，一律不办理付款业务。

（2）打卡工资。根据工资岗位开具的付款审批单（经财务部长签字）开具支票→填写进账单→连同工资盘交司机进账及取回单→登记支票使用登记本→将支票存根粘贴到付款审批单上→加盖"转账"图章→登记单据传递登记本→工资福利岗。

注意：每月根据工资发放时间提前两天将工资所需款调入基本存款账户，并按时从基本存款账户将工资款划入工资账户。打卡工资的支票须于工资发放日前1天连同工资盘送达银行。

（3）业务员兑现。凭销售会计传来的付款审批单（经财务部长签字）开具支票→填写进账单→交司机送银行进账→登记支票使用登记本→将支票存根粘贴到付款审批单上→加盖"转账"图章→登记单据传递登记本→工资福利岗。

（4）还贷及银行结算。收到银行贷款还款凭证及手续费结算凭证→登记单据传递登记本→传管理费用岗。

（5）交税。

①完税：收到税务岗位传来的税票（附付款审批单）→填写划款行银行账号及进账单。

②进税卡：凭税务岗填写的付款审批→开具支票→填写进账单→交司机送银行进账→凭回单及支票存根登记支票使用登记本→传税务岗位编制凭证。

③从税卡交税：收到税务岗传来的完税票和税卡划款凭条→登记支票使用登记本→传税务岗位编制凭证。

（6）及时将各银行对账单交内审岗编制银行调节表，对调节表上挂账及时进行清理和查询，责成相关岗位进行下账处理。

（7）根据银行收付情况统计各银行资金余额，随时掌握各银行存款余额，避免空头。

（8）熟练掌握公司各银行户头（单位名称、开户银行名称、银行账号）。

▌F1.3　工作要求

（1）熟悉公司各类财务管理制度。

（2）了解财务部各岗位工作内容，做好与各岗位的衔接工作。

（3）准确收付现金，妥善保管现金及有价证券，保证资金安全。

（4）坚持每天盘点现金，及时核对现金日记账，做到日清月结。

（5）随时掌握各银行户头余额，禁止签发空头支票。

（6）树立良好的窗口形象。

F2　销售费用岗工作流程

F2.1　部门日常费用

审核原始凭证完整、合法，金额正确→审核并更正原始凭证按规范粘贴和折叠→审核审批手续是否完备→审核部门费用支出进度（如超计划额度，可拒绝报销）→编制记账凭证。

借：销售费用——相关明细科目（部门专项）

贷：库存现金/银行存款/其他应收款

涉及现金的凭证传出纳岗，不涉及现金的凭证传主管岗复核。

注意：（1）非工资性费用支出原则上须取得税务局监制的发票或收据，填写规范，大小写一致，无涂改痕迹，增值税票须严格遵守填写规范。

（2）保证凭证及附件左上角整齐，附件长宽折叠以记账凭证大小为度，不能带有订书钉。

（3）计划额度内费用须经部门负责人、分管领导、财务部长审批；计划外费用须有总经理批示的报告；市内交通费、通信费须经总经办登记；固定资产须经行政事务部登记；差旅费须附审批后的行程安排表，招待费须附经审批的招待费用明细表。

（4）准确使用明细科目，正确选取专项。

（5）报销人有前期欠款时，报销费用一律先冲抵欠款，在编制凭证时须附管理费用岗开具的还款收据。

（6）支取现金的凭证编制完毕，若遇出纳无现金时，应暂时保存记账凭证，待出纳取回现金时通知领款。

▎F2.2　办事处费用

1. 日常费用

审核原始凭证完整、合法，金额正确→审核原始凭证粘贴规范→审核审批手续是否完备→编制记账凭证。

借：销售费用——相关明细科目（部门专项）
　　贷：现金/银行存款/其他应收款
涉及现金的凭证传出纳岗，不涉及现金的凭证传主管岗复核。

2. 购置固定资产

审核是否附申请报告→审核发票合法→审核是否有行政事务部开具的固定资产调拨单→审核审批手续是否完备→编制记账凭证。

借：固定资产——相关明细科目
　　贷：库存现金　→传出纳岗
注意：（1）办事处购置生活、办公用品，使用年限超过一年且单位价值在1000元以上，须到行政事务部办理固定资产登记手续。
　　　　（2）记账凭证摘要栏须注明固定资产名称、办事处。

3. 房租、仓租

审核是否附租赁合同→审核是否附合法收据→审核签字手续是否完备→编制记账凭证。

借：销售费用——房租/仓租/区域房租（部门专项）
　　贷：库存现金　→传出纳岗

4. 运费

审核运输发票合法，金额正确→审核无抵扣联且运费金额超出100元以上运输发票附在同一张支出证明单上（以别针或回形针夹住，无须粘贴和复印）→审核审批手续是否完备→编制记账凭证。

借：销售费用——运费——市外运费/市内运费（部门专项）
　　应交税费——应交增值税——进项税
　　贷：库存现金　→传出纳岗
注意：（1）计算抵扣金额以运费金额作为基数，不包括包装费、装卸费、保险费、力资费等附加费。

（2）抵扣联或准予抵扣进项税的运输发票上须标注凭证号和抵扣金额。

5. 途损

审核途损合法依据、途损报告→审核签字手续完整→编制记账凭证。

借：销售费用——途损（部门专项）

贷：应收账款

注意：（1）途损须取得客户单位或运输单位出具的有效证明。

（2）途损报告须经办事处主任、销售部长、分管领导签字，财务部长审批。

（3）途损金额直接开具收据冲减对应客户应收账款，不允许提取现金，账务处理上可以现金科目过渡。

6. 高开冲红

审核是否附高开冲红表→审核是否附合法收据→审核是否有销售会计审核签名→审核审批手续是否完备→编制记账付款凭证。

借：销售费用——高开冲红

贷：银行存款/库存现金　→传出纳岗

注意：（1）冲红、返利原则上须以银行存款支付给客户单位，或抵减客户单位应收账款。确需以现金支付的，须经分管领导批准，并在支出证明单上注有"现金"字样。

（2）以冲红、返利抵减客户单位应收账款，须由销售核算岗开具收据。由于业务系统核算需要，应收账款与冲红、返利分开核算，以现金科目过渡。

7. 返利

审核是否附协议→审核是否附合法收据→审核是否有销售会计审核签名→审核审批手续是否完备→编制记账凭证。

借：销售费用——宣传费——现款返利/品种返利/年终返利（部门专项）

贷：银行存款/库存现金　→传出纳岗

8. 赞助费

审核是否附申请报告→审核是否附合法收据→审核审批手续是否完备→编制记账凭证。

借：销售费用——宣传费——赞助费（部门专项）

  贷：银行存款/库存现金　　→传出纳岗

  注意：（1）办事处费用报销，原始凭证须分类规范粘贴。

    （2）各项非工资性费用支出，原则上须取得合法原始凭证，如不能取得合法原始凭证，一律按20%代扣个人所得税。

    （3）报销人有前期欠款时，报销费用一律先冲抵欠款，由管理费用岗开具还款收据。

    （4）以货款冲抵返利款时，以销售会计审核金额记费用，以对方开具收据金额记应收账款，差额由经办人补足。

▍F2.3　广告费用

1. 审核月度资金计划

  每月28日根据预付账款、策划部广告投入付款计划及广告合同的执行情况→ 审核策划部下月资金使用计划→汇总资金计划→报财务部长审批。

2. 审核付款

  （1）根据月度资金计划核查付款项目→审核广告合同、发票、照片等→审核付款审批单审批手续是否完备→登记资金计划→出纳岗付款。

  （2）签收出纳岗传来的付款审批单及银行付款凭证等→编制记账凭证。

  借：预付账款

    贷：银行存款

在相应的广告合同上登记付款金额、日期及凭证编号→传主管岗复核。

  注意：（1）首次付款时，需留存一份合同复印件。

    （2）付款金额计划内10万元以下的，直接传出纳岗付款；计划内10万元以上或计划外款项须经财务部长或财务总监批准。

    （3）支付广告款时须凭发票，并审核附件后方可办理，即可编制凭证，发票开出有困难的预付款除外。

    （4）须审核的附件有：媒体广告须审核发票、报样及监播单等；户外广告（车体、墙体、广告牌等）须审核发票照片等；宣传品、礼品须审核发票、入库单等。

3. 费用报账

  （1）媒体及宣传品。审核策划部相关岗位传来的发票（媒体广告）→审核策划部相关岗位传来的发票附收料单（宣传品）→审核审批手续是否完备→对照合同编制记账凭证。

借：销售费用——媒体/宣传品（部门专项）

　　贷：预付账款

在合同上登记发票金额、收受日期及凭证编号→分品种登记手工账→传主管岗审核。

注意：（1）根据预付账款余额及合同执行情况及时督促策划部报账，每月与策划部相关岗位核对各客户账簿余额。

（2）媒体广告包括电台、报纸、车体、墙体、广告牌、条幅等；宣传品包括宣传品、礼品的设计、制作、发送等。

（3）收到发票时与策划部相关岗位一同确认广告费用归属办事处，不能明确分配到办事处时，将企业形象宣传广告归入策划部，以便于投入产出分析。

（4）收到发票时与策划部相关岗位一同确认广告费用归属何产品品种，不能明确分配到具体品种时，将企业形象宣传广告单列，并登记手工账，以便于投入产出分析。

（5）宣传品入库时，费用全额计入策划部，部门或办事处领用时冲减策划部费用。

（2）宣传品发出。审核宣传品仓库明细账→审核仓库传来的当月宣传品领用汇总表和领料单→编制记账凭证。

借：销售费用——广告费用——宣传品（部门专项）

　　　　　　　　　——招待费（部门专项）

　　管理费用——招待（部门专项）

　　贷：销售费用——宣传品（策划部）（红字金额）　→传主管岗复核。

（3）推广会。审核推广会提交的申请报告及照片等相关材料→审核原始凭证完整、合法→审核审批手续是否完备→编制记账凭证。

借：销售费用——推广会（部门专项）

　　贷：库存现金/其他应收款

分品种登记手工账→涉及现金的凭证传出纳岗，不涉及现金的凭证传主管岗复核。

注意：审核推广会费用时，应查询是否为办事处借款支出，若为借款，则通知管理费用岗开具还款收据，冲抵欠款。

F2.4　工作要求

（1）每月10日根据部门费用计划额度出具费用通报，并提请超支或有超支迹象的部门注意。

（2）每季度结束后15天出具费用分析报告，为公司费用管理控制提出合理化建议。

（3）每季度结束后15天出具产品投入产出分析报告。

（4）每季度提供需监测的广告明细。

（5）积极参与公司广告招标并对广告价格进行检查。

（6）加强对预付账款的管理，勤于督促报账，及时清理广告挂账。

（7）参与制定和完善公司费用控制办法。

（8）参与年度费用控制计划的制定。

（9）熟悉公司各类财务管理制度。

（10）了解财务部各岗位工作内容，做好与各岗位的衔接工作。

（11）工作目标明确，责任心强，树立良好的部门形象。

F3　管理费用岗工作流程

F3.1　部门日常费用

审核原始凭证完整、合法，金额正确→审核并更正原始凭证按规范粘贴和折叠→审核审批手续是否完备→审核部门费用支出进度（如超季度计划，除分管领导审批后，还须报总经理审批；如超年度计划额度，可拒绝报销）→编制记账凭证。

借：管理费用——相关明细科目（部门专项）

　　贷：库存现金/银行存款/其他应收款

涉及现金的凭证传出纳岗，不涉及现金的凭证传主管岗复核。

注意：（1）非工资性费用支出，须取得税务局监制的发票或收据，且填写规范，大小写一致，无涂改痕迹。增值税票须严格遵守填写规范。

（2）保证凭证及附件左上角整齐，附件长宽折叠以记账凭证大小为度，不能带有订书钉。

（3）计划额度内费用须经部门负责人、分管领导、财务部长审批；

计划外费用须有总经理批示的报告；市内交通费、通信费须经总经办登记；招聘费须有人力资源部部长审核；差旅费须附审批后的行程安排表；招待费须附经审批的招待费用明细表。

（4）准确使用明细科目，正确选取专项。

（5）支取现金的凭证编制完毕，若遇出纳无现金时，应暂时保存记账凭证，待出纳取回现金时通知领款。

（6）报销人有前期欠款时，报销费用一律先冲抵欠款。

F3.2 资金付出

1. 审核月度资金计划

每月28日根据年度费用计划、相关往来账及合同→ 审核管理部门下月资金使用计划→汇总资金计划→报财务部长审批。

注意：研究开发中心的合同执行费、行政事务部维修购置费、人力资源部大型培训费、财务部税款及利息支出、党群部群团活动费等预见性较强的专项费用，需在月度资金计划中报出。

2. 审核付款及报账

（1）根据月度资金计划核查付款项目→审核付款审批单→审批手续是否完备→登记资金计划→出纳岗付款。

注意：付款金额计划内10万元以下的，直接传出纳岗付款；计划内10万元以上或计划外款项须经财务部长或财务总监批准。

（2）签收出纳岗传来的付款审批单及银行付款凭证（或所附发票）→收受管理部门相关人员交来的发票→审核发票上的审批手续是否完备→审核银行票据存根上是否有领用或收款人签字→编制记账凭证。

借：管理费用——相关明细科目

　　贷：银行存款　→传主管岗复核

注意：（1）付款时除预付款项或临时外出采购的外，须凭发票报账。

（2）款项付出后，督促支票一星期内报账，汇票两星期内报账。

▌F3.3　特殊费用核算

1. 办公用品入库与领用

（1）入库。审核支票存根与发票对应→审核发票金额、数量是否与入库单一致→编制记账凭证。

借：低值易耗品——办公用品库

　　贷：银行存款或库存现金

涉及现金的凭证传出纳岗，不涉及现金的凭证传主管岗复核。

（2）领用。月末审核办公用品明细账→审核办公用品库传来的领用汇总表→编制办公用品领用凭证。

借：管理费用/销售费用——办公用品（部门专项）

　　　　　　　　　　——清洁费

　　贷：低值易耗品——办公用品库　→传主管岗复核

注意：（1）办公用品由行政事务部按部门上报计划，统一购进，办理入库手续，由各部门按月领用。

　　　　（2）年末组织对办公用品进行盘点。

2. 修理费

（1）汽车维修。审核车队核算员传来的车辆运行费用→审核车队核算员辅助账并签章→编制记账凭证。

借：管理费用——修理费——相关明细科目

　　贷：库存现金/银行存款

涉及现金的凭证传出纳岗，不涉及现金的凭证传主管岗复核。

注意：若已通过银行付出款项，应将支票存根与出纳传来的付款审批单匹配。

（2）零星维修。根据行政事务部传来的修理发票→审核发票是否注明修理项目及承担部门（如有承担部门，须部门负责人签字认可）→编制记账凭证。

借：管理费用/制造费用——修理费——相关明细科目

　　贷：库存现金/银行存款

涉及现金的凭证传出纳岗，不涉及现金的凭证传主管岗复核。

注意：考虑到由行政事务统一组织的厂房设施维修，由行政事务部统一结算，故维修也可能涉及管理费用以外的制造费用等。

（3）维修物资。

①入库：审核支票存根与发票对应→审核发票金额、数量是否与入库单一

致→编制记账凭证。

借：工程物资——专用材料——维修材料

贷：银行存款/库存现金

涉及现金的凭证传出纳岗，不涉及现金的凭证传主管岗复核。

② 领用：每季度末审核维修物资明细账→审核仓库传来的领用汇总表→编制维修物资领用凭证。

借：管理费用/制造费用——修理费——相关明细科目

贷：工程物资——专用材料——维修材料　　→传主管岗复核

注意：（1）维修物资指由行政事务部根据修理需要购入的木材等，供木工房零星领出使用。

（2）审核具体依据《工程维修物资核算管理办法》。

（3）年末组织对维修物资进行盘点。

3. 研究开发费

审核产品开发中心传来的发票→编制记账凭证。

借：管理费用——研究开发费

贷：库存现金/银行存款

涉及现金的凭证传出纳岗，不涉及现金的凭证传主管岗复核。

注意：（1）若已通过银行付出款项，应将支票存根与出纳传来的付款审批单匹配。

（2）研究开发费包括产品开发中心购买检验实验工具器具（按固定资产管理的除外）、实验药材、实验费用、临床费用、中药品种保护费等。

4. 无形资产摊销

月末摊销无形资产→编制记账凭证。

借：管理费用——无形资产摊销

贷：无形资产　　→传主管岗复核

注意：无形资产按10年摊销，每月摊销金额=原值/（10×12）。

F3.4　财务费用

签收出纳岗传递来的利息收入、利息支出、手续费结算单→登记资金计划→编制记账凭证。

借：财务费用——相关明细科目

贷：银行存款　　→传主管岗复核

注意：根据利息支出时间、金额及时向出纳查询余额是否足够支付利息，提醒出纳及时划转资金，保证付息。

▌F3.5　贷款、还款

签收出纳传来的银行贷款上账凭证或还款凭证→登记贷款期限、还款日期、利率→编制记账凭证。

借：银行存款
　　贷：短期借款
或者
借：短期借款
　　贷：银行存款　→传主管岗复核

注意：（1）凭证摘要栏须注明贷款起止日期、利率。
　　　　（2）根据还款时间、金额，编制财务部月度资金计划，及时提醒财务部长安排还贷资金。

▌F3.6　其他应收款核算及管理

1. 借款

审核是否还清前欠款→审核借款额度→登记还款时间→编制记账凭证。

借：其他应收款
　　贷：库存现金　→出纳岗

注意：（1）前欠不清者，拒绝再借。
　　　　（2）摘要栏中须注明借款用途、还款日期。

2. 还款

开具还款收据→传出纳岗收款→根据出纳岗收款签字后的收据第三联编制记账凭证。

借：库存现金
　　贷：其他应收款　→传出纳岗

3. 清理、催收

（1）直接从借款人报销费用中扣还，并及时将欠款人名单通知其他岗位。

（2）月末倒数第2天清理各部门人员借款情况→编制《部门借款情况明细表》（列明借款人、借款金额、是否逾期）→下发各部门提醒借款人归还→截至5日到期仍有未还款者→编制扣款明细表（列明应扣款人、本月扣款金额）→通知工资福利岗从借款人工资中扣除（如涉及销售人员扣款，传递给销售会计予以扣款）。

注意：欠款逾期未还者，报销费用款一律先冲减欠款。

F3.7　工作要求

（1）每月10日根据部门费用计划额度出具费用通报，下发至各部门负责人，并提请超支或有超支迹象的部门注意。

（2）每季度结束后15日出具费用分析报告，为公司费用管理控制提出合理化建议。

（3）参与制定和完善公司费用控制办法。

（4）参与年度费用控制计划的制定。

（5）及时清理催收其他应收款项。

（6）参与制定和完善公司其他应收款管理办法。

（7）定期、不定期审核办公用品库、工程物资库账簿，保持账实相符。

（8）熟悉公司费用管理办法、财务制度、资金使用办法等相关制度。

（9）了解财务部各岗位工作内容，做好与各岗位的衔接工作。

（10）工作目标明确，责任心强，树立良好的部门形象。

F4　固定资产核算岗工作流程

F4.1　固定资产

1. 购进

审核付款→督促报账→审核发票和固定资产调拨单→查询已付款情况→编制凭证。

借：固定资产

　　贷：银行存款/预付账款　　→传主管岗核

注意：（1）款项付出应严格遵守《资金支付管理办法》。

（2）根据合同及付款情况及时督促相关部门办理报账手续。

（3）购进固定资产后须凭发票、验收单办理固定资产调拨手续，具体为生产用固定资产由生产部负责，非生产用固定资产由行政事务部负责。

（4）固定资产入账时，记账凭证摘要栏须注明固定资产名称、型号及使用部门。

（5）固定资产在各车间、部门之间调拨应进行账务处理，以便加强对固定资产的管理和准确提取折旧。

2. 提取折旧

根据固定资产明细账查询上月新增或减少固定资产→对应固定资产原值及公司使用的折旧政策计算增减变动的累计折旧→编制折旧计算表→编制记账凭证。

借：管理费用/制造费用/销售费用——累计折旧

　　贷：累计折旧——相关明细科目　→传主管岗复核

注意：（1）年初根据固定资产明细表计算各部门、各类资产每月应提折旧金额。每月根据固定资产增减变动情况及时调整、编制折旧计算表。

（2）固定资产折旧按个别资产进行计算，分部门、分类别汇总提取。月度提取累计折旧金额发生变动时应将提取折旧的依据分别传递一份给各车间核算员，由车间核算员对应固定资产清单核实固定资产的存在及折旧提取的准确性。

（3）年末根据固定资产明细表计算全年折旧，冲回由于净值低于全年应提折旧的个别资产多提折旧部分，并确定下一年度提取折旧的基数。

3. 固定资产清理

（1）盘点。年中、年末组织行政事务部、生产部相关人员进行固定资产盘点→整理固定资产明细表→出具盘点报告。

针对盘点过程中出现的固定资产盘盈、盘亏情况应及时上报，督促相关部门进行处置。

① 盘盈时

借：固定资产

　　贷：累计折旧

　　　　营业外收入

② 盘亏时

借：营业外支出

　　累计折旧

　　　贷：固定资产

（2）清理报废。定期组织行政事务部及生产部对固定资产进行核查→督促处置已报废及长期闲置的固定资产→核实报废或长期闲置的固定资产原值、已使用年限及折旧提取情况→审核固定资产清理转出报告→编制记账凭证。

① 注销固定资产时

借：固定资产清理

　　累计折旧（已提折旧）

　　　　贷：固定资产（原值）

② 收到清理收入时

借：库存现金/银行存款

　　　贷：固定资产清理

③ 支出清理费用时

借：固定资产清理

　　　贷：库存现金/银行存款

④ 结转净损益时

借：固定资产清理（账面余额）

　　　贷：营业外收入

或者

借：营业外支出

　　　贷：固定资产清理（账面余额）　→传主管岗复核

F4.2　在建工程

1. GMP部门日常费用

审核原始凭证完整、合法，金额正确→审核并更正原始凭证，按规范粘贴和折叠→审核审批手续是否完备→审核部门费用支出进度（如超计划额度，可拒绝报销）→编制记账凭证。

借：更改工程——GMP——相关明细

　　　贷：库存现金/银行存款/其他应收款

涉及现金的凭证传出纳岗，不涉及现金的凭证传主管岗复核。

注意：（1）核算属于GMP项目，但不能明确到具体项目的费用。

　　　（2）为便于费用统计分析，记账凭证摘要栏须注明费用名称。

（3）非工资性费用支出，须取得税务局监制的发票或收据，且填写规范，大小写一致，无涂改痕迹。增值税票须严格遵守填写规范。

（4）保证凭证及附件左上角整齐，附件长宽折叠以记账凭证大小为度，不能带有订书钉。

（5）计划额度内费用须经部门负责人、分管领导、财务部长审批；计划外费用须有总经理批示的报告；市内交通费、通信费须经总经办登记；招聘费用须有人力资源部部长审核；差旅费须附审批后的行程安排表；招待费须附经审批的招待费用明细表。

（6）支取现金的凭证编制完毕，若遇出纳无现金时，应暂时保存记账凭证，待出纳取回现金时通知领款。

（7）报销人有前期欠款时，报销费用一律先冲抵欠款，由管理费用岗开具还款收据。

2. 在建工程核算

（1）工程立项。凡工程项目确定→向相关部门索取核准后的立项报告及工程预算→设立明细科目。

（2）工程招标。阅读招标文件→开具投标保证金收据并制证→参与议标、评标、定标→参与合同条款的订立→保留合同复印件。

① 收到投标保证金时

借：库存现金

　　贷：其他应付款——投标保证金

② 退还时

借：其他应付款——投标保证金

　　在建工程相关科目（红字金额）（收到的中标单位投标保证金）

　　贷：库存现金

（2）支付工程款。每月28日核查工程合同及在建工程款项付出情况→审核GMP等部门报出的工程项目资金月度计划→汇总资金计划→报财务部长审批。

款项付出及报账包括：

① 款项付出：根据月度资金计划核查付款项目→审核工程合同、进度款收据或发票等→审核付款审批单→审批手续是否完备→登记资金计划→出纳岗付款。

② 款项报账：签收出纳岗传来的付款审批单及银行付款凭证等→编制记账凭证。

借：基建工程——工程名称——建筑工程——客户单位
　　　　　　　　　　　——安装工程——客户单位
　　　　　　　　　　　——在安装设备——设备
　　　　　　　　　　　——待摊基建费用支出——其他（一次性费用）
　　　　　　　　　　　——客户单位（与客户签有合同）
　　　更改工程——工程名称——技术改造——客户单位
　　　　　　　　　　　——装饰装修——客户单位
　　　　　　　　　　　——待摊基建费用支出——其他（一次性费用）
　　　　　　　　　　　——客户单位（与客户签有合同）
　　　大修理工程——工程名称——客户单位
　　　　　　　　　　　——待摊改造费用支出——其他（一次性费用）
　　　　　　　　　　　——客户单位（与客户签有合同）
　　　工程物资——工程名称——客户单位（购置设备预付款）
贷：银行存款　→传主管岗复核
收到工程项目中购置单个设备的全额发票→编制记账凭证。

借：基建工程——在安装设备——设备
贷：工程物资——工程名称——客户单位　→传主管岗复核

注意：（1）付出款项时须凭收据或发票，账务处理具体依据《基建工程核算管理办法》。

（2）付款款项为计划内且在10万元以下的，直接传出纳岗付款；计划内10万元以上或计划外款项须经财务部长或财务总监批准。

（3）支付尾款时须取得全额发票，发票金额作为工程支出，质保金在其他应收款中核算，并在摘要中注明工程名称。

（4）收到发票转入在安装设备时，摘要栏中须注明设备名称、型号等，转入固定资产。

清查完工工程的各项支出→组织完工工程审计→编制工程明细表→分摊待摊基建费用支出→向相关部门提供竣工决算表→审查固定资产调拨单→编制记账凭证。

借：固定资产
贷：基建工程/更改工程/大修理工程　→传主管岗复核

▌F4.3　工作要求

（1）每月5日根据GMP部门费用计划额度出具费用通报，并提请注意超支或有超支迹象。

（2）年末组织固定资产盘点工作。

（3）不定期进行固定资产盘查工作。

（4）参与制定和完善公司固定资产核算管理办法。

（5）加强对预付账款、设备、在建工程账务的管理，勤于督促报账，及时清理工程支出挂账。

（6）参与制定和完善公司基础建设核算管理办法。

（7）熟悉公司各类财务管理制度。

（8）了解财务部各岗位工作内容，做好与各岗位的衔接工作。

（9）工作目标明确，责任心强，树立良好的部门形象。

F5　材料审核岗工作流程

F5.1　材料采购报账

根据应付账款余额及收料单第二联督促采购员报账→审核签收采购员传来的采购发票、运费发票及收料单第四联（包括采购报账正联和采购报账副联）→编制记账凭证并取下第四联副联留作配单用。

借：原材料/包装物/低值易耗品——各二级科目

应交税费——应交增值税（进项税额）

贷：应付账款——客户单位

将可以抵扣的发票抵扣联注明凭证号后抽出，传主管岗复核。

注意：（1）采购发票必须真实、合法、有效，原则上须取得增值税专用发票。

（2）取得的增值税专用发票严格遵守填写规范。

（3）运杂费须以收料单的形式与材料合计或单独计入相应材料价款中。

（4）100元以上运输专用发票，须按运费金额（不包括包装费、力资费、装卸费、保险费等）的7%计算进项税，扣税后的运费计入采购成本中。

（5）收料单填写须规范完整，且"收料仓库"栏的填写与材料所属账本名称一致，收料单数量、金额与发票必须一致。

（6）根据最新原辅料招标结果，审查招标材料采购价格的执行情况，关注价格的波动情况，按季提供采购价格执行情况分析报告。

（7）记账凭证摘要栏须注明材料名称及数量，并正确选取明细科目，注意区别同科目中相近客户名称、相同客户名称位于不同的科目中。

F5.2 采购付款

1. 审核月度资金计划

根据下月生产计划、采购计划、客户单位应付账款余额、原材料入库、发票所到时间等相关情况审核生产部下月资金使用计划→汇总资金计划→报财务部长审批。

2. 审核付款

（1）根据月度资金计划审查付款项目→审核付款审批单→审批手续是否完备→登记资金计划并签字→传出纳岗付款→月末统计本月资金计划使用情况→同下月资金计划一同报财务部长。

（2）签收出纳岗传来的付款审批单及银行付款凭证→编制记账凭证。

借：应付账款——客户单位

　　贷：银行存款　　→传主管岗复核

注意：（1）付款金额计划内10万元以下的，直接传出纳岗付款；计划内10万元以上或计划外款项须经财务部长或财务总监批准。

（2）付款时注意审核收款单位、材料供应单位、发票开具单位三者应一致。

（3）有连续业务的客户单位应设立应付账款明细科目，设置科目时须正确选取省名、写明客户全称，编制记账凭证时实行收料、付款两条线应用明细科目。

（4）编制记账凭证时须正确选取应付账款明细科目，注意区别同科目中相近客户名称、相同客户名称位于不同的科目中。

3. 应付账款

不定期督促采购员报账→月末打印付账款科目余额表传生产部采购员对账→保证应付账款的真实与正确。

注意：熟悉客户供货品种\各客户对应的采购员，便于账务清理和催促报账。

F5.3　审核仓库明细账

1. 收料

（1）入库。定期审核仓库原辅材料明细账→核查所登记入库材料数量、单价、金额→抽出收料单第二联（材料稽核联）→录入微机收入模块→按账本分类，以备与采购员传来的第四报账联副联配单。

注意：以上仓库明细账涉及原料库、包装库、低耗库、自制半成品库及塑成品库等五大类库包含的所有明细账。

（2）配单。月末将收料单第二联与第四联副联一一配对→清查货已到但发票未到情况→凭未配上的第二联编制记账凭证。

借：原材料/包装物/低值易耗品——各二级科目

贷：应付账款——材料暂估

→传主管岗复核并督促采购员报账→下月初用红字冲回此凭证→当月末凭未配上的第二联收料单重新挂账。

注意：（1）未配上的第二联收料单为仓库已验收入库，但采购员还未到财务部报账，此时财务上按收料单金额暂作入库处理，以便与仓库账保持一致。

（2）未配上的第四联为材料已入库，且已收到发票，但仓库未记账，这种情况只有在仓库与财务轧账时间不一致时才存在，如有其他差异应及时查明原因。

（3）暂估入库，材料验收合格达到可发放状态时，采购员须开具收料单，数量金额须填写完整，经仓库保管员签字后，材料方可发放。

（4）在发票未到、价格暂时无法确定时，先由采购员按合同价、最近历史价或市价等估价填写在收料单上；待收到发票后，如暂估价与实际价不一致，采购员按发票金额补填蓝字或红字收料单调整原收料单；经仓库保管员签字，将第二联留仓库记账，第三、四联与估价收料单第三、四联一并附在发票后报账，保证发票和所附收料单金额之和一致。

2. 计算加权平均价格

材料加权平均单价=（本期收货金额+期初结余金额）/（本期收货数量+期初结余数量）。

3. 发料

（1）车间部门领料。审核领料单填写规范，签字手续完备→审核仓库管理员登记发出数量准确→抽出领料单→录入微机发出模块→分车间部门、分品种编制打印领料单明细表（附后）→做成本计算得到领料单金额（发出数量×材料加权平均单价）→在仓库明细账中登记发料金额→分类汇总各车间部门费用→打印车间领料单明细表传车间核算员→核对领料数量，传递发出成本数据→核对无误后，按各车间部门、各发料仓库编制材料发出月汇总表→编制记账凭证。

借：生产成本——基本生产（材料费用）（生产用直接原材料）

    ——辅助生产（机修车间领用）

  制造费用（生产系统领用非直接材料）

  管理费用（管理系统领用）

  销售费用（销售系统领用）

  贷：原材料/包装物/低值易耗品——各二级科目 →传成本岗审核

注意：部门领料单须经部门负责人审核，分管领导签字；车间领料单须经车间主任签字。

（2）武马领用。由于武马生产用原辅材料均由公司统一购买，武马凭领料单从公司仓库领用，月末凭武马领料单编制领料单明细表，传武马财务部核对，确认当月出售材料。

① 结转销售材料成本：领料单分类汇总完毕→凭分类汇总表编制武马领用原辅材料记账凭证。

借：其他业务支出

  贷：原材料/包装物/低值易耗品 →传成本岗审核

注意：实际账务处理中将此笔业务与部门领料单合编一张记账凭证。

② 销售材料收入：将武马领料单及领料单明细表挑出→下月初传开票岗向武马开具销售发票→将发票联及领料单传武马财务部→凭发票记账联编制记账凭证。

借：应付账款——武马

  贷：其他业务收入

    应交税费——应交增值税（销项税额） →传成本岗审核

（3）零星对外销售。

①结转销售材料成本：领料单分类汇总完毕→凭分类汇总表编制零星出售材料记账凭证。

借：其他业务支出（发票）

  制造费用——仓储费（收据）

  贷：原材料/包装物/低值易耗品 →传成本岗审核

注意：实际账务处理中将此笔业务与部门领料单合编一张记账凭证。

③ 销售材料收入：审核外售材料批件→开具收据或督促开票岗开具发票→

传出纳岗收款→凭发票记账联或收据编制记账凭证。

借：库存现金/银行存款

贷：其他业务收入（发票）

应交税费——应交增值税（销项税额）

或者

借：库存现金/银行存款

贷：制造费用——仓储费（红字金额）（收据）　→传成本岗审核

注意：（1）仓库出售材料须经生产部长签字报告，经材料审核岗审核，并有财务部收款凭据（盖有"现金收讫"或"银行收讫"的发票或收据复写联）。

（2）售出材料须开具发票的，开票岗须凭材料审核岗审核后的报告开具发票，记账联交给材料审核岗编制记账凭证；无须开具发票的，由材料审核岗开具收据，并同时复写两份，传仓库管理员记账、发货。

（3）仓库明细账审核完毕，须将仓库售出材料与售出材料财务收款情况进行核对。

4. 结材料仓库明细账

材料仓库明细账审核登记完毕，结出各材料余额，督促仓库管理员与实物核对，并将账本余额分类汇总后与财务账核对。

5. 盘点

每季度组织对原料、包装、低耗仓库实物盘点一次→督促仓库管理员编制实物盘点表→编制存货盘存明细表和汇总表→及时提供盘点结果→协助仓库管理员报告有关问题事项→根据公司处理决定编制记账凭证。

（1）盘盈时

借：原材料/包装物/低值易耗品——各二级科目

贷：管理费用——处理财产损失（红字金额）

（2）盘亏时

借：管理费用——处理财产损失

贷：原材料/包装物/低值易耗品

▎F5.4　力资费

签收生产部仓库传来的力资费领用单→按部门汇总→编制力资费用分配表→签收搬运公司运费发票→编制记账凭证，并向武马、药品公司下达力资费通知单。

  借：制造费用——仓储费（生产系统用工）
    管理费用——其他（管理系统用工）
    销售费用——市内中转（营销系统用工）
    应付账款——武马
    其他应收款——药品公司
    应交税费——增值税（进项）
   贷：银行存款

▌F5.5　工作要求

（1）对材料采购、材料成本、库存管理和应付账款实施有效监督，定期对存货资产进行质量评价。

（2）参与原辅料采购招标，审查采购价格执行变动情况，及时报告价格变动情况。

（3）每月与采购员对账一次，及时清理客户单位挂账，保证应付账款真实准确。

（4）每季度组织仓库盘点一次，保证原辅材料账实相符。

（5）熟悉公司各类财务管理制度。

（6）了解财务部各岗位及生产部仓库管理员、采购员等岗工作内容，做好与各岗位的衔接工作。

（7）熟悉各原辅料仓库的组织情况，熟悉主要原辅材料的名称、规格、分类、用途、特点等。

（8）工作目标明确，责任心强，树立良好的部门形象。

F6　成本核算岗工作流程

▌F6.1　生产部门日常费用报销

审核原始凭证完整、合法，金额正确→审核原始凭证与支出证明单是否一致→审核并更正原始凭证按规范粘贴和折叠→审核审批手续是否完备→审核部门费用支出进度（如超计划额度，可拒绝报销）→编制记账凭证。

　　借：制造费用——车间部门——相关明细科目

　　　　贷：库存现金/银行存款/其他应收款

涉及现金的凭证传出纳岗，不涉及现金的凭证传主管岗复核。

注意：（1）非工资性费用支出，须取得税务局监制的发票或收据，且填写规范，大小写一致，无涂改痕迹。增值税票须严格遵守填写规范。

　　　　（2）保证凭证及附件左上角整齐，附件长宽折叠以记账凭证大小为度，不能带有订书钉。

　　　　（3）计划额度内费用须经部门负责人、分管领导、财务部长审批；计划外费用须有总经理批示的报告；市内交通费（出租车费）、通信费须经总经办登记；招聘费用须有人力资源部部长审核；差旅费须附审批后的行程安排表，招待费须附经审批的招待费用明细表。

　　　　（4）准确使用明细科目。

　　　　（5）支取现金的凭证编制完毕，若遇出纳无现金时，应暂时保存记账凭证，待出纳取回现金时通知领款。

　　　　（6）报销人有前期欠款时，报销费用一律先冲抵欠款，由管理费用岗开具还款收据。

F6.2　其他核算

1. 水（电）费

收受出纳岗传来的水（电）费委托收款凭证→分出非生产用水（电）发票→将生产用水（电）发票传生产部相关岗位换取增值税票→编制记账凭证。

　　借：生产成本——辅助生产成本–水/电

　　　　应交税费——增值税（进项）

　　　　管理费用——水/电

　　　　　　贷：银行存款　→传主管岗复核

2. 审核原辅材料领用

每月1日收受材料审核岗传来的当月原材料领料汇总表、记账凭证→对照领料单审核材料发出汇总表→对照汇总表审核记账凭证→传主管岗。

注意：材料领用涉及基本生产成本、辅助生产成本、制造费用等，因此只有此凭证编制后才可以结转制造费用、辅助生产。

F6.3　制造费用及辅助生产归集与分配

1. 生产质保费用

结账后第3日查询并打印当月制造费用——编制生产部（含分管领导）、质保部（含分管领导）科目时段余额表→向生产部统计岗取得各车间产量工时→编制生产费用（含分管领导）、质保部费用（含分管领导）分配表→编制记账凭证。

借：生产成本——基本生产成本——车间——生产费用/质保费用

贷：制造费用——生产部（分管领导）/质保部（分管领导）　→传主管岗复核

2. 车间制造费用

车间制造费用由财务系统自动结转，并生成记账凭证。

借：生产成本——基本生产——车间——制造费用

贷：制造费用——车间——相关明细科目

3. 辅助生产成本

结账后第3日查询并打印当月辅助生产成本科目时段余额表→传辅助生产车间核算员进行辅助生产分配→根据辅助生产车间核算员编制的辅助生产分配明细表编制记账凭证。

借：生产成本——基本生产成本——车间——辅助费用

管理费用——辅助费用

贷：生产成本——辅助生产——相关明细科目　→传主管岗复核

注意：（1）必要时须向各车间提供制造费用明细账相关情况。

（2）审定辅助生产车间统计分摊的工时，确保摊入各车间的费用准确合理。

（3）结账后第三日结转生产、质保费用，结转后不能再有该项费用发生。因此月末须将此项当月费用凭证全部编制完毕。

F7　营销核算岗工作流程

F7.1　流程框架

营销部建立用户电费明细卡→按售电类别设置电费分类明细账→电费用户按大用户、特殊用户、一般用户档案分别管理→根据用户情况确定抄表日程（抄表日程一经确定非特殊情况未经批准不得变更）→在规定日程抄录计费电能表读数→按国家规定电价记收电费→编制应收电费月报表→传营销核算岗审核电费电价→营销核算会计将实销月报表与批复的预算进行对比分析，编制对比分析表→传财务负责人审核，分析差异→反馈给营销部分析差异原因→差异分析表传预委会→分析完善下月售电预算。

F7.2　确认收入与收款

（1）确认收入。审核营销部提供的电力销售月报表、电价文件、预收电费结算表、用户欠费明细表和随同电费一同收取的各种代征款项→审核供用电合同→传电费电价稽核人员审核签章→传营销核算岗→编制记账凭证确认收入。

　　借：应收账款

　　　　贷：主营业务收入

（2）收款。营销部根据实时收费系统编制实收电费日报表和当天电费进账单回单汇总表（截至当天17：00点整）→传电费出纳审核→传电费会计审核→传电费会计核对当天应收账款余额，核对相符签章→编制记账凭证→传电费出纳登记电费银行存款日记账，并在日报表及汇总表上签章→核对银行存款余额账账相符→传财务负责人复核。

　　借：银行存款

　　　　应收票据——银行承兑汇票（客户明细）

　　　　贷：应收账款——明细账户

（3）每月月末，出纳与银行核对银行存款日记账（截至25日下班时止），电费会计编制银行存款余额调节表。对未达账项逐笔核对，查明原因，必要时进行账务处理，保证银行存款账实相符。

（4）随电费收取或应计提的各项电费基金及代收款，按《南网会计核算办法》及国家有关政策、法规进行核算。

审核依据：营销部门有关电费管理办法、《南网会计核算办法》、电费回收预警机制、电费资金管理办法、电量抄核收管理办法、银行承兑汇票管理办法、资金审批办法。

▌F7.3　主营业务成本核算

营销部建立客户明细台账（序时记录购电电量、电价的变化）→根据历史信息及售电预算，按月编制购电预算电量、电价→传预委会→营销核算会计将实购电量、电价月报表与批复的预算进行对比分析，编制对比分析表→传财务负责人审核，分析差异→反馈给营销部分析差异原因→差异分析表传预委会→分析完善下月购电预算。

审核购电月报表→审核购电专用发票、合同及购价→审核付款审批手续是否齐备→核对预算电量电价→编制记账凭证。

借：主营业务成本——购电成本

贷：应付账款（银行存款）　→传主管岗复核

审核依据：营销部门有关电费管理办法、《南网会计核算办法》、电费回收预警机制、电费资金管理办法、银行承兑汇票管理办法、资金审批办法。

F8　工资福利岗位工资流程

▌F8.1　工资发放

1. 现金工资性支出

（1）日常零星工资性支出。收到人力资源部开具的支出证明单→编制记账凭证。

借：应付职工薪酬

　　管理费用/销售费用/制造费用

　　贷：库存现金　→传出纳岗付款

（2）差额工资、兑现、奖金等工资性支出。签收出纳岗传来的已付款支出证明单→分类→编制记账凭证。

借：应付职工薪酬

　　管理费用/销售费用/制造费用

　　贷：库存现金　→传出纳岗登记核对

注意： 对于集中发放差额工资、兑现、奖金等，为简化手续，可先由出纳岗先凭支出证明单付款，再将付款单据汇总后传工资核算岗制证。

2. 在职员工工资发放

（1）整理异动信息。签收人力资源部、行政事务部、车间核算员及其他会计岗传来的相关异动信息→将异动信息分类→登记备忘录。

注意： （1）将异动信息按编制工资表时间不同分为在职长假、劳保内退、退休三类，再在三类中分新增人员、部门变动、水电费变动、代扣款项等项目。

（2）须根据分类后的异动信息准确登记备忘录。

（3）备忘录须将异动信息在预计发生月份分别登记一次。

（2）根据备忘录编制工资表。打开Foxbase数据库→清零上月异动信息字段→根据本月异动情况编制工资表→计算应发工资→输入所得税计算公式计算应扣所得税→重新计算应发工资→汇总各部门工资。

注意： （1）只要不是正常增减项目，全须在异动信息字段中反映。

（2）不能代扣代发的事项须列出清单，向发出通知的部门人员反馈。

（3）验算工资表。工资计算完毕→验算。

上期实发工资±上期异动项+上期所得税±本期异动项-本期所得税=本期实发数

（4）打印、拷盘。打印工资明细表→送人力资源部审核→审核无误后拷盘。

（5）银行代发工资款付出。每月9日前填写付款审批单→财务部长审批→连同工资软盘交出纳岗划款，保证10日到账。

注意： 工资发放日须委托出纳领回新开户存折，登记后由领取人签字发放。

（6）编制正式工资表。从Foxbase中拷出月度工资表→按人力资源部相关要求编制Excel正式工资表→打印工资明细表→传人力资源作档案保存。

（7）编制记账凭证。根据正式工资明细表开具扣款收据→凭正式工资表汇总表、出纳传来的银行付款支票存根编制记账凭证。

借：应付职工薪酬——应付工资

　　　　　　　　——应付福利费

　　管理费用/销售费用/制造费用——其他（招聘人员、临时工工资）

　　管理费用/销售费用——差旅费（外勤补贴）

　　更改工程——GMP——其他（GMP部门工资）

　　管理费用——电费（扣个人水电费）（负数）

　　应付福利——医药/福利（医贴、物资补贴）

　　贷：其他应付款——长期服务金/养老金/公积金

　　　　其他应收款

　　　　应交税费——所得税费用——个人所得税

　　　　银行存款　→传给主管岗复核

（8）装订工资信息资料。工资发放完毕，将各种信息资料分类装订成册，妥善保管。

3. 劳保、内退人员工资及代付款发放

（1）编制工资表程序与在职员工相同。

（2）每月4日前划款，保证5日到账。

（3）编制凭证

借：管理费用——劳保（劳保人员工资）

　　应付职工薪酬——应付工资（内退人员工资）

　　　　　　　　　　——应付福利费（代发款项）

　　管理费用——电费（代扣水电费）

　　其他应付款（代付款项）（负数）

　　贷：其他应付款——养老金/公积金

　　　　银行存款

4. 退休人员补贴发放

　　根据人力资源部退休人员补贴变动通知调整补贴明细表→打印补贴明细表送人力资源部复核→复核无误，拷盘→填写付款审批单→财务部长签字→将软盘同转账申请表、代扣水电费委托书传出纳岗办理划账手续→收到出纳传来的划款支票存根编制记账凭证。

借：管理费用——劳保（退休人员补贴）

　　贷：银行存款　→传主管岗复核

收到出纳传来的代扣水电回单→编制凭证。

借：管理费用——水电（负数）

　　贷：银行存款

注意：（1）退休人员工资已改由社保发放，公司只负责发放退休人员补贴。

　　　　（2）新增退休人员时，应向人力资源部询问退休人员存折账号及社保号，以便向退休人员存折中划入补贴。

5. 销售兑现

凭销售会计传递的销售兑现汇总表→编制计算表→开具代扣款项收据→根据销售兑现汇总表、收据及银行回执编制凭证。

借：应付工资——办事处

销售费用——广告费——宣传费

　　　　　——打卡差旅费

　　　　　——业务费

管理费用——电费

贷：其他应付款——10%风险金/长期服务金/养老/公积

其他应收款

应交税费——所得税费用——个人所得税

银行存款　→传主管岗复核

▌F8.2　工资分配

1. 分配当月工资

月末打印当月应付工资明细汇总表→编制工资分配明细表，同时按工资总额的14%计提福利费、2%计提工会经费→编制记账凭证。

借：管理费用——工资/福利

　　　　　——工会经费

销售费用——工资/福利

制造费用——工资/福利

生产成本——基本生产——车间——工资福利

　　　　——辅助生产——车间——工资福利

贷：应付职工薪酬——应付工资

　　　　　　　——应付福利费　→传主管岗复核

注意：（1）工资分配后当月不能再有涉及应付工资凭证，因此可适当提前扎工资账，若有工资性支出，则可提前编制下月凭证。

（2）分配工资后，部门应付工资无余额。

2. 提取产量工资

根据人力资源部提供的车间产量工资并计算福利费→编制记账凭证。

借：生产成本——基本生产——车间——工资福利
　　　　　　——辅助生产——车间——工资福利（五车间）
　　贷：应付职工薪酬——应付工资
　　　　　　　　　　——应付福利费
　　　　　　　　　　——工会经费

F8.3　福利性费用支出

审核行政事务部签批的托幼费、学杂费、医药费及党群部签批困难补助等支出→编制记账凭证。

借：应付福利——相关明细科目
　　贷：库存现金　→传出纳岗

F8.4　长期服务金

1. 长期服务金本金

（1）收长期服务金。

根据新来员工所交金额开具收据→在收据上注明员工姓名及所在部门→根据收据编制记账凭证。

借：库存现金
　　贷：其他应付款——长期服务金

→连同收据存根传出纳岗收款、盖章 →登记长期服务金手册，对新来员工情况及所交本金进行记载 →由员工本人签字确认。

注意：（1）记账凭证摘要栏中须注明姓名、所在部门。

　　　　（2）如因员工异动使服务金发生变更或根据公司规定在年终奖中代扣长期服务金时，要在长期服务金手册异动情况表中登记，由员工本人签字确认。

（2）退长期服务金。

根据长期服务金明细表审核人力资源部开具的退长期服务金支出证明单→重新填写支出证明单，标明本金并计算长期服务金利息[本金×月利率（按人民银行同期利率计算）×月数]→交财务部长签字→根据签字后的支出证明单编制记账凭证。

借：其他应付账款——长期服务金
　　财务费用——利息支出
　　贷：库存现金

（3）编制长期服务金明细表。年末根据长期服务金明细账调整长期服务金明细表，保证账表、表册相符。

2. 长期服务金奖励金的滚存与支付

（1）长期服务金奖励金的滚存。年初根据人力资源部公布的奖励率计算奖励金→记入奖励金个人账户并编制记账凭证。

每两年根据人力资源部通知的员工奖励金

借：管理费用/销售费用/制造费用

　　　贷：其他应付款——奖励金　　→传主管岗审核

注意：（1）年初在服务金明细表中计算奖励金。

　　　　（2）奖励金具体计算方法执行《长期服务金管理办法》。

（2）奖励金的支付。

收到人力资源部开具的奖励金支出证明单→与奖励金账户及长期服务金手册中奖励金情况核对→编制记账凭证。

借：其他应付款——奖励金

　　　贷：库存现金

→传出纳岗→登记长期服务金手册奖励金情况表。

3. 长期服务金手册的登记与保管

（1）对长期服务金收、发、奖励金计算及其他情况，详细地在长期服务金手册中登记。

（2）每年3月份将长期服务金发放至个人签字确认，并及时收回，妥善保管。

▌F8.5　公积金管理

1. 公积金变动

签收人力资源部传来的公积金变动表→审核变动表→补填、停缴或增减变动人员的公积个人账号及上月缴存额→交出纳送银行办理公积变动。

2. 公积金退领及转移

收到人力资源部开具的公积金提取（或转移）申请表→审定申请表的填写→填写公积金支取凭证（或公积转移凭证）→交于部长加盖银行印鉴→传公积金提取（或转移）人。

F8.6   工作要求

（1）及时编制工资表并拷盘，送交银行，保证月度工资按时准确发放。

（2）及时清理其他应付款，保证代扣代缴到位。

（3）加强长期服务金的管理，保证财务账与长期服务金辅助账一致，并保管长期服务金手册。

（4）按月与银行公积金核对，保证公积金准确缴存到个人户头。

（5）保证每月工资按时准确发放。

（6）确保养老金、公积金、房租、水电等事项扣缴到位。

（7）熟悉公司各类财务管理制度。

（8）了解财务部各岗位工作内容，做好与各岗位的衔接工作。

（9）工作目标明确，责任心强，树立良好的部门形象。

F9   税务岗工作流程

F9.1   税款缴纳

1. 申报月度资金预算

月末根据当月开票情况、税款缴纳计划等预计下月税款所需资金→填写月度资金预算表→财务部长审核。

2. 税款缴纳

填写付款审批单→按资金审批办法审批→填写进账单，连同税票和付款审批单交出纳办理银行结算手续→签收出纳传来的银行进账回执→编制凭证。

3. 完税

此时

借：应交税费

其他应交款——教育附加/堤防税/平抑物价/教育发展基金

贷：银行存款

4. 报账

签收公积金管理中心开具的公积金缴款凭证→填写付款审批单→按资金审批办法审批→传出纳岗缴款→签收出纳岗传来的公积金缴款凭证存根→编制记账凭证。

借：生产费用——公积金

其他应付款——公积金

贷：银行存款 →登记公积金辅助账后传主管岗复核

5. 养老金

签收出纳传来的养老金缴纳凭证→编制记账凭证。

借：生产费用——劳保——养老金

其他应付款

贷：银行存款 →传主管岗复核

6. 发票的领购及使用

根据发票和收据需求量及时填写票据领购凭证→财务部长盖章→去税务局购买→登记所购票据→存保险柜→登记发放情况→领用人签名→编制当月票据领用情况表。

注意：（1）及时购买所需的票据，随时满足领用需求。

（2）票据按本发放，领用人须交回用完后的票据存根，换领新的票据。

（3）领购的空白票据须妥善保管，谨防丢失。

F9.2 复核会计凭证流程

将出纳岗传来的涉及现金的凭证，以及所有核算岗传来的不涉及现金的凭证统一进行逐个复核→发现有编制会计凭证出现差错的情况→提请各核算岗改正→将凭证中含有需要抵扣的增值税进项税额抵扣联或运输发票抽出，并在发票右上角写上该税票的月份及凭证号→传税务岗验票以及编制抵扣联清单→将已复核的会计凭证按凭证号顺序清理整齐。

F9.3 编制以及出具会计报表

将所有已经过人工复核的会计凭证，在微机账务系统进行逐个复核→将所有账务系统中已经复核的凭证进行微机记账→通过微机中的账务系统进行所有结转凭证的生成→复核所有已生成的结转凭证是否正确→对已核准无误的结转凭证进行微机记账→出具会计报表→交由副部长审定→审定无误后将其复印若干份→填写用章审批单到档案室请章后盖公司章→再盖上"法定代表人、财务总监、财务部门负责人"三章→将要上传到总公司财务部的会计报表先传出。

注意：每月的财务会计报表应在下月的3日之前出具，出具后经领导审定无误才能予以下发。

F9.4　编制以及出具会计报表附注

将各核算岗提供的相关资料收齐→编制会计报表附注→在财务系统内部下发。

注意：每月的财务会计报表附注应在下月的10日之前出具。

F9.5　编制快报

按照总公司财务部下发的快报要求先编制表样→再逐个查询账务系统中当月的各所需科目余额，填制报表→交财务负责人审查→再传真到总公司财务部。

注意：每月的快报应在下月3日前予以传出。

F9.6　编制财务分析报告

每季末待财务报表出具之后，向相关核算岗收集财务分析报告所需资料和信息→编制财务分析报告→交部长审查→将审定后的财务分析报告向部长请示后传相关人员。

F9.7　编制现金流量预测表

每月过后应将上季度编制的现金流量预测表与资金实际发生数予以核对→从微机的账务系统中逐个查询经营活动、投资活动、筹资活动各自的现金流入和现金流出明细→编制上季度预测数与实际发生数对比分析表→根据下一季度的资金使用计划和经营规划，编制下一季度的现金流量预测表→交部长审查→将审定后的现金流量预测表向部长请章后传相关人员。

注意：能予以下发应在本月的×日之前出具下月现金流量预测表，出具后经领导审定无误才能予以下发。

F9.8　收集员工考核资料

当月月初将员工月度考核表下发给财务部各员工→督促其填写当月的工作计划→当月过后督促其填写当月的工作小结→将小结收齐→交部长考核。

注意：员工月度考核表应在下一个月5日之前收齐。

F9.9　工作要求

（1）严格按照国家财经法律、法规、政策、会计制度，复核会计凭证，保证会计核算质量。

（2）在制定内部会计核算以及财务管理制度的方面提出创建性建议。

（3）协助部长加强公司财务会计管理工作，统一规范财务行为。

（4）协助部长有效实施对各会计岗位的考核，以及公正客观地完成各会计岗位的监交工作。

（5）不定期组织成本核算小组或各会计核算岗位的经验交流以及业务沟通等小型的座谈会，不定期组织旨在提高财务管理核算能力的工作检查及经验交流活动。

（6）妥善管理好财务会计部日常的琐碎小事。

（7）积极完成领导交办的其他工作。

（8）熟悉公司各类财务管理制度。

（9）了解财务部各岗位工作内容，做好与各岗位的衔接工作。

（10）工作目标明确，责任心强，树立良好的部门形象。

F10　内部审计岗工作流程

F10.1　资产审计

1. 货币资金审计

（1）审计目标。证实货币资金余额的存在性、完整性、收付业务的合法性。

（2）内部控制系统测试。调查了解货币资金内部控制系统→查验签发支票登记簿与签发支票存根→抽验资金收付款凭证→核实收入货币资金收款收据→检查日记账，抽查银行存款调节表与库存现金盘点表→检查不相容职务划分情况→检查货币资金收付凭证管理→评价货币资金内部控制系统。

（3）实质性审查。

① 库存现金审查：出纳员将现金全部放进保险柜暂作封存→将全部凭证进账，结出当日现金日记账余额→填写现金出纳报告书→在会计主管人员和内审人员在场的情况下清点现金，并作记录→填制库存现金清点表→由出纳员、会计人员共同签字，作为审计工作底稿→核查账实是否相符，即有无溢缺。

库存现金清点表应反映实际库存现金清点数、当日现金日记账结余数。

② 现金收付业务的审查：抽查现金日记账记录，要求至少抽查1~2个月的现金日记账，并审查原始凭证。

③ 银行存款的审查：审核银行存款日记账记录，核证银行存款收支的截止日期，并抽查银行存款的账面余额。

2. 存货审计

（1）审计目标。证实存货的存在性、完整性、所有权归属、计价的正确性、采购与销售的合法性、分类的正确性。

（2）内部控制系统测试。调查了解企业存货内部控制系统→抽查部分采购业务文件，追踪其业务系统→抽查部分存货出库业务，追踪其业务处理系统→审查存货管理制度→抽查盘点记录→评价存货内部控制系统。

（3）实质性审查。

① 材料采购的审查：审查订货合同→审查材料的验收进库情况→审查材料采购成本，查看采购成本的构成项目是否正确，采购费用分配比例是否合理，采购成本是否合法、正确→采购成本的计算方法是否正确→审查在途材料→审查材料采购的账务处理。

② 库存材料审查：盘点库存材料，时间安排在结账日或接近结账日。

③ 材料出库的审查：对生产领用材料应核实生产计划，核查发出材料的计价，揭露弄虚作假的行为。

3. 应收账款审计

（1）审计目标。证实应收款项的存在性、正确性、销售退回、折让与折扣的合法性、截止日期的正确性、坏账损失的真实性。

（2）内部控制系统测试。调查了解并描述应收款项内部控制系统→检查不相容职责的划分→验证期末余额的合理性→抽查客户账龄分析表→审查销货折扣与收款的合理性→审核坏账损失的账簿记录及相应的手续→评价应收款项内部控制系统。

（3）实质性审查。

① 应收账款的审查：取得应收款明细表→询证应收账款→分析询证函及应收账款余额→取得或编制应收账款账龄分析表，确定应收账款的可实现价值→审查坏账准备金的提取与使用。

② 应收票据的审查：取得应收票据分析表→清点库存应收票据→询证应收票据→对应收票据发生和收回的审查→对票据贴现的审查→分析评价应收票据的可兑现程度。

4. 固定资产审计

（1）审计目标。

证实固定资产的存在性、完整性、分类的正确性、所有权的归属、计价的正确性、折旧方法的选用及其计算的正确性。

（2）内部控制系统测试。深入了解固定资产的内部控制系统→验证固定资产的新增手续→验证固定资产的退废手续→抽验固定资产验收报告→检查固定资产账、卡的设置情况→评价固定资产内部控制系统。

（3）实质性审查。

- 固定资产进账价值的审查；
- 固定资产增加与减少的审查；
- 固定资产折旧的审查；
- 固定资产结存的审查。

F10.2　收进、成本与费用审计

1. 主营业务收入审计

（1）审计目标。证实主营业务收进的真实性、分类的合理性、账务处理的正确性。

（2）内部控制系统的测试。了解并描述内部控制系统→测试销售计划→审查销货合同→检查岗位职责的执行→测试销货制度的执行→评价主营业务收入的内部控制系统。

（3）实质性审查。

① 分析检查主营业务收入的变动趋势：将企业的年度主营业务收入与该年度计划数对比了解计划完成程度，与上年度相比了解其变动趋势→根据存在的

异常现象进一步确定审查范围，以查明有无故意隐瞒或虚增利润的现象。

② 验证主营业务收入的真实性：索取产品出库单存根、销货发票副本和有关明细账，并进行相互核对→审阅一定数量的产品发运单、销货发票副本、结算凭证、有关明细账→根据生产经营和结算方式，确定销售收入的实现。

③ 核查主营业务收入会计处理的正确性：发票和销货合同的审查（审查发票和销货合同，采取重点抽查）→审查销售收入计算是否正确（根据结算方式选用不同的方法与相关账户进行对比，查明收入的入账金额是否正确）→核实主营业务收入的截止期（一般可对决算日前后一周有关收入的记录进行检查、核实）→核对有关的发票、运单及其他单据→确认收入截止期是否正确无误。

（4）销售退回、折让及折扣的审查。

① 销货退回的审查：销货退回的合理性→退回批准手续的完整性→退回账务处理的正确性。

② 折扣和折让的审查：折扣和折让的合理性（折扣和折让冲减当期销售收入，进而影响利润，因此折扣和折让应符合公司有关规定，发现异常情况应重点审查）→折扣和折让的真实性（折扣和折让必须经过销售部门负责人的批准，按规定程序例行手续）。

2. 产品成本审计

（1）审计目标。证实成本形成的真实性、合规性、成本会计处理的正确性、计算的正确性。

（2）内部控制系统的测试。调查了解并描述产品成本的内部控制系统→审查产品成本计划→审查产品成本管理责任制的执行→审查成本基础工作→评价产品成本内部控制系统。

（3）实质性审查包括。

① 产品成本开支范围合规性的审查；

② 直接材料费的审查；

直接材料耗用量的审查→直接材料计价的审查→直接材料费用分配的审查。

③ 直接人工费的审查；

审查直接人工费的真实性→审查工资结算的正确性→审查工资分配的正确性→审查职工福利计提及分配的正确性→审查直接人工费账务处理的正确性。

④ 制造费用的审查；

审查制造费用的真实性→审查制造费用项目的合规性→审查制造费用会计处理的正确性。

⑤ 辅助生产费用的审查；

审查辅助生产费用的归集→审查辅助生产费用的分配。

⑥ 在产品成本的审查；

审查在产品结存量→审查在产品的计价方法。

⑦ 产成品成本的审查。

审查产成品数量→审查产成品的计算。

F11　主管岗工作流程

F11.1　月末结转及提取相关税金

1. 结转当月房产税、车船税等

查询当月应交税费中房产税、车船税等的明细账→将当月房产税、车船税等存在借方发生额的金额作记录→编制相应的会计分录将其转平。

借：管理费用——房产税/土地利用税/车船税

　　贷：应交税费——应交房产税/应交土地利用税/应交车船税

2. 结转当月增值税

转出当月未交或多交的增值税。根据当月应交税费中应交增值税的明细账，计算出其贷方余额同借方余额的差额→编制相应的会计分录将差额转出。

借：应交税费——应交增值税——转出未交增值税

　　贷：应交税费——未交增值税

或者

借：应交税费——未交增值税

　　贷：应交税费——应交增值税——转出多交增值税

3. 计算当月主业务税金及附加。查询以及计算出当月增值税额的应交数和主营业收入→根据国度以及地址税收政策，计算出各税费金额→根据计算出的金额编制相应的会计分录。

借：营业税金及附加

　　贷：应交税费——应交城建税

　　　　其他应交款——应交教育附加

如若计算当月所得税，则

借：所得税费用

　　贷：应交税费——应交所得税

F11.2　复核会计凭证

将出纳岗传来的涉及现金的凭证以及所有核算岗传来的不涉及现金的凭证统一进行逐个复核→发现有编制会计凭证出现差错的情况→提请各核算岗改正（其中出现的差错应先征求相关负责人的意见后予以改正）→将凭证中含有需要抵扣的增值税进项税额抵扣联或运输发票抽出，并在发票右上角写上该税票的月份及凭证号→传税务岗验票以及编制抵扣联清单→将已复核的会计凭证按凭证号顺序清理整齐。

F11.3　编制以及出具会计报表

将所有已经过人工复核的会计凭证，在微机的账务系统进行逐一复核→将所有账务体系中已经复核的凭证进行微机记账→通过微机中的账务体系进行所有结转凭证的生成→复核所有已生成的结转凭证是否正确→对已核准无误的结转凭证进行微机记账→出具会计报表→交由财务负责人审定→审定无误后将其复印若干份→填写用章审批单到档案室请章后盖公司章→再盖上"法定代表人、财务总监、财务部门负责人"三章→将要上传到总公司财务部的会计报表先传出→再将会计报表下发给其他各相关部门和单位，并要求在发文签收本上签下接收人的姓名和日期。

注意：实现会计电算化的集团、企业一般按上面的流程步骤执行。手工记账的企业或是没有总、分公司的企业，则没有将数据输进电脑以及上传总公司财务部这一说。

F11.4　编制以及出具会计报表附注

将各核算岗提供的相关资料收齐→编制会计报表附注→复印→在财务体系内部下发。

F11.5　编制快报

按照总公司财务部下发的快报要求先编制表样→再逐一查询账务体系中当

月的各所需科目余额，填制报表→交副部长审查→将审定无误的快报打印→再传真到总公司财务部。

注意：一般每月的快报应在当月终了一天下班前予以传出。

F11.6　编制财务分析报告

每季末待财务报表出具之后，向相关核算岗收集财务分析报告所需资料和讯息→编制财务分析报告→交相关负责人审查→将审定后的财务分析报告打印→复印若干份→向负责人请示后下发相关人员。

注意：一般来说，3月和9月为季度财务分析，6月和12月为半年和年度财务分析。每季的财务分析报告应在下月的20日之前出具，出具后经领导审定无误才能予以下发。

F11.7　编制现金流量预测表

每季度末应将上季度编制的现金流量预测表与资金实际发生数予以核对→从微机的账务体系中逐一查询经营活动、投资活动、筹资活动各自的现金流入和现金流出明细→编制上季度预测数与实际发生数比较分析表→根据下一季度的资金利用计划和经营规划，编制下一季度的现金流量预测表→交财务负责人审查→将审定后的现金流量预测表打印→复印若干份→请示后下发相关人员。

注意：一般来说，现金流量预测表应在下一季度开始月份的25日之前出具，出具后经领导审定无误才能予以下发。

F11.8　收集员工考核资料

当月月初将员工月度考核表下发给财务部各员工→督促其填写当月的工作计划→当月过后督促其填写当月的工作小结→将小结收齐→交相关负责人考核。

注意：一般来说，员工月度考核表应在下一个月上旬收齐，交公司财务。

F11.9　工作要求

（1）严格按照国家财经法律、法规、政策、会计制度，复核会计凭证，保证会计核算质量。

（2）在制定内部会计核算以及财务管理制度的方面提出创建性建议。

（3）协助财务负责人加强公司财务会计管理工作，统一规范财务行为。

（4）协助财务负责人有效实施对各会计岗位的考核，以及公正客观地完成各会计岗位的监交工作。

（5）不定期组织成本核算小组或各会计核算岗位的经验交流以及业务沟通等小型的座谈会，不定期组织旨在提高财务管理核算能力的工作检查及经验交流。

（6）妥善管理好财务会计部日常的琐碎小事。

（7）积极完成领导交办的其他工作。

（8）熟悉公司各类财务管理制度。

（9）了解财务部各岗位工作内容，做好与各岗位的衔接工作。

（10）工作目标明确，责任心强，树立良好的部门形象。

附录4　出纳交接

交接，是指企业的出纳人员在调动或离职时，由离任的出纳人员将有关的工作和资料、票证交给接任出纳人员的工作过程。《会计基础工作规范》第二十五条规定："会计人员工作调整或者因故离职，必须将本人所经营的会计工作全部移交给接替人员，没有办清交接手续的，不得调动或者离职。"因为交接工作很重要，所以我们专门做一个附录来说明。

F1　交接的内容

出纳工作的交接内容，会因企业规模大小、会计人员多少而不同，也会因出纳员的具体分工及其主管业务的不同而有所差异。但大致上还是包括以下三类内容：

- 财产与物资；
- 电算化资料；
- 业务介绍。

以下就对上述三类内容一一进行的讲解。

F1.1　财产与物资

出纳手中掌管着许多企业的财产与物资，主要包括以下内容：

- 现金，包括现钞、外币、金银珠宝、其他贵重物品等；
- 银行存款；
- 有价证券，包括国库券、债券、股票等；
- 办公室、办公桌与保险柜的钥匙，银行回单柜的钥匙，各种保密号码等；
- 财务印章，包括财务专用章、发票专用章、银行预留印鉴、现金收讫章、现金付讫章、银行收讫章、银行付讫章等；
- 公用会计工具、器具，包括算盘、计算器等；
- 交由出纳保管的其他财物。

F1.2　文件与资料

出纳保管的财务文档和资料也在交接范围之内，这些财务文档及资料，包括：

- 会计凭证，包括原始凭证和记账凭证；
- 会计账簿，包括现金日记账、银行日记账及其他由出纳掌管的账簿等；
- 相关报表，如出纳报告等；
- 用于银行结算的各种票据、票证、支票簿等；
- 支票，包括空白支票和作废支票；
- 发票，包括空白发票和已用发票（含作废发票）；
- 收款收据，包括空白收据、已用收据（含作废收据）；
- 其他会计资料，包括银行对账单、应由出纳员保管的证件、合同、协议等。

F1.3　电脑相关资料

现在，一般的企业财务部门都配有电脑，许多数据和资料都存放在电脑或与其相关的存储设备中。而且有越来越多的企业使用财务软件，大部分重要的财务资料都由财务软件处理和保管。所以在出纳交接时，电脑相关资料的交接也相当重要。

这些电脑相关资料，包括：

- 出纳配置的电脑实物；
- 电脑开机密码及管理员账号密码；
- 电脑中相关文档的存放位置说明；
- 工作用移动存储设备，如优盘、移动硬盘等；
- 会计软件及登录账户、密码；
- 会计软件注册相关资料及加密狗、加密磁盘、安装光盘等；
- 会计软件的文档存储位置及备份文件位置等；
- 会计软件的使用说明等。

F1.4　业务介绍及其他事项

由于出纳涉及的业务比较多，有一些周期性的业务，如缴纳各种费用等事务，需要由前任出纳列出时间表格进行详细说明和介绍，对于一些出纳人员在办的未完成的事务，也需要进行相应的交接。

相关的业务介绍与相关事务的交接，包括以下内容：

- 原出纳人员工作职责及工作范围的介绍；
- 经办未了的事务、事项说明及交接；
- 历史遗留问题的说明；
- 每期固定办理的业务介绍，如缴纳电费、水费、电话费的时间和银行账号；
- 服务业务的具体说明，如缴纳电话费的号码、台数等，银行账户的开户地址、联系人等；
- 其他需要说明的业务事项。

F2　交接前整理事项

在正式办理交接手续之前，出纳人员应当将手中的工作理顺、结清。为了保证交接工作的顺利进行，出纳人员在正式交接手续之前，应当事先将以下工作准备就绪：

- 整理账务；
- 账实核对；
- 填写账簿移交日期；
- 整理资料，写书面说明；
- 编制移交清册。

下面，就对这些工作的具体准备情况进行相应的介绍。

F2.1　整理账务

因为出纳目前手中的账簿都要向下一任移交，所以在移交之前要将尚未登记入账的事务完成。这些事务包括：

- 将已编制好记账凭证，但尚未记入现金日记账或银行日记账的经济业务，记入相应的账簿中；
- 将已取得合法原始凭证的业务，编制记账凭证，然后完成记账；
- 登记完毕后，在最后一笔余额后加盖个人印章。

整理完账务的银行日记账，如图F-1所示。

银行存款 日记账

开户银行：中国农业银行南京市分行
账 号：4567889990000540

11年 月	日	凭证字号 字	号	银行凭证	摘要	借方	贷方	借或贷	余额	√
4	1				上月余额	¥10600000		借	¥10600000	
4	7	转账	1		存入当日营业款	¥13917760		借	¥24517760	
4	21	转账	7		李文江预借购办公用品款		¥107000	借	¥24410760	
4	28	转账	45		购买办公用品费用		¥107000	借	¥24303760	
4	28	转账	46		李文江退回预借款	¥107000		借	¥24410760	张一宁

最后一行余额处盖个人印章

图 F-1 整理完账务的银行日记账

F2.2 对 账

要对手中的账目进行核对，包括以下三个方面：

✍ 日记账与总账核对：将现金与银行存款日记账和现金与银行存款总账核对相符；

✍ 现金与日记账核对：现金日记账账面余额和库存现金实有数核对相符；

✍ 银行存款日记账核对：银行存款日记账余额和银行对账单核对，如果不一致，应编制银行存款余额调节表。

F2.3 账簿启用表的填写

在出纳账簿启用表上填写移交日期，并加盖名章，如图 F-2所示。

账 簿 启 用 表

		负责人	职务	姓名	盖章
单位名称	南京市恒兴商贸有限公司				
账簿名称	银行存款日记 账第 12 册	单位负债人			
账簿号码	第 2011012 号	单位主管财会工作负责人	财务经理	张文清	张文清印
账簿页数	本账簿共计 页	会计机构负债人			
启用日期	2011 年 12 月 1 日	会计主管人员			

经 管 本 账 簿 人 员 一 览 表

职务	姓名	接管 年	接管 月	接管 日	接管 盖章	移交 年	移交 月	移交 日	移交 盖章	监交 职务	监交 姓名	印花粘贴处
出纳	张一宁	2011	12	1	张一宁							
出纳	周林	2011	12	15	周林	2011	12	15	张一宁	张文清	张文清	

交接处

南京市财政局监制 南京市正大立信印刷厂承印

通过 QB/T 1439-2005 标准认证

图 F-2 账簿启用表的移交手续

▌F2.4　资料的整理

　　整理应该移交的各项资料，对未尽事项要写出书面资料。书面说明的内容如下。

　　（1）交接日期。明确交接的日期，这个非常重要，这个日期就是交接双方的责任分隔点。

　　（2）具体业务的移交。

　　①库存现金的账面余额，应写明该余额的截止日期，写明其是否与实存数相符，日记账与总账是否相符等；

　　②写明库存有价证券、贵重财物的数量、金额等信息，并注明是否核对无误；

　　③银行存款余额，写明截止日期，写明是否与银行实际存款相符。如有余额调节表，要写明是否与余额调节表核对相符。

　　（3）移交的会计凭证、账簿、文件。写明需要移交的会计凭证的数量，日记账簿和其他账簿数量，空白现金支票数量及号码范围，空白转账支票数量及号码范围，相关的收付款登记簿数量，其他财务资料的数量等。

　　（4）移交的印鉴。所有需要移交的印鉴都要一一列出全名，并标明数量。

　　（5）交接前后工作责任的划分。明确交接双方的工作责任。

　　（6）移交人、接替人及监交人签名盖章。

　　（7）企业财务章。

▌F2.5　移交清册的编制

　　移交清册，包括移交表和交接说明书，用来列明应当移交的会计凭证、会计账簿、现金、有价证券、支票及支票领用簿、发票及发票领用簿、文件、印章和其他会计资料和物品。

　　移交清册的内容如下。

　　（1）库存现金移交表。

　　将库存现金各面额的明细数量列表，以方便清点和交接，其格式如表F–1所示。

表F-1 库存现金移交表

第 页

币种 移交日期： 年 月 日 单位：元

面额	数量	移交金额	接受金额	备注
100元				
50元				
20元				
10元				
5元				
2元				
1元				
5角				
2角				
1角				
5分				
2分				
1分				

单位负责人： 移交人： 监交人： 接管人：

（2）银行存款移交表。在企业不只一个账户的情况下，应将每个账户的具体情况进行相应的说明，其移交表格式如表F-2所示。

表F-2 银行存款移交表

第 页

移交日期： 年 月 日 单位：元

开户银行	币种	期限	账面金额	实际金额	备注

附：银行存款余额调节表 份
　　银行预留卡 张

单位负责人： 移交人： 监交人： 接管人：

（3）有价证券、贵重物品移交表。有价证券、贵重物品一样是企业的财产，而且一般由出纳掌管，所以这些财物也需要在出纳交接时进行正式的移交。移交时，应根据清理核对后的情况，将有价证券、贵重物品按品种、价值等分别登记，并进行相应说明。

有价证券、贵重物品移交表的格式，如表F−3所示。

表F−3 有价证券、贵重物品移交表

第 页

移交日期： 年 月 日　　　　　　　　　　　　　　　　单位：元

序号	名称	购入日期	单位	数量	金额	备注
1	××债券					
2	××股票					
3	××票据					
4	××贵重物品					
5	××投资基金					

单位负责人：　　　　　　移交人：　　　　　　监交人：　　　　　　接管人：

（4）核算资料移交表。核算资料主要包括出纳在核算中所需要使用的各种文件和资料。

- ✍ 账簿；
- ✍ 收据；
- ✍ 借据；
- ✍ 银行结算凭证；
- ✍ 票据领用登记簿；
- ✍ 票据使用登记簿；
- ✍ 其他文件资料。

核算资料移交表的格式，如表F−4所示。

表F−4 核算资料移交表

第 页

移交日期： 年 月 日　　　　　　　　　　　　　　　　单位：元

序号	名称	年度	数量	起止号码	备注
1	现金收入日记账				
2	现金支出日记账				
3	银行存款收入日记账				
4	银行存款支出日记账				
5	收据领用登记簿				
6	支票领用登记簿				
7	收据领用登记簿				
8	现金支票				
9	转账支票				

单位负责人：　　　　　　移交人：　　　　　　监交人：　　　　　　接管人：

（5）物品移交表。出纳需要移交的物品，主要是指一些会计用品、公用会

计工具等，其格式如表 F-5 所示。

表 F-5　物品移交表

第　页

移交日期：　　　　　　年　月　日　　　　　　　单位：元

名称	编号	型号	购入日期	单位	数量	备注
文件柜						
装订机						
复印机						
打印机						
保险柜						
照相机						
财务印章						

单位负责人：　　　　　　移交人：　　　　　　监交人：　　　　　　接管人：

（6）出纳工作交接说明书。对相应事项进行说明的书面文件，其格式如图 F-3 所示。

出纳工作交接说明书

　　因工作调动的原因，出纳员张一宁不再主管出纳职责，财务处已经决定将其工作全部移交给周林接管。现办理如下交接：

1、交接日期： 2011 年 12 月 15 日。

2、具体业务的移交：

（1）库存现金：12 月 15 日账面余额 1 768 元，与实存数相符，库存现金日记账余额与总账余额相符。

（2）库存国库券：780 000 元，经核对无误。

（3）银行存款余额 182 万元，经核对 "银行存款余额调节表" 相符。

3、移交的会计凭证、账簿、文件：

（1）本年度现金日记账一本。

（2）本年度银行存款日记账两本。

（3）空白现金支票 25 张（0218545121 号至 1218545145 号）。

（4）空白转账支票 30 张（0219860022 号至 0219860051 号）。

（5）托收承付、委托收款登记簿一本。

（6）托收承付、委托付款登记簿一本。

（7）支票登记簿一本。

（8）发票登记簿一本。

（9）银行对账单 1～11 月份 11 份；11 月份未达账项说明一份。

4、移交的印鉴：

（1）财务处转讫印章一枚。

（2）财务处现金收讫印章一枚。

（3）财务处现金付讫印章一枚。

（4）财务处银行存款收讫印章一枚。

（5）财务处银行存款付讫印章一枚。

5、交接前后工作责任的划分：

2011 年 12 月 15 日之前的出纳责任事项由王斌负责；2011 年 12 月 15 日之后的出纳责任事项由华林负责。以上移交事项均经交接双方认定无误。

6、本交接说明书一式三份，双方各持一份，存档一份。

移交人：（签名盖章）

接替人：周林（签名盖章）

监交人：张文清（签名盖章）

恒兴公司财务处（盖章）

2011 年 12 月 15 日

图 F-3　出纳工作交接说明书

F3　交接的过程

资料和物品整理清楚以后，就可以开始正式的工作移交了。

办理正式移交时，必须有三方同时在场，这三方分别是交接工作的双方及监交人。一般情况下，出纳人员交接时，由企业财务负责人或会计主管人员负责监交工作。

移交工人的程序，实际是比较简单的，只需要根据移交清册逐项清点、移交、签字即可。出纳工作交接的流程，如图F-4所示。

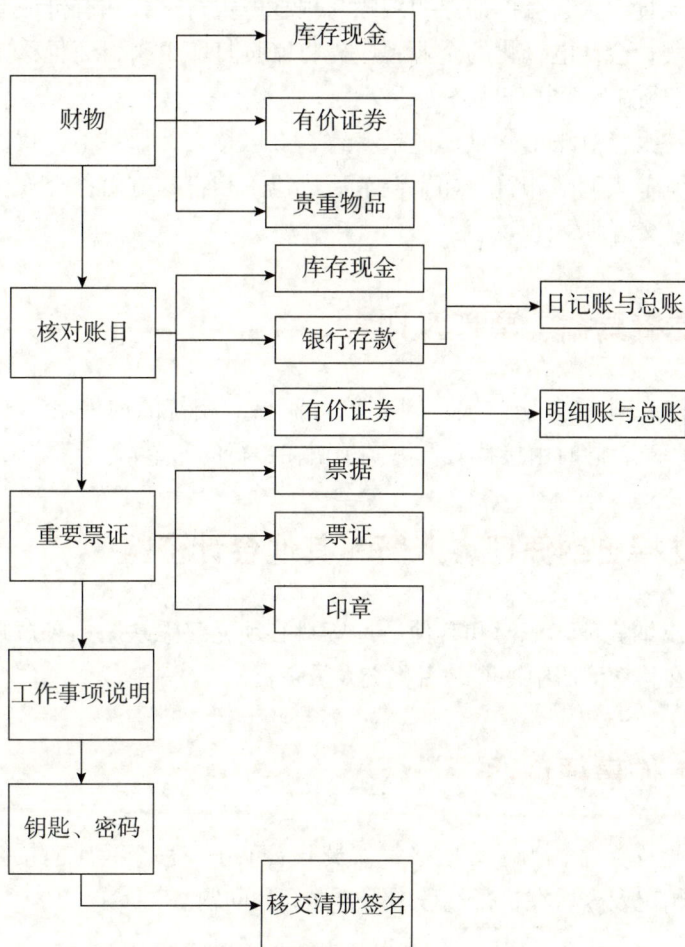

图F-4　出纳工作交接流程

F3.1　交接现金、有价证券、贵重物品

要根据会计账簿有关记录由移交人员向接替人员逐一点交。库存现金、有价证券、贵重物品必须与会计账簿记录保持一致。不一致时，移交人员必须说明原因，不清楚原因时，必须限期查清。

F3.2　对　账

出纳账簿移交时，接替人员应该核对账账、账实是否相符，即现金日记账、银行存款日记账、有价证券明细账与现金、银行存款和有价证券总账的账账相符。在实行会计电算化的企业，应先将账页打印出来，而且移交人员对有关电子数据必须在实际操作状态进行交接。

余额要与银行对账单核对，如果一致，方可移交；如果不一致，应编制银行存款余额调节表调节相符。如果调节后，仍不相符，应由移交人员负责查明原因，并在移交清册中注明。

F3.3　交接票据、票证及印章

在银行存款账户余额与银行对账单余额核对相符的前提下，移交有关票据、票证及印章，同时由接替人员更换预留在银行的印鉴章。

F3.4　交接出纳凭证、账簿和其他会计资料

交接的出纳凭证、账簿和其他会计资料必须完整无缺。如有短缺，必须查清原因，并在移交清册中注明，由移交人员负责。

F3.5　工作事项说明

工作计划移交时，为了方便接替人员开展工作，移交人应向接替人介绍工作计划执行情况及今后在执行过程中需要注意的问题。

F3.6　交接保险柜密码、钥匙，办公桌和办公钥匙

移交人应将保险柜密码、钥匙、办公桌和办公钥匙一一移交给接替人，接

替人在移交完毕后，应立即更换保险柜密码及有关锁具。

▌F3.7　移交清册上签名或盖章

交接完毕后，交接双方和监交人要在移交清册上签名或盖章，并应在移交清册上注明单位名称、交接日期、交接双方和监交人的职务、姓名，移交清册页数以及需要说明的问题和意见等。移交清册一般一式三份，其中交接双方各持一份，另一份作为会计档案在交接结束后归档保管。

移交清册也有移交清单，即移交工作说明书，当移交工作都确认无误后，就需要在这张清单上签字和盖章，如图 F-5 所示。

出纳工作交接说明书

因工作调动的原因，出纳员张一宁不再主管出纳职责，财务处已经决定将其工作全部移交给周林接管。现办理如下交接

1、交接日期

2011 年 12 月 15 日。

2、具体业务的移交

（1）库存现金：12 月 15 日账面余额 1 768 元，与实存数相符，库存现金日记账余额与总账余额相符。

（2）库存国库券：780 000 元，经核对无误。

（3）银行存款余额 182 万元，经核对"银行存款余额调节表"相符。

3、移交的会计凭证、账簿、文件

（1）本年度现金日记账一本。

（2）本年度银行存款日记账两本。

（3）空白现金支票 25 张（0218545121 号至 1218545145 号）。

（4）空白转账支票 30 张（0219860022 号至 0219860051 号）。

（5）托收承付、委托收款登记簿一本。

（6）托收承付、委托付款登记簿一本。

（7）支票登记簿一本。

（8）发票登记簿一本。

（9）银行对账单 1～11 月份 11 份；11 月份未达账项说明一份。

4、移交的印鉴

（1）财务处转讫印章一枚。

（2）财务处现金收讫印章一枚。

（3）财务处现金付讫印章一枚。

（4）财务处银行存款收讫印章一枚。

（5）财务处银行存款付讫印章一枚。

5、交接前后工作责任的划分

2011 年 12 月 15 日之前的出纳责任事项由王斌负责；2011 年 12 月 15 日之后的出纳责任事项由华林负责。以上移交事项均经交接双方认定无误。

6、本交接说明书一式三份，双方各持一份，存档一份。

移交人：（签名盖章）　*张一宁*　张一宁

接替人：周林（签名盖章）　*周林*　周林

监交人：张文清（签名盖章）　*张文清*　张文清

出纳工作交接说明书

南京市恒兴商贸有限公司　财务专用章
恒兴公司财务处（盖章）

2011 年 12 月 15 日

图 F-5　出纳工作交接说明书

F4 交接的注意事项

出纳掌管着公司的重要财物，一旦出现出纳岗位的人事变动，工作和财物的移交是需要格外谨慎的。不但需要对物品的签收一丝不苟，对资料文档的核对也要清清楚楚。不论是移交人还是接收人，移交工作一定要谨慎。

其实移交主要包含两个方面：

☒ 移交物品；

☒ 移交责任。

一旦移交完成，那么移交前的问题由原出纳负责，而移交后的问题就是新出纳的问题了；同样地，如果移交时发现财物的金额、数量有误，那可以由原出纳负责，但是移交后再发现移交过来的财务有问题，那原出纳是不会负责的。

F4.1 出纳工作移交前的准备

保证出纳交接工作顺利进行，出纳人员在办理交接手续前，必须做好以下准备工作。

（1）已经受理的经济业务尚未登记完毕的日记账以及股票、债券等明细账要登记完毕，并在最后一笔余额后加盖名章。

（2）在出纳账的账簿启用表上填写移交日期，并加盖名章。

（3）出纳日记账与现金、银行存款总账核对相符，现金账面余额与实际库存现金核对一致，银行存款账面余额与银行对账单无误。如有不符，要找出原因，弄清问题，加以解决，务求在移交前做到相符。

（4）清理账目和其他资料，移交人对该收回的款项要尽快催收，该支付的款项要及时付出，各种借款要清理与核对，各种现金票据、有价证券收据、借据等要清理与整理好，文件该归档的要归档，该收回的要及时收回，该移交的要整理好，各种登记簿要与所登记内容进行核对，对未了事项写出书面材料。

（5）根据清理情况，将应列入移交的内容填制好移交清册，例如会计凭证、账簿、报表、印章、现金、有价证券、支票簿、发票、文件、其他会计资料和物品等内容。

（6）实行会计电算化的单位，从事该项工作的移交人员还应当在移交清册中列明会计软件及密码、会计软件数据磁盘（磁带等）及有关资料、实物等内容。

▌F4.2　出纳人员暂时顶替

暂时由他人顶替工作的情况，也应该办理交接手续。因为是暂时情况，所以只办理短期内需要使用的相关资料、物品的交接即可，即办理部分交接手续。

需要办理部分交接手续的情况，一般包括以下七种：

- ☒ 婚假；
- ☒ 产假；
- ☒ 病假；
- ☒ 事假；
- ☒ 休假；
- ☒ 外出学习；
- ☒ 公差等。

出纳人员因为这些原因离开岗位后，过一段时间还要回来工作的，出纳人员更要在移交时小心谨慎，在重新接手时细心认真，千万不能将印章、钥匙随便一交，然后点一点现金就完事了。

做财务工作的，要时时记得"先小人后君子"的道理。就算是最要好的朋友，也应该认真地办理交接手续，一方面不愿意为别人背黑锅，另一方面也不能让别人为自己顶包。

出纳顶替，可视单位业务量大小、顶替时间长短等具体情况来办理部分交接手续。如纯属临时顶替，那可以把现金留下来，让顶替人员打个收条，等出纳回来后再用收支的原始凭证来结算。

如果企业的出纳业务较多，时间也较长，则可让顶替人员除打一交接现金条据外，还可给顶替人员留几张盖好印戳的现金支票，但交接条据上一定要写明所留现金支票的张数与起止日期；出纳离岗时间较长，甚至需要顶替人员处理日常事务的，就需要顶替人员刻名章，在顶替期间更换银行人员的印鉴，并且需将现金日记账、银行存款日记账、现金支票本、转账支票本等办理日常业务的账本、单据书面移交顶替人员等出纳人员回来后再作书面移交手续。

注意：不管是哪种交接，哪怕是一两天的临时顶替，都不能将自己的名章交由顶替人员使用。

▌F4.3　出纳人员离岗

出纳人员由于工作调动、岗位轮换、外出学习、休假、出差等原因，离开出纳岗位是常有的事。对于出纳人员离岗变动，要视不同情况，区别对待处理。

（1）出纳人员调动工作时，应严格办理交接手续。工作调动，意味着出纳人员将永久离开原单位出纳岗位。按财务制度要求，必须在规定的期限内，严格、认真、全面地办理交接手续，否则，不得离职。移交后，如发现原出纳经管的出纳业务有违反财会制度和财经纪律等问题，仍由原移交人负责。

出纳人员办理移交手续前，必须做好以下工作：

①已经受理的出纳业务尚未填制收、付款记账凭证的，应填制完毕；

②尚未登记的账目，应登记完毕，并在最后一笔余额后加盖本人印章；

③整理应该移交的各项资料，对未了事项要写出书面说明；

④编制移交清册，列明应移交的记账凭证、现金出纳登记簿、银行存款日记账、财务专用章、现金收讫章、现金付讫章、会计主管章、现金支票簿、转账支票簿、现金、有价证券、有关空白凭证、空白账表、文件、资料及其他物品等。有价证券要写明证券名称、数量、金额及号码；有关空白凭证要写明本数、张数等。

出纳人员办理移交手续时，必须由监交人监交。监交人一般为会计主管，或由会计部门负责人指定某一会计人员监交。接替人员要按照移交人员编制的移交清册，当面逐项点收。对需要继续办理的事项和移交中发现的问题，需移交人补充书面材料的，要当面补上。移交清册一式三份，分别由移交人、接替人、监交人签章后留执。监交人留执一份可存档，接替人留执的一份待日后离岗时再移交下去。需要指出的是，在交接之前，财务部门应为接替人员刻好名章，移交人员的名章不再交由接交人使用。现金出纳登记簿和银行存款日记账要继续使用，接替人员不得自行另立新账。移交清册上要注明：单位名称、交接日期、监交人职务。现金日记账与银行存款日记账的扉页内印有"启用表"的，还应由移交人、接替人注明交接日期、接替人员和监交人员姓名，并由交接双方签章。

（2）由他人兼办出纳工作的，要严格按财务规章制度办事。有的单位未设专职出纳员，而是由指定的会计人员兼管出纳业务工作。此种类型要坚持两个原则：①坚持钱账分管的原则；②坚持《会计法》所规定的 "出纳人员不得兼任稽核、会计档案保管和收入、支出、费用、债权债务账目的登记工作"的原则。兼办出纳员离职时，属于工作调动等永久性离岗的，必须全面办理交接手续；属于临时离岗的，应与顶替人员办理部分交接手续。